AF752882

Die Abkehr vom Gesamthandsprinzip durch das MoPeG und deren Bedeutung für das Gesellschafts- und Steuerrecht

Forum Unternehmens-, Steuer- und Bilanzrecht

Deutsche, europäische und internationale Rechtsfragen
Herausgegeben von Oliver Fehrenbacher und Michael Stöber

Band 39

Markus Theißen

Die Abkehr vom Gesamthandsprinzip durch das MoPeG und deren Bedeutung für das Gesellschafts- und Steuerrecht

PETER LANG
Berlin · Bruxelles · Chennai · Lausanne · New York · Oxford

Bibliografische Information der Deutschen Nationalbibliothek
Die Deutsche Nationalbibliothek verzeichnet diese Publikation in der Deutschen Nationalbibliografie; detaillierte bibliografische Daten sind im Internet über http://dnb.d-nb.de abrufbar.

Zugl.: Kiel, Univ., Diss., 2025

DE-8
ISSN 2366-293X
ISBN 978-3-631-94361-8 (Print)
ISBN 978-3-631-94398-4 (ePDF)
ISBN 978-3-631-94399-1 (ePUB)
DOI 10.3726/b23232

© 2026 Peter Lang Group AG, Lausanne, Schweiz
Verlegt durch Peter Lang GmbH, Berlin, Deutschland

info@peterlang.com

Alle Rechte vorbehalten.

Das Werk einschließlich aller seiner Teile ist urheberrechtlich geschützt. Jede Verwertung außerhalb der engen Grenzen des Urheberrechtsgesetzes ist ohne Zustimmung des Verlages unzulässig und strafbar. Das gilt insbesondere für Vervielfältigungen, Übersetzungen, Mikroverfilmungen und die Einspeicherung und Verarbeitung in elektronischen Systemen.

www.peterlang.com

Kontakt zur Verordnung über die allgemeine Produktesicherheit (GPSR):
gpsr@peterlang.com

Meiner Familie

Vorwort

Die vorliegende Arbeit wurde im Wintersemester 2024/2025 von der Rechtswissenschaftlichen Fakultät der Christian-Albrechts-Universität zu Kiel als Dissertation angenommen. Rechtsprechung, Literatur und Änderungen der Gesetzgebung wurden bis Frühling 2023 berücksichtigt, wobei Anfang 2026 im Hinblick auf zwischenzeitlich erfolgte Neuerungen durch das Kreditzweitmarktförderungsgesetz an relevanten Stellen der steuerrechtlichen Ausführungen eine punktuelle Aktualisierung erfolgte.

Zuvorderst möchte ich mich bei meinem Doktorvater, Herrn Prof. Dr. iur. habil. Michael Stöber, aufrichtig bedanken. Er hat mich während der Erstellung der Dissertation stets mit wertvollen Ratschlägen und fachlicher Expertise begleitet und mir mit seiner herausragenden Betreuung den nötigen wissenschaftlichen Halt gegeben. Ein besonderer Dank gilt zudem Herrn Prof. Dr. iur. Jan Roth, der zu meiner großen Freude die Erstellung des Zweitgutachtens übernommen hat.

Außerdem möchte ich meinen Eltern für ihre Unterstützung während des Studiums danken. Ohne sie wäre dieser Weg so nicht möglich gewesen. Von Herzen bedanken möchte ich mich schließlich bei meiner Frau Laura, die mich während des gesamten Studiums, der Erstellung dieser Arbeit und sodann seit meinem Einstieg in das Berufsleben stets mit größter Liebe unterstützt hat. Ihr und unseren Kindern ist diese Arbeit gewidmet.

Erkelenz, im Mai 2026

Markus Theißen

Inhaltsverzeichnis

Einleitung

A. Problemstellung

Das Recht der Personengesellschaften erfuhr die größte Reform seit mehr als 120 Jahren. Mit dem Gesetz zur Modernisierung des Personengesellschaftsrechts (Personengesellschaftsrechtsmodernisierungsgesetz – MoPeG)[1] wurde insbesondere das Regelungskonzept der Gesellschaft bürgerlichen Rechts (auch BGB-Gesellschaft, GdbR oder GbR) grundlegend verändert.[2]

Zurückzuführen ist diese rechtliche Neugestaltung auf den Koalitionsvertrag aus dem Jahr 2018 zwischen CDU, CSU und SPD der 19. Legislaturperiode.[3] Auf Seite 131 heißt es in den Zeilen 6162 ff: „Wir werden das Personengesellschaftsrecht reformieren und an die Anforderungen eines modernen, vielfältigen Wirtschaftslebens anpassen; wir werden eine Expertenkommission einsetzen, die gesetzliche Vorschläge für eine grundlegende Reform erarbeitet." Freilich kam dieses Arbeitsprogramm nicht gänzlich überraschend daher und waren vor allem die dahintersteckenden Überlegungen nicht neu. Dem Gesetzgeber boten sich vielmehr eine ganze Fülle

1 BGBl. 2021, Teil I, 3436. Die durch das MoPeG geänderten Paragrafen sind im Folgenden mit dem Suffix „n.F." gekennzeichnet.

2 Die §§ 705 ff. BGB a.F. blieben seit Inkrafttreten des BGB weitgehend unverändert. Zu den vereinzelten Eingriffen seit 1994, deren Anlass kein spezifischer GbR-Reformbedarf war, siehe *Schäfer*, in: MüKo-BGB, vor § 705 Rn. 31 ff.

3 Ein neuer Aufbruch für Europa – Eine neue Dynamik für Deutschland – Ein neuer Zusammenhalt für unser Land – Koalitionsvertrag zwischen CDU, CSU und SPD – 19. Legislaturperiode, abrufbar unter https://t1p.de/qxfo. Sämtliche Internetquellen wurden zuletzt am 06.02.2026 abgerufen.

von jahrzehntelangen Anregungen und Vorstößen zu einer Reform an, auf die er aufbauen konnte.

„Welche Änderungen und Ergänzungen sind im Recht der BGB-Gesellschaft geboten?“[4], lautete bereits in den achtziger Jahren der Untertitel des Gutachtens von *Karsten Schmidt* im Zuge der vom Bundesjustizministerium initiierten Beiträge zur Überarbeitung des Schuldrechts. Mit „Neuregelung des Rechts der Personengesellschaften? – Vorüberlegungen für eine konsistente Reform“[5] schlug ein Beitrag von ihm 30 Jahre später ähnliche Töne an. „Überlegungen zu Reformen des Personengesellschaftsrechts“[6] oder „Reformüberlegungen zum Recht der GbR“[7] titelten beispielsweise[8] auch Aufsätze aus den Federn von *Harm Peter Westermann* und *Erik Röder*.

Einen äußerst gewichtigen Impuls setzte aber insbesondere die Rechtsprechung des Bundesgerichtshofs mit der Entscheidung „ARGE Weißes Ross“[9] im Jahre 2001. In dieser unter anderem als „Paukenschlag“[10], „Schlußstein“[11] oder gar „Jahrhundertentscheidung“[12] bezeichneten Entscheidung hat der für das Gesellschaftsrecht zuständige II. Zivilsenat die Rechtsfähigkeit der

---

4 *K. Schmidt*, in: Gutachten und Vorschläge zur Überarbeitung des Schuldrechts – Band III, 413. Die von ihm vorgeschlagene dreifache Unterscheidung zwischen der reinen Innengesellschaft, der schlicht zivilistischen GbR und der Mitunternehmer-GbR habe, so *K. Schmidt* später, einen „wohl so nicht erwarteten Professorenstreit über zeitgemäßes Personengesellschaftsrecht ausgelöst“, *K. Schmidt*, ZHR 180 (2016), 411; vgl. auch *K. Schmidt*, ZHR 177 (2013), 712, 716 f. Gemeint ist dabei vor allem die am von ihm offerierten Trialismus ausgeübte Kritik von *Ulmer*, ZGR 1984, 313 ff. und *Hüffer*, AcP 184 (1984), 584 ff.

5 *K. Schmidt*, ZHR 177 (2013), 712.

6 *Westermann*, NJW 2016, 2625.

7 *Röder*, AcP 215 (2015), 450.

8 Vgl. exemplarisch auch die Beiträge von *Otte-Gräbener*, in: FS Seibert, 613 ff.; *Schäfer*, in: FS Seibert, 723 ff.; *Tröger*, JZ 2016, 834 ff.; *Westermann*, NZG 2017, 921 ff.; *Wicke*, DNotZ 2017, 261 ff.; siehe zudem *Fleischer*, in: Fleischer PersGesRV-HdB, § 1 Rn. 190 f. Vgl. ferner *Fleischer/Cools*, ZGR 2019, 463 ff., die vor allem auch die internationalen Reformbestrebungen aufzeigen.

9 BGH, Urteil vom 29.01.2001 – II ZR 331/00, BGHZ 146, 341.

10 *Westermann*, NZG 2001, 289.

11 *Hadding*, ZGR 2001, 712, 714. Vgl. insoweit auch *Ulmer*, ZIP 2001, 585 („Markstein“) bzw. *K. Schmidt* GesR, § 8 IV, 205 f. („Markstein in der Fortbildung des Rechts der Rechtssubjekte“). Vgl. auch den Aufsatztitel von *Elsing*, BB 2003, 909.

12 *Hartmann*, RNotZ 2011, 401.

(Außen-)GbR grundsätzlich anerkannt und dadurch einen jahrzehntelangen dogmatischen „Glaubenskrieg“[13] um die Gesamthandsgesellschaft entschieden. Mit Urteil vom 04.12.2008 hat der V. Zivilsenat des BGH zudem die Grundbuchfähigkeit der BGB-Außengesellschaft anerkannt[14], woraufhin der Gesetzgeber zur Sicherung des Grundstücksverkehrs die § 899a BGB a.F. und § 47 Abs. 2 GBO a.F. in das Gesetz aufnahm.

„Empfiehlt sich eine grundlegende Reform des Personengesellschaftsrechts?“[15], war schließlich auch die Fragestellung, mit der sich der 71. Deutsche Juristentag in Essen 2016 auseinandersetzte.

Unter Berücksichtigung dieser Vorarbeiten stellte die Elaboration eines Gesetzesentwurfs einer vom Bundesministerium für Justiz (BMJ) eingesetzten Expertenkommission[16] für ein Gesetz zur Modernisierung des Personengesellschaftsrechts („Mauracher Entwurf“)[17] im April 2020 den nächsten Schritt im großen Reformprojekt dar.

---

13 *K. Schmidt*, NJW 2001, 993, 994. Vgl. auch *Armbrüster*, ZGR 2013, 336, 367, der davon spricht, der BGH habe damit „einen Schlussstrich unter die bis dahin wichtigste rechtsdogmatische Diskussion des Personengesellschafts“ gezogen.

14 BGH, Beschluss vom 04.12.2008 – V ZB 74/08, BGHZ 179, 102.

15 So der Titel des von Carsten Schäfer für die wirtschaftsrechtliche Abteilung des 71. Deutschen Juristentags erstatteten Gutachtens, *Schäfer*, in: Verh. des 71. DJT 2016 – Bd. I: Gutachten, E. Siehe in diesem Zusammenhang auch *K. Schmidt*, ZHR 180 (2016), 411 ff.; *Tröger*, JZ 2016, 834 ff.

16 Mitglieder der Kommission waren der Vorsitzende Richter am BGH a.D. Prof. Dr. Alfred Bergmann, Prof. Dr. Barbara Grunewald (Universität zu Köln), Notar Dr. Marc Hermanns, Rechtsanwalt Prof. Dr. Thomas Liebscher, Rechtsanwältin Dr. Gabriele Roßkopf, Prof. Dr. Carsten Schäfer (Universität Mannheim), Prof. Dr. Frauke Wedemann (Westfälische Wilhelms-Universität Münster) und Prof. Dr. Johannes Wertenbruch (Philips-Universität Marburg). Leiter der Kommission war Ministerialrat Dr. Eberhard Schollmeyer LL.M. (Referat III A 1 des BMJ).

17 Mauracher Entwurf, abrufbar unter https://t1p.de/zbqm1 Paragrafen aus dem Mauracher Entwurf sind im Folgenden mit dem Suffix „-MauE“ gekennzeichnet. Die Bezeichnung rührt aus dem Umstand, dass die Kommission vom 04.03.2020 bis zum 07.03.2020 zu einer abschließenden Klausurtagung auf Schloss Maurach am Bodensee (Baden-Württemberg) zusammentrat. Für einen Kurzüberblick über die Entwicklung des Mauracher Entwurfs siehe *Schäfer*, in: Schäfer, Neues PersGesR, § 1 Rn. 3 f. Für einen inhaltlichen Überblick des Mauracher Entwurfs aus der Feder von Mitgliedern der Expertenkommission vgl. *Alf. Bergmann*, DB 2020, 994 ff.; *Schäfer*, ZIP 2020, 1149 ff.; *Wertenbruch*, GmbHR 2020, 196 ff. Vgl. auch auf Seiten des BMJ *M. Noack*, NZG 2020, 581 ff. sowie *Schollmeyer*, in: GesR in der Diskussion, 15 ff.

Basierend auf diesem in knapp anderthalb Jahren geschaffenen, über mehr als zweihundert Seiten umfassenden Werk und der ihm gegenüber ganz überwiegend positiven Kritik[18] veröffentlichte das BMJ sodann im November 2020 einen Referentenentwurf[19], welcher im Wesentlichen den Ergebnissen der Expertenkommission entsprach.

Auf dieser Grundlage wurde dem Bundesrat am 22.01.2021 nach Art. 76 Abs. 2 GG ein von der Bundesregierung mit Kabinettsbeschluss vom 20.01.2021 ohne Aussprache beschlossener Gesetzesentwurf[20] übersandt. Der Deutsche Bundestag hat die Vorlage auf Drucksache 19/27635[21] in seiner 218. Sitzung am 25.03.2021 beraten und an den Ausschuss für Recht und Verbraucherschutz zur federführenden Beratung[22] überwiesen.[23] Dieser hat die Vorlage auf Drucksache 19/27635 in seiner 135. Sitzung am 24.03.2021 anberaten; in einer wenige Wochen später durchgeführten öffentlichen Anhörung[24] wurde der Entwurf von der Mehrzahl der Sachverständigen[25] mehrheitlich als sehr gelungen beurteilt.

---

18 Grundsätzlich positiv z.B. die Beiträge von *Bachmann*, NZG 2020, 612 ff.; *Fleischer*, DB 2020, 1107 ff.; *Habersack*, ZGR 2020, 539 ff.; *Heckschen*, NZG 2020, 761 ff.; *Otte-Gräbener*, BB 2020, 1295 ff.; *Punte/Klemens/Sambulski*, ZIP 2020, 1230 ff.; *Schumm*, StuB 2020, 513 ff.; die Leistung ebenfalls gebührend anerkennend, aber inhaltlich zum Teil kritischer z.B. *Altmeppen*, NZG 2020, 822 ff.; *Altmeppen*, ZIP 2021, 213 ff.; *Geibel*, ZRP 2020, 137 ff.; *Heckschen/Nolting*, BB 2020, 2256 ff.; *Martens*, AcP 221 (2021), 68 ff.; *Schall*, ZIP 2020, 1443 ff.; *J. Wilhelm*, NZG 2020, 1041 ff.

19 Referentenentwurf des BMJ, abrufbar unter https://t1p.de/mn9dx, im Folgenden zitiert als: RefE MoPeG.

20 Ergebnisse der 127. Sitzung des Bundeskabinetts. Der Gesetzesentwurf der Bundesregierung = BRDrucks. 59/21 (22.01.21) ist abrufbar unter https://t1p.de/cmjum und wird im Folgenden zitiert als: RegE MoPeG 01/2021.

21 Gesetzesentwurf der Bundesregierung = BT-Drucks. 19/27635 (17.03.2021), abrufbar unter https://t1p.de/nqxu, im Folgenden zitiert als: RegE MoPeG 03/2021.

22 Daneben wurde die Vorlage auch an den Ausschuss Digitale Agenda zur Mitberatung überwiesen.

23 BT-Plenarprotokoll 19/218, 27516D ff., abrufbar unter https://t1p.de/1z9t1.

24 Die am 21.04.2021 stattgefundene Anhörung wurde aufgezeichnet und ist in der Mediathek des Deutschen Bundestages abrufbar unter https://t1p.de/59tf. Das zu dieser Anhörung erstellte Wortprotokoll inklusive der schriftlichen Stellungnahmen der Sachverständigen ist abrufbar unter https://t1p.de/gexck.

25 Die Sachverständigen waren Prof. Dr. Gregor Bachmann, LL.M. (Michigan) (Humboldt-Universität zu Berlin), Leiterin des Referats Gesellschafts- und Bilanzrecht des Deutscher Industrie- und Handelskammertag e.V Annika Böhm, Prof. Dr. Mathias

Der Deutsche Bundestag hat in seiner 236. Sitzung am 24.06.2021 – und somit in der letzten Nachtsitzung vor dem Ende der 19. Wahlperiode – aufgrund der Beschlussempfehlung[26] und des Berichts[27] des Ausschusses für Recht und Verbraucherschutz den von der Bundesregierung eingebrachten Gesetzesentwurf in der Ausschussfassung[28] einstimmig angenommen.[29] Das verabschiedete Gesetz hat noch am 25.06.2021 den Bundesrat passiert[30] und wurde am 17.08.2021 (unter dem Datum vom 10.08.2021) im Bundesgesetzblatt veröffentlicht.[31]

Mit dem erfolgten Inkrafttreten der Regelungen zum 01.01.2024[32] stand also (zumindest) ein gesellschaftsrechtlicher Umbruch an. Die redaktionelle

---

Habersack (Ludwig-Maximilians-Universität München), Notar Prof. Dr. Heribert Heckschen, Rechtsanwalt Dr. Daniel Otte, LL.M. (Boston Univ.), Rechtsanwältin Dr. Gabriele Roßkopf, LL.M. und Prof. Dr. Alexander Schall, M. Jur (Oxford) (Leuphana Universität Lüneburg).

26 Beschlussempfehlung des Ausschusses für Recht und Verbraucherschutz = BT-Drucks. 19/30942 (22.06.2021), abrufbar unter https://t1p.de/8avq.

27 Bericht des Ausschusses für Recht und Verbraucherschutz = BT-Drucks. 19/31105 (23.06.2021), abrufbar unter https://t1p.de/oe5q.

28 Gesetzesbeschluss des Deutschen Bundestages =BR-Drucks. 567/21 (25.06.2021), abrufbar unter https://t1p.de/07gr.

29 BT-Plenarprotokoll 19/236 (24.06.2021), 30755C (Tagesordnungspunkt 29), abrufbar unter https://t1p.de/sfij.

30 Zweiter Durchgang mit der Feststellung, dass der Bundesrat den Vermittlungsausschuss nicht anruft, BR-Plenarprotokoll 1006 (25.06.2021) (Tagesordnungspunkt 123), abrufbar unter https://t1p.de/qp1g. Die Beschlussdrucksacke BR-Drucksache. 567/21 (B) ist abrufbar unter https://t1p.de/h50g.

31 BGBl. 2021, Teil I, 3436.

32 Bis auf wenige Ausnahmen sollte das Gesetz erst am 01.01.2024 in Kraft treten (siehe für die Ausnahmen Art. 137 S. 2 MoPeG). Dieses Datum sollte die Überlastung der Bundesländer und der Rechtspflege bei der Einrichtung des geplanten Gesellschaftsregisters für die GbR vermeiden. Ein Vorschlag des Bundesrats, das MoPeG erst am 01.01.2026 in Kraft treten zu lassen (BR-Drucksacke 59/21 (B), 10 ff., abrufbar unter https://t1p.de/645x), wurde im Zuge des RegE MoPeG 03/2021(Fn. 21), 311 f. zurückgewiesen. Im RegE MoPeG 03/2021 (Fn. 21) war allerdings ein Inkrafttreten zum 01.01.2023 vorgesehen; das Verschieben um ein Jahr nach hinten ist das Ergebnis der Beschlussempfehlung des Ausschusses für Recht und Verbraucherschutz. In dem entsprechenden Bericht (Fn. 27) heißt es dazu auf S. 11: „Das Inkrafttreten des Gesetzes wird gegenüber dem Regierungsentwurf um ein Jahr auf den 1. Januar 2024 verschoben. Damit wird den Ländern zusätzlich Zeit für die technisch-organisatorische Umsetzung des neu eingeführten Gesellschaftsregisters gegeben".

Neufassung der §§ 705 ff. BGB führte zu einer Vermehrung der bisher 36 Paragrafen auf 57 Vorschriften – der Aussage, das Recht der GbR sei „vielleicht nicht das bedeutsamste, aber doch wohl das schwierigste Gebiet des besonderen Gesellschaftsrechts“[33], sollte damit Abhilfe geschaffen werden.

Ein Kernstück der Reform ist die gesetzliche Positivierung der Rechtsfähigkeit der BGB-Außengesellschaft in § 705 Abs. 2 Var. 1 BGB n.F., sodass seit Inkrafttreten der neuen Regelungen (auch bedingt durch die hinzukommenden Regelungen im Zusammenhang mit dem Gesellschaftsregister in §§ 707 ff. BGB n.F.) ex lege zwischen der nicht rechtsfähigen Gesellschaft bürgerlichen Rechts, der nicht registrierten, aber rechtsfähigen GbR und drittens der registrierten rechtsfähigen GbR zu unterscheiden ist. Das, was hinsichtlich der Rechtsfähigkeit auf den ersten Blick wie eine schlichte oder gar konsequente legislative Reaktion insbesondere auf das Grundsatzurteil des BGH aus 2001[34] scheint, könnte durch die konkrete Ausgestaltung bei genauerer Betrachtung allerdings mit mehr verbunden sein. Durch das MoPeG sollen nicht mehr (auch?[35]) die Gesellschafter Träger der dem Gesellschaftsvermögen zugehörigen Rechte und Pflichten sein. Die zentrale Vorschrift über das Gesellschaftsvermögen, § 718 BGB a.F., welche zusammen mit § 719 und § 738 BGB a.F. die Grundlage für das offenbar bereits „historisch überholte Gesamthandsprinzip“[36] bildete, wurde ersetzt.[37] Und auch von § 719 BGB a.F., der insoweit die gesamthänderische Bindung festschrieb, wurde Abschied genommen. Nach § 705 Abs. 2 Alt. 1 BGB n.F. kann die Gesellschaft selbst Rechte erwerben und Verbindlichkeiten eingehen, wenn sie nach dem gemeinsamen Willen der Gesellschafter am Rechtsverkehr

---

33 *K. Schmidt*, JZ 1985, 909.

34 BGH, Urteil vom 29.01.2001 – II ZR 331/00, BGHZ 146, 341.

35 Vgl. dazu die Ausführungen unter Gliederungspunkt Teil 1, B. I. 2.

36 Begründung RegE MoPeG 03/2021 (Fn. 21), 148; Begründung RegE MoPeG 01/2021 (Fn. 20), 163; Begründung RefE MoPeG (Fn. 19), 167. Vgl. auch Begründung Mauracher Entwurf (Fn. 17), 87 („historisch überholte Gesamthandslehre“). Vgl. ferner *K. Schmidt*, ZHR 177 (2013), 712, 727: „Zahlreiche Bestimmungen im Recht der GbR (§§ 705 – 740 BGB) sind Ausdruck einer überholten Gesamthandlehre (z.B. §§ 718/719, 738 Abs. 1 S. 1 BGB)“.

37 Begründung RegE MoPeG 03/2021 (Fn. 21), 148: „Mit Anerkennung der Rechtsfähigkeit der Gesellschaft ist das Gesamthandsprinzip unter dem Gesichtspunkt der Vermögenstrennung entbehrlich geworden und hat sich folglich der dogmatische Ausgangspunkt von § 718 BGB überholt“.

teilnehmen soll, und gemäß § 713 BGB n.F. sollen die Beiträge der Gesellschafter sowie die für oder durch die Gesellschaft erworbenen Rechte und die gegen sie begründeten Verbindlichkeiten Vermögen der Gesellschaft selbst und als solcher sein. Die gesellschaftsrechtliche Gesamthand findet keine Erwähnung mehr im Gesetz.[38]

Ob diese Regelung angesichts der bis dato zuletzt von der Rechtsprechung und der Kautelarpraxis geprägten Rechtsanwendung also mit spürbaren Rechtswirkungen einhergeht oder ob die Umsetzung tatsächlich nur bedeutete, diesbezüglich die „anerkannte Rechtsfähigkeit der Gesellschaft bürgerlichen Rechts im Gesetz kohärent nachzuvollziehen und die Diskrepanzen zum geschriebenen Recht im Interesse der Rechtssicherheit zu beseitigen“[39], soll in dieser Arbeit mit Blick auf den tradierten Begriffskanon im Gesellschaftsrecht sowie in Bezug auf das Steuerrecht, insbesondere den das deutsche Steuerrecht prägenden Dualismus der Unternehmensbesteuerung[40], untersucht werden.

„Änderungen an den ertragsteuerlichen Grundsätzen bei der Besteuerung von Personengesellschaften sind mit dem vorliegenden Entwurf nicht verbunden. Dies gilt insbesondere für die transparente Besteuerung von Personengesellschaften. Soweit in den Steuergesetzen von Gesamthandsvermögen gesprochen wird, ist dies bei rechtsfähigen Personengesellschaften dahingehend zu verstehen, dass damit das Vermögen der Gesellschaft in Abgrenzung zum Vermögen der einzelnen Gesellschafter (Sonderbetriebsvemögen) [*sic*] gemeint ist.“[41]

So lauten die knappen Ausführungen im Regierungsentwurf des MoPeG in Bezug auf die steuerliche Handhabung der Personengesellschaften nach Inkrafttreten der Reform. Im Referentenentwurf des BMJV und im

---

38 Der Terminus „Gesamthand“ ist bis zur Reform des Schuldrechts 2002 im Gesetz nicht ausdrücklich verwendet worden. Er klang nur in den nichtamtlichen Überschriften zu § 719 BGB a.F. und § 1419 BGB an, vgl. hierzu *Beuthien*, ZGR 2019, 664, 675.

39 Begründung RegE MoPeG 03/2021 (Fn. 21), 101.

40 Das Unternehmenssteuerrecht in dem Sinne wird in dieser Arbeit ausschließlich ertragsteuerrechtlich verstanden. Unternehmenserträge werden durch die Körperschaftsteuer und durch die Einkommensteuer erfasst.

41 Begründung RegE MoPeG 01/2021 (Fn. 20), 114 bzw. Begründung RegE MoPeG 03/2021 (Fn. 21), 107.

Mauracher Entwurf war ein solcher Hinweis nicht enthalten. Allerdings hat sich der Ausschuss für Recht und Verbraucherschutz noch gegen Ende des Gesetzgebungsverfahrens mit dieser Thematik auseinandergesetzt; in seinem Bericht verneint er etwaige Auswirkungen des MoPeG auf das Steuerrecht.[42] Zu diesem Ergebnis kam auch das von *Heribert Hirte*, dem Berichterstatter der CDU/CSU-Bundestagsfraktion hinsichtlich des MoPeG, zuvor eingeholte Gutachten der Wissenschaftlichen Dienste des Bundestages.[43]

Die soeben aus dem Regierungsentwurf des MoPeG zitierte Passage bietet Anlass zur Prüfung, ob solche Änderungen gleichwohl als vom Gesetzgeber ungewollte Nebenwirkungen zu befürchten sind. Im Vordergrund steht dabei ertragsteuerrechtlich der Dualismus der Unternehmensbesteuerung: Kann die rechtsformabhängige Besteuerung seit Inkrafttreten des MoPeG mit der geplanten Abschaffung des Gesamthandsprinzips für die Personengesellschaft[44] (weiterhin) verfassungsmäßig legitimiert werden, nachdem sich das Bundesverfassungsgericht, das zum Besteuerungssystem in der Vergangenheit also bereits Stellung beziehen musste, zur Rechtfertigung offenbar gerade auch und vor allem auf das Gesamthandsprinzip stützte?[45]

Immerhin sollen die Personengesellschaften einschließlich der GbR ausweislich der Begründung des Gesetzesentwurfs auch künftig nicht als juristische Personen einzuordnen sein[46], wenngleich der Gesetzgeber eine solche

---

[42] BT-Drucks. 19/31105 (Fn. 27), 6 f.

[43] Mitteilung auf der Internetseite von Prof. Dr. Heribert Hirte vom 03.06.2021 mit Zusammenfassung der wesentlichen Antworten der Wissenschaftlichen Dienste, abrufbar unter https://t1p.de/4845. Das Gutachten der Wissenschaftlichen Dienste ist unter dem Aktenzeichen WD 4 – 3000 – 051/21 abrufbar unter https://t1p.de/cz4o, im Folgenden zitiert als: Gutachten WD-MoPeG.

[44] Die Ersetzung von § 718 BGB a.F. durch § 713 BGB n.F. bzw. die Streichung von § 719 BGB a.F. betrifft nicht nur die GbR. Über § 105 Abs. 3 HGB a.F., § 161 Abs. 2 HGB a.F. und § 1 Abs. 4 PartGG a.F. fand § 718 BGB a.F. wie auch § 719 BGB a.F. und § 738 BGB a.F. auch auf die OHG, KG und PartG entsprechende Anwendung. Deshalb war (bzw. ist) also nicht nur die GbR vom Gesamthandsprinzip geprägt und stellte (bzw. stellt) nicht nur sie eine Gesamthandsgesellschaft dar, vgl. auch unten Fn. 294.

[45] Vgl. BVerfG, Beschluss vom 21.06.2006 – 2 BvL 2/99, BVerfGE 116, 164; BVerfG, Beschluss vom 29.03.2017 – 2 BvL 6/11, BVerfGE 145, 106.

[46] Begründung RegE MoPeG 01/2021 (Fn. 20), 113 f. bzw. Begründung RegE MoPeG 03/2021 (Fn. 21), 106.

Entscheidung schon gar nicht treffen muss.[47] Das spricht prima facie für die Möglichkeit der Aufrechterhaltung des geltenden Steuersystems. Denn einfachgesetzlich besteht insoweit keine Antinomie zwischen § 15 Abs. 1 S. 1 Nr. 2 EStG einerseits (die GbR zählt anerkanntermaßen zu den „andere[n] Gesellschaften" im Sinne der Norm, während OHG und KG in § 15 Abs. 1 S. 1 Nr. 2 EStG ausdrücklich als Mitunternehmerschaften bezeichnet werden) und § 1 Abs. 1 Nr. 4 KStG andererseits (die Vorschrift spricht von „sonstigen juristischen Personen des Privatrechts", worunter die GbR sonst einzuordnen sein könnte). Die GbR würde also jedenfalls nicht ohne Weiteres zu einem Körperschaftsteuersubjekt mutieren.

Doch die für die weiterhin[48] angestrebte Aufrechterhaltung der gesellschaftsrechtlichen Dichotomie ins Feld geführten Strukturunterschiede zwischen juristischer Person und rechtsfähiger Personengesellschaft spielen im grundsätzlich autonomen Steuerrecht trotzdem zu einem gewissen Grad eine Rolle, nämlich im Rahmen der Antwort auf die Frage nach der verfassungsrechtlichen Rechtfertigung für die fehlende Rechtsformneutralität im Unternehmenssteuerrecht. Inwieweit kommt für die Frage der Zukunft der Ertragsbesteuerung der Personengesellschaften aber auch der mit dem Gesetz zur Modernisierung des Körperschaftsteuerrechts[49] (im Folgenden: KöMoG) erfolgten Einführung einer Option zur Körperschaftsteuer eine Bedeutung zu?[50]

---

47 So schon *K. Schmidt*, in: Gutachten und Vorschläge zur Überarbeitung des Schuldrechts – Band III, 413, 437 f.; vgl. auch *K. Schmidt*, ZHR 177 (2013), 712, 722 („lex moneat, non doceat"); *K Schmidt*, ZHR 180 (2016), 411, 417 („Ins Bundesgesetzblatt gehört diese akademische Frage nicht"); früh zustimmend *Ulmer*, ZGR 1984, 313, 317; aktueller *Armbrüster*, in: Schäfer, Neues PersGesR, § 3 Rn. 46; *Habersack*, ZGR 2020, 539, 549; *Schäfer*, in: Verh. des 71. DJT 2016 – Bd. I: Gutachten, E 12 und E 87; *Schäfer*, ZIP 2020, 1149, 1151.

48 Von einigen Autoren wurde bereits lange vor dem MoPeG dazu tendiert, die Personengesellschaft als juristische Person zu begreifen, so insbesondere *Raiser*, AcP 194 (1994), 495, 499 ff.; *Raiser*, AcP 199 (1999), 104 ff.; *Raiser*, in: FS Zöllner, 469, 474 ff.; vgl. auch *Bälz*, in: FS Zöllner, 35, 47 ff.; *Hadding*, in: FS Kraft, 137, 142 ff.; *Timm*, NJW 1995, 3209, 3214; *Timm*, ZGR 1996, 247, 251 f.; sympathisierend auch *Mülbert*, AcP 199 (1999), 38, 62 ff.; *K. Schmidt*, GesR, § 8 I 2, 183; *K. Schmidt*, ZHR 177 (2013), 712, 722.

49 BGBl. 2021, Teil I, 2050.

50 Nach § 1a Abs. 1 Satz 1 KStG sind Personenhandels- und Partnerschaftsgesellschaften auf unwiderruflichen Antrag für Zwecke der Besteuerung nach dem Einkommen

Das sind Fragen, die nicht rein theoretischer Natur sind, sondern im – je nach Ansicht – „schlimmsten Fall" gar eine unbeabsichtigte „Grundreformierung der Mitunternehmerbesteuerung"[51] erforderlich machen könnten.

Doch auch weitere Baustellen könnten sich auftun: Bedarf es in Bezug auf die beabsichtigte Abkehr vom Gesamthandsprinzip im Gesellschaftsrecht einer verbindlichen terminologischen Klarstellung im Steuerrecht und falls ja, würde eine solche einzelne dann auch schon ausreichen? Im Hinblick auf diese Problematik wurde zunächst mit Bearbeitungsstand vom 27.02.2023 vom Bundesministerium der Finanzen ein Diskussionsentwurf für ein Gesetz zur Anpassung der Abgabenordnung und anderer Steuergesetze an die Modernisierung des Personengesellschaftsrechts (MoPeG-Steueranpassungsgesetz) bekannt. Dessen bedeutendster Regelungsinhalt, eine Änderung des § 39 Abs. 2 Nr. 2 AO, wonach rechtsfähige Personengesellschaften für Zwecke der Ertragsbesteuerung als Gesamthand und deren Vermögen als Gesamthandsvermögen gelten sollen, wurde inzwischen, nachdem es mit dem Gesetz zur Stärkung von Wachstumschancen, Investitionen und Innovation sowie Steuervereinfachung und Steuerfairness (Wachstumschancengesetz)[52] doch nicht mehr innerhalb des ursprünglich avisierten Zeitrahmens klappte, durch Art. 23 des Gesetzes zur Förderung geordneter Kreditzweitmärkte und zur Umsetzung der Richtlinie (EU) 2021/2167 über Kreditdienstleister und Kreditkäufer sowie zur Änderung weiterer finanzrechtlicher Bestimmungen (Kreditzweitmarktförderungsgesetz)[53] dann doch noch kurzfristig mit Wirkung zum 01.01.2024 umgesetzt. Damit wurde die ertragsteuerliche Begriffsverwendung zeitlich kohärent an die gesellschaftsrechtliche Neuausrichtung angepasst. Bedurfte es dieser Änderung denn zwingend und falls ja, sind deshalb Folgewirkungen ausgeschlossen und tatsächlich eine Rechtssicherheit erreicht? Kann im Übrigen bei steuerrechtlichen Vorschriften, die ausdrücklich an den Begriff „Gesamthand" oder „Gesamthandsvermögen"

---

wie eine Kapitalgesellschaft (optierende Gesellschaft) und ihre Gesellschafter wie die nicht persönlich haftenden Gesellschafter einer Kapitalgesellschaft zu behandeln. Der Übergang zur Körperschaftbesteuerung gilt als Formwechsel im Sinne des § 1 Abs. 3 Nr. 3 UmwStG (§ 1a Abs. 2 Satz 1 KStG).

51 *Prinz*, DB 2021, 914, 918.

52 BGBl. 2024, Teil I, 108.

53 BGBl. 2023, Teil I, 411.

anknüpfen, nicht ohnehin eine steuerrechtsautonome Auslegung dieses Begriffs bzw. eine Analogie vorgenommen werden? Oder überzeugen die vom Gesetzgeber ebenfalls mit dem Kreditzweitmarktförderungsgesetz zum 01.01.2024 vorgenommenen Anpassungen im Grunderwerbsteuerrecht (auf drei Jahre befristete Einfügung eines § 24 GrEStG, wonach rechtsfähige Personengesellschaften für Zwecke der Grunderwerbsteuer als Gesamthand und deren Vermögen als Gesamthandsvermögen gelten) und im Erbschaft- und Schenkungsteuerrecht (Einfügung eines neuen § 2a ErbStG, der ebenfalls eine Fiktion zur Fortgeltung des bisherigen Besteuerungssystems vorsieht)?

B. Gang der Untersuchung

Der erste Teil dieser Arbeit soll relevante Teile des MoPeG aus gesellschaftsrechtlicher Sicht beleuchten. Weil das Gesamthandsprinzip, die Rechtsfähigkeit von Personengesellschaften und deren Vermögen eng miteinander verknüpft sind und letztlich vor allem eine Abkehr vom Gesamthandsprinzip teilweise mit gravierenden Rechtswirkungen in Verbindung gebracht wird[54], kommt aus Verständnisgründen auch diese Monographie nicht um die Darstellung der Entwicklung der vormaligen GbR hin zu einem verkehrstauglichen Rechtssubjekt umhin. Diese Nachzeichnung ist wichtig, um auf der Basis die mit dem MoPeG verbundenen Änderungen gesellschaftsrechtlich einordnen zu können und so vor allem Stellung zu der Frage nehmen zu können, inwieweit sich die gewollte Loslösung vom Verständnis der Personengesellschaften als Gesamthand auswirken kann. Es gilt mithin eine Sensibilität für die langjährigen Diskussionen um die rechtliche Einordnung der GbR und ihr Haftungsstatut[55] zu schaffen, als dass das Gesamthandsprinzip hier eine zentrale Rolle spielt.

---

[54] Konsequenzen für das Steuerrecht sieht vor allem *Schall*, ZIP 2020, 1443 ff.; *Schall*, NZG 2021, 494 ff.

[55] Die von der Rechtsfähigkeit zu unterscheidende, aber gleichwohl damit mittelbar zusammenhängende Frage der Haftung ist insoweit von Relevanz, als dass das Bundesverfassungsgericht (BVerfGE 145, 106), worauf später einzugehen sein wird, zur Rechtfertigung des dualen Steuersystems unter anderem auch auf den Grundsatz der persönlichen Gesellschafterhaftung abgestellt hat.

Daraufhin wird auf das MoPeG und die damit einhergegangene neue dogmatische Charakteristik der GbR einzugehen sein, wobei eine Konzentration auf die markanten Regelungsaspekte des MoPeG erfolgt, die mit Blick auf die Grundstruktur der GbR und bezogen auf den Untersuchungsgegenstand gesonderter Aufmerksamkeit bedürfen. Aspekte wie das Festhalten am Gesamthandsprinzip als Element der Vermögensordnung[56] und in dem Zusammenhang entsprechend auch etwaige Unterschiede zur Kapitalgesellschaft als juristische Person sind von hervorgehobener Bedeutung. Wie wirkt sich das MoPeG also auf die gesellschaftsrechtliche Dichotomie von rechtsfähiger Personengesellschaft und juristischer Person aus und ist die reformierte GbR tatsächlich keine Gesamthand mehr?

Im zweiten Teil bilden nach einigen ertragsteuersystematischen Grundlagen die Reformauswirkungen auf den bestehenden Dualismus der Unternehmensbesteuerung den weiteren Schwerpunkt der Arbeit. In diesem Rahmen muss auf das KöMoG eingegangen werden und wird der materiellrechtliche Gehalt des MoPeG samt der darin erklärten Verabschiedung des Gesamthandsprinzips erneut zu würdigen sein. Es gilt also zu hinterfragen, ob und inwieweit eine verfassungsrechtliche Rechtfertigung des Nebeneinanders von Trennungs- und Transparenzprinzip auch im neuen Recht gelingen kann.

Die weiteren oben kurz angerissenen potentiellen steuerrechtlichen Implikationen der Reform werden im Anschluss thematisiert. So müssen neben einem kurzen Blick auf § 39 Abs. 2 Nr. 2 AO in seiner früheren und seiner nunmehr geänderten Fassung sowie bestimmte Vorschriften des Ertragsteuerrechts auch Normen aus dem Grunderwerbsteuerrecht bzw. Erbschaft- und Schenkungsteuerrecht untersucht werden, weil sich die vom Gesetzgeber gewollte Abkehr vom Gesamthandsprinzip auch dort plastisch bemerkbar machen könnte. Alsdann ist darzulegen, ob und welche legislatorische Reaktionsmöglichkeiten angezeigt waren bzw. noch sind und vor allem wie sich die schon in dem Ende Februar 2023 vorgelegten Diskussionsentwurf für ein

---

56 Die Klärung, ob die Vermögenszuordnung noch vom Gesamthandsprinzip abhängig ist, ist auch für das Steuerrecht von Bedeutung. Konkret geht es dabei um die Frage, ob das Bundesverfassungsgericht 2006 und 2017 die zivilrechtlichen Rechtsentwicklungen nur unzureichend berücksichtigt hat. Dies bejahend etwa *Hennrichs*, in: Tipke/ Lang, 10.4 m.w.N. Vgl. auch *Palm*, Person im Ertragsteuerrecht, 23 m.w.N. (bezogen auf BVerfG, Beschluss vom 21.06.2006 – 2 BvL 2/99, BVerfGE 116, 164).

MoPeG-Steueranpassungsgesetz zum Ausdruck gekommene und letztlich legislativ auch umgesetzte favorisierte Option einer eher minimalinvasiven Änderung der Steuergesetze in das Gesamtbild einfügt.

Die Arbeit schließt im dritten Teil mit den gefundenen Ergebnissen hinsichtlich des Gesellschaftsrechts und der steuerrechtlichen Konsequenzen.

Gesellschaftsrechtliche Bedeutung des MoPeG

A. Die frühere GbR als Gesamthand und ihr Weg zum Rechtssubjekt

I. Rechtshistorische Wurzeln und herkömmliche Charakteristik

Die Gesellschaft bürgerlichen Rechts, wie sie vor Inkrafttreten des MoPeG bestand, stellte die Grundform der Personengesellschaften und die wohl am weitesten verbreitete aller Gesellschaftsformen dar.[57] Sie war eine auf Vertrag beruhende Personenvereinigung zur Förderung eines von den Gesellschaftern gemeinsam verfolgten Zwecks (§ 705 BGB a.F.). Ihre Stellung als Grundtyp der Personengesellschaften kam gesetzlich in den Verweisungen des § 105 Abs. 3 HGB a.F. und des § 161 Abs. 2 in Verbindung mit § 105 Abs. 3 HGB a.F. für die Personenhandelsgesellschaften, das heißt offene Handelsgesellschaft und Kommanditgesellschaft, auf das Recht der GbR zum Ausdruck.[58] Im bisherigen 16. Titel des 8. Abschnitts des zweiten Buchs des BGB fanden

---

57 *Servatius*, in: Henssler/Strohn, § 705 BGB Rn. 1.

58 Die §§ 705 ff. BGB a.F. fanden auch Anwendung auf die Partnerschaft (§ 1 IV PartGG a.F.) und die Europäische Wirtschaftliche Interessenvereinigung (§ 1 EWIVAG in Verbindung mit § 105 Abs. 3 HGB a.F.), soweit nicht die jeweiligen Sonderregelungen Anwendung fanden. Nach dem BGH galten die Normen auch für rechtsfähige Gesellschaften ausländischen Rechts, welche ihren Sitz nach Deutschland verlegt hatten, BGH, Urteil vom 01.07.2000 – II ZR 380/00, BGHZ 151, 204; BGH, Urteil vom 27.10.2008 – II ZR 158/06, BGHZ 178, 192; das galt jedoch nicht für EU-Auslandsgesellschaften, vgl. BGH, Urteil vom 13.03.2003 – VII ZR 370/98, BGHZ 154, 185 im Anschluss an EuGH, Urteil vom 05.11.2002 – C-208/00, NJW 2002, 3614 (vgl. auch EuGH, Urteil vom 09.03.1999 – C-212/97, NJW 1999, 2027). Für den nichtrechtsfähigen Verein wurden trotz der Vorschrift des § 54 BGB a.F. seit BGH,

sich zudem die allgemeinen Grundsätze des Personengesellschaftsrechts, nämlich der gemeinsame Zweck, die fehlende Abspaltungsmöglichkeit von Mitgliedschaftsrechten, die Abfindung ausscheidender Gesellschafter, die Anwachsung bzw. Abwachsung[59] sowie die Bestimmung, dass Nachschüsse im Regelfall nicht geschuldet sind.[60]

Die schon in der Vergangenheit längst als „kleine Schwester der OHG"[61] pointierte GbR unterschied sich von den Personenhandelsgesellschaften dadurch, dass letztere ihren gemeinsamen Zweck auf den Betrieb eines Handelsgewerbes (§ 1 Abs. 2 HGB a.F.) ausgerichtet hatten. Im gesetzlichen Normalfall entstand die GbR durch den Abschluss eines Gesellschaftsvertrages, also in der Regel ohne Weiteres durch die Absprache der Gesellschafter zu der Förderung der gemeinsamen Zweckerreichung. Sie konnte allerdings auch durch eine formwechselnde Umwandlung nach § 191 Abs. 2 Nr. 1 UmwG a.F. oder durch einen Rechtsformwechsel außerhalb des Umwandlungsgesetzes entstehen.[62]

Die Vorschrift des § 718 Abs. 1 BGB a.F. ging davon aus, dass die Beteiligten zur Erreichung des Gesellschaftszwecks ein gemeinschaftliches Vermögen, das Gesellschaftsvermögen, bilden. Dieses war dinglich gebundenes Sondervermögen, welches von dem Vermögen der einzelnen Gesellschafter zu trennen war und insbesondere durch die Einlageleistungen der Gesellschafter entstand.[63] § 719 Abs. 1 BGB a.F. sah ergänzend vor, dass das Vermögen sämtlichen Gesellschaftern zur gesamten Hand gehörte. Ein Gesellschafter konnte daher nicht über seinen Anteil am Gesellschaftsvermögen insgesamt

Urteil vom 11.07.1968 – VII ZR 63/66, BGHZ 50, 325 weitestgehend die §§ 21 ff. BGB angewandt, vgl. *Schöpflin*, in: BeckOK BGB, § 54 Rn. 15 f. (Stand: 01.11.2022).

59 § 738 Abs. 1 S. 1 BGB a.F. enthält die Rechtsfolge der Anwachsung beim Ausscheiden eines Gesellschafters. Implizit enthält sie auch die komplementäre Abwachsung als ihr Gegenstück, vgl. *Schäfer*, in: Recht der OHG, § 105 HGB Rn. 279.

60 *Heidel*, in: NK-BGB, § 705 Rn. 4.

61 *K. Schmidt*, NJW 2003, 1897, 1904.

62 Vgl. dazu *Geibel*, in: BeckOGK BGB, § 705 Rn. 103 ff. (Stand: 01.01.2019). Vgl. im Übrigen *Wertenbruch*, Haftung von Gesellschaften, Teil 1, Kapitel 13, § 7, 270 ff., der sich a.a.O. auch vertieft mit der zum Teil vertretenen Auffassung auseinandersetzt, das Umwandlungsgesetz 1994 bedinge eine Qualfikation der GbR als juristische Person.

63 *Bitter/Heim*, GesR, § 5 III 2, Rn. 38.

oder an einzelnen Gegenständen verfügen[64] (das konnten die Gesellschafter nur gemeinsam); der einem Gesellschafter zustehende Anteil am Gesellschaftsvermögen war ein untrennbarer Bestandteil der Mitgliedschaft.[65] Nach dem tradierten Regelungskonzept stellte die GbR daher regelmäßig eine sogenannte Gesamthandsgemeinschaft dar, wobei sie bei Verwaltung des Vermögens notwendig nach außen hervortrat und dann als Außengesellschaft[66] bezeichnet wurde.[67] Die Gesellschaft konnte sich aber auch – dann wurde sie als Innengesellschaft qualifiziert – auf die internen Beziehungen der Gesellschafter beschränken, sodass es bei ihr dann an einer organschaftlichen Vertretung der Gesellschaft als solcher mangelte.[68] Nach der bis zum Inkrafttreten des MoPeG wohl überwiegenden Ansicht ging die Beschränkung auf eine Innenbeziehung gleichzeitig mit dem notwendigen Verzicht auf ein Gesamthandsvermögen einher.[69] Die Bildung von Gesellschaftsvermögen war danach also nicht Voraussetzung der GbR (auch nicht für die Außengesellschaft), eine solche Bildung aber deren verbreitete Erscheinungsform.[70]

Eine weitgehend dispositive gesetzliche Ausgestaltung der §§ 705 bis 740 BGB a.F. ermöglichte den Gesellschaftern einen großen Gestaltungsspielraum und enorme Flexibilität hinsichtlich der Verfassung ihres

---

64 Vgl. für die eheliche Gütergemeinschaft § 1419 Abs. 1 BGB und für die Erbengemeinschaft § 2033 Abs. 2 BGB.

65 *Schöne*, in: BeckOK BGB, § 719 Rn. 3 m.w.N. (Stand: 01.11.2023).

66 Sofern im Folgenden lediglich von der „BGB-Gesellschaft“ oder schlicht „GbR“ die Rede ist, ist stets die am Rechtsverkehr teilnehmende BGB-Außengesellschaft Gegenstand der jeweiligen Ausführungen.

67 *Windbichler*, GesR, § 5 Rn. 10.

68 BGH, Urteil vom 26.06.2018 – II ZR 205/16, NJW 2018, 3014; BGH, Urteil vom 11.09.2018 – II ZR 161/17, NJW 2019, 161; *A. Bergmann*, in: jurisPK-BGB, § 705 Rn. 47 (Stand: 01.02.2023). Vgl. auch *Denga*, ZfPW 2021, 73, 82 ff., der sich nach Auseinandersetzung mit verschiedenen Ansätzen letztlich für die Namensführung als tragfähiges Kriterium für die Abgrenzung der Außen-GbR ausspricht.

69 Statt aller *Gummert*, in: MHdB GesR I, § 13 Rn. 3 m.w.N. So besagt nun mit Inkrafttreten des MoPeG auch § 740 Abs. 1 BGB n.F.: „Eine nicht rechtsfähige Gesellschaft hat kein Vermögen“. Eine nicht rechtsfähige Gesellschaft ist nach § 705 Abs. 2 BGB n.F. eine Gesellschaft, die nach dem gemeinsamen Willen der Gesellschafter nicht am Rechtsverkehr teilnehmen, sondern den Gesellschaftern zur Ausgestaltung ihres Rechtsverhältnisses untereinander dienen soll.

70 *Heidel*, in: NK-BGB, § 705 Rn. 3, 217.

Zusammenschlusses[71], was – obschon sie bekanntlich an einem Publizitätsdefizit litt – zu einer enormen Bedeutung der GbR im praktischen Wirtschaftsleben führte.[72] Angesichts dessen wirkt es umso erstaunlicher, dass der Gesetzgeber den bedeutsamen Gesichtspunkt ihrer Rechtsnatur samt ihrer Haftungsverfassung zuvor nicht ausdrücklich geregelt hatte.

Denn der Wortlaut der §§ 705 ff. BGB a.F. barg weder zwingende Argumente für noch gegen eine Rechtsfähigkeit der GbR. So sprachen etwa § 709 BGB a.F. und § 732 BGB a.F. von „der Gesellschaft“ und legten die Annahme nahe, es handele sich dabei um einen klar von den beteiligten Gesellschaftern zu unterscheidenden Rechtsträger.[73] Demgegenüber sprach der Normtext der §§ 714, 717 S. 1 BGB a.F., § 736 ZPO a.F. jedenfalls auf den ersten Blick nicht für eine Rechtsfähigkeit, als dass diese jeweils von „den Gesellschaftern“ und nicht von „der Gesellschaft“ sprachen. Zudem wurde das Gesellschaftsvermögen in § 718 BGB a.F. als gemeinschaftliches Vermögen der Gesellschafter und nicht als ein solches der Gesellschaft bezeichnet und in § 719 Abs. 1 BGB a.F. verbot das Gesetz die Verfügung eines Gesellschafters über seinen Anteil an dem zum Gesellschaftervermögen gehörenden Gegenständen. Auch § 738 Abs. 1 S. 1 BGB a.F., wonach beim Ausscheiden

---

71 Ausnahmen von der Abdingbarkeit bildeten die §§ 716 Abs. 2, 723 Abs. 3, 724 S. 1, 725 Abs. 1, 738 Abs. 1 S. 1 BGB a.F., mit Einschränkungen §§ 712 Abs. 2, 728 BGB a.F. und, soweit Gesellschaftsvermögen gebildet wurde, § 719 Abs. 1 BGB a.F., vgl. *Sprau*, in: Grüneberg, § 705 Rn. 2.

72 *Grunewald*, GesR, § 1 Rn. 9; *Kindl*, GesR, § 5 Rn. 3; *Westermann*, in: Erman BGB, vor § 705 Rn. 29 ff. Bedeutsam ist insoweit auch, dass sich in den meisten Fällen bei den Personengesellschaften eine unternehmensbezogene Mitbestimmung vermeiden lässt. In Bezug auf die internationale Bedeutung vgl. auch *Windbichler*, ZGR 2014, 110 ff., die in ihrem Beitrag einen Rechtsvergleich mit Personengesellschaften, einschließlich juristischen Personen und der Gesamthand in Deutschland, Frankreich und angelsächsischen Ländern anstellt. Nach Angaben des Statistischen Bundesamts (Stand: 07.03.2022) existierten 2021 knapp 417.000 steuerpflichtige Personengesellschaften, mit knapp 195.000 waren fast die Hälfte davon BGB-Gesellschaften, vgl. die vom Statistischen Bundesamt veröffentlichte Umsatzsteuerstatistik zu 2021, abrufbar unter https://t1p.de/d0vkl.

73 Vgl. auch *K. Schmidt*, JZ 1985, 909, 910: „Andererseits hat er [*der Gesetzgeber, Anm. d. Verf.*] das für die zum Rechtssubjekt verselbstständigte Gesamthand ohne weiteres passende Anwachsungsprinzip aus dem ADHGB (Art. 131) in das BGB übernommen (§ 738 BGB): Scheidet ein Gesellschafter aus der Gesellschaft aus, so bleibt das Gesellschaftsvermögen, was es war, nämlich Gesellschaftsvermögen“.

eines Gesellschafters dessen Anteil am Gesellschaftsvermögen den übrigen Gesellschaftern zuwuchs, konnte man gewissermaßen als Selbstverständlichkeit begreifen, wenn das Vermögen der Gesellschaft und nicht den Gesellschaftern gehörte.[74] Diese deutliche Divergenz in der früheren lex scripta ist auf die Gesetzeshistorie zurückzuführen.

Bei Ausformung der Gesellschaft im ersten Entwurf zum BGB folgte die erste Kommission zunächst der römisch-rechtlichen, von der *societas* geprägten Gesellschaftsauffassung.[75] Entsprechend konzipierte sie die Gesellschaft nur und ausschließlich als ein rein schuldrechtliches Rechtsverhältnis zwischen den Gesellschaftern, weshalb sich die Regelungen zur GbR zuvor und auch heute noch im zweiten Buch des BGB bei den besonderen (Schuld) Vertragstypen befinden.[76] Soweit infolge des Gesellschaftsverhältnisses ein gemeinschaftliches Vermögen aufgebaut wurde, sollte es den Gesellschaftern zu Bruchteilen zustehen.[77] Die Gesellschafter selbst sollten nur schuldrechtlich dazu verpflichtet sein, über ihren Anteil an den einzelnen gemeinschaftlichen Gegenständen bis zur Auseinandersetzung nicht zu verfügen.[78] Eine gleichwohl vorgenommene Verfügung sollte damit dinglich wirksam sein.[79]

Erst die zweite Kommission legte der GbR in §§ 718, 719 BGB a.F. als Vermögensverfassung die Gemeinschaft zur gesamten Hand zugrunde, kam dabei allerdings nicht zu dem Ergebnis, sie auch personenrechtlich als Rechtsgemeinschaft zu erfassen.[80] Vielmehr hielten die Autoren des BGB an der Gestalt der Gesellschaft als ein Schuldverhältnis fest und überließen damit

---

74 So *K. Schmidt,* GesR, § 8 III, 204.

75 *Mugdan,* Bd. II, Motive, S. 330 Siehe hierzu auch die beachtenswerte Analyse von *Limbach,* Gesamthand und Gesellschaft, 332 ff.

76 *Schäfer,* GesR (5. Aufl.), § 18 Rn. 1. Daraus folgt zugleich, dass unter Beachtung einiger Besonderheiten die Vorschriften des Allgemeinen Teils des BGB und die des Allgemeinen Schuldrechts Anwendung finden, sofern sie für Dauerschuldverhältnisse einschlägig sind; so werden insbesondere die Nichtigkeitsfolgen des Allgemeinen Teils durch die Grundsätze der fehlerhaften Gesellschaft modifiziert. Zu letzteren ausführlich etwa *Schäfer,* in: MüKo-BGB, § 705 Rn. 33.

77 *Mugdan,* Bd. II, Motive, 335.

78 *Mugdan,* Bd. II, Motive, 331.

79 *Mugdan,* Bd. II, Motive, 335, 345.

80 *Flume,* ZHR 136 (1972), 177, 178. Siehe zu den inhaltlichen Veränderungen des Zweiten Entwurfs auch *Limbach,* Gesamthand und Gesellschaft, 347 ff.

der Wissenschaft und Praxis die Klärung der Rechtsnatur der Gesamthand.[81] Gleichwohl, so glaubte man, habe man mit der Gesamthand ein „klares, auch dem Nichtjuristen verständliches und den deutschen Anschauungen entsprechendes Prinzip“[82] gewonnen. Die endgültige Gesetzesfassung vereinte also Elemente beider Kommissionen in sich und führte zu der Doppelstruktur der GbR.[83] Seither konnte von einem Gesellschaftsvermögen gesprochen werden. Das Vermögen als Objekt und Haftungsmasse ist zwar nicht gleichzusetzen mit der Rechtsfähigkeit als der „Fähigkeit, Träger von Rechten und Pflichten zu sein“[84]. Die Summe von Rechten und Pflichten ist allerdings gerade das, was den Vermögensbegriff definiert, sodass Vermögen und Rechtsfähigkeit rechtsbegrifflich eng verbunden sind.[85]

Die Vorschriften der §§ 705 ff. BGB a.F. konnten daher trotz – oder vielleicht auch wegen – des Gesamthandsprinzips insoweit keinen Aufschluss in Bezug auf die Rechtsnatur geben. Die Schaffung etwa des § 14 BGB im Jahre 2000, also die Konzeption einer Vorschrift, die im Allgemeinen Teil des BGB angesiedelt ist, vermochte ebenfalls keine vollständige Klärung mit sich zu bringen.[86] So wird im Normtext zwar ausdrücklich zwischen natürlichen und juristischen Personen sowie rechtsfähigen Personengesellschaften unterschieden (§ 14 Abs. 1 BGB). Doch ist dadurch nicht geklärt, welche Personengesellschaften im Einzelnen rechtsfähig sind – die Fähigkeit, Rechte zu erwerben und Verbindlichkeiten einzugehen, ist nicht die Voraussetzung,

---

81 In den Protokollen heißt es, die Meinungen gingen „darüber, wie die Rechtsgemeinschaft der gesammten Hand theoretisch zu konstruieren sei, und was man als das charakteristische Merkmal derselben anzusehen habe, auseinander“, *Mugdan*, Bd. II, Protokolle, 990. „Die Kom. war der Ansicht, daß eine Stellungnahme zu der wissenschaftlichen Streitfrage über das Wesen der gesammten Hand zu vermeiden sei. Es handle sich vielmehr darum, zu entscheiden, welche Bestimmungen fachlich den Vorzug verdienten“, *Mugdan*, Bd. II, Protokolle, 990.

82 *Mugdan*, Bd. II, Protkolle, 991.

83 *Schäfer*, GesR (5. Aufl.), § 18 Rn. 1; *Schücking*, in: MHdB GesR I, § 1 Rn. 41.

84 *M. Lehmann*, AcP 207 (2007), 225, 226 m.w.N.

85 *Denga*, ZfPW 2021, 73, 76, der auch weitere Argumente für die Wechselbezüglichkeit nennt.

86 *Gummert*, in: MHdB GesR I, § 17 Rn. 2; *Mansel*, in: Jauernig, vor §§ 21 ff. Rn. 1; *Windbichler*, GesR, § 2 Rn. 5.

sondern sie ist die Folge der Rechtsfähigkeit.[87] Die Legaldefinition der rechtsfähigen Personengesellschaft in § 14 Abs. 2 BGB ist ebenfalls wenig hilfreich.[88]

Letztlich bildete daher die Einführung eines nur unausgereiften und nur einen Teil der Gesellschaften erfassenden Gesamthandsprinzips, welches der GbR bloß „darüber gestülpt"[89] bzw. nachträglich „aufgepfropft"[90] wurde, den Anknüpfungspunkt für einen jahrzehntelangen Streit um die Rechtsfähigkeit der GbR (und ihrer Haftungsverfassung), der hier durch Skizzierung bloß der wesentlichen Standpunkte dargestellt werden soll.[91] Es ging insbesondere um die Frage, was Gegenstand des Gesamthandprinzips ist (bloße Vermögenswerte oder auch Verbindlichkeiten?), und um die rechtliche Einordnung: Stellt die Gesamthand ein Sondervermögen der Gesellschafter als Objekt dar oder ist die Gesamthand ein Rechtssubjekt?

Ein Konsens mochte und mag dabei in der Weise bestehen, dass vielfach – im Übrigen auch im Bereich des Steuerrechts[92] – unter der Gesamthand allgemein die Gesamthänder „in ihrer Verbundenheit" verstanden werden.[93] Gleichwohl ist damit für das „Mysterienspiel"[94] um die Gesamthandsdogmatik nicht viel gewonnen: Je nach Auffassung bzw. Zuordnungskonzept wird nämlich entweder die Betonung auf die jeweiligen Gesamthänder oder eben auf die Verbundenheit dieser Gesamthänder gelegt.

---

87 *Mansel*, in: Jauernig, vor §§ 21 ff. Rn. 1; *Ulmer*, ZIP 2001, 585, 589.

88 „Diese tautologische Begriffsbestimmung besagt nichts", *Flume*, ZIP 2000, 1427, 1428. Vgl. auch *Hensen*, ZIP 2000, 1151; *Hueck*, in: FS Zöllner, 275, 279 ff.

89 *Flume*, ZHR 136 (1972), 177, 178; *Flume*, Die Personengesellschaft, § 1 II, 3 f.

90 *K. Schmidt*, JZ 1985, 909.

91 Für eine ausführliche Darstellung des Streitstandes, welche den Erkenntnisgewinn für die Untersuchung nicht beträchtlich erhöhen würde und auf die aus diesem Grund daher verzichtet wird, siehe beispielsweise *K. Schmidt*, GesR, § 8 III 1, 196 ff. Für eine bildliche Darstellung der GbR als Vermögensgemeinschaft bzw. als rechtsfähige Wirkungseinheit siehe *Kindl*, GesR, § 6 Rn. 3 und 5. *Wertenbruch*, Haftung von Gesellschaften, Teil 1, Kapitel 5, § 3, 51 ff. führt im Einzelnen aus, dass der gleiche Prinzipienwechsel schon bei der Beratung des ADHGB in Bezug auf das Recht der OHG vorgenommen wurde.

92 Vgl. etwa *Hüttemann*, in: GS Knobbe-Keuk, 39, 44; *Prinz*, DB 2020, 1766 f.; *Schön*, StuW 1996, 275, 282 m.w.N.

93 Vgl. *Flume*, ZHR 136 (1972), 177, 187.

94 *Weber-Grellet*, AcP 182 (1982), 316.

II. Entwicklung in Literatur und Rechtsprechung

1. Die traditionelle Lehre[95]

Die GbR ist also so alt wie das BGB selbst. Entsprechend knüpfte auch die „bis in die Mitte der 80er Jahre herrschende“[96] traditionelle Lehre[97] eng an den letztlich erst durch das MoPeG geltenden Normbefund von 1900 an.[98] Die Auffassung ist durch ein rein objektives Gesamthandsverständnis gekennzeichnet: Sie beurteilt die tradierte GbR daher nur als ein auf einer vertraglichen Grundlage basierendes Schuldverhältnis der Gesellschafter, denen das Gesellschaftsvermögen als Objekt (Sondervermögen) unmittelbar zur gesamten Hand zusteht[99]; insofern sieht sie die gesellschaftsrechtliche Gesamthand bloß als Zuordnungsobjekt.[100] Die herkömmliche GbR soll, im Unterschied zur OHG und KG, somit eine reine Vermögensgemeinschaft sein. Gestützt unter anderem auf einen Umkehrschluss aus § 124 HGB a.F., verneint die traditionelle Lehre auch die Rechtsfähigkeit der Gesamthand; § 124 HGB a.F. verleihe der OHG in bestimmtem Umfang Rechtshandlungs-, nicht aber Rechtsfähigkeit.[101] Deshalb seien die Gesellschafter Berechtigte und Verpflichtete aus den namens der GbR geschlossenen Schuldverhältnissen, allerdings nicht persönlich, sondern, wie auch Miterben (§§ 2032 ff. BGB),

---

95 Die traditionelle Lehre wird auch als individualistische Theorie, alte Gesamthandslehre, gesetzestreue Lehre oder Vermögenstheorie bezeichnet.

96 *Ulmer*, GbR u. PartG (4. Aufl. 2004), § 705 Rn. 296.

97 Vgl. etwa *A. Cordes*, JZ 53 (1998), 545, 551; *Huber*, Vermögensanteil, 61 ff., 89 ff.; *Hueck*, in: FS Zöllner, 275, 294; *A. Kraft/Kreutz*, GesR, 102 ff.; *Weber-Grellet*, AcP 182 (1982), 316, 328; *Zöllner*, in: FS Gernhuber, 563 ff.; *Zöllner*, in: FS Kraft, 701 ff. jeweils m.w.N.

98 Vgl. auch die Feststellung von *K. Schmidt*, GesR, § 8 III, 204: „Es ist nicht zu leugnen, daß der Gesetzeswortlaut schwankt und eher auf ein dinglich gebundenes Gesellschaftervermögen hindeutet“. Eine umfassende Darstellung der Rechtsentwicklung der Gesamthandsgesellschaften vor 1900, das heißt insbesondere zum ADHGB findet sich bei *Wertenbruch*, Haftung von Gesellschaften, Teil 1, Kapitel 6, § 1, 58 ff.

99 Vgl. zu der umstrittenen Frage, wie genau diese Berechtigung aussehen soll, das heißt zu den Theorien der geteilten Mitberechtigung und der Theorie der ungeteilten Gesamtberechtigung die überblicksartige Darstellung von *A. Wilhelm*, Recht der Gesamthand, 27 f. m.w.N.

100 *Schäfer*, in: MüKo-BGB, § 705 Rn. 304.

101 *Friel*, in: MAH PersGesR, § 13 Rn. 7; *Weber-Grellet*, AcP 182 (1982), 316, 334.

gemeinschaftlich als Gesamthand.[102] Rechtssubjekt könnten somit nur die Gesellschafter sein.[103]

Handlungen für die GbR vor dem MoPeG führen nach der traditionellen Lehre zur gesamtschuldnerischen Haftung der Gesellschafter nach §§ 421, 427 BGB, wobei im Sinne einer einheitlichen Verpflichtung mit doppelter Wirkung zur Erfüllung das Gesamthandsvermögen und das Privatvermögen der Gesellschafter haften sollen[104]; Gläubiger für eine etwaige Vollstreckung nach § 736 ZPO a.F., das heißt für eine Vollstreckung in das Gesellschaftsvermögen als Haftungsobjekt, müssen daher über Titel gegen alle Gesellschafter verfügen.[105]

2. Die Gruppenlehre[106]

Im Laufe der Zeit wurde die traditionelle Lehre zunehmend in Frage gestellt. Schon vor Inkrafttreten des BGB betrachtete *Otto Friedrich von Gierke* die Gesamthand als eine auf personenrechtlicher Verbundenheit beruhende Personenmehrheit, die durch das Gesamthandsprinzip zu einer Personeneinheit werde.[107] Die damals noch exklusive Sichtweise bzw. die rechtssoziologischen

---

102 *Schäfer*, GesR, § 19 Rn. 1; Schäfer, in: MüKo-BGB, § 705 Rn. 304.

103 In der 11. Auflage des populären Lehrbuchs von *Alfons Kraft* und *Peter Kreutz* aus dem Jahr 2000 heißt es resümierend auf Seite 106: „Keine BGB-G ist rechtsfähig oder parteifähig. Die Gesellschafter sind als sog. Gesamthänder Rechtsträger eines Sondervermögens".

104 Vgl. *A. Kraft/Kreutz*, GesR, 146 f.; *Hueck*, in: FS Zöllner, 275, 293; *Zöllner*, in: FS Gernhuber, 563, 573. Der BGH führt diesbezüglich später in BGH, Urteil vom 29.01.2001 – II ZR 331/00, BGHZ 146, 341 aus, dies verwische „aber die Grenzen zwischen Schuld und Haftung, denn eine Schuld kann immer nur Subjekte, nicht aber Vermögensmassen treffen".

105 *A. Kraft/Kreutz*, GesR, 147. Die Drittwiderspruchsklage ist demnach einschlägig, sofern bloß aus einem Titel gegen einen Gesellschafter vollstreckt wird, BGH, Urteil vom 14.12.1977 – VIII ZR 163/76, WM 1978, 174.

106 Die Gruppenlehre wird oft auch als neue Lehre und zum Teil auch als Lehre von der Teilrechtsfähigkeit bezeichnet.

107 *Gierke*, Dt. Privatrecht I, 664: „Die Gemeinschaft zur gesammten Hand ist eine personenrechtliche Gemeinschaft, bei der die verbundenen Personen insgesammt zur aktiven Mitträgerschaft der Gemeinsphäre berufen sind. Hier kommt also die Personeneinheit in der Gesammtheit der Theilhaber zur rechtlichen Erscheinung"; *Gierke*, Dt. Privatrecht I, 676: „Im Bereiche der gesammten Hand bilden die Gemeiner eine Personeneinheit, sind daher nicht für sich, sondern in ihrer Verbundenheit,

Gedanken in ihren Grundzügen aufgreifend[108], begründete *Werner Flume* 1972 mit seinem „legendären Aufsatz“[109] unter dem Titel „Gesellschaft und Gesamthand“[110] die Gruppenlehre.[111] Zwei Jahre später nahm er in einem gleichermaßen bedeutenden Beitrag Stellung zu den mit ihr verbundenen Haftungsfragen.[112]

„Die Gesamthand als Gruppe ist nicht eine außer den Personen der Gesamthänder noch bestehende Wesenheit. Die Gruppe sind vielmehr die Gesamthänder selbst, die zu einem bestimmten Zweck, als Gesellschaft, Erbengemeinschaft, Gütergemeinschaft etc. vereinigt sind. Die für die Gesellschaft allgemein verwandte Formel, die »Gesellschaft« seien die Gesellschafter in ihrer Verbundenheit, trifft ungeachtet dessen, daß sie so unterschiedlich verwandt wird, wenn man sie recht versteht, das Richtige: Das Gesamthandsprinzip besagt nichts anderes, als daß es, soweit das Gesamthandsprinzip gilt – und für welche Gemeinschaften es gilt, bestimmt das Gesetz –, eine Handlungszuständigkeit und eine Rechtszuständigkeit für alle Gesamthänder

---

»insgesammt« oder »kollektiv«, berechtigt oder verpflichtet“; siehe auch *Gierke,* Dt. Privatrecht I, 682: „Kraft der gesammten Hand ist die verbundene Personenmehrheit als solche rechtsfähig. Sie kann Rechte und Pflichten haben, die zwar keiner von den verbundenen Personen verschiedenen Verbandsperson, ebenso wenig aber den einzelnen Gemeinern für sich zustehen“. Vgl. hinsichtlich der Auffassung von *von Gierke* bezüglich der Partei- und Prozessfähigkeit die Zusammenfassung von *Wertenbruch,* Haftung von Gesellschaften, Teil 1, Kapitel 6, § 3, 85 ff.

108 Vgl. hierzu auch die noch junge Habilitationsschrift von *Andreas Dieckmann*, im Rahmen welcher er sich ausführlich auch dem Verständnis von *Gierkes* Gesamthandsfigur sowie (kritisch) der Gruppenlehre widmet und diesbezüglich schon zu Beginn die These aufstellt, dass „Flume mit seiner Gruppenlehre Gierke und dessen Rechtsfigur der Gesamthand fehlinterpretiert“ habe, *Dieckmann,* Gesamthand und juristische Person, 17. Vgl. insoweit im Ansatz ähnlich auch *Palm,* Person im Ertragsteuerrecht, 581.

109 *K. Schmidt,* AcP 209 (2009), 181, 204.

110 *Flume,* ZHR 136 (1972), 177.

111 „Im Rückblick auf die Entwicklung der Gesamthandslehre seit dem 19. Jahrhundert wird man als bleibendes Verdienst der deutschrechtlichen Lehre und insbesondere Gierkes anzuerkennen haben, daß die Gesamthand als Personenverbundenheit – wir sagen: als Gruppe – herausgestellt worden ist“, *Flume,* ZHR 136 (1972), 177, 188 sowie *Flume,* Die Personengesellschaft, § 4 II, 55 f. Vgl. für einen prägnanten Überblick über die Lehre *Flumes* im Kontext des MoPeG auch *J. Wilhelm,* SachenR, 144 Rn. 179 ff.

112 *Flume,* in: FS Westermann, 119 ff.

zusammen, für die Gesamthänder in ihrer Verbundenheit, d.h. für die Gesamtheit als Gruppe, gibt."[113]

Der Grundgedanke *Flumes* war, dass die Zweite Kommission hinsichtlich der Frage nach der rechtlichen Qualifikation eine neutrale Position eingenommen habe.[114] Durch den von ihm verwendeten Terminus der „Gruppe" wollte *Flume* zum Ausdruck bringen („und nur darauf kommt es an"[115]), dass nach seiner Auffassung die Gesamthand am Rechtsleben als eine Organisationseinheit der über das Prinzip der Gesamthand verbundenen Personen teilnehme; Rechtssubjekt sei deshalb die Gruppe, wobei der Begriff „Gruppe" das schlicht deutlicher herausstelle als die Bezeichnung der Gesamthänder in ihrer Verbundenheit (nach *Flume* auch „Mitglieder der Gruppe").[116] Für das Verständnis des Gesamthandsprinzips habe man entgegen der tradierten Auffassung insoweit prägnant formuliert „nicht von dem Gesamthandsvermögen als Objekt, sondern vielmehr von der Gesamthand als Subjekt auszugehen"[117]. Die Gesamthand selbst – als solche streng von dem Gesamthandsvermögen

113 *Flume*, ZHR 136 (1972), 177, 188 f. sowie *Flume*, Die Personengesellschaft, § 4 II, 56.

114 *Flume*, ZHR 136 (1972), 177, 178 f.; zustimmend etwa *K. Schmidt*, in: Gutachten und Vorschläge zur Überarbeitung des Schuldrechts – Band III, 413, 472; *Wertenbruch*, Haftung von Gesellschaften, Teil 1, Kapitel 1, § 1, 165 f. Vgl. aber mit Blick auf die Gruppenlehre dann aber auch *Ulmer*, AcP 198 (1998), 113, 150 („nicht aus den auf die gesellschaftsrechtliche Gesamthand bezogenen Vorschriften des BGB und der ZPO ableitbar"); *K. Schmidt*, GesR, § 8 III 4, 204 (man könne sich, wenn man die Gesamthand als Rechtssubjekt ansehen will, „schwerlich auf den Willen des BGB-Gesetzgebers berufen").

115 *Flume*, Die Personengesellschaft, § 4 II, 56.

116 *Flume*, Die Personengesellschaft, § 4 II, 56 f. Wörtlich heißt es dort auch: „Mit diesem Terminus sollte jedoch nicht die Assoziation der Personenhaftigkeit verbunden werden. Die Gruppe ist auch als Rechtssubjekt nichts anderes als die Mitglieder der Gruppe in ihrer Verbundenheit".

117 *Flume*, ZHR 136 (1972), 177, 193; *Flume*, Die Personengesellschaft, § 5, 68.

zu trennen[118] – sei die Beteiligte aller rechtlich relevanten Vorgänge, sodass auch sie es sei, für die im Gesamthandsbereich gehandelt werde.[119]

Dass gesamthänderische Rechtsbeziehungen der Gesellschaft solche der Gesellschaft (als Gruppe) seien, lasse sich auch mit dem Wortlaut der §§ 714, 718, 719 BGB a.F., 736 ZPO a.F. vereinbaren.[120] Die Gesamthandsgesellschaft, insbesondere die GbR als deren „Urfigur"[121], komme gesetzlich nur fragmentarisch zum Ausdruck, weil insoweit lediglich das vermögensrechtliche, das heißt dingliche Element geregelt sei.[122] Die Gesamthand weise jedoch über die vermögensrechtliche Seite eine personenrechtliche Komponente auf, was im Gesellschaftsvertrag als Organisationsvertrag Niederschlag finde.[123] Insofern konsequent hatte die Vorschrift des § 124 Abs. 1 HGB a.F. nach *Flume*

---

118 *Flume*, Die Personengesellschaft, § 5, 69: „Wenn es weithin verkannt wird, daß die Gesamthandsgesellschaft eine Wirkungsgemeinschaft ist, so liegt dies daran, daß der Begriff der Gesamthand am Gesamthandsvermögen orientiert wird, statt daß die Gesamthand als Personengemeinschaft verstanden wird." Vgl. auch *Flume*, in: FS Westermann, 119, 123: „Die Gesellschaft ist dabei als Gesamthand nicht gleichzusetzen mit dem Gesamthandsvermögen. Dieses ist Haftungsobjekt, aber nicht Subjekt der Verpflichtung, d.h. Schuldner. Schuldner ist vielmehr die Gesamthand als Personengruppe. Nur wenn man die Gesellschaftsschuld als eine echte Schuld der Gesellschaft als Gruppe begreift, wird man dem Gesamthandscharakter gerecht".

119 *Flume*, ZHR 136 (1972), 177, 194 f.; *Flume*, Die Personengesellschaft, § 5, 68.

120 *Flume*, in: FS Westermann, 119, 123: „Kornblum a.a.O. [*Kornblum, die Haftung der Gesellschafter für Verbindlichkeiten von Personengesellschaften, Frankfurt 1972 – Anm. d. Verf.*], S. 33 N 11 u. 11a meint, der Verfasser habe ZHR 136, 182 ff bei seinem Verständnis der Gesellschaft als Gruppe die gesetzlichen, jeweils auf die Gesellschafter und nicht auf die Gesellschaft bezogenen Regelungen in § 714 BGB und § 736 ZPO »übersehen«. Nun sind diese Regelungen allerdings nicht zu übersehen und auch vom Verfasser nicht übersehen worden. Sie besagen jedoch nichts über die »Einheit« oder »Vielheit«, weil die Gesetzesverfasser gerade eine Stellungnahme zu der Frage des Wesens der Gesamthand vermeiden wollten." Vgl. zu § 718 BGB a.F. *Flume*, Die Personengesellschaft, § 5, 74; zu § 719 BGB a.F. *Flume*, Die Personengesellschaft, § 5, 71.

121 *Flume*, ZHR 136 (1972), 177, 179 sowie *Flume*, Die Personengesellschaft, § 1 I, 2.

122 So aktuell *Schäfer*, in: MüKo-BGB, 718 Rn. 2.

123 *Flume*, Die Personengesellschaft, § 4 III, 61: „Die schuldrechtlichen Beziehungen der Gesellschafter zueinander sind allerdings auch bei der Gesamthandsgesellschaft im grundsätzlichen die gleichen wie bei der römischrechtlichen Sozietät. Das personenrechtliche Element der Gesellschaft nach geltendem Recht besteht aber im Gegensatz zur societas des römischen Rechts darin, daß bei der Gesamthandsgesellschaft die Gesellschafter als Personengruppe Bezugspunkt der Rechtsbeziehungen

im Grunde auch nur deklaratorische Funktion; es finde sich darin zwar etwas Besonderes hinsichtlich des Gebrauchs der Firma, im Übrigen werde dort aber lediglich das Gesamthandsprinzip an sich dokumentiert.[124] Eine Qualifizierung als juristische Person sollten die herkömmliche GbR und die übrigen Gesamthandsgesellschaften allerdings nicht erfahren.[125]

In Konsequenz dessen, dass die Gesamthand über die vermögensrechtliche Seite hinaus eine personenrechtliche Komponente aufweise und die „kollektive Einheit"[126], das heißt die Gruppe, ein Rechtssubjekt sei, sollten Verbindlichkeiten der Gesellschaft als Schulden der Gesamthand auch nicht nach § 714 BGB a.F. die Gesellschafter, sondern die Gesellschaft (als Gruppe) treffen.[127]

In Ermangelung einer Regelung in den §§ 705 ff. BGB a.F. bedurfte allerdings die (geforderte) persönliche Haftung der Gesellschafter einer besonderen Legitimation, welche sich nicht unmittelbar aus dem Gesamthandsprinzip

der Gesellschaft sind, indem der Gesellschaftsvertrag als Organisationsvertrag die Gesellschaft als Verband konstituiert".

124 *Flume*, Die Personengesellschaft, § 5, 69 f: „Der Gebrauch der Firma veranschaulicht zwar eindeutiger, daß die OHG im Rechtsverkehr »als geschlossene Einheit« auftritt, und erleichtert so den Rechtsverkehr. Materiellrechtlich ergibt sich aber für die OHG gegenüber der Gesellschaft des bürgerlichen Rechts und auch gegenüber den anderen Gesamthandsgemeinschaften aus der Besonderheit des Firmenrechts kein Unterschied. Daß die OHG klagen und verklagt werden kann, daß es zur Zwangsvollstreckung in das Vermögen der OHG eines Titels gegen sie bedarf und daß die OHG selbstständig konkursfähig ist, sind zwar Regelungen, welche die Verselbstständigung der OHG gegenüber ihren Gesellschaftern verstärken. Der fundamentale materiellrechtliche Grundsatz, daß die Gesellschaft »als solche«, d.h. die Gruppe am Rechtsverkehr teilnimmt und Rechte erwerben und Verbindlichkeiten eingehen kann, ist aber ein allgemeiner Grundsatz des Rechts der Gesamthand".

125 Vgl. nur *Flume*, ZHR 136 (1972), 177, 188 sowie *Flume*, Die Personengesellschaft, § 4 II, 56: „Die Gruppe ist aber nicht als Person oder als Zwischenstufe zu einer Person zu verstehen. Sie ist keine »juristische Person«. Es handelt sich auch, wie Gierke mit Recht gesagt hat, bei den Gesamthandsgemeinschaften nicht um »verkrüppelte Körperschaftsorganismen oder degenerierte juristische Personen«".

126 *Flume*, ZHR 136 (1972), 177, 190. Vgl. insoweit *Gierke*, Dt. Privatrecht I, 676: „Im Bereiche der gesammten Hand bilden die Gemeiner eine Personeneinheit, sind daher nicht für sich, sondern in ihrer Verbundenheit, »insgesammt« oder »kollektiv«, berechtigt oder verpflichtet".

127 *Zöllner*, in: FS Gernhuber, 563, 573.

ableiten ließ.[128] Darüber, worin die Rechtfertigung einer persönlichen Haftung zu sehen war, gingen die Ansichten innerhalb der Gruppenlehre auseinander.

a) Die Doppelverpflichtungslehre

Nach der Doppelverpflichtungslehre[129] wurde eine persönliche Haftung der Gesellschafter auf das Prinzip der Stellvertretung gemäß den §§ 164 ff. BGB gestützt. Durch das rechtsgeschäftliche Handeln eines Gesellschafters sollte zwar die Gesellschaft verpflichtet werden. Gleichzeitig sollten jedoch, erneut nach dem Model einer einheitlichen Verpflichtung mit doppelter Wirkung, die Gesellschafter im Sinne von § 714 BGB a.F. persönlich vertreten und rechtsgeschäftlich nach §§ 164 ff. BGB ebenfalls verpflichtet werden.[130]

Zweifelhaft erschien allerdings, ob § 714 BGB a.F. auch die Vermutung einer persönlichen Vertretung der Gesellschafter begründen konnte.[131] Die für eine persönliche Mitverpflichtung der Gesellschafter erforderliche Vertretungsmacht wurde daher innerhalb dieser Lehre über Duldungs- und Anscheinsvollmachten gelöst[132] und teilweise auch unter Rückgriff auf § 157 BGB fingiert.[133] Weil durch den Doppelverpflichtungstatbestand an die Abgabe einer Willenserklärung angeknüpft wurde, konnte die Haftung der Gesellschafter nur auf eine rechtsgeschäftliche Verpflichtung zurückgeführt werden.[134] Gesetzliche Verbindlichkeiten der Gesellschaft vermochten folglich keine persönliche Haftung der Gesellschafter auszulösen[135], was wohl

---

128 *Dauner-Lieb*, DStR 1999, 1992; vgl. auch *Beuthien*, JZ 2003, 969, 971.

129 Siehe z.B. *Habersack*, JuS 1993, 1 ff.; *Hommelhoff*, ZIP 1998, 8 ff.; *Ulmer*, in: FS Fischer, 785, 792 ff. (dort die Akzessorietätstheorie noch ablehnend); *Ulmer*, ZIP 1999, 509 ff.; *Wackerbarth*, ZGR 1999, 365 ff.; *Wunderlich*, WM 2002, 271, 273; *Zöllner*, in: FS Gernhuber, 563, 572 ff.; vgl. auch *Beuthien*, JZ 2003, 969 ff., der die Rückkehr zur Doppelverpflichtungslehre auch nach Anerkennung der Rechtsfähigkeit der GbR für „dringend geboten“ (978) hält.

130 BGH, Urteil vom 30.04.1979 – II ZR 137/78, BGHZ 74, 240, 242 f. mit zusammenfassender Darstellung bei *Wiesner*, JuS 1981, 331 ff.; siehe auch *Habersack*, BB 1999, 61 ff.

131 *Ulmer*, in: FS Fischer, 785, 796.

132 *Wunderlich*, WM 2002, 271, 273 m.w.N.

133 Vgl. *Dauner-Lieb*, DStR 1999, 1992; *Ulmer*, in: FS Fischer, 785, 796.

134 *Habersack*, JuS 1993, 1, 2 f.; *Ulmer*, in: FS Fischer, 785, 790 ff.

135 *Habersack*, JuS 1993, 1, 3.

ein wesentlicher Grund dafür war, dass die Theorie, der auch der BGH in vielen Urteilen[136] folgte, zunehmend seltener vertreten wurde.

b) Die Akzessorietätstheorie

Demgegenüber wollten Vertreter der Akzessorietätstheorie[137] die Doppelschuld von Gesellschaft und Gesellschaftern aus der Akzessorietät beider Verbindlichkeiten herleiten.[138] Eine Mitverpflichtung der Gesellschafter nach den Grundsätzen der Stellvertretung wurde unter Hinweis auf eine Regelungslücke im Recht der GbR abgelehnt.[139] Schon früh wurde deshalb die Anwendung eines der OHG entsprechenden Haftungssystems gefordert.[140]

Die Gesellschafter sollten kraft Gesetzes analog §§ 128 S. 1, 124 Abs. 1 HGB a.F. jeweils als Gesamtschuldner persönlich für die Verbindlichkeiten der Gesellschaft haften und aufgrund der Akzessorietät sowohl für sämtliche rechtsgeschäftliche als auch für gesetzliche Verbindlichkeiten der Gesellschaft einstehen.[141] Ebenso sollten Gesellschafter durch die (später im Jahr 2003 auch

---

136 Vgl. BGH, Urteil vom 30.04.1979 – II ZR 137/78, BGHZ 74, 240, 242; BGH, Urteil vom 15.12.1980 – II ZR 52/80, BGHZ 79, 374, 377; BGH, Urteil vom 06.04.1987 – II ZR 101/86, NJW 1987, 3124, 3125; BGH, Urteil vom 07.03.1990 – VIII ZR 25/89, NJW-RR 1990, 701, 702; BGH, Urteil vom 10.02.1992 – II ZR 54/91, BGHZ 117, 168, 176 ff.; BGH, Urteil vom 15.07.1997 – XI ZR 154/96, BGHZ 136, 254, 258 f.; BGH, Urteil vom 18.05.1998 – II ZR 380-96, NJW 1998, 2904, 2905.

137 Exemplarisch *K. Schmidt*, in: FS Fleck, 271, 285 ff.; *Ulmer*, ZIP 1999, 554, 555 ff.; *Ulmer*, ZIP 2003, 1113, 1114; *Westermann*, ZGR 1977, 552, 562 f. Vgl. auch *Wertenbruch*, Haftung von Gesellschaften, Teil 1, Kapitel 11, § 5, 178 ff, der sich a.a.O. ausführlich mit der Dogmatik der damals noch herrschenden Doppelverpflichtungstheorie und dem Akzessorietätsgedanken beschäftigt und unter anderem mit Blick auf die Gesetzeshistorie herausarbeitet, dass die Frage der persönlichen, akzessorischen Gesellschafterhaftung unabhängig von der Rechtsnatur der GbR zu sehen ist, da sie aus der materiellrechtlichen Abhängigkeit der persönlichen Gesellschafterschuld von der Gesamthandsschuld resultiere.

138 Vgl. für eine ausführliche Darstellung der Entwicklung der Akzessorietätstheorie *Schulze*, Akzessorische Haftungsverfassung, 70 ff. sowie *Wertenbruch*, in: Westermann/Wertenbruch, Teil I, § 34 Rn. 882 f. (Dokumentstand: 77. Lieferung 7/2020), der dort auch den Bezug zum neuen Recht herstellt.

139 *K. Schmidt*, GesR, § 60 III 2, 1790 ff.

140 Dazu *Flume*, ZHR 136 (1972), 177; *K. Schmidt*, in: FS Fleck, 271; *Timm*, NJW 1995, 3209, 3215.

141 *K. Schmidt*, NJW 2001, 993, 998; *Ulmer*, ZIP 2001, 585, 597.

vom BGH anerkannte[142]) analoge Anwendung des § 130 HGB a.F. für bereits bestehende Verbindlichkeiten bei Eintritt in die Gesellschaft haften.[143] Der Akzessorietätsgedanke konnte sich gegenüber der Doppelverpflichtungslehre fortlaufend durchsetzen.[144]

c) Progression und Schlüsselfiguren der Gruppenlehre

Die Ansicht *Flumes* zur Rechtsnatur der Gesamthand konnte sich, vor allem von *Peter Ulmer*[145] und *Karsten Schmidt*[146] vorangetrieben und weiter fort-

---

142 BGH, Urteil vom 07.04.2003 – II ZR 56/02, BGHZ 154, 370, 372 ff.

143 *Gesmann-Nuissl*, WM 2001, 973, 978; *Habersack*, BB 2001, 477, 482; *Ulmer*, ZIP 2001, 585, 598; *K. Schmidt*, NJW 2001, 993, 999.

144 Statt vieler *Schäfer*, in: MüKo-BGB, § 714 Rn. 34 m.w.N.

145 „Werner Flumes Gesamthandsdoktrin gewann erst durch Peter Ulmers bezwingende Kommentierung den ihr gebührenden Widerhall", *K. Schmidt*, ZHR 177 (2013), 712, 714; vgl. auch *K. Schmidt*, in: FS Huber, 969, 979 (dort Fn. 50). In dem besonders hervorzuhebenden, als Sonderausgabe des Münchener Kommentars zum Bürgerlichen Gesetzbuch erschienenen Werk zur Gesellschaft bürgerlichen Rechts (derzeit 8. Auflage 2021) führt *Ulmer* im Vorwort der ersten Auflage aus 1980 zum Ziel seiner Kommentierung aus: „Zum anderen ist sie [...] darum bemüht, die gemeinsamen dogmatischen Grundlagen der verschiedenen Personengesellschaften herauszuarbeiten und daraus allgemeine Folgerungen für das Verständnis der Gesellschaft als einer über ein bloßes Schuldverhältnis mit Gesamthandselementen hinausgehenden, mit besonderen Organen ausgestatteten Personenverbindung abzuleiten. Damit verbindet sich die Hoffnung, zur Überwindung des an § 124 HGB anknüpfenden Scheingegensatzes zwischen den verschiedenen Personengesellschaften beizutragen und zugleich auch die Diskussion des OHG- und KG-Rechts in den diesen Rechtsformen gemeinsamen Fragen weiterzuführen." Siehe insoweit auch das Vorwort der 4. Auflage (welche *Ulmer* noch ohne Hinzuziehung von *Carsten Schäfer* alleine fortschrieb), in der *Ulmer* erklärt, er wolle „den Fachkollegen in Praxis und Wissenschaft diese voraussichtlich letzte Auflage aus seiner Feder zu einem ihm in 30-jähriger Arbeit besonders ans Herz gewachsenen Rechtsgebiet als eine Art Vermächtnis hinterlassen".

146 Auch Karsten Schmidt etwa gehörte früh zu einem Unterstützer der Gedanken *Flumes*, vgl. z.B. *K. Schmidt*, in: Gutachten und Vorschläge zur Überarbeitung des Schuldrechts – Band III, 413 ff. So formuliert auch *Bitter*, in: Deutschsprachige Zivilrechtslehrer des 20. Jahrhunderts, 161, 171: „Durch seine maßgebliche Befruchtung ist die Institutionenbildung im Gesellschaftsrecht seit dem Erscheinen der ersten Auflage des „Gesellschaftsrecht" weit vorangeschritten. Dies gilt etwa für das Außenrecht der Personengesellschaften als Bestandteil der Lehre von der Rechtsperson. Bereits die erste Auflage enthält einen eigenen Paragraphen mit dem Titel »Verbände als Rechtsträger«, in dem sich Karsten Schmidt intensiv mit der Rechtssubjektivität der Gesamthand im Vergleich zur juristischen Person befasst. Die dort im Anschluss an

entwickelt[147], im gesellschaftsrechtlichen Schrifttum in den Folgejahren weitgehend[148] durchsetzen[149], was auch an der Schaffung neuerer Gesetze lag. Die aus dem Jahr 1994 stammende Vorschrift des § 11 Abs. 2 InsO a.F. normierte die Insolvenzfähigkeit der GbR, indem sie bestimmte, dass ein Insolvenzverfahren auch über das Vermögen einer „Gesellschaft ohne Rechtspersönlichkeit" eröffnet werden könne.[150] § 191 Abs. 2 Nr. 1 UmwG a.F., gleichfalls im Jahr 1994 geschaffen, bestimmte, dass auch die GbR ein aus einem Formwechsel hervorgehender „Rechtsträger neuer Rechtsform"

Arbeiten insbesondere von Flume und P. Ulmer vertretene neue Gesamthandslehre hat sich bekanntlich vor einigen Jahren auch in der Rechtsprechung des II. Zivilsenats des BGH Bahn gebrochen, als dieser die Rechtsfähigkeit der Außengesellschaft bürgerlichen Rechts anerkannt hat. Dieser Erfolg geht auch auf das Konto von Karsten Schmidt." Vgl. auch *Dieckmann*, Gesamthand und juristische Person, 17, wonach *Peter Ulmer* und *Karsten Schmidt* neben *Werner Flume* als „Wegbereiter" und „Zentralfiguren" der Gruppenlehre zu sehen sind.

147 Vgl. hierzu kompendiarisch etwa *K. Schmidt*, ZHR 177 (2013), 712, 714 ff. oder (freilich kritisch) *A. Kraft/Kreutz*, GesR, 105 f.

148 Nach *Ulmer*, AcP 198 (1998), 113, 115 könne zum damaligen Zeitpunkt „gleichwohl (…) nicht von einem völligen Durchbruch der »Gruppen«-Lehre gesprochen werden". Zur Begründung heißt es ein wenig stürmisch (115 f.): „Die Zurückhaltung der Autoren dieser Werke gegenüber den neuen gesellschaftsrechtlichen Entwicklungen dürfte sich nicht nur aus der unverkennbaren Abweichung der neuen Lehre vom Wortlaut der §§ 714, 718 Abs. 1 BGB erklären, sondern auch daraus, daß diese Autoren das Personengesellschaftsrecht nicht als einen Schwerpunkt ihrer Interessen behandeln und die Stunde für die Notwendigkeit eines Positionswechsels bisher anscheinend noch nicht für gekommen gehalten haben".

149 „Wie schon erwähnt, hat sich diese Betrachtung unter den Gesellschaftsrechtlern inzwischen weitgehend durchgesetzt. (…) Gegenüber der traditionellen Sichtweise die »Gruppen«-Lehre den dreifachen Vorteil auf, daß sie (1) durch deutlichere Unterscheidung zwischen Gesellschaft und Gesellschaftern das Recht in Übereinstimmung mit der Rechtswirklichkeit bringe, (2) ein tragfähiges zivilrechtliches Fundament für die Personenhandelsgesellschaften bilde und § 124 HGB darin integriere, und daß sie (3) eine dogmatische Basis für das Gründungsrecht der Kapitalgesellschaften biete im Blick auf die ebenfalls als gesamthänderische Personenvereinigungen strukturierten, eine teilrechtsfähige Wirkungseinheit bildenden Vorgesellschaften der AG und GmbH", *Ulmer*, AcP 198 (1998), 113, 114 f., der in den dortigen Fn. 6, 8–10 zahlreiche Literaturnachweise aufführt. Vgl. später ebenfalls *Ulmer*, GbR u. PartG (4. Aufl. 2004), § 705 Rn. 299 („schon im Jahr 1997 als inzwischen ganz herrschende Meinung"). Weiterhin kritisch zur Gruppenlehre äußert sich etwa *Beuthien*, NZG 2011, 481 ff.

150 Zu § 11 Abs. 2 InsO a.F. unter anderem unter Bezug auf die (Teil-)Rechtsfähigkeit (bejahend, Parteifähigkeit jedoch verneinend) *Prütting*, ZIP 1997, 1725 ff.

sein könne.[151] Die Vorschrift des seit 1996 geltenden und im Wesentlichen unveränderten § 1059a BGB enthält die Gleichstellung der rechtsfähigen Personengesellschaft mit der juristischen Person in Bezug auf die Übertragung des Nießbrauchs. Und auch der Einführung des Partnerschaftsgesellschaftsgesetzes vom 25.07.1994 sowie des deutschen EWIV-Ausführungsgesetzes zur Europäischen EWIV-Verordnung kam ein Anteil an der Durchsetzung der modernen Lehre zu.

Für das Verständnis der Gruppenlehre ist also zum einen weiterhin vor allem auf die Arbeiten *Flumes* abzustellen, weil er den „rechtsdogmatischen Unterbau“[152] der Neuinterpretation des Gesamthandsprinzips lieferte.[153] Unter überzeugend stringenter Einbeziehung der Parteifähigkeit wurde das bestehende Grundgerüst indes letztlich erst von *Johannes Wertenbruch* zu einem schlüssigen Gesamtkonzept vervollständigt. In seiner im Jahr 2000 erschienenen Habilitationsschrift[154] hat *Wertenbruch* dezidiert herausgearbeitet, dass und inwieweit der Regelungsgehalt von § 736 ZPO a.F. auch auf die Beurteilung der Rechtsnatur der GbR ausstrahlte („von zentraler Bedeutung“[155]) und weshalb in der Konsequenz an der bis dato in Literatur und Rechtsprechung vorgenommenen Differenzierung der prozessualen und materiellrechtlichen Stellung der Gesellschafter nicht festgehalten werden

---

[151] Die tradierte GbR war allerdings kein umwandlungsfähiger Rechtsträger. In § 191 Abs. 1 UmwG a.F. war sie nicht als formwechselnder Rechtsträger genannt, sie konnte also gem. § 191 Abs. 2 Nr. 1 UmwG a.F. lediglich Zielgesellschaft sein. Bloß über Umwege ließ sich eine etwaige Intention einer Umwandlung erreichen, etwa durch Wandlung zu einer OHG. Denn oft sind es nur marginale Unterschiede wie das Führen von Handelsbüchern, die den Übergang einer GbR zu einer OHG markieren. Drehpunkt für diese Handhabung war § 105 Abs. 1 HGB a.F. Sobald also eine gewerbetreibende GbR einen nach Art und Umfang in kaufmännischer Weise eingerichteten Gewerbebetrieb erforderte, wurde sie ex lege ohne Eintragung und damit ohne Publizitätsakt zu einer personen- und strukturgleichen OHG.

[152] *Dieckmann*, Gesamthand und juristische Person, 21. Ferner heißt es dort: „Die momentan ganz h.M. übernimmt demnach auch nicht wirklich die von Flume entworfene Dogmatik der Gesamthand als Gruppe, sondern allein dessen Ansatz, die Gesamthand sei ein Rechtssubjekt“.

[153] So stellte denn auch der BGH in seiner Entscheidung ARGE Weißes Ross 2001 auf *Flume* ab, vgl. BGH, Urteil vom 29.01.2001 – II ZR 331/00, BGHZ 146, 341, 344.

[154] *Wertenbruch*, Haftung von Gesellschaften.

[155] *Wertenbruch*, Haftung von Gesellschaften, Teil 1, Kapitel 1, § 1, 7.

konnte.[156] Insofern präsentierte *Wertenbruch* unter tiefgehender Auswertung der beträchtlichen Gesetzeshistorie, der ungeschriebenen Rechtsgrundsätze und der Judikatur vor Inkrafttreten des BGB ein Verständnis, das die Rechtsfähigkeit der Gesamthand als Gruppe der Gesellschafter mit der davor scheinbar undenkbaren Parteifähigkeit einer GbR harmonisieren konnte. Damit gilt *Wertenbruch* als entscheidender Wegbereiter für die 2001 ergangene BGH-Entscheidung ARGE Weißes Ross[157], die sich maßgeblich auf seine wertvollen Vorarbeiten und Konklusionen stützt.

3. Erste Annäherungen in der Rechtsprechung

Vor jenem markanten Urteil des II. Zivilsenats aus 2001[158] war die Rechtsprechung zurückhaltender und die Rechtsstellung der herkömmlichen GbR letztlich ungewiss.[159] Während der Bundesgerichtshof Ende der siebziger Jahre die Rechtsfähigkeit der GbR noch keiner Klärung zuführen musste[160] und es lange vermieden hatte, ausdrücklich für oder gegen die Gruppenlehre Stellung zu beziehen, näherte er sich in der Folgezeit zunehmend der Rechtsfähigkeit der Außen-GbR an.[161] So könne die GbR etwa, weil es jeweils um die Fähigkeit der Gesellschaft als solche ging, Gründerin einer Aktiengesellschaft[162], Mitglied einer Genossenschaft[163] oder auch Gesellschafterin einer anderen GbR[164] sein. Ferner wurde entschieden, dass die Gesellschaft selbst

---

[156] Vgl. bezogen auf § 736 ZPO a.F. *Wertenbruch*, Haftung von Gesellschaften, Teil 1, Kapitel 9, § 1 und § 2, 122 ff. Für Nachweise der zuvor herrschenden Auffassung in Bezug auf § 736 ZPO a.F. – Verneinung der Parteifähigkeit – siehe die Auflistung bei *Wertenbruch*, Haftung von Gesellschaften, Teil 1, Kapitel 1, § 1, 5 (dort Fn. 3).

[157] BGH, Urteil vom 29.01.2001 – II ZR 331/00, BGHZ 146, 341.

[158] BGH, Urteil vom 29.01.2001 – II ZR 331/00, BGHZ 146, 341.

[159] Eine ausführliche Darstellung der Entwicklung der Rechtsprechung zur Rechtsnatur sowie Parteifähigkeit der GbR bis 1999 findet sich bei *Wertenbruch*, Haftung von Gesellschaften, Teil 1, Kapitel 12, § 1 bis 11, 196 ff.

[160] BGH, Urteil vom 13.06.1997 – II ZR 232/75, BGHZ 69, 95.

[161] Vgl. auch *Ulmer*, ZIP 2001, 585, 586: „Die (beschränkte) Rechtsfähigkeit der Außen-GbR schien jedenfalls in der Rechtsprechung des II. Zivilsenats seit rund zwei Jahrzehnten anerkannt".

[162] BGH, Urteil vom 13.04.1992 – II ZR 277/90, BGHZ 118, 83.

[163] BGH, Beschluss vom 04.11.1991 – II ZB 10/91, BGHZ 116, 86.

[164] BGH, Urteil vom 02.10.1997 –II ZR 249/96, NJW 1998, 376.

Vertragspartner sein könne.[165] Unter Aufgabe der früheren Rechtsprechung[166] wurde der früheren GbR auch die Scheckfähigkeit zuerkannt.[167] Grundlegend hieß es daher, die GbR könne als Gesamthandsgemeinschaft jede Rechtsposition einnehmen, soweit nicht spezielle rechtliche Gesichtspunkte entgegenstünden.[168]

Gleichwohl gab es auch Entscheidungen, welche eine Rechtsfähigkeit der damaligen GbR zumindest in Zweifel zogen. Der II. Zivilsenat ließ 1980 unbeantwortet, ob die GbR Gründerin einer GmbH sein könne.[169] Die Beteiligung einer GbR als Kommanditistin an einer KG schien nach seiner Auffassung ebenfalls nicht möglich.[170] Eine Fähigkeit der GbR, WEGVerwalterin zu sein, wurde 1989 vom V. Zivilsenat verneint.[171] Indem für den Fall eines Gesellschafterwechsels in der Vermieter-GbR § 571 BGB a.F. (§ 566 BGB n.F.) analoge Anwendung fand[172], war auch das Urteil des XII. Zivilsenats 1998 als Positionierung gegen die Annahme der Rechtsfähigkeit zu werten.[173] Weitere Unklarheit stiftete dann eine Entscheidung des II. Zivilsenats aus September 1999, in welchem die Möglichkeit einer Haftungsbeschränkung für rechtsgeschäftliche Verbindlichkeiten durch Namenszusatz (GbRmbH)

---

165 BGH, Urteil vom 15.12.1980 – II ZR 52/80, BGHZ 79, 374.

166 BGH, Urteil vom 13.07.1992 – II ZR 111/70, BGHZ 59, 179, 184 f.; BGH, Urteil vom 25.06.1973 – II ZR 133/70, BGHZ 61, 59, 62.

167 BGH, Urteil vom 15.07.1997 – XI ZR 154/96, BGHZ 136, 254, 257 f. („Jedenfalls für die Eingehung einer Scheckverpflichtung ist die Gesellschaft bürgerlichen Rechts als rechtsfähig anzuerkennen"); insoweit wurde 1997 die spätere Grundsatzentscheidung ARGE Weißes Ross bereits etwas vorbereitet, vgl. *Mülbert*, AcP 199 (1999), 38, 39 f.; vgl. zu dieser Entscheidung auch die Ausführungen von *Ulmer*, AcP 198 (1998), 113, 135 f.

168 BGH, Beschluss vom 04.11.1991 – II ZB 10/91, BGHZ 116, 86, 88; BGH, Urteil vom 15.07.1997 – XI ZR 154/96, BGHZ 136, 254, 257, im Ansatz zudem BGH, Urteil vom 15.12.1980 – II ZR 52/80, BGHZ 79, 374, 378 f.

169 BGH, Beschluss vom 03.11.1980 – II ZB 1/79, BGHZ 78, 311. Insoweit bejahte der II. Zivilsenat die Gründerfähigkeit der GbR, merkte allerdings an, es gehe „hier nicht darum, daß die BGB-Gesellschaft wie ein von seinen Mitgliedern abgesonderter selbständiger Rechtsträger Gesellschafterin einer GmbH werden soll", BGH, Beschluss vom 03.11.1980 – II ZB 1/79, BGHZ 78, 311, 313.

170 BGH, Urteil vom 19.02.1990 – II ZR 42/80, ZIP 1990, 505.

171 BGH, Beschluss vom 18.05.1989 – V ZB 4/89, BGHZ 107, 268.

172 BGH, Urteil vom 18.02.1998 – XII ZR 39/96, BGHZ 138, 82.

173 *Friel*, in: MAH PersGesR, § 13 Rn. 9.

verneint und die unbeschränkte Gesellschafterhaftung der GbR anerkannt wurde.[174] Denn das Gericht stützte seine Überlegungen dabei sowohl auf die traditionelle Lehre als auch auf die Gruppenlehre. Zudem verneinte der I. Zivilsenat im Jahr 2000 die Markenrechtsfähigkeit der GbR.[175]

4. Das Urteil „ARGE Weißes Ross"

a) Drei das GbR-Recht prägende Leitsätze

Die Grundsatzdiskussion über die Rechtsfähigkeit der GbR, wie sie bis zur Reform durch das MoPeG bestand, fand durch die Entscheidung des BGH in der Rechtssache ARGE Weißes Ross[176] im Jahre 2001 ein Ende. Mit dem Versäumnisurteil betreffend die Haftung einer bauwirtschaftlichen Arbeitsgemeinschaft und ihrer Gesellschafter für namens der ARGE eingegangene Wechselverbindlichkeiten hatte der für das Gesellschaftsrecht zuständige II. Zivilsenat der Gruppenlehre „auf breiter Front zum Durchbruch verholfen"[177]. Der BGH attestierte der BGB-Außengesellschaft Rechtsfähigkeit, soweit sie durch Teilnahme am Rechtsverkehr eigene Rechte und Pflichten begründe (erster Leitsatz). Das Gericht ging in dieser Rechtssache davon aus, dass der Gesetzgeber die Rechtsnatur der GbR ausdrücklich offengelassen habe und daher Raum für eine richterrechtliche Rechtsfortbildung bestehe, wobei das Gericht „mit sehr viel größerem Gewicht, als es sonst üblich ist, auf die Entwicklungsgeschichte der Konzeption des BGB zur Rechtsnatur der Gesellschaft zurückgreift"[178]; die Begründung selbst ist dabei auch von Praktikabilitätsgründen getrieben und vor allem auf die Vorzüge der

---

174 BGH, Urteil vom 27.09.1999 – II ZR 371/98, BGHZ 142, 315; hierzu *Altmeppen*, ZIP 1999, 1758 ff.; *Ulmer*, ZGR 2000, 339 ff.

175 BGH, Urteil vom 24.02.2000 – I ZR 168/97, NJW-RR 2001, 114.

176 BGH, Urteil vom 29.01.2001 – II ZR 331/00, BGHZ 146, 341; Urteilsanmerkungen beispielsweise von *Habersack*, BB 2001, 477 ff.; *Ulmer*, ZIP 2001, 585 ff.; *K. Schmidt*, NJW 2001, 993 ff. In der Sache deutlich kritischer etwa *Pfeifer*, NZG 2001, 296 ff.

177 *Ulmer*, ZIP 2011, 1689.

178 *Westermann*, NZG 2001, 289, 290.

Gruppenlehre[179] gestützt.[180] So betont das Gericht im Zusammenhang mit der Ansicht *Flumes*: „Dieses Verständnis der Rechtsnatur der gesellschaftsrechtlichen Gesamthandsgemeinschaft bietet ein praktikables und weitgehend widerspruchsfreies Modell für die vom Gesetz (§§ 718–720 BGB) gewollte rechtliche Absonderung des Gesellschaftsvermögens vom Privatvermögen der Gesellschafter."[181]

Etwas später heißt es auch bekennend zum Gesamthandsprinzip, abkehrend von der dualistischen Sichtweise und zugunsten einer Trinität der Rechtssubjektivität[182]: „In der Anerkennung der Rechtsfähigkeit der Gesellschaft liegt kein Widerspruch zu den §§ 21, 22, 54 BGB, wo mit Rechtsfähigkeit offensichtlich die Fähigkeit der Gesellschaft gemeint ist, Träger von Rechten und Pflichten aufgrund eigener Rechtspersönlichkeit und damit »als solcher« und nicht als Gruppe ihrer gesamthänderisch verbundenen Mitglieder zu sein. Wie § 14 Abs. 2 BGB zeigt, geht aber das Gesetz davon aus, daß es auch Personengesellschaften gibt, die Rechtsfähigkeit besitzen. So ist es praktisch unbestritten, daß OHG und KG Träger von Rechten und Pflichten sein können und damit rechtsfähig sind, ohne als Gesamthandsgemeinschaften den Status einer juristischen Person zu besitzen."[183]

Der BGH hatte der Außen-GbR entgegen der früheren Rechtsprechung[184] auf einer Linie mit der Habilitationsschrift von *Johannes Wertenbruch*[185], „auf

---

179 Der BGH spricht nicht ausdrücklich von der Gruppenlehre, doch verdiene „die Auffassung von der nach außen bestehenden beschränkten Rechtssubjektivität der bürgerlich-rechtlichen Gesellschaft den Vorzug. [...] Sie wurde maßgeblich von Flume [...] in die moderne Diskussion eingeführt und hat sich im neueren Schrifttum weitgehend durchgesetzt", BGH, Urteil vom 29.01.2001 – II ZR 331/00, BGHZ 146, 341, 344.

180 Vgl. BGH, Urteil vom 29.01.2001 – II ZR 331/00, BGHZ 146, 341, 343; dazu auch *Dauner-Lieb*, DStR 2001, 356, 357; *Westermann*, NZG 2001, 289, 290.

181 BGH, Urteil vom 29.01.2001 – II ZR 331/00, BGHZ 146, 341, 344.

182 Vgl. in diesem Zusammenhang auch *Wertenbruch*, in: FS Seibert, 1089, 1095: „Flume kannte aber als ausgewiesene Koryphäe auch des römischen Rechts die »Zwangsvorstellung« der damals h.M., nach der im Bereich des deutschen Zivilrechts nur die juristische Person und die natürliche Person rechtsfähig sein konnten".

183 BGH, Urteil vom 29.01.2001 – II ZR 331/00, BGHZ 146, 341, 347.

184 BGH, Urteil vom 15.10.1999 – V ZR 141/98, NJW 2000, 291.

185 *Wertenbruch*, Haftung von Gesellschaften. Zur Bedeutung der Vorarbeiten von *Wertenbruch* siehe auch den auf „ARGE Weißes Ross" bezogenen Beitrag von *Heil*, NZG 2001,

die das Urteil – insbesondere bei der Auseinandersetzung mit dem Gesetzeswortlaut und dem Willen des historischen Gesetzgebers – mehrfach rekurriert“[186], auch die Parteifähigkeit zuerkannt (zweiter Leitsatz)[187], was zuvor aber insbesondere mit Blick auf § 50 Abs. 2 ZPO a.F. zum Teil auch von Vertretern der Gruppenlehre in Zweifel gezogen wurde.[188] Dazu musste der II. Zivilsenat die Norm des § 736 ZPO a.F., wonach zur Zwangsvollstreckung in das Vermögen der GbR ein gegen alle Gesellschafter ergangenes Urteil erforderlich ist, mit *Johannes Wertenbruch* als das „vollstreckungsrechtliche Pendant“[189] zu § 719 Abs. 1 BGB a.F. einordnen. Die Vorschrift, die eine „Ausprägung des Prinzips der gesamthänderischen Bindung des Gesellschaftsvermögens“[190] darstelle, werde dadurch gerade nicht „überflüssig“[191], vielmehr behalte sie „durchaus einen eigenständigen Regelungsgehalt“[192], sofern man den Wortlaut im Lichte des Gesamthandsprinzips so verstehe, dass ein gegen die Gesamtheit der gesamthänderisch verbundenen Gesellschafter als Partei ergangenes Urteil ein Urteil „gegen alle Gesellschafter“ im Sinne

300, passim, obgleich *Heil* der Entscheidung kritisch gegenübersteht. Siehe zur Parteifähigkeit auch *Wiedemann*, WM Sonderbeilage IV 1975, 1, 9 f.

186 *Wedemann*, in: Gesellschaftsrechts-Geschichten, 495. Auch wenn die Entscheidung des II. Zivilsenats letztlich vor allem mit der Anerkennung der Rechtsfähigkeit der BGB-Außengesellschaft assoziiert wird, ist es eigentlich vielmehr die durch *Johannes Wertenbruch* maßgeblich vorbereitete Anerkennung ihrer Parteifähigkeit, die dem Urteil die große progressive Bedeutung verleiht.

187 BGH, Urteil vom 29.01.2001 – II ZR 331/00, BGHZ 146, 341, 347: „Erkennt man die Fähigkeit der Gesellschaft bürgerlichen Rechts an, Träger von Rechten und Pflichten zu sein, kann ihr die Parteifähigkeit im Zivilprozeß, die gemäß § 50 ZPO mit der Rechtsfähigkeit korrespondiert, nicht abgesprochen werden“.

188 Vgl. dazu gebündelt *Ulmer*, ZIP 2001, 585, 590 m.w.N. sowie vor allem die von *Ulmer* a.a.O. in den Fn. 6 und 126 hochgelobte Habilitationsschrift von *Johannes Wertenbruch*, die unter anderem eine beeindruckende Aufarbeitung zur Entstehungsgeschichte des § 736 ZPO a.F. bietet, *Wertenbruch*, Haftung von Gesellschaften, Teil 1, Kapitel 9, § 2, 123 ff.

189 *Wertenbruch*, Haftung von Gesellschaften, Teil 1, Kapitel 9, § 2, 129; ausführlich zur Entstehungsgeschichte des § 736 ZPO a.F. *Wertenbruch*, a.a.O., 123 ff. Dieser prägende Ausdruck wurde später von BGH, Urteil vom 29.01.2001 – II ZR 331/00, BGHZ 146, 341, 355 übernommen.

190 BGH, Urteil vom 29.01.2001 – II ZR 331/00, BGHZ 146, 341, 354.

191 BGH, Urteil vom 29.01.2001 – II ZR 331/00, BGHZ 146, 341, 356.

192 BGH, Urteil vom 29.01.2001 – II ZR 331/00, BGHZ 146, 341, 356.

von § 736 ZPO a.F. sei.[193] Für die Zwangsvollstreckung nach § 736 ZPO a.F. war damit fortan ein Titel gegen die Gesellschaft, mithin gegen die Gesamthand ausreichend.[194]

Mit Anerkennung der Rechtsfähigkeit hat sich zudem die Akzessorietätstheorie für die Haftung von Gesellschaftern und Gesellschaft endgültig[195] durchgesetzt (dritter Leitsatz); insoweit ist die wirtschaftlich nach außen tätige GbR dem Rechtsinstitut der OHG angeglichen worden. Die vormalige GbR und OHG deckten sich also seither in den Hauptmerkmalen – sie waren beide rechtsfähig und die Gesellschafter hafteten für die Verbindlichkeiten persönlich.[196]

Nachdem gegen das Versäumnisurteil Einspruch eingelegt wurde, bestätigte der BGH im darauffolgenden Urteil seine Sichtweise.[197] Dabei hatte er die Notwendigkeit einer Vorlage an den großen Senat für Zivilsachen (§§ 132 Abs. 3, Abs. 4 GVG) oder an den gemeinsamen Senat der obersten Gerichtshöfe des Bundes (§ 2 Abs. 1 RsprEinhG) verneint.[198]

---

193 Dazu nur *Wertenbruch*, Haftung von Gesellschaften, Teil 1, Kapitel 9, § 2, 135. Kritisch ist die Anmerkung von *Bachmayer*, BWNotZ 2009, 122, 132: „Wenn es nur um das Vermögen »der Gesellschaft« ginge, wozu dann noch mühsam einen Titel gegen die Gesellschafter konstruieren, um den Wortlaut des zu§ 736 ZPO zu entsprechen?".

194 BGH, Urteil vom 29.01.2001 – II ZR 331/00, BGHZ 146, 341, 353: „Ein gegen die Gesamtheit der gesamthänderisch verbundenen Gesellschafter als Partei ergangenes Urteil ist ein Urteil »gegen alle Gesellschafter« im Sinne § 736 ZPO. Die Vorschrift verlangt weder vom Wortlaut noch vom Zweck her ein Urteil gegen jeden einzelnen Gesellschafter." Siehe hierzu auch *Wertenbruch*, DGVZ 2001, 97, der dort auch den verbleibenden Anwendungsbereich des § 736 ZPO a.F. und die Voraussetzungen der Vollstreckung in das Privatvermögen der Gesellschafter thematisiert. Die Entscheidung noch einmal prägnant zusammenfassend *Wertenbruch*, ZIP 2019, 2082 f.

195 Die Doppelverpflichtungslehre wurde durch BGH, Urteil vom 27.09.1999 – II ZR 371/98, BGHZ 142, 315 im Jahre 1999 aufgegeben. Die analoge Anwendung der §§ 128 ff. HGB a.F. wurde allerdings erst mit BGH, Urteil vom 29.01.2001 – II ZR 331/00, BGHZ 146, 341 bzw. BGH, Urteil vom 24.02.2003 – II ZR 385/99, BGHZ 154, 88 und BGH, Urteil vom 07.04.2003 – II ZR 56/02, BGHZ 154, 370 deutlich.

196 Eingehend *Schäfer*, in: MüKo-BGB, § 714 Rn. 34 m.w.N.

197 BGH, Beschluss vom 18.02.2002 – II ZR 331/00, NJW 2002, 1207.

198 Vgl. diesbezüglich auch die kritischen Worte von *Wolfgang Krüger*, dem Vorsitzenden Richter des für Grundstücks- und Wohnungseigentumsrecht zuständigen V. Zivilsenats des BGH a.D, *W. Krüger*, NZG 2010, 801 f: „Das Ausmaß der durch diese Entscheidung hervorgerufenen und von ihr nicht gelösten Folgeprobleme provoziert allerdings die Frage, warum das nicht bedacht worden ist. Das liegt im Wesentlichen

b) Unmittelbare Rezeption

Zweifellos hat der II. Zivilsenat des BGH mit der Beantwortung „einer der umstrittensten Fragen der Gesellschaftsrechtsdogmatik“[199] in seiner Entscheidung aus 2001 das angewandte Recht der herkömmlichen GbR nachhaltig geprägt, wesentliche Streitfragen geklärt und damit letztlich „ein neues Kapitel aufgeschlagen“[200]. Es kam im Urteil allerdings nicht zu einer gänzlichen, vorbehaltlosen Anerkennung der Rechtsfähigkeit der GbR, wie sich aus dem Wortlaut des ersten Leitsatzes ergibt: „Die (Außen-)Gesellschaft bürgerlichen Rechts besitzt Rechtsfähigkeit, soweit sie durch Teilnahme am Rechtsverkehr eigene Rechte und Pflichten begründet“[201]. Es war insbesondere die vom II. Zivilsenat verwendete Konjunktion „soweit“, die für Unklarheiten sorgte, als von „tautologischer Natur“[202] verstanden wurde und Anlass zu erneuten Diskussionen bot. Die Wissenschaft setzte sich etwa mit der Frage auseinander, ob jede GbR Träger von Rechten und Pflichten sein könne oder ob eine „höherstufige“[203] Ausstattung erforderlich sei. *Karsten Schmidt* sprach sich dafür aus, die bis zur Rechtsfähigkeit reichende Verselbstständigung im Grundsatz auf die sog. Mitunternehmergesellschaft zu beschränken.[204] *Peter Ulmer* gelangte zu einem ähnlichen Ergebnis, indem er den Passus „Teilnahme am Rechtsverkehr“ zugunsten der Rechtssicherheit

an einem Fehler bei der internen Abstimmung im BGH. (…). Der II. Zivilsenat hat die Anfrage nachgeholt, als er sich mit derselben Sache auf Grund des Einspruchs eines der Beteiligten, gegen den durch Versäumnisurteil entschieden worden war, erneut befassen musste. Es ist vielleicht nachvollziehbar, dass diese Anfrage ihren Zweck nicht mehr erreichen konnte“.

199 *A. Kraft/Kreutz*, GesR, 103.

200 *Westermann*, NZG 2001, 289.

201 BGH, Urteil vom 29.01.2001 – II ZR 331/00, BGHZ 146, 341.

202 *Derleder*, BB 2001, 2485, 2487.

203 *Ulmer*, ZIP 2001, 585, 592.

204 *K. Schmidt*, in: Gutachten und Vorschläge zur Überarbeitung des Schuldrechts – Band III, 413, 480 ff., 495 ff.; *K. Schmidt*, GesR, § 58 II 4, 1698 ff.; im Anschluss an BGH, Urteil vom 29.01.2001 – II ZR 331/00, BGHZ 146, 341 aber zurückhaltender *K. Schmidt*, NJW 2001, 993, 1002; kritisch *Habersack*, BB 2001, 477, 478; *Hadding*, ZGR 2001, 712, 716 f.; vgl. auch schon *Hüffer*, AcP 184 (1984), 584 ff.; *Ulmer*, ZGR 1984, 313 ff.; *Wertenbruch*, Haftung von Gesellschaften, Teil 1, Kapitel 13, § 12, 310 (mit überzeugenden Schlüssen aus der Parteifähigkeit). *K. Schmidt* hatte seine frühere Sichtweise in der Folge revidiert und wollte vor dem MoPeG ebenfalls zwischen Außen- und Innengesellschaft differenzieren, begriffstechnisch allerdings

so verstanden wissen wollte, dass eine Gesellschaft mit eigener Identitätsausstattung und somit eine Gesellschaft mit eigenem Namen, eigener Handlungsorganisation und eigener Haftungsverfassung notwendig sei.[205] Vorgeschlagen wurde auch, die Anerkennung der Rechtsfähigkeit von der Möglichkeit abhängig zu machen, nach § 105 Abs. 2 HGB a.F. in Verbindung mit § 2 HGB eine Handelsregistereintragung vornehmen zu können.[206] Nach der überwiegenden Meinung ließen sich der Rechtsprechung Einschränkungen hinsichtlich bestimmter Ausprägungen aber nicht entnehmen und sollte Kreuzungspunkt somit lediglich die Unterscheidung zwischen Außen- und Innengesellschaft sein und dadurch jeder Außen-GbR (aber eben nur dieser, das heißt nicht der Innengesellschaft) im Sinne einer „Einheitslösung"[207] die Rechtsfähigkeit zukommen.[208]

Ebenfalls anknüpfend an die genannte Konjunktion wurde auch der in diesem Zusammenhang manchmal (aber nicht vom II. Zivilsenat in der Entscheidung selbst) verwendete Begriff der Teilrechtsfähigkeit[209] in Frage gestellt.[210] Dieser fand (und findet) sich nicht im BGB und auch nicht in der

---

die Begriffe Schuldverhältnis und rechtsfähige Personengesellschaft verwenden, vgl. *K. Schmidt*, ZHR 177 (2013), 712, 717, 723, 727 und 736.

205 *Ulmer*, ZIP 2001, 585, 594; *Ulmer*, AcP 198 (1998), 113, 126 ff.; vgl. auch *Reuter*, AcP 207 (2007), 673, 681 ff.; kritisch dagegen *Elsing*, BB 2001, 2338; *Pohlmann*, WM 2002, 1421, 1423; *Wertenbruch*, NJW 2002, 324, 328.

206 *Kindl*, WM 2000, 697, 702.

207 *Dauner-Lieb*, DStR 2001, 356, 359.

208 *Habermeier*, in: Staudinger, vor §§ 705–740 Rn. 10 ff.; *Habersack*, BB 2001, 477, 478; *Hadding*, ZGR 2001, 712, 714 ff.; *Schöne*, in: BeckOK BGB, § 705 Rn. 16 (Stand: 01.11.2023); *Wertenbruch*, NJW 2002, 324, 328; vgl. auch *Geibel*, in: BeckOGK BGB, § 705 Rn. 204 f. (Stand: 01.01.2019). *Volker Beuthien* dagegen nimmt eine Unterscheidung der Innengesellschaft als handelsrechtliche stille Gesellschaft und als bürgerlichrechtliche Innengesellschaft vor – letzterer solle ebenfalls Rechtsfähigkeit zukommen, *Beuthien*, NZG 2011, 161; siehe auch *Westermann*, in: Erman BGB, vor § 705 Rn. 28. Auch *Erik Röder* schlägt ein Modell vor, wonach Gelegenheitsgesellschaften keine Rechtsfähigkeit zukommen soll, *Röder*, AcP 215 (2015), 450, 464 ff.

209 Vgl. etwa im Jahr 2018 noch der für das Wohnraummietrecht zuständige VIII. Zivilsenat – BGH, Urteil vom 21.03.2018 – VIII ZR 104/17, BGHZ 218, 162, 167. Vgl. zur „Wiederbelebung" des Begriffs durch andere Zivilsenate des BGH auch die Ausführungen von *Wertenbruch*, in: FS Seibert, 1089, 1096.

210 *Hadding*, ZGR 2001, 712, 717 f.; *M. Lehmann*, AcP 207 (2007), 225, 233 ff.; *Leipold*, in: FS Canaris, 221, 224 ff.; *Ulmer*, ZIP 2001, 585, 588 f.; *Westermann*, NZG 2001, 289 („etwas halbherzige Erfassung der Situation mit dem Begriff der Teilrechtsfähigkeit");

ZPO.[211] Im Recht der GbR ist er zumindest misslich, da nicht deutlich wird, auf welchen Teil er sich bezieht.[212] Einem einzelnen Rechtsträger können ohnehin nicht sämtliche Rechtspositionen zustehen[213], sodass sich Bereiche, in denen spezielle Gesichtspunkte einer bestimmten Rechtsposition entgegenstehen, eben auch unter einer trivial nicht erwähnenswerten, aber eben besonderen Rechtsfähigkeit fassen lassen. Dafür spricht auch der Wortlaut der § 14 Abs. 1 S. 2 BGB und § 1059a Abs. 2 BGB.[214]

---

siehe auch *Klingbeil*, AcP 217 (2017), 848, 859 f. und *Wertenbruch*, in: FS Seibert, 1089, 1093 ff. Auch vor BGH, Urteil vom 29.01.2001 – II ZR 331/00, BGHZ 146, 341 die Begriffsverwendung kritisierend etwa *Flume*, ZHR 136 (1972), 177, 192: „Der Begriff der Teilrechtsfähigkeit hat nur tautologischen Charakter. Er ist eine Abbreviatur mit je nach der Rechtsfigur der Gesamthand wechselndem Inhalt. Nur so, wie es für die betreffende Gesamthand von der Rechtsordnung bestimmt ist, daß der Gesamthand als Gruppe Rechtsbeziehungen zugeordnet sind, kann man von dieser Ordnung als einer Teilrechtsfähigkeit der Gesamthand sprechen"; *Wertenbruch*, Haftung von Gesellschaften, Teil 1, Kapitel 13, § 1, 212 f. („verwirrend und überflüssig").

211 Der Begriff geht zurück auf *Fritz Fabricius*; er sieht die Rechtsfähigkeit relativ in dem Sinne, dass sie einer Person nur in bestimmten Verhältnissen, also nicht absolut zukommt, vgl. *Fabricius*, Relativität der Rechtsfähigkeit, 109, 117 ff. Dass der Begriff der Teilrechtsfähigkeit durchaus seine Berechtigung haben mag, zeigt sich am Beispiel der Börse in § 2 Abs. 1 BörsG. Siehe aber auch *Ehlers*, in: Münsterische Beiträge zur Rechtswissenschaft, Band 130, 15 f.

212 Vgl. auch *Flume*, ZHR 136 (1972), 177, 192: „Dieser Begriff, der von Fabricius allgemein für die Rechtsgemeinschaften, die nicht als juristische Person organisiert sind, und im besonderen für die Gesamthand wieder verwandt worden ist, ist unbedenklich, wenn er nicht mehr besagen soll, als daß die Gesamthand, d.h. die Gruppe, und nicht je das Mitglied derselben, der Beziehungspunkt der Rechtsbeziehungen ist".

213 Beispielsweise und selbstredend kommt einer Aktiengesellschaft als juristischer Person im Gegensatz zu natürlichen Personen keine Ehefähigkeit zu (§§ 2, 1303 Abs. 1 BGB.) Auch der Mensch etwa ist, soweit er das vierzigste Lebensjahr noch nicht vollendet hat, unfähig, die Wahl zum Bundespräsidenten anzutreten (Art. 54 GG). Einige Rechtspositionen sind auf Personenvereinigungen beschränkt, sodass natürlichen Personen auch die Fähigkeit der Verschmelzung nach dem Umwandlungsgesetz verwehrt ist (§ 3 Abs. 1 UmwG a.F., vgl. aber § 3 Abs. 2 Nr. 2 UmwG a.F.).

214 *Flume*, ZHR 136 (1972), 177, 192: „Der Begriff der Rechtsfähigkeit (…) hat umfassenden Charakter." Ähnlich *M. Lehmann*, AcP 207 (2007), 225, 235.: „In Wahrheit ist die »(Teil-)Rechtsfähigkeit« jedoch bereits volle Rechtsfähigkeit, denn besteht die Rechtsfähigkeit auch nur in einem Teil des Rechts, dann ist damit zugleich gesagt, dass die Person als taugliches Subjekt der Zuordnung von Rechten und Pflichten angesehen wird".

Trotz der Grundlagenentscheidung, die zusammen mit den kurz darauf ergangenen (Folge)Entscheidungen zur Übertragung des Haftungsregimes der OHG auf die GbR[215] auch als eine der „spektakulärsten richterlichen Rechtsfortbildungen seit Inkrafttreten des BGB“[216] angesehen wird, taten sich nicht alle Zivilsenate des BGH damit leicht, die Entscheidung umzusetzen,[217] und standen noch weitere theoretische und praktische Fragen hinsichtlich der GbR offen, die erst später einer höchstrichterlichen Klärung zugeführt wurden.[218]

5. Zwischenergebnis: Die verkehrsfähige Gesamthand

Bei der herkömmlichen GbR, die mit Inkrafttreten des BGB in den §§ 705 ff. BGB a.F. gesetzlichen Niederschlag gefunden hat, handelte es sich um einen vertraglichen Zusammenschluss von mindestens zwei Personen (natürliche und/oder juristische Personen bzw. Personenvereinigungen) ohne Rechtspersönlichkeit zur Erreichung eines gemeinsamen Zwecks, den ihre Gesellschafter in der vertraglich vereinbarten Weise zu fördern verpflichtet waren, der jedoch in Abgrenzung zu den Personenhandelsgesellschaften nicht auf den Betrieb eines Handelsgewerbes (§ 1 Abs. 2 HGB) ausgerichtet sein konnte.

Die vormalige GbR und damit auch die übrigen Personengesellschaften haben im Laufe des 20. Jahrhunderts einen dogmatischen Wandel durchlebt. Denn bei Schaffung des BGB und der Einführung des die Personengesellschaft prägenden Gesamthandsprinzips überließ man dessen nähere Interpretation der Wissenschaft und Praxis. Nach der traditionellen, individualistischen Theorie wurde der GbR als solcher die Rechtssubjektqualität abgesprochen. Vielmehr waren die einzelnen Gesellschafter die Träger von Rechten und Pflichten und damit Rechtsubjekte. Es war vor allem *Werner Flume* zu verdanken, dass die Diskussion um die Dogmatik der Gesamthand neu entfacht wurde. In Abkehr von dem rein vermögensrechtlichen Verständnis sah man

---

215 BGH, Urteil vom 24.02.2003 – II ZR 385/99, BGHZ 154, 88; BGH, Urteil vom 07.04.2003 – II ZR 56/02, BGHZ 154, 370.

216 *Canaris*, ZGR 2004, 69.

217 Für einen Überblick der Rezeption und Umsetzung der Entscheidung durch die anderen Zivilsenate siehe etwa *Wedemann*, in: Gesellschaftsrechts-Geschichten, 495 ff.

218 Vgl. hierzu *Armbrüster*, ZGR 2013, 336 ff. sowie *Geibel*, WM 2007, 1496 ff.

ohne weitergehenden gesetzlichen Niederschlag im Gesamthandsprinzip auch personenrechtliche und organisationsrechtliche Komponenten. Die zentralen Wirkungen wurden also weiterhin im vermögensrechtlichen Element gesehen, das heißt vorwiegend diente das Gesamthandsprinzip weiterhin der Zusammenfassung von Gegenständen zu einem Sondervermögen. Zusätzlich aber sollte die Gesamthand ein Zuständigkeitsprinzip im Sinne einer Handlungszuständigkeit und eine Rechtszuständigkeit für alle Gesamthänder in ihrer gesamthänderischen Verbundenheit darstellen.

Die Gesamthand wurde deshalb als Organisationseinheit begriffen, die als Zusammenfassung ihrer Gesellschafter, der „Gruppe“ als solche am Rechtsverkehr teilnehme. In personenrechtlicher Dimension, die sich vor allem in dem Gesellschaftsvertrag als Organisationsvertrag ausdrücken sollte, diene der Begriff der „Gesamthand“ überdies dazu, die Stellung und Verfassung der Gesamthandsgesellschaften als Gruppe terminologisch auszudrücken. Sprach man also seither von „Gesamthand“, so war damit das Verständnis der Gesamthand als Rechtssubjekt gemeint.

Nachdem sich die Rechtsfähigkeit der GbR auch sukzessiv in Gesetz und Rechtsprechung abzeichnete, attestierte schließlich der für das Gesellschaftsrecht zuständige II. Zivilsenat des BGH der Außen-GbR im Jahr 2001 leitsätzlich die Rechts- und Parteifähigkeit bei akzessorischer Gesellschafterhaftung. Dabei stützte sich das Gericht einerseits entscheidend auf die Vorarbeiten von *Flume*, dessen Sichtweise sich im Schrifttum unter dem Stichwort „Gruppenlehre“ bis zu diesem Zeitpunkt bereits gegenüber der tradierten Auffassung durchsetzen konnte, und andererseits auf die moderne Ausdeutung von *Wertenbruch*, der die Interpretationen um den Aspekt der Parteifähigkeit schließlich bestimmend komplettierte.

Der II. Zivilsenat hatte die gesamthänderische Verbundenheit der Gesellschafter trotz der Anerkennung der Rechtsfähigkeit allerdings weiterhin als ein rechtsgültiges Wesensmerkmal der GbR angesehen, Rechtsfähigkeit musste jedoch nicht mehr zwingend mit Rechtspersönlichkeit einhergehen. Die diesbezügliche dualistische Sichtweise wurde daher aufgegeben, wie sich zudem auch gesetzlich durch die Schaffung des § 14 BGB im Jahre 2000 verdeutlichte. Voraussetzung für die Rechtsfähigkeit der GbR sollte nicht sein, dass es sich um eine unternehmenstragende Gesellschaft oder um eine solche mit einer besonderen Identitätsausstattung handelt, sondern lediglich, dass sie durch Teilnahme am Rechtsverkehr eigene Rechte und Pflichten begründete, mithin eine Außengesellschaft darstellte. Insoweit kann man im Kontext des alten Rechts von einer rechtspraktischen und einheitlichen Beurteilung der Außen-GbR sprechen.

Trotz dieser Entscheidung und der über die Jahrzehnte hinweg veränderten Sichtweise auf die GbR blieb die lex scripta hinsichtlich ihrer Rechtsnatur bzw. der Charakteristik als Gesamthand allerdings weiterhin unangetastet. Die §§ 705 ff. BGB a.F. waren seit ihrer Schaffung auf die Gelegenheitsgesellschaft ohne große Gesellschaftsorganisation gemünzt.

B. Die zivilrechtlichen Auswirkungen des MoPeG

Dass dem Personengesellschaftsrecht allgemein eine Reform (zumindest zur Versöhnung des geschriebenen Rechts mit der gelebten Rechtspraxis) guttun würde, dürfte vor Erlass des MoPeG eine nahezu einhellige Auffassung gewesen sein.[219] Umso mehr gilt dies speziell für den Rechtsrahmen der BGB-Gesellschaft. *Carsten Schäfer* stellte hierzu in seinem Gutachten für den Deutschen Juristentag 2016 fest: „Unbestreitbar findet sich der Rechtsanwender – Richter, Anwalt, Rechtslehrer und -schüler – nur noch bei genauer Kenntnis der umfangreichen höchstrichterlichen Rechtsprechung im geltenden BGB-Gesellschaftsrecht zurecht. Das Gesetz spiegelt den geltenden Rechtszustand nicht nur unvollkommen wider, es widerspricht ihm an vielen Stellen geradezu."[220] Dass diese Aussage stimmig war, wurde schon etwa dadurch ersichtlich, dass aufgrund der Rechtsentwicklung im Zusammenhang mit der Didaktik des Gesellschaftsrechts mitunter bereits abweichend von der gesetzlichen Normierung von der „OHG als Grundtypus der Personengesellschaft"[221] gesprochen wurde. Das Recht der GbR durch-

---

219 Vgl. insoweit nur *K. Schmidt*, ZHR 177 (2013), 712, 713: „Das Recht der Personengesellschaften ist Resultat einer systematischen (Neu-)Ordnung, die sich in jahrzehntelanger Rechtsfortbildung zunehmend vom positiven Recht emanzipiert hat. Hierdurch hat die Legalordnung an Überzeugungskraft und an Anschlussfähigkeit für die Rechtsfortbildung verloren". Ähnlich auch *Habersack*, in: Liber amicorum Giuseppe B. Portale, 213, 213 f.

220 *Schäfer*, in: Verh. des 71. DJT 2016 – Bd. I: Gutachten, E 10; vgl. auch *Schäfer*, in: MüKo-BGB, vor § 705 Rn. 27 sowie *Schäfer*, GesR, § 18 Rn. 1 („weithin Einigkeit, dass eine grundlegende Überarbeitung des Rechts der GbR notwendig war").

221 *Kindler*, Grundkurs H. u. G., § 10 Rn. 3.

ziehe ein „tiefer Riss“[222], meinte denn auch mit *Karsten Schmidt* einer seiner „profiliertesten Kenner“[223].

So ließ sich bereits in Bezug auf die entsprechende Anwendung des Haftungsregimes der OHG mit Blick auf § 105 Abs. 3 HGB a.F. ein größerer Systembruch nicht von der Hand weisen. Auch wenn man die persönliche Haftung grundsätzlich aus der Charakteristik als Gesamthand ableiten mochte[224], änderte das nichts daran. Mit *Claus-Wilhelm Canaris* ordnete eine prominente Stimme dies gar als rechts- und verfassungswidrigen Bruch mit dem geltenden Gesetz ein.[225] Und ohnehin schien auch hier nicht alles glatt: Zwar hatte der BGH die entsprechende Anwendung von § 128 S. 1 HGB a.F. für die GbR und damit die unmittelbare und akzessorische Haftung der Gesellschafter für Gesellschaftsverbindlichkeiten anerkannt.[226] Doch damit verwandt wurde mitunter diskutiert, ob die auf richterlicher Rechtsfortbildung beruhende Analogie zu § 128 S. 1 HGB a.F. ihrerseits einer teleologischen Reduktion bedürfe[227]; der BGH setzte für eine Haftungsbeschränkung

---

222 *K. Schmidt*, ZHR 177 (2013), 712, 720.

223 *Schäfer*, NJW-Beilage 2016, 45 (bezogen auf das gesamte Personengesellschaftsrecht).

224 *Flume*, in: FS Westermann, 119, 130: „Es müssen schon besondere Umstände gegeben sein, wenn bei der Gesellschaft des bürgerlichen Rechts der dem Gesamthandsprinzip eigene Grundsatz nicht gelten soll, daß auf jeden Gesamthänder sich die volle Haftung für die Verpflichtungen der Gesamthand erstreckt.“ Der Einwand eines Systembruchs gilt nicht in gleicher Weise hinsichtlich der Rechtsfähigkeit in Bezug auf § 124 Abs. 1 HGB a.F., als dass diese Vorschrift, schließt man sich *Flumes* Gruppenlehre an, im Grunde nur firmenrechtlich relevante Aussagen trifft, vgl. *Flume*, Die Personengesellschaft, § 5, 69 f.

225 *Canaris*, ZGR 2004, 69 ff.; vgl. diesbezüglich auch *K. Schmidt*, ZHR 177 (2013), 712, 723 f.

226 BGH, Urteil vom 29.01.2001 – II ZR 331/00, BGHZ 146, 341. Schon zuvor hatte der BGH eine allgemeine Haftungsbegrenzung der GbR durch den Zusatz „mbH“ verneint und entschieden, dass die Gesellschafterhaftung nicht mehr auf eine durch die Geschäftsführer eigens begründete zusätzliche Verpflichtung zurückgehen solle, BGH, Urteil vom 27.09.1999 – II ZR 371/98, BGHZ 142, 315, 318 ff.

227 *Schöne*, in: BeckOK BGB, § 714 Rn. 42 m.w.N. (Stand: 01.11.2023).

auf das Gesellschaftsvermögen grundsätzlich[228] eine Individualvereinbarung mit dem Gläubiger voraus.[229]

Vor allem auch das allgemeine Publizitätsdefizit – dem Grundbuch kommt keine allgemeine Registerfunktion für die GbR zu[230] – wurde schon oft und an vielen Stellen beklagt.[231] Der GbR selbst war der Zugang zum Handelsregister verwehrt. Gewiss war die bisher fehlende Registrierungsmöglichkeit[232] mit zum Teil enormen Risiken für den Rechtsverkehr verbunden, sodass mitunter auch prägnant von der „Achillesferse des Haftungsmodells der GbR"[233] gesprochen wurde. Auf der anderen Seite hatte die inexistente Registerpflicht und die damit einhergehende größtmögliche Flexibilität der

---

228 Für geschlossene Immobilienfonds in der Form der GbR hat der BGH eine Haftungsbeschränkung durch AGB für zulässig erachtet (BGH, Urteil vom 21.01.2002 – II ZR 2/00, BGHZ 150, 1). Hierzu und zum vom BGH gebilligten Modell einer quotalen Gesellschafterhaftung *Schäfer*, in: MüKo-BGB, § 714 Rn. 62 ff., der sich unabhängig von einer Regelung im Gesellschaftsvertrag für eine Anpassung des Haftungsmodells in der Publikums-GbR an die Kommanditistenhaftung im Wege der Analogie zu §§ 171 ff. HGB a.F. sowie § 167 Abs. 3 HGB a.F. ausspricht.

229 BGH, Urteil vom 27.09.1999 – II ZR 371/98, BGHZ 142, 315; BGH, Urteil vom 24.11.2004 – XII ZR 113/01, ZIP 2005, 391. Vgl. zur Personengesellschaft mit beschränkter Haftung auch *Röder*, ZHR 2020, 457 ff.

230 *Schäfer*, in: MüKo-BGB, vor § 705 Rn. 27; *Windbichler*, GesR, § 5 Rn. 7; vgl. auch die Begründung des Rechtsausschusses zum RegE eines ERVGBG (Drucks. 16/12319) in Bezug auf § 899a BGB a.F., BT - Drucks. 16/13437, 26 f.; dazu auch *Ulmer*, ZIP 2011, 1689, passim.

231 Dazu besonders prägnant *K. Schmidt*, NJW 2001, 993, 1002: „Keine Publizität des Objekts ohne Publizität des Subjekts"; bereits 1983 forderte *K. Schmidt* die verpflichtende Eintragung sog. unternehmenstragender GbR in eine neue Abteilung C des Handelsregisters, *K. Schmidt*, in: Gutachten und Vorschläge zur Überarbeitung des Schuldrechts – Band III, 413, 508 f.; vgl. auch *Ulmer*, ZIP 2011, 1689, 1691; *Wagner*, ZIP 2005, 637, 645; *Wertenbruch*, NJW 2002, 324, 329; siehe überdies exemplarisch auch *Röder*, AcP 215 (2015), 450, 460 ff. und *Wicke*, DNotZ 2017, 261, 263, die sich für eine konstitutive Wirkung der Eintragung aussprechen. Vgl. auch die Monographie von *Michels*, (Register-)Publizität der Gesellschaft bürgerlichen Rechts, passim.

232 Diese bildet auch den Grund dafür, dass die GbR nicht Verwalter einer Wohnungseigentümergemeinschaft sein kann, BGH, Beschluss 26.01.2006 – V ZB 132/05, ZIP 2006, 560; bestätigt durch BGH, Beschluss vom 04.12.2008 – V ZB 74/08, BGHZ 179, 102 (obiter). Siehe diesbezüglich auch die insoweit kritischen Anmerkungen von *Armbrüster*, ZGR 2013, 336, 383 f.

233 *Wertenbruch*, NJW 2002, 324, 329.

Gesellschaft aus guten Gründen auch Befürworter gefunden.[234] Jedenfalls war nicht verwunderlich, dass die tiefgründigen Diskussionen um die Schaffung eines Gesellschaftsregisters[235] nach dem Vorbild des Handelsregisters im Modernisierungsvorhaben eine wichtige Rolle gespielt haben.

Bei dem wohl wichtigsten Punkt der Reformüberlegungen handelte es sich aber, das ist wenig überraschend, um die gesetzliche Verankerung der Rechtsfähigkeit der Außen-GbR.[236] War diese doch seit ARGE Weißes Ross geltendes Recht, so kam sie im tradierten Normenbestand allenfalls höchst unzureichend zum Ausdruck.

Begrüßenswert war deshalb das Anliegen des Gesetzgebers, in einer Art Rundumschlag mit dem MoPeG als Mantelgesetz gewissermaßen für Ordnung zu sorgen und das kodifizierte Recht der Personengesellschaften wieder mit der sich in Teilen hiervon entfernten Rechtspraxis in Einklang zu bringen.

Dem Gegenstand der Arbeit ist geschuldet, dass in diesem Kapitel nicht zu allen Einzelheiten des MoPeG dezidiert Stellung genommen werden kann und eine vollständige Bewertung und Einordnung der Reform unterbleibt.[237] Vielmehr soll im Wesentlichen die neue Dogmatik der Perso-

---

234 *Beuthien*, NZG 2011, 481, 485; *Hertel*, DNotZ 2009, 115, 129; *Schöpflin*, NZG 2003, 606, 607 ff. Kritisch auch die Bemerkung von *Wedemann*, in: Gesellschaftsrechts-Geschichten, 501 f: „Ein solches Register wäre zweifellos nützlich, ist aber – insbesondere da die Hauptbaustelle »Grundstücksrecht« eine akzeptable Lösung erfahren hat – nicht zwingend erforderlich. Angesichts des mit der Etablierung und Führung eines solchen Registers verbundenen Aufwands erscheint eine solche rechtspolitische Forderung auch wenig erfolgversprechend." Vgl. auch den jüngeren Beitrag von *Denga*, ZfPW 2021, 73 ff., wonach die GbR eine natürliche Publizität haben könne und ein GbR-Register wegen einer faktischen Publizität der Außen-GbR nicht erforderlich sei.

235 Die Problematik und Diskussion zusammenfassend *Schäfer*, in: Verh. des 71. DJT 2016 – Bd. I: Gutachten, E 61 ff.

236 *Holger Altmeppen*, der dem konkreten Reformvorhaben mitunter sehr kritisch gegenübersteht, hält „Korrekturen einiger missglückter Bestimmungen, die der Gesetzgeber im 19. Jahrhundert in der Fehlvorstellung formuliert hat, die Gesamthandspersonengesellschaft sei nicht rechtsfähig (vgl. etwa §§ 714, 718, 719 BGB a.F.; § 736 ZPO a.F.)", für genügend, um die Rechtsfähigkeit der Gesamthandspersonengesellschaft zum Ausdruck zu bringen, *Altmeppen*, NZG 2020, 822.

237 Vgl. hierzu stattdessen einleitend das erste Kapitel von *Schäfer*, in: Schäfer, Neues PersGesR sowie die weiteren in einzelne Kapitel gegliederten Beiträge in diesem Werk. Grundsätzlich waren die mitwirkenden Autoren entweder Mitglieder der Expertenkommission bzw. der federführenden Abteilung im BMJ. Einen prägnanten

nengesellschaften und vor allem der GbR als deren Unterbau auf die Frage hin untersucht werden, ob man nun weiterhin[238] in überzeugender Weise am gesellschaftsrechtlichen Dualismus[239] von Gesamthand bzw. rechtsfähiger Personengesellschaft[240] und juristischer Person festhalten kann. Denn vor allem die vom Gesetzgeber bereits in der Einleitung beschriebene intendierte Abkehr vom Gesamthandsprinzip führt zusammen mit den übrigen Regelungen des MoPeG gewissermaßen auch zur Neuauflage einer der „spannendsten Grundfragen des Gesellschaftsrechts“[241], welche sich, mag sie insoweit auch vorwiegend von akademischem Interesse sein[242], allerdings auch auf das grundsätzlich eigenständige Steuerrecht auswirken kann.[243]

Überblick über das neue Recht der GbR gibt *Wertenbruch*, ZPG 2023, 1 ff., ausführlich das MoPeG behandelnd sodann *Wertenbruch*, JZ 2023, 78 ff.

238 Von einigen Autoren wurde bereits im alten Recht dazu tendiert, die Personengesellschaft als juristische Person zu begreifen, so insbesondere *Raiser*, AcP 194 (1994), 495, 499 ff.; *Raiser*, AcP 199 (1999), 104 ff.; *Raiser*, in: FS Zöllner, 469, 474 ff.; vgl. auch *Bälz*, in: FS Zöllner, 35, 47 ff.; *Hadding*, in: FS Kraft, 137, 142 ff.; *Timm*, NJW 1995, 3209, 3214; *Timm*, ZGR 1996, 247, 251 f.; sympathisierend auch *Mülbert*, AcP 199 (1999), 38, 62 ff.; *K. Schmidt*, GesR, § 8 I 2, 183; *K. Schmidt*, ZHR 177 (2013), 712, 722.

239 Anders gewendet könnte man ohne Weiteres auch vom „Triptychon der Rechtsträgerschaft“ (*Röder*, AcP 215 (2015), 450, 490) sprechen, also die Betonung weniger auf das Gesellschaftsrecht legen.

240 Vgl. *K. Schmidt*, ZHR 177 (2013), 712, 721, der in der angerissenen Diskussion, ob rechtsfähige Personengesellschaften zugleich auch Gesamthandsgemeinschaften seien, ganz bewusst das Wort „Gesamthand“ vermeidet: „Diese rechtsdogmatische Enthaltsamkeit ist Absicht“; vgl. auch *K. Schmidt*, GesR, § 8 IV, 206 f.

241 *Arbeitskreis Bilanzrecht Hochschullehrer Rechtswissenschaft*, ZIP 2021, Beilage zu Heft 2, 3, 4. Ähnlich auch *Kindler*, ZfPW 2022, 409, 418 („eine der schwierigsten dogmatischen Grundsatzfragen des Gesellschaftsrechts“).

242 Nach *Carsten Schäfer* sei es für die Rechtsanwendung letztlich unerheblich, dass von der Gesamthand an keiner Stelle des Gesetzes mehr die Rede sei, *Schäfer*, WPg 2021, 919, (dort Fn. 10); vgl. auch *Schäfer*, ZIP 2020, 1149, 1151; vgl. ferner *Bachmann*, NJW 2021, 3073, 3075 („letztlich akademischer Natur“); *Kießling*, in: FS Hadding, 477, 493 („im Wesentlichen nur noch terminologische Bedeutung“). Eine Qualifikation als akademische Frage unter Hinweis auf neue Gestaltungsmöglichkeiten bei Behandlung der Außen-GbR als juristische Person *Kindler*, ZfPW 2022, 409, 423.

243 Vgl. *M. Fischer*, in: FS Crezelius, 117, 123 (hier sogar nur auf die Vermögenszuordnung abstellend): „Noch viel schwerwiegender mögen die Konsequenzen de lege ferenda sein, wenn man das Vermögen der Gesellschaft im Verhältnis zu den Gesellschaftern wie bei juristischen Personen als verselbstständigt ansieht. Ob die (verbleibenden) rechtsformspezifischen Unterschiede zwischen OHG, KG, GmbH und AG wirklich

Auf diese Frage soll ohne grundsätzliche Neuaufrollung der seit Jahrzehnten geführten Diskussion unter Beachtung des neuen Rechtsrahmens eine Antwort gegeben werden. Neben verkürzter Darstellung der üblicherweise für die Taxonomie der Rechtsgebilde ins Feld geführten Punkte ist auch hier ein größerer Ausflug zum Gesamthandsprinzip vonnöten und wird letztlich zu zeigen sein, dass eine „terminologische Radikalkur“[244] nicht angezeigt ist und es auch nun mit dem MoPeG weiterhin überzeugend ist, die rechtsfähige Personengesellschaft von der juristischen Person zu scheiden.

Außerdem soll sich hiermit eng verbunden die Frage gestellt werden, ob man tatsächlich das Gesamthandsprinzip aufgegeben hat und die rechtsfähigen Personengesellschaften jedenfalls und spätestens seit Inkrafttreten des MoPeG nicht mehr mit dem Attribut Gesamthand in Verbindung gebracht werden können. Inwiefern sich ein etwaiger Abschied von der gesellschaftsrechtlichen Gesamthand dann unter Umständen auch auf die Rechtfertigung von Trennungs- und Transparenzprinzip im Steuerrecht auszuwirken vermag, ist dagegen erst Gegenstand des zweiten Teils.

I. Rechtsfähige Personengesellschaft nun juristische Person?

Ist die rechtsfähige Personengesellschaft aufgrund der mit dem MoPeG verbundenen Neuerungen fortan als juristische Person zu begreifen? Wichtig ist zunächst, das wurde bereits zu Beginn erwähnt, dass sich der Gesetzgeber

---

eine ausreichende Begründung für völlig unterschiedliche Besteuerungskonzepte für das Einkommen bieten (Mitunternehmerkonzept des § 15 Abs. 1 Satz 1 Nr. 2 EStG einerseits, § 1 KStG in Verbindung mit § 20 Abs. 1 Nr. 1 EStG andererseits), wird rechtspolitisch, möglicherweise sogar verfassungsrechtlich, eine Grundsatzdebatte auslösen.“ Bezogen auf die Vermögenszuordnung ebenfalls kritisch *Schall*, ZIP 2020, 1443, 1446 f.; *Schall*, NZG 2021, 494 ff. Vgl. auch *Seibert*, JZ 1996, 785 („steuerlich unabsehbare Folgen“). Siehe aber auch *K. Schmidt*, in: Gutachten und Vorschläge zur Überarbeitung des Schuldrechts – Band III, 413, 433 („Sollten sich Anpassungsprobleme herausstellen, so hätte das Steuerrecht dem Privatrecht zu folgen und nicht umgekehrt“); *K. Schmidt*, GesR, § 8 I 3, 184 f. In Bezug auf Besorgnisse wegen steuerrechtlicher Konsequenzen mokierend *K. Schmidt*, ZHR 185 (2021), 16, 28 („Je nach Temperament kann man mit amüsierter Nachsicht oder mit Verdruss auf diese Diskussion blicken“).

244 *K. Schmidt*, GesR, § 8 I 3, 185.

dieser Thematik grundsätzlich nicht annehmen muss[245], aus legislativer Sicht eine Einordnung als juristische Person aber nicht beabsichtigt ist.[246] Die im Normtext des § 14 Abs. 1 BGB enthaltene ausdrückliche Unterscheidung zwischen natürlichen und juristischen Personen und rechtsfähigen Personengesellschaften wurde beibehalten.[247] Auch in § 1059a BGB, § 11 Abs. 2 InsO a.F. und § 3 UmwG a.F. wurde die vom Gesetzgeber intendierte Trennung seit längerem erkennbar. Zu den drei gerade aufgezählten Normen ist allerdings anzumerken, dass eine Abgrenzung auch systematisch überzeugender hätte platziert werden können und ihnen somit nicht die allergrößte Aussagekraft beigemessen werden sollte.[248]

Für die Abgrenzung der rechtsfähigen Gebilde wird vor allem auf den Begriff der „Rechtspersönlichkeit“ hingewiesen, weil nur juristische Personen über eine solche verfügen würden.[249] Als Ausgangspunkt dient § 1 Abs. 1 S. 1 AktG, wonach die Aktiengesellschaft eine „Gesellschaft mit eigener Rechtspersönlichkeit“ ist. Diese Norm ergänzend bestimmt § 41 Abs. 1 S. 1 AktG, dass die Aktiengesellschaft „als solche“ vor Eintragung nicht bestehe. Ähnliche Formulierungen finden sich für die Gesellschaft mit beschränkter Haftung in § 11 Abs. 1, 13 GmbHG. Der eben angesprochene § 11 Abs. 2 Nr. 2 InsO a.F. scheint dieses Verständnis zu bestätigen.[250]

---

245 So schon *K. Schmidt*, in: Gutachten und Vorschläge zur Überarbeitung des Schuldrechts – Band III, 413, 437 f.; vgl. auch *K. Schmidt*, ZHR 177 (2013), 712, 722 („lex moneat, non doceat“); *K. Schmidt*, ZHR 180 (2016), 411, 417 („Ins Bundesgesetzblatt gehört diese akademische Frage nicht“); früh zustimmend *Ulmer*, ZGR 1984, 313, 317; aktueller etwa *Armbrüster*, in: Schäfer, Neues PersGesR, § 3 Rn. 46; *Habersack*, ZGR 2020, 539, 549; *Schäfer*, in: Verh. des 71. DJT 2016 – Bd. I: Gutachten, E 12 und E 87; *Schäfer*, ZIP 2020, 1149, 1151.

246 Begründung RegE MoPeG 01/2021 (Fn. 20), 113 f. bzw. Begründung RegE MoPeG 03/2021 (Fn. 21), 106. Siehe zur historischen Ausgangslage auch *Eisenhardt/Wackerbarth*, GesR I, § 13 Rn. 34.

247 Anders noch der Mauracher Entwurf (Fn. 17). Nach Art. 1 Nr. 1 Buchstabe b) des Entwurfs sollte § 14 Abs. 2 BGB aus dem Allgemeinen Teil des BGB entfernt und an die Regelung der rechtsfähigen GbR in § 705 Abs. 2 BGB-MauE angefügt werden.

248 Vgl. *Bachmann*, in: FS K. Schmidt, 49, 58 („Gesetz keine verlässliche Hilfe“).

249 Vgl. etwa *Huber*, in: FS Lutter, 107, 110. Anders sieht es jetzt etwa *Heckschen*, NZG 2020, 761, 762, der in Bezug auf den Mauracher Entwurf der Auffassung ist, § 705 Abs. 2 BGB-MauE stelle „die eigene Rechtspersönlichkeit der GbR klar“.

250 Dort werden die GbR und übrigen Personengesellschaften als „Gesellschaft ohne Rechtspersönlichkeit“ bezeichnet, künftig ist aufgrund von Art. 35 des MoPeG auch in der Insolvenzordnung von „rechtsfähigen Personengesellschaften“ die Rede.

Während somit die Zuschreibung eigener Rechtspersönlichkeit beziehungsweise die Eintragung des Gebildes als zentrale Voraussetzung für die juristische Personifikation galt[251], ist heute jedoch – insofern auch schon vor Inkrafttreten des MoPeG – anerkannt, dass die Rechtsfähigkeit keine eigene Rechtspersönlichkeit voraussetzt.[252] Deshalb kann man eher enigmatisch denn aussagekräftig festhalten, dass die „Rechtspersönlichkeit" zwar eine juristische Person von solchen rechtsfähigen Gebilden abgrenzt, denen diese Eigenschaft fehlt. Nicht geklärt ist aber wegen der mit der Entscheidung ARGE Weißes Ross[253] schon 2001 zu geltendem Recht gewordenen Rechtsfähigkeit der BGB-Außengesellschaft, „welche Winzigkeit ihr im Vergleich mit der juristischen Person zur eigenen Rechtspersönlichkeit fehlt"[254].

Eine überzeugende Antwort darauf setzt voraus, dass sich ein struktureller Gegensatz der rechtsfähigen Vereinigungen (auch) im neuen durch das MoPeG geprägten Recht finden lässt. Wie steht es also um die typischen ins Feld geführten Strukturunterschiede seit Inkrafttreten des MoPeG?

1. Rechtsfähigkeit

Wirft man einen Blick auf den neuen Rechtsrahmen der GbR, so fällt direkt der unveränderte Regelungsstandort der GbR im Besonderen Schuldrecht auf.[255] Im beibehaltenen Titel 16 des BGB wurden allerdings drei Untertitel[256]

---

251 *Beuthien*, JZ 2003, 715, 717.

252 Vgl. auch *K. Schmidt*, ZHR 177 (2013), 712, 722 („theoriegeladene Floskel").

253 BGH, Urteil vom 29.01.2001 – II ZR 331/00, BGHZ 146, 341.

254 *Beuthien*, NJW 2005, 855, 856. Vgl. auch *Hadding*, in: FS Kraft, 137, 141 („auf wieviel Zentimeter, m oder km ist die OHG oder KG einer juristischen Person denn angenähert?").

255 Vgl. kritisch hierzu *Fleischer*, DStR 2021, 430, 433 f. („letztes Relikt der römisch-gemeinrechtlichen Sozietätskonzeption, das auch das MoPeG nicht abzuschütteln vermag"); *Fleischer*, DB 2020, 1107, 1113; *Habersack*, ZGR 2020, 539, 546 f. Schon *Werner Flume* sah die GbR treffender im BGB AT angesiedelt. So heißt es im Vorwort bei *Flume*, Die Personengesellschaft, VIII: „Das Recht der Personengesellschaft wird in diesem Buch als dem Allgemeinen Teil des bürgerlichen Rechts zugehörig behandelt. Daraus ergibt sich, daß auch die Einzelfragen als solche des Allgemeinen Teils gesehen werden. Es geht um die Grundlegung des Rechts der Personengesellschaft als Gesamthandsgesellschaft". Vgl. andererseits die Beibehaltung präferierend exemplarisch *Wertenbruch*, GmbHR 2021, 1, 4.

256 Diese lauten „Allgemeine Bestimmungen" (Untertitel 1), „Rechtsfähige Gesellschaft" (Untertitel 2) und „Nicht rechtsfähige Gesellschaft" (Untertitel 3). Der Mauracher Entwurf sah abweichend davon noch ganze acht Untertitel zum Titel 16 vor.

eingefügt, im zweiten Untertitel zudem sechs Kapitel[257], sodass der Rechtsanwender fortan zumindest mit einer größeren Übersichtlichkeit im BGB konfrontiert wird.

a) Überblick

Nach § 705 Abs. 1 BGB n.F. wird die Gesellschaft durch den Abschluss des Gesellschaftsvertrags errichtet, in welchem sich die Gesellschafter verpflichten, die Erreichung eines gemeinsamen Zwecks in der durch den Vertrag bestimmten Weise zu fördern. Damit entspricht § 705 Abs. 1 BGB n.F. weitestgehend dem bisherigen § 705 BGB a.F., stellt allerdings die Gesellschaft deutlicher in den Vordergrund. Durch die Vorschrift wird weiterhin das Bedürfnis der GbR nach einer vertraglichen Grundlage betont. Das verdeutlicht gleichzeitig, dass eine Ein-Personen-Gesellschaft auch im neuen Recht grundsätzlich ausgeschlossen sein soll.[258]

Gemäß § 705 Abs. 2 BGB n.F. besteht weiterhin und vor allem erstmals ausdrücklich eine grundsätzliche und jedenfalls seit der Entscheidung ARGE Weißes Ross[259] anerkannte Dichotomie innerhalb des Rechts der GbR. Nach dieser Bestimmung kann nämlich die Gesellschaft „entweder selbst Rechte erwerben und Verbindlichkeiten eingehen, wenn sie nach dem gemeinsamen Willen der Gesellschafter am Rechtsverkehr teilnehmen soll (rechtsfähige Gesellschaft), oder sie kann den Gesellschaftern zur Ausgestaltung ihres Rechtsverhältnisses untereinander dienen (nicht rechtsfähige Gesellschaft)." Es wurde dadurch kodifiziert, dass die Gesellschaft „selbst" am Rechtsverkehr teilnimmt und das für diese Rechtsfähigkeit eine Außengesellschaft vonnöten ist. Die herkömmliche Bezeichnung von Außen- bzw. Innengesellschaft

---

[257] Diese lauten „Sitz, Registrierung" (Kapitel 1), „Rechtsverhältnis der Gesellschafter untereinander und der Gesellschafter zur Gesellschaft" (Kapitel 2), „Rechtsverhältnis der Gesellschaft zu Dritten" (Kapitel 3), „Ausscheiden eines Gesellschafters" (Kapitel 4), „Auflösung der Gesellschaft" (Kapitel 5) und „Liquidation der Gesellschaft" (Kapitel 6).

[258] Begründung RegE MoPeG 03/2021 (Fn. 21), 125: „Erstens stellt jede Gesellschaft bürgerlichen Rechts jedenfalls auch ein vertragliches Schuldverhältnis dar. Zweitens hängen die Errichtung und grundsätzlich der Fortbestand einer Gesellschaft bürgerlichen Rechts von dem Zusammenschluss mehrerer Personen ab." Wortgleich auch Begründung RegE MoPeG 01/2021 (Fn. 20), 135. Zur Mehrgliedrigkeit als Strukturmerkmal im neuen Recht auch *Wertenbruch*, ZPG 2023, 1, 2 f.

[259] BGH, Urteil vom 29.01.2001 – II ZR 331/00, BGHZ 146, 341.

wurde jedoch zugunsten der Terminologie von rechtsfähiger und nicht rechtsfähiger Gesellschaft aufgegeben.[260] Der ohnehin missverständliche Begriff der „Teilrechtsfähigkeit" ist endgültig obsolet geworden.[261]

Als Abgrenzungskriterium der rechtsfähigen Gesellschaft von der nicht rechtsfähigen Gesellschaft soll es allein auf den übereinstimmenden Willen der Gesellschafter ankommen. Der gemeinsame Wille zur Teilnahme am Rechtsverkehr wird nunmehr vermutet, wenn der Gegenstand der GbR der Betrieb eines Unternehmens unter gemeinschaftlichem Namen ist, § 705 Abs. 3 BGB n.F. Der BGH machte 2001 die Unterscheidung der Außen- zur Innengesellschaft an der Teilnahme am Rechtsverkehr fest.[262] Gegenüber Dritten bedarf es für die Rechtsfähigkeit der Zustimmung sämtlicher Gesellschafter zur Teilnahme am Rechtsverkehr oder aber der Eintragung in das neue Gesellschaftsregister (§ 719 Abs. 1 BGB n.F.).[263] Eine Vereinbarung, dass die Gesellschaft erst zu einem späteren Zeitpunkt entstehen soll, ist Dritten gegenüber gemäß § 719 Abs. 2 BGB n.F. unwirksam.

Der zuvor als Innengesellschaft und nun als nicht rechtsfähig bezeichneten GbR wurde der neue Untertitel 3 mit den Vorschriften §§ 740 bis 740c BGB n.F. gewidmet. Das zunächst deplorabel wirkende Erscheinungsbild wurde durch den Verweisungskatalog in § 740 Abs. 2 BGB n.F. bezüglich solcher Normen der §§ 705 ff. BGB n.F., die für die nicht rechtsfähige Gesellschaft entsprechend gelten sollen, etwas gelockert. Dennoch illustriert der Gesetzgeber, dass nun und abweichend von der bisherigen lex scripta die rechtsfähige Gesellschaft das Leitbild der GbR und damit den Grundtypus der Personengesellschaften darstellen soll.[264]

---

260 *Karsten Schmidt* hat sich im Zuge vom Reformüberlegungen ebenfalls für eine Abkehr von der tradierten Terminologie positioniert. Er möchte jedoch zwischen Schuldverhältnis und rechtsfähiger Personengesellschaft differenzieren, vgl. *K. Schmidt*, ZHR 177 (2013), 712, 727 und deutlicher mit konkretem Normvorschlag 736.

261 *Kilincsoy*, FR 2021, 248, 249 m.w.N. Vgl. auch *Armbrüster*, in: Schäfer, Neues PersGesR, § 3 Rn. 7 f.

262 BGH, Urteil vom 29.01.2001 – II ZR 331/00, BGHZ 146, 341; vgl. auch *Schäfer*, in: MüKo-BGB, § 705 Rn. 313; *Schöne*, in: BeckOK BGB, § 705 Rn. 139 (Stand: 01.11.2023).

263 Ausführlich zu den Anforderungen an die Rechtsfähigkeit nach dem neuen Recht *Armbrüster*, in: Schäfer, Neues PersGesR, § 3 Rn. 13 ff.

264 Vgl. schon Begründung Mauracher Entwurf (Fn. 17), 70.

Die mit der Entscheidung ARGE Weißes Ross[265] höchstrichterlich anerkannte Parteifähigkeit der GbR wurde im Übrigen nicht ausdrücklich geregelt, sie folgt jedoch ohne Weiteres aus § 50 ZPO n.F. (welcher dem früheren § 50 Abs. 1 ZPO a.F. entspricht und bei dem gemäß Art. 34 Nr. 2 MoPeG nur die Absatzbezeichnung gestrichen sowie der Absatz 2 aufgehoben wurde), wonach parteifähig ist, wer rechtsfähig ist.

b) Mangelnde Aussagekraft bereits de lege abrogata

Vor allem von *Thomas Raiser* wurde zwecks Einordnung der rechtsfähigen Personengesellschaft als Unterfall der juristischen Person angeführt, dass deren zentrale Eigenschaft die Rechtsfähigkeit sei.[266] Folgt man dem, so war es schon mit Blick auf die Entscheidung ARGE Weißes Ross[267] und die damit verbundene Anerkennung der Rechtsfähigkeit der BGB-Außengesellschaft naheliegend, die Unterscheidung aufzugeben.[268] Dieses Argument gründet vor allem auf der tradierten Sichtweise, dass nur natürliche Personen und juristische Personen rechtsfähig sind, doch hatte der BGH sich 2001 bekanntlich für eine Trinität der Rechtssubjektivität ausgesprochen.[269] Ad absurdum

---

265 BGH, Urteil vom 29.01.2001 – II ZR 331/00, BGHZ 146, 341.

266 *Raiser*, AcP 199 (1999), 104, 108 („Nicht nur OHG und KG, Partnerschaftsgesellschaft, Reederei und EWIV, sondern auch nicht eingetragene Vereine und Vorgesellschaften sind [...] nach dem inzwischen erreichten Stand der Rechtsentwicklung juristische Personen, und desgleichen auch alle Erscheinungsformen der Gesellschaft bürgerlichen Rechts, denen die Rechtsprechung die volle Rechtsfähigkeit zuerkennt"), 140 f.; siehe aktueller auch *Raiser*, ZGR 2016, 781, 795 f.; vgl. auch *Hadding*, ZGR 2001, 712, 718 f.; *Hadding*, in: FG Zivilrechtslehrer 1934/1935, 147, 154 und 166 ff.; *Kindler*, ZHR 2021, 598, 608; *Kindler*, ZfPW 2022, 409, 423 („Richtig betrachtet ist die neue Außen-GbR nach dem MoPeG juristische Person, weil sie – als Vermögensträgerin – rechtsfähig ist"); *Klingbeil*, AcP 217 (2017), 848, 871 ff.

267 BGH, Urteil vom 29.01.2001 – II ZR 331/00, BGHZ 146, 341.

268 Vgl. *Klingbeil*, AcP 217 (2017), 848, 885 (Einstufung rechtsfähiger Personengesellschaften als juristische Person, „weil die Anerkennung der Rechtsfähigkeit einer Personengesellschaft nichts anderes bedeutet, als dass in der künstlich-virtuellen Welt des Rechts eine dem Personenverband übergeordnete Verbandsperson geschaffen wird").

269 BGH, Urteil vom 29.01.2001 – II ZR 331/00, BGHZ 146, 341, 347 („rechtsfähig [...] ohne als Gesamthandsgemeinschaften den Status einer juristischen Person zu besitzen"); vgl. in diesem Zusammenhang *Wertenbruch*, in: FS Seibert, 1089, 1095: „Flume kannte aber als ausgewiesene Koryphäe auch des römischen Rechts die

wird die Rechtsfähigkeit als *das* entscheidende Element für die Qualifikation als juristische Person aber jedenfalls dann geführt, wenn man den Menschen als natürliche Person in diese Betrachtung miteinbezieht. Denn dann müsste man folgerichtig auch diesen dem Kanon der juristischen Person zuschreiben, zumindest aber als eine Subkategorie begreifen.[270] Deshalb geht es zu weit, wenn man sagt, „wer rechtsfähig ist, ist notwenderweise Rechtsperson (et vice versa)“[271]. Rechtsfähigkeit mag deshalb unter Umständen *ein* essentielles Kriterium der juristischen Person sein, doch kann es heute nicht das einzige und letztlich ausschlaggebende Merkmal sein. Darum wurde auch die Personengesellschaft durch die Neuregelung für die GbR in § 705 Abs. 2 BGB n.F. nicht ex lege zur juristischen Person.

Doch werden abseits der Rechtsfähigkeit verschiedene weitere Kriterien genannt, anhand derer die Unterscheidung gerechtfertigt sein soll.[272]

2. Bindung des Gesellschaftsvermögens

Einer dieser Punkte bezog sich im alten Recht auf die Bindung des Gesellschaftsvermögens.[273] Rechtsfähigkeit und Vermögen sind rechtsbegrifflich eng miteinander verbunden.[274] Weil juristische Personen über eine eigene Rechtspersönlichkeit verfügen, sind sie auch selbst, vollständig und zweifellos allein Träger des Gesellschaftsvermögens (vgl. etwa § 13 Abs. 1 Hs. 2 GmbHG).

»Zwangsvorstellung« der damals h.M., nach der im Bereich des deutschen Zivilrechts nur die juristische Person und die natürliche Person rechtsfähig sein konnten“.

270 *Bachmann*, in: FS K. Schmidt, 49, 59 („rechtstheoretisch richtig, mit der Systematik und Terminologie des geltenden Rechts aber nicht in Einklang zu bringen“).

271 *Klingbeil*, AcP 217 (2017), 848, 872, jedoch wohl weniger auf die natürliche Person als vor allem auf die rechtsfähigen Personengesellschaften gemünzt.

272 Siehe insoweit auch die zentrale Kommentierung von *Schäfer*, in: MüKo-BGB, Vor § 705 Rn. 13 f.

273 Beispielhaft (freilich als Argument für eine Aufgabe der Unterscheidung) *Kindler*, ZHR 2021, 598, 608: „Für diese Einordnung [als juristische Person] spricht auch die mit der Rechtsfähigkeit verbundene Vermögensträgerschaft der Gesellschaft, nach v. Savigny Teil des »Wesens der Corporation«“.

274 Das Vermögen besteht gerade aus diesen Rechten und Pflichten. Vgl. zur GbR *Schöne*, in: BeckOK BGB, § 718 Rn. 4 ff. (Stand: 01.11.2023). Vgl. auch *Kießling*, in: FS Hadding, 477, 498: „Die Vermögensverfassung eines Verbandes folgt zwangsläufig seiner Rechtsqualität“. Vgl. Im Übrigen bereits Gliederungspunkt Teil 1, A. I.

Für die Grundform der Personengesellschaften ließ sich dies zumindest im alten Recht nicht mit ähnlicher Leichtigkeit sagen, was wiederum auf die Gesetzeshistorie mit der Einführung der Gesamthand zurückzuführen ist. In dem Grundriss über die Entwicklung der gewandelten Sicht auf die Gesamthand (Gliederungspunkt Teil 1, A. II.) wurde beschrieben, dass man im Gesamthandsprinzip zunehmend nicht nur vermögensrechtliche, sondern auch personenrechtliche bzw. organisationsrechtliche Elemente vermittelt sah, überwiegend wohl auch noch unmittelbar vor Inkrafttreten des MoPeG. Weiterhin aber galt die vermögensrechtliche Seite als *die* zentrale Ausprägung der Gesamthand. Doch war das im Zuge der Entscheidung ARGE Weißes Ross[275] noch stimmig? Taugte das Kriterium einer Bindung des Gesellschaftsvermögens de lege abrogata noch als Abgrenzung, gab es also bei der als rechtsfähig anerkannten GbR („als solche") überhaupt noch ein gesamthänderisch gebundenes Vermögen und existierte deshalb vor dem MoPeG überhaupt noch die zentrale Wirkung des Gesamthandsprinzips?

In der Begründung des Regierungsentwurfs des MoPeG heißt es jedenfalls kursangebend: „Der Entwurf setzt sich zum Ziel, die vom Bundesgerichtshof anerkannte Rechtsfähigkeit der Gesellschaft bürgerlichen Rechts im Gesetz kohärent nachzuvollziehen und die Diskrepanzen zum geschriebenen Recht im Interesse der Rechtssicherheit zu beseitigen. Auf diese Weise soll der als gesichert anzusehende Erkenntnisstand um die Rechtsnatur der Gesellschaft bürgerlichen Rechts im Gesetz abgebildet und das geltende Recht innerhalb des bestehenden Systems […] konsolidiert werden."[276]

a) Eine Weichenstellung

Aber was genau ist unter dem „als gesichert anzusehende Erkenntnisstand um die Rechtsnatur" zu verstehen? Es scheint verlockend, die Antwort darauf zu beschränken, dass jede Außen-GbR bereits vor dem Inkrafttreten des MoPeG schlichtweg rechtsfähig war. In der Tat wird die Rechtsfähigkeit der Außen-GbR im alten Recht wegen der Entscheidung ARGE Weißes Ross[277] im Folgenden nicht in irgendeiner Weise hinterfragt, sondern sie wird als Prämisse zugrunde gelegt.

---

[275] BGH, Urteil vom 29.01.2001 – II ZR 331/00, BGHZ 341, 146.

[276] Begründung RegE MoPeG 03/2021 (Fn. 21), 101.

[277] BGH, Urteil vom 29.01.2001 – II ZR 331/00, BGHZ 146, 341.

Doch die Frage nach dem Erkenntnisstand ist keineswegs trivial. Denn mit ihrer Auseinandersetzung geht letztlich auch eine dogmatische Weichenstellung einher: Sollte im Zuge einer Reform des Personengesellschaftsrechts bei ausdrücklicher Anerkennung der Rechtsfähigkeit zugleich von dem die Personengesellschaften bislang prägenden Gesamthandsprinzip insofern Abschied genommen werden, als dieses seine zentralen Wirkungen in seiner Vermögenszuordnung entfaltet?

Der heutige Trialismus der Rechtssubjekte (natürliche Person, juristische Person und rechtsfähige Personengesellschaften) war vor allem aufgrund der im alten Recht bloß fragmentarisch geregelten gesellschaftsrechtlichen Gesamthand schwierig zu begreifen[278] und doch folgte der 71. Deutsche Juristentag der Empfehlung von *Carsten Schäfer*[279] und stimmte mit 28 zu 10 Stimmen bei 14 Enthaltungen für die Beibehaltung des Gesamthandsprinzips.[280] *Schäfer* selbst begann seine entsprechende Stellungnahme mit folgenden Worten: „Zunächst wird wohl niemand behaupten wollen, dass sich Rechtsfähigkeit und Gesamthandsprinzip gegenseitig ausschlössen."[281]

Doch ist diese Aussage mit dem modernen Verständnis der Dogmatik nicht unkritisch zu übernehmen, auch wenn der alte Gesetzestext dies nahezulegen scheint. Trotz der durch den BGH 2001 attestierten Rechtsfähigkeit bezeichnete § 718 BGB a.F. das Gesellschaftsvermögen weiterhin als gemeinschaftliches Vermögen der Gesellschafter, normierte § 719 BGB a.F. dessen

278 Vgl. bezogen auf die Gesamthand *Bachmann*, NZG 2020, 612, 615 („im Hörsaal war und ist sie stets schwer zu vermitteln gewesen"); ähnlich auch *Wertenbruch*, GmbHR 2020, 196, 197 („Die hergebrachte Wendung »Gesellschafter in ihrer gesamthänderischen Verbundenheit« ist eben außerhalb des bislang nur geregelten Innenverhältnisses der GbR extrem missverständlich und schon Studierenden nur schwer vermittelbar"); *A. Wilhelm*, Recht der Gesamthand, 2.

279 *Schäfer*, in: Verh. des 71. DJT 2016 – Bd. I: Gutachten, E 87: „An dem in §§ 718, 719, 738 Abs. 1 BGB geregelten Gesamthandsprinzip (einschließlich Anwachsung) sollte festgehalten werden".

280 *Ständige Deputation des Deutschen Juristentages*, Verh. des 71. DJT 2016 – Bd. II/1: Sitzungsberichte, O 102, Beschluss Nr. 6.

281 *Schäfer*, in: Verh. des 71. DJT 2016 – Bd. I: Gutachten, E 86. Vgl. im Zusammenhang mit dem MoPeG auch deutlich *Stöber*, GmbHR 2022, 967, 968 („Entgegen den Ausführungen in der amtlichen Begründung zum MoPeG schließen die Anerkennung der Rechtsfähigkeit der Personengesellschaft als solcher und das Gesamthandsprinzip einander keineswegs aus").

gesamthänderische Bindung, ergänzte § 720 BGB a.F. diese Vorschriften um eine Schutzvorschrift zugunsten gutgläubiger Schuldner und trug § 738 Abs. 1 S. 1 BGB a.F. den Folgen des Ausscheidens eines Gesellschafters aus der Gesellschaft Rechnung, indem bestimmt wurde, dass der Anteil des Ausgeschiedenen am Gesellschaftsvermögen den übrigen Gesellschaftern anwachse.

§ 718 BGB a.F. sollte neben § 719 BGB a.F. und § 738 BGB a.F. eine der drei das Gesamthandsprinzip kennzeichnenden „Basisregeln"[282] darstellen, sodass diesen Vorschriften im alten Recht der GbR im Grundsatz eine zentrale Rolle zukam.[283] Auch über zwanzig Jahre nach ARGE Weißes Ross spricht eine ganz zentrale Kommentierung zum alten Rechtsrahmen davon, die §§ 718 bis 720 BGB a.F. seien „nach wie vor maßgebend für die Strukturierung des Gesellschaftsvermögens und dessen gesamthänderische Bindung"[284]. Konnte das zutreffen? Oder musste, wie es der Gesetzgeber mit dem MoPeG auch getan hat[285], aufgrund der Entscheidung ARGE Weißes Ross[286] eine Vermögenszuordnung geschaffen werden, die die Gesellschaft selbst und als solche als (alleinige) Vermögensträgerin gegenüber ihren Gesellschaftern bestimmt? Hatte das Gesamthandsprinzip in seiner maßgeblichen Ausprägung der Vermögenszuordnung im alten Recht angesichts des Umstands, dass die GbR dort bereits anerkanntermaßen rechtsfähig war, sein gesellschaftsrechtliches „Soll" erfüllt und konnte daher verabschiedet werden?

Dem Kerngedanken von § 718 Abs. 1 BGB a.F. entsprechend setzte das Gesamthandsprinzip im Grundsatz eine dingliche Berechtigung mehrerer

---

282 *Schäfer*, in: MüKo-BGB, § 718 Rn. 5; ähnlich *von Ditfurth*, in: Prütting/Wegen/Weinreich, § 718 Rn. 1 („Grundregel").

283 Vgl. auch *Schall*, NZG 2021, 494, 495 f. („Rechtspraxis ist auch nach ARGE Weißes Ross nie so weit gegangen, die Geltung des § 718 BGB anzuzweifeln").

284 *Schäfer*, in: MüKo-BGB, § 705 Rn. 303.

285 Im zweiten Untertitel des zweiten Kapitels der §§ 705 ff. BGB n.F., es geht also um die rechtsfähige Gesellschaft, findet sich mit § 713 BGB n.F. eine Bestimmung zum Gesellschaftsvermögen, welche ausweislich § 740 Abs. 2 BGB n.F. keine Anwendung auf die nicht rechtsfähige Gesellschaft finden soll. Letztere soll nach § 740 Abs. 1 BGB n.F. explizit über kein Vermögen verfügen. Nach § 713 BGB n.F. werden die Beiträge der Gesellschafter sowie die für oder durch die Gesellschaft erworbenen Rechte und die gegen sie begründeten Verbindlichkeiten Vermögen der Gesellschaft.

286 BGH, Urteil vom 29.01.2001 – II ZR 331/00, BGHZ 146, 341.

Personen voraus.[287] Das Gesamthandsvermögen als Sonderform der gemeinschaftlichen Rechtsinhaberschaft sollte also mehreren gemeinsam zustehen und einer besonderen, zweckbezogenen Bindung unterliegen.[288] Deshalb fand – jedenfalls nach älterem Verständnis[289] – eine dingliche Zuordnung an jeden Gesellschafter statt, die jedoch gerade und einzig aufgrund der Mitgliedschaft erfolgte.[290] Sie entstand dabei automatisch bei Eintritt des Gesellschafters in die Gesellschaft durch eine Abwachsung bei den übrigen Gesellschaftern, sofern kein Fall der Neugründung einer Gesellschaft durch Eintritt erfolgte.[291] Umgekehrt verlor ein Gesellschafter bei seinem Ausscheiden auch seine Gesellschafterstellung, was auch den Verlust seiner (dinglichen) Vermögens(mit-)zuordnung zur Folge hatte.[292]

Nach allgemeiner Sicht vor Inkrafttreten des MoPeG war das Gesamthandsvermögen als Sondervermögen gleichwohl sachenrechtlich der rechtsfähigen Gesamthand, das heißt der „Gruppe" der Gesellschafter und damit der Gesellschaft selbst zugeordnet.[293] Das galt bislang nicht nur für die GbR, sondern im Besonderen auch für die Personenhandelsgesellschaften, also

---

287 Vgl. *Kießling*, in: FS Hadding, 477, 478 („Nach herkömmlichem Verständnis impliziert dieses Prinzip (jedenfalls auch) die gleichzeitige Beteiligung mehrerer Personen, der Gesellschafter, am Gesellschaftsvermögen"); vgl. im Übrigen *Koch*, GesR, § 9 Rn. 21. Siehe zudem *Brand*, Untreue und Bankrott, 176 f. m.w.N. in Fn. 189 und insbesondere resümierend auf 176: „Entweder sind alle (Außen-)Personengesellschaften kraft Rechtsfortbildung rechtsfähig, dann fällt das Gesamthandsprinzip, weil das Vermögen einer von den Gesellschaftern getrennten Entität gehört, oder man ordnet das Gesellschaftsvermögen dinglich den Gesellschaftern zu, womit man de facto den Personengesellschaften die Rechtssubjektivität abspricht"; ähnlich auch *Bachmann*, in: FS K. Schmidt, 49, 51.

288 *Bachmann*, in: FS K. Schmidt, 49, 51.

289 Statt aller und insbesondere *Huber*, Vermögensanteil, 63 ff.

290 Vgl. kompendiarisch *Habermeier*, in: Staudinger, § 738 Rn. 4.

291 So *Schäfer*, in: MüKo-BGB, § 718 Rn. 8; a.A. *K. Schmidt*, in: FS Huber, 969, 982 („Das immer noch dominierende »dingliche« Verständnis der Anwachsung hat ausgedient und ist durch ein vermögensrechtliches Verständnis zu ersetzen").

292 Vgl. hierzu *Schäfer*, in: MüKo-BGB, § 718 Rn. 6 f.

293 Siehe nur *Kell*, in: BeckOGK BGB, § 718 Rn. 12 (Stand: 01.11.2020); *Schäfer*, in: Recht der OHG, § 105 HGB Rn. 264 („im Unterschied zum Privatvermögen der Gesellschafter ist es mit dinglicher Wirkung der Gesellschaft selbst zugeordnet"). Vgl. auch *Flume*, Die Personengesellschaft, § 5, 74: „Selbstverständlich sind die Gesellschafter die Inhaber des Vermögens, aber eben nicht als einzelne, sondern nur als Gruppe".

etwa für die OHG oder KG. Zwar wurde die GbR gesetzlich noch aufgrund der Verweisung des § 105 Abs. 3 HGB a.F. (bzw. § 161 Abs. 2 in Verbindung mit § 105 Abs. 3 HGB a.F. für die KG[294]), wonach die Vorschriften über die Gesellschaft bürgerlichen Rechts zur Anwendung kommen, soweit nicht in den §§ 105 ff. HGB a.F. ein anderes vorgeschrieben ist, als die Grundform der Personengesellschaft angesehen, sodass für die übrigen Personengesellschaften grundsätzlich ebenfalls subsidiär die §§ 718 f. BGB a.F. galten.

Die Problematik einer etwaig dem Normenbestand in unzulässiger Weise widersprechenden Zuordnung des Gesellschaftsvermögens alleine zur Gesellschaft war bei der OHG oder KG aber ungleich geringer, weil man argumentieren konnte, auf die Vorschriften der §§ 718 Abs. 1, 719, 738 Abs. 1 S. 1 BGB a.F. komme es dort gar nicht an, weil der Gesetzgeber in § 124 Abs. 1 HGB a.F. eine umfassende Rechtsfähigkeit der OHG (bzw. § 161 Abs. 2 in Verbindung mit § 105 Abs. 3 HGB a.F. für die KG) und damit „ein anderes" im Sinne von § 105 Abs. 3 HGB a.F. bestimmt habe.[295]

Sieht man das, wie es überwiegend der Fall war, anders, das heißt erklärte man auch die Vermögensordnung der Personenhandelsgesellschaften durch das Gesamthandsprinzip bestimmt[296], mochte man wohl geneigt sein, *Schäfer* in der zuvor erwähnten These seiner Stellungnahme zustimmen, wonach sich Rechtsfähigkeit und Gesamthandsprinzip nicht gegenseitig ausschließen würden.[297] Ohne Zweifel wird *Schäfer* bei jener Postulation die moderne Interpretation des Gesamthandsprinzips (und insoweit die Rechtsfähigkeit der GbR als Gruppe) im Sinn gehabt haben, welche er selbst verteidigte.[298] Doch auch dann stellt sich die schwierige Frage nach dem *Warum*.

---

294 Vgl. auch § 1 IV PartGG a.F. und § 1 EWIVAG in Verbindung mit § 105 Abs. 3 HGB a.F. Siehe im Übrigen bereits Fn. 58.

295 So *Bachmann*, in: FS K. Schmidt, 49, 53, wonach sich aufgrund von § 124 HGB a.F. in Verbindung mit § 14 Abs. 2 BGB „die Anwendung von §§ 718 Abs. 1, 719, 738 Abs. 1 BGB auf OHG und KG erübrigt"; vgl. (jedenfalls) bezogen auf §§ 718, 719 BGB a.F. auch *Fleischer*, NZG 2021, 949, 951 („Die Verweisung ins BGB-Gesellschaftsrecht geht mithin ins Leere, weil das OHG-Recht eine eigene Vermögungsordnung vorsieht").

296 Vgl. etwa *Habersack*, in: Recht der OHG, § 124 HGB Rn. 5 f.

297 *Schäfer*, in: Verh. des 71. DJT 2016 – Bd. I: Gutachten, E 86.

298 *Schäfer*, in: Verh. des 71. DJT 2016 – Bd. I: Gutachten, E 87: „An dem in §§ 718, 719, 738 Abs. 1 BGB geregelten Gesamthandsprinzip (einschließlich Anwachsung) sollte festgehalten werden".

Denn es ist nicht zu übersehen, dass das grundsätzliche Regelungsziel von §§ 718 f. BGB a.F., also die Schaffung eines vom Vermögen der Gesellschafter getrennten Sondervermögens, infolge der Anerkennung der Rechtsfähigkeit der BGB-Außengesellschaft an sich bereits durch diese Rechtsfähigkeit und die damit verbundene Sicht der Gesamthand als Rechtsträger verwirklicht wurde, weil das Vermögen dann schon infolge der Rechtsträgerschaft hinreichend abgegrenzt war.[299] Folglich also bedurfte es einer solchen anordnenden Regelung ohnehin nicht mehr, sie wäre allerhöchstens klarstellender Natur gewesen. Doch auch das löst die „sachenrechtlich entscheidende Frage“[300] nicht – konnte es also seit der Entscheidung ARGE Weißes Ross[301] überhaupt eine dingliche Mitberechtigung der Gesellschafter an den bereits nach damaliger Sicht der rechtsfähigen Gesellschaft zugeordneten Vermögensgegenständen geben?[302]

b) Rein vermögensmäßige Beteilung

Die weit überwiegende Ansicht vor Inkrafttreten des MoPeG lehnte bei und wegen Anerkennung der Rechtsfähigkeit eine dingliche Berechtigung des Gesellschafters an den einzelnen Gegenständen, aus denen das Gesellschaftsvermögen besteht, ab.[303] Insofern sollte Trägerin des Gesellschaftsvermögens

---

299 Vgl. hierzu *Gummert*, in: MHdB GesR I, § 13 Rn. 2, wonach die §§ 718–720 BGB a.F. „nur noch deklaratorischer Natur“ seien.

300 *Beuthien*, JZ 2003, 715, 719; vgl. auch *Beuthien*, in: FG Zivilrechtslehrer 1934/1935, 39, 54 sowie *Beuthien/Ernst*, ZHR 156 (1992), 227, 233.

301 BGH, Urteil vom 29.01.2001 – II ZR 331/00, BGHZ 146, 341.

302 Siehe auch *Westermann*, in: FS Konzen, 957, 974 f.

303 Siehe etwa *Habersack*, in: Recht der OHG, § 124 HGB Rn. 6 („weder einen Bruchteil noch einen sonstigen Anteil an den einzelnen Gegenständen des Gesellschaftsvermögens oder gar am Gesellschaftsvermögen insgesamt“); *Hadding/Kießling*, in: Soergel-BGB, § 719 Rn. 6 („besteht […] überhaupt nicht“); *Hanke*, in: NK-BGB, § 719 Rn. 5; *Kindl*, GesR, § 6 Rn. 10; *Kindler*, Grundkurs H. u. G., § 11 Rn. 90; *Koch*, GesR, § 9 Rn. 3, 21; *Röder*, AcP 215 (2015), 450, 491; an dieser Stelle auch *Schäfer*, in: MüKo-BGB, § 719 Rn. 8; *K. Schmidt*, ZHR 180 (2016), 411, 417; *K. Schmidt*, GesR, § 47 III 1, 1381; *Schöne*, in: BeckOK BGB, § 719 Rn. 4 (Stand: 01.11.2023); *Sprau*, in: Grüneberg, § 719 Rn. 1 („h.M.“); *Stelmaszczyk*, in: Wachter, § 9 Rn. 16; *Wertenbruch*, Haftung von Gesellschaften, Teil 1, Kapitel 10, § 6, 188 sowie Teil 3, Kapitel 1, § 1, 483; *Wertenbruch*, NZG 2008, 454, 455; *Wertenbruch*, NJW 2015, 2150, 2151; *Wertenbruch*, in: Westermann/Wertenbruch, Teil I, § 25 Rn. 558a (Dokumentstand: 70. Lieferung 1/2018) und § 29 Rn. 643 (Dokumentstand: 79. Lieferung 1/2021);

bei der rechtsfähigen GbR nur die Gesellschaft selbst sein und sollten die Gesellschafter vermögensmäßig nur über ihre Mitgliedschaft und damit mittelbar am Gesellschaftsvermögen teilhaben.[304] Denn gerade infolge der Rechtssubjektivität der Gesamthand hätte das Gesamthandsvermögen ihr gehören müssen und hätten die Gesamthänder „nur Anteile an der Gesamthand in toto innehaben"[305] können. Exemplarisch heißt es hierzu aus der Feder von *Ingo Saenger*: „Die einzelnen Gesellschafter verfügen über keine dingliche Berechtigung an diesem Vermögen. Ihnen steht vielmehr ein Mitgliedschaftsrecht zu, in dem ihre Beteiligung an der Gesellschaft zusammengefasst ist. Dieses Mitgliedschaftsrecht beinhaltet neben den Verwaltungsrechten auch einen Kapitalanteil am Gesellschaftsvermögen. Dieser Kapitalanteil ist jedoch nur eine Rechnungsgröße, anhand derer sich die Höhe der Beteiligung jedes Gesellschafters am Wert berechnet."[306] Die Stellung als ein Mitglied der Gesamthand sei insoweit missverständlich als „Anteil an dem Gesellschaftsvermögen" deklariert worden. Anders gewendet sollte dieser Anteil lediglich die rechtliche Stellung des einzelnen Gesellschafters als Beteiligter des Gesamthandsverhältnisses zum Ausdruck bringen.[307]

Folgerichtig ließ sich die Vorschrift des § 719 Abs. 1 Hs. 1 BGB a.F., wonach die Gesellschafter nicht über ihren Anteil am Gesellschaftsvermögen und an den einzelnen dazu gehörenden Gegenständen verfügen dürfen, mit dieser Interpretation vereinbaren, weil eben die Existenz derartiger Anteile schon negiert wurde.[308] Das Verfügungsverbot war somit überflüssig.

Westermann, in: Erman BGB, § 719 Rn. 2; vgl. auch bereits *Flume*, Die Personengesellschaft, § 5, 73 f.

304 Statt aller *Habersack*, in: Recht der OHG, § 124 Rn. 9 f. mit zahlreichen Nachweisen.

305 *K. Schmidt*, GesR, § 8 III, 198.

306 *Saenger*, GesR, § 3 Rn. 105.

307 *Hadding/Kießling*, in: Soergel-BGB, § 718 Rn. 7; vgl. auch § 719 Rn. 5: „Der »Anteil an dem Gesellschaftsvermögen« ist also nur ein Ausdruck dafür, dass der Gesellschafter durch seine Mitgliedschaft zusammen mit den anderen Gesellschaftern die GbR als Rechtsinhaber der Gegenstände des Gesellschaftsvermögens konstituiert".

308 Vgl. nur *Ulmer*, in: Die BGB-Gesellschaft im Grundbuch, 10, 14: „Dieses Verfügungsverbot ist sachlogisch, denn es folgt schon daraus, dass es derartige Anteile an den einzelnen Vermögensgegenständen für die Gesamthänder nicht gibt; diese sind anteilig vielmehr nur am Gesamthandsvermögen als solchem beteiligt. Daher verstehen sich die entsprechenden Regelungen in den §§ 719 Abs. 1, 1419 Abs. 1, 2033 Abs. 2 BGB von selbst." Vgl. auch *Flume*, Die Personengesellschaft, § 17 II, 351. Nach *Huber*,

c) Dingliche (Mit-)Berechtigung?

Das Negieren einer dinglichen Berechtigung der einzelnen Gesellschafter infolge der Anerkennung der Rechtsfähigkeit der Außen-GbR schien in der Sache konsequent, und zwar wenn und weil man mit der sich durchgesetzten Gruppenlehre die Gesamthand gerade als *ein* Rechtssubjekt begriff. Denn ein Rechtsobjekt kann, worauf *Andreas Dieckmann* hinweist, immer auch bloß einem Rechtssubjekt zugeordnet werden.[309]

aa) Kollektive Rechtsfähigkeit?

Das war in der Folge auch ein Grund dafür, warum *Dieckmann* in seiner 2019 und damit zum alten Recht erschienenen Habilitationsschrift eine andere Ansicht präsentierte, durch welche die Gruppenlehre „zu ersetzen"[310] sei und mit welcher sich die Rechtsfähigkeit der zu diesem Zeitpunkt noch nicht reformierten GbR und die gesetzlich angeordnete gesamthänderische Vermögensbindung besser harmonisieren lasse.[311] Er wollte jedoch unter anderem auf Basis dessen, dass *Werner Flume* seinerseits *Otto von Gierke* falsch verstanden habe, im Ausgangspunkt zu einer Rechtssubjektivität der Gesellschafter in ihrer gesamthänderischen Verbundenheit zurückkehren.[312]

Dieckmann erkannte die Rechtsfähigkeit der tradierten BGB-Außengesellschaft ebenfalls an, allerdings nur aufgrund einer kollektiven Rechtsfähigkeit mehrere Rechtssubjekte (nämlich der einzelnen

---

Vermögensanteil, 122 f. hat bereits der Miteigentümer einer Bruchteilsgemeinschaft (§§ 741 ff. BGB a.F.) lediglich einen Wertanteil an der gemeinschaftlichen Sache; ein Gesamthänder habe dagegen einen Wertanteil am gemeinschaftlichen Vermögen.

309 *Dieckmann*, Gesamthand und juristische Person, 288 m.w.N. In der Sache ähnlich auch *Beuthien*, NZG 2019, 41, 44 („Ein Gemeinschaftsvermögen können zusammen nur mehrere Personen halten. Einer einzigen Person kann ein solches nicht zustehen").

310 *Dieckmann*, Gesamthand und juristische Person, 278.

311 Eine von der Gruppenlehre abweichende Betrachtung ist für *Dieckmann* so gesehen zwingend. Bei *Dieckmann*, Gesamthand und juristische Person, 633 heißt es: „Wer demgegenüber, wie die heute ganz h.M., aus der Gesamthand des BGB ein Rechtssubjekt machen will, formt sie zu Gierkes Verbandsperson, zu einer germanistischen juristischen Person, um und verwischt dadurch die Grenze zwischen Personengesellschaft und juristischer Person, was am Ende nicht nur zur Aufgabe der Gesamthand, sondern auch der juristischen Person Savignys führte".

312 Zu diesem Verständnis zurückkehren möchte offenbar auch *Bachmayer*, BWNotZ 2009, 122 ff.; *Bachmayer*, NotBZ 2010, 161 ff.

Gesellschafter).[313] Der Gesellschaft als solcher komme somit keine Rechtssubjektsqualität und Rechtsfähigkeit zu. Die Gesellschafter sollten zwar Träger der gemeinschaftlichen Rechte und Pflichten sein, allerdings auch nicht unmittelbar.[314] Vielmehr sollten die Gesellschafter Zuordnungsendpunkte der Rechte und Pflichten und damit eine Vielheit sein, gleichzeitig sollte sie ein von ihnen gemeinsam eingenommener *status* zu einer Einheit formen, sodass sie kollektiv vermittelt über diesen *status* rechtsfähig seien.[315] Nach *Dieckmann* gäbe es deshalb „mehrere Rechtssubjekte, aber eine kollektive Rechtsfähigkeit und deshalb ein real und ideell ungeteiltes Gesellschaftsvermögen“[316].

Diese Interpretation der Gesamthand ähnelt dabei in gewisser Weise dem Verständnis von *Volker Beuthien*, der als einer der prominentesten Kritiker der Gruppenlehre verstanden werden muss.[317] *Beuthien* moniert, der „größte begriffliche Widerspruch“[318] sei, dass die schon lange vor der Verabschiedung des MoPeG als rechtsfähig verstandene GbR noch als Gesamthand bezeichnet werden würde, obwohl sie nach dieser Dogmatik „kein gemeinschaftliches, d.h. eine Personenmehrheit voraussetzendes

---

313 *Dieckmann*, Gesamthand und juristische Person, 289. Danach sind die Gesellschafter „gemeinschaftlich Inhaber des Vermögens, weil hier gerade nicht jeder für sich Rechtsträger des gesamten Vermögens, Eigentümer der ganzen Sache und Inhaber der ganzen Forderung ist [...], vielmehr sind sie vermittelt durch den einen gemeinsamen *status*, den sie im Recht zusammen innehaben und der ihnen eine kollektive Rechtsfähigkeit verleiht, Eigentümer des Gesellschaftsvermögens i.S. des § 718 Abs. 1 BGB“.

314 *Dieckmann*, Gesamthand und juristische Person, 278.

315 *Dieckmann*, Gesamthand und juristische Person, 97 f., 278, 289. Vgl. auch *Westermann*, in: Erman BGB, § 719 Rn. 1.

316 *Dieckmann*, Gesamthand und juristische Person, 295. Vgl. in diesem Zusammenhang auch den im Kontext des MoPeG vorgestellten Ansatz einer derivativen Rechtsfähigkeit von *Christina Escher-Weingart*. *Escher-Weingart* spricht in WM 2022, 2297 ff. den reformierten Personengesellschaften die Rechtssubjektivität ab und sieht die Rechtssubjektivität einzig bei den einzelnen Gesellschaftern; in der Folge soll die nun gesetzlich angeordnete Rechtsfähigkeit der Personengesellschaft eine „völlig neue dogmatische Figur“ (2303) darstellen und sich maßgeblichen von der Rechtsfähigkeit von juristischen Personen unterscheiden.

317 Vgl. insbesondere *Beuthien*, JZ 2003, 715 ff.; *Beuthien*, NJW 2005, 855 ff.; *Beuthien*, NZG 2011, 161 ff.; *Beuthien*, NZG 2011, 481 ff.; *Beuthien*, ZGR 2019, 664 ff.; *Beuthien*, NZG 2019, 41 ff.

318 *Beuthien*, ZIP 2011, 1589.

Gesamthandvermögen mehr innehaben"[319] könne. Deshalb sei nach richtigem Verständnis die herkömmliche GbR (wie dann auch der nichtrechtsfähige Verein) als gesellschaftsrechtlich verfasstes Kollektiv lediglich gesamtrechtsfähig.[320] Das führte auch zu einer anderen Beurteilung in Bezug auf die personengesellschaftsrechtliche Vermögensherrschaft: „Vermögensträger sind dann nicht jeweils für sich sowohl die Gesellschaft als auch die Gesellschafter, sondern die Gesellschafter in ihrer Eigenschaft als gesamtrechtsfähige und damit kollektive Personalität genießende Personengesellschaft."[321] Zudem sprach sich *Beuthien* für die Rechtsfähigkeit auch der bürgerlich-rechtlichen Innengesellschaft (aber nicht für die stille Gesellschaft) aus.[322]

Man mag denken, dass die Ansicht *Dieckmanns* beziehungsweise mitunter auch *Beuthiens* auf den ersten Blick einen Erklärungsansatz für die Rechtsfähigkeit der früheren GbR bieten können, der sich isoliert betrachtet durchaus treffend mit dem Normenbestand der §§ 705 ff. BGB a.F. vereinbaren lässt. Natürlich ist auch dann jeweils eine entsprechende Vorstellungskraft und Interpretationsbedürftigkeit vonnöten und auch dann ist, sofern sich lediglich auf die Lektüre der alten gesetzlichen Vorschriften beschränkt wird, die „vermeintlich sphinxhafte Rechtsnatur der Gesamthand"[323] nicht zu erfassen.

Jedenfalls scheint es aber zu leicht, wenn man etwa die Ansicht *Dieckmanns* angesichts der im alten Recht letztlich vorherrschenden Lehre mit

---

319 *Beuthien*, ZIP 2011, 1589. Vgl. auch *Schmölz*, in: FS Beuthien, 235, 237: „Eine juristische Person entsteht allein kraft Gesetzes. Eine solche gesetzliche Anordnung gibt es für die Personengesellschaften nicht. Daher sind die neueren Gesamthandslehren, die den Personengesellschaften als solchen »Teilrechtsfähigkeit« oder gar Rechtsfähigkeit zubilligen wollen, mit dem Gesetz nicht vereinbar. Die Fähigkeit, Rechte und Pflichten zu erwerben, besitzen demnach nach der Konzeption des Gesetzes nur die Gesellschafter der Personengesellschaft in ihrer gesamthänderischen Verbundenheit".

320 *Beuthien*, NZG 2011, 481, 484: „Infolgedessen kann der GbR keine individuelle, sondern nur eine aus den Rechtsfähigkeiten ihrer Gesellschafter abgeleitete, kollektive Rechtsfähigkeit zukommen". Vgl. zu dieser „Gesamtrechtsfähigkeit" auch die Ausführungen von *Beuthien/Ernst*, ZHR 156 (1992), 227, 234; *Beuthien*, JZ 2003, 715, 720 f.

321 *Beuthien*, NZG 2019, 41, 44, wo es dann auch heißt, die GbR und ihre Gesellschafter ließen sich daher „vermögensrechtlich nicht trennen".

322 *Beuthien*, NZG 2011, 161, 165. Zustimmend äußert sich etwa *Westermann*, in: Erman BGB, vor § 705 Rn. 28. Vgl. auch *M. Lehmann*, AcP 207 (2007), 225, 250.

323 *Weber-Grellet*, AcP 182 (1982), 316.

den Worten ablehnte, dass sich „eine Rechtsfortbildung, die ursprünglich auf irrtümlichen Annahmen beruht haben mag, gleichwohl durchsetzen“[324] könne. Freilich muss aber tatsächlich beachtet werden, dass das „moderne“ Verständnis von der Gesamthand, das heißt die durch *Werner Flume* geprägte und sodann von *Johannes Wertenbruch* komplettierte Gruppenlehre, durch den II. Zivilsenat des BGH 2001 im Grunde „ausdrücklich zur Grundlage des geltenden Rechts erhoben“[325] wurde, was sich beispielsweise auch durch Schaffung von § 899a BGB a.F. andeutete. Gerade also auch mit Blick auf das Grundstücksrecht hätte sich eine Abkehr von diesem Verständnis (Gesellschaft als Rechtssubjekt) schon zum damaligen Recht verboten und zeigte sich die größere Praxistauglichkeit einer solchen Interpretation[326], sodass auch Reformüberlegungen zuvorderst an diese dogmatischen Vorteile anknüpfen mussten.

bb) Entscheidung zum Grundstücksrecht als Ausweg aus dem Dilemma?

Bernadette Kell erblickte auf Basis dessen, dass das Gesellschaftsvermögen der Gesellschaft zugeordnet ist, eine „vermittelnde Position“[327] und damit im dem MoPeG vorgegangenen Recht eine dingliche Zuordnung (auch) zu den Gesellschaftern in der Rechtsprechung des V. Zivilsenats des BGH zum Grundstücksrecht. Das ist zunächst insofern sehr verwunderlich, als dass gerade dieser Senat 2016 mit den Worten „Nur die GbR ist Rechtsträgerin des Gesellschaftsvermögens. Grundstücke einer GbR stehen in deren Alleineigentum und nicht im gemeinschaftlichen Eigentum ihrer Gesellschafter“[328] seine Sicht der Vermögensordnung der GbR in kaum missverständlicher Weise kundgetan hatte.

Kell rekurrierte allerdings auf eine Entscheidung aus 2011. Nach der Entscheidung ARGE Weißes Ross[329] im Jahr 2001 sollten Entscheidungen betreffend die GbR im Grundstücksrecht folgen. Nach früherem Verständnis

---

[324] So allerdings *Schäfer*, ZIP 2020, 1149, 1150 (dort Fn. 3), der in diesem Kontext von einer „praktischen Überlegenheit“ spricht und dementsprechend einer „Rückbesinnung“ kritisch gegenübersteht.

[325] *Schall*, ZIP 2020, 1443, 1445 Vgl. auch *Altmeppen*, NZG 2020, 822.

[326] Vgl. in kompendiarischer Zusammenfassung *J. Wilhelm*, NZG 2011, 801, 805 f.

[327] *Kell*, in: BeckOGK BGB, § 718 Rn. 14 (Stand: 01.11.2020).

[328] BGH, Beschluss vom 20.05.2016 – V ZB 142/15, NZG 2016, 1223.

[329] BGH, Urteil vom 29.01.2001 – II ZR 331/00, BGHZ 146, 341.

waren unter Verweis auf § 47 GBO a.F. allein die Gesellschafter mit entsprechendem Zusatz ins Grundbuch einzutragen.[330] 2006 bestätigte der II. Zivilsenat die Rechtsfähigkeit der GbR auch im Hinblick auf den Erwerb von Grundstücksrechten und erklärte, dass wenn die Gesellschafter einer GbR mit dem Zusatz „als Gesellschafter bürgerlichen Rechts" als Eigentümer eingetragen seien, die Gesellschaft die Eigentümerin des Grundstücks sei und dass es dabei auf die Frage, ob die Gesellschaft auch selbst in das Grundbuch eingetragen werden könne, nicht ankomme.[331] 2008 hat der V. Zivilsenat sodann die formelle Grundbuchfähigkeit der GbR bejaht; die GbR könne als solche im Grundbuch als Inhaberin von Rechten eingetragen werden, die namentliche Eintragung der Gesellschafter komme nur hilfsweise in Betracht.[332] Dem Rechtserwerb der GbR stehe nicht entgegen, dass dieser nicht unter der für diese von ihren Gesellschaftern vereinbarten Bezeichnung im Grundbuch gebucht werden könne.[333] Das Vermögen einer GbR sei mit Anerkennung der Rechtsfähigkeit „nicht mehr, wie von § 15 Abs. 3 GBV vorausgesetzt, Vermögen ihrer Mitglieder, sondern Vermögen einer

---

330 Siehe zu dieser Diskussion *Habermeier*, in: Staudinger, vor §§ 705–740 Rn. 26 f.

331 BGH, Urteil vom 25.09.2006 – II ZR 218/05, NJW 2006, 3716 f. Durch die Eintragung mit dem Zusatz werde damit „für den Rechtsverkehr – unabhängig von der Frage, ob auch die GbR selbst eingetragen werden könnte – unzweifelhaft zum Ausdruck gebracht, dass Eigentümerin der Liegenschaft die GbR ist (…). Ansonsten müsste es eine Form des Gesamthandseigentums neben dem Gesellschaftsvermögen geben oder die Gesellschafter müssten Bruchteilseigentümer sein. Beides kommt nicht ernsthaft in Betracht" (3717). Siehe zu diesem Zitat auch *Bachmayer*, BWNotZ 2009, 122, 136: „Das kann doch nur bedeuten, dass es sich bei dem Grundstückseigentum um das Gesamthandseigentum »Gesellschaftsvermögen der Gesellschafter, § 718 BGB« handeln muss, wenn eine (weitere) Form des Gesamthandseigentums daneben nicht in Betracht kommt. Die Eintragung der Gesellschafter namentlich, mit dem Zusatz »als GbR«, und die Eintragung der GbR selbst, sind synonyme Bezeichnungen für dieselbe Sache. Es handelt sich jeweils um dieselbe Gesamthand, nur von unterschiedlicher Seite betrachtet".

332 BGH, 04.12.2008 – V ZB 74/08, BGHZ 179, 102. Nach *Christian Kesseler* habe dies „schwerste Verwerfungen im Immobiliarsachenrecht verursacht", *Kesseler*, NJW 2011, 1909.

333 BGH, 04.12.2008 – V ZB 74/08, BGHZ 179, 102, 108. Dort heißt es auch: „Deshalb ist ein Grundstück, als dessen Eigentümer mehrere natürliche Personen mit dem Zusatz »als Gesellschafter bürgerlichen Rechts« eingetragen sind, auch nicht (gesamthänderisch gebundenes) Eigentum dieser natürlichen Personen, sondern Eigentum der GbR".

rechtsfähigen Personengesellschaft"[334]. Diese zum Teil als „Schlamassel"[335], „großes Unglück"[336] oder gar „praktisch untauglich"[337] bezeichnete Entscheidung veranlasste den Gesetzgeber letztlich zur Schaffung der §§ 47 Abs. 2 GBO a.F., 899a BGB a.F.[338] Dem Gesetzgeber erschien es also (anders als dem BGH) nicht ausreichend, dass „nur die – materiell ja allein berechtigte! – GbR" [339] unter ihrem Namen im Grundbuch eingetragen werde.

Mit der Entscheidung aus 2011 – und hierauf bezog sich dann *Kell* mit Blick auf eine dingliche Vermögenszuordnung zu den Gesellschaftern – setzte der V. Zivilsenat dann der „mehr als zehnjährigen Diskussion über die »Grundbuchfähigkeit« der GbR ein Ende"[340] und erklärte, dass der Name der GbR

---

334 BGH, 04.12.2008 – V ZB 74/08, BGHZ 179, 102, 110. Weitergehend hierzu *Bachmayer*, BWNotZ 2009, 122, 138 ff.

335 *Hertel*, DNotZ 2009, 115, 121.

336 *Volmer*, ZfIR 2009, 97.

337 *Kesseler*, NZM 2009, 190, 192.

338 Kritisch hierzu äußert sich *Bachmayer*, BWNotZ 2009, 122, 138: „Bemerkenswert: ein Gericht weiß für ein selbst geschaffenes Problem keine Lösung mehr, und ruft nach dem Gesetzgeber. Statt dieses zu tun, hätte es eher nahe gelegen, die eigene, vorausgehende Rechtsprechung zu überdenken". Die neu geschaffenen Vorschriften der §§ 47 Abs. 2 GBO a.F., 899a BGB a.F. sollten unter anderem das Problem entschärfen, dass der Erwerber eines Grundstücks, welches im Eigentum einer GbR steht, sich nie sicher sein kann, ob die für die GbR Handelnden auch vertretungsberechtigt sind. Denn für die GbR existierte bislang eben kein Register, in das die Gesellschaft mit ihren Gesellschaftern eingetragen war und auf welches im Grundbuch zur Wahrung der Bestimmtheit verwiesen werden konnte. Weil nach § 899a BGB a.F. im Grundbuch alle eingetragenen Personen als Gesellschafter für die Gesellschaft handeln, war der Erwerber ausreichend geschützt; alle Gesellschafter konnten die Gesellschaft jedenfalls gemeinschaftlich vertreten. Es stellte sich jedoch die Frage, ob die in § 899a BGB a.F. beinhaltete Vermutung bloß für das Verfügungs- oder auch für das Verpflichtungsgeschäft galt. Beharrte man auf dem Wortlaut („in Ansehung eines eingetragenen Rechts"), so wäre ein Käufer zwar Eigentümer geworden, aufgrund der in § 812 Abs. 1 S. 1 Alt. 1 BGB bestimmten condictio indebiti hätte die GbR vom gutgläubigen Erwerber aber die Rückübertragung verlangen können, sofern nicht kraft Rechtsscheins eine Vertretungsmacht zu bejahen war. Vgl. zu dieser Problematik die Ausführungen von *Grunewald*, GesR, § 1 Rn. 109; *Kiehnle*, ZHR 174 (2010), 209, 222; *Kuckein/Jenn*, NZG 2009, 848, 851; *Wertenbruch*, ZIP 2010, 1884 ff.; sich eher für die Eingriffskondiktion aussprechend *Lautner*, DNotZ 2009, 650, 671.

339 *Kindl*, GesR, § 6 Rn. 14.

340 *Ulmer*, ZIP 2011, 1689, 1690. *Ulmer* bezeichnet die Entscheidung angesichts des vorigen Widerstands einiger Instanzgerichte a.a.O. auch als „grundlegenden Durchbruch".

im Grundstücksrecht kein taugliches Abgrenzungskriterium mehr darstelle und die Gesellschaft stattdessen über die Benennung ihrer Gesellschafter zu identifizieren sei.[341]

Das Gericht führte aus: „Eine andere Beurteilung ist auch nicht deshalb gerechtfertigt, weil materiell-rechtlich die GbR – und nicht die Gesellschafter in ihrer gesamthänderischen Verbundenheit – das Grundeigentum erwirbt. Materielles Recht und Grundbuchverfahrensrecht sind jeweils selbständige Rechtsgebiete und können in ihren Voraussetzungen und Rechtswirkungen unterschiedlich ausgestaltet sein [...]. Es stand dem Gesetzgeber daher frei, die gemäß § 873 Abs. 1 BGB zu dem materiellen Rechtserwerb der GbR erforderliche Eintragung in das Grundbuch verfahrensrechtlich nicht an die Bezeichnung der Gesellschaft, sondern an die Benennung der Gesellschafter anzuknüpfen und so von der materiellen Berechtigung abzuweichen."[342]

Nach *Kell* erfolge deshalb die „Vermittlung des dinglichen Rechts der Gesellschaft durch die Gesellschafter"[343]. Das ist zutreffend, wenngleich der Schluss, daraus eine „vermittelnde Position" (*Kell*) bezüglich einer dinglichen Vermögenszuordnung zu sehen, nicht überzeugt. Man kann in diesem Zusammenhang auch von „verfahrensrechtlicher Mediatisierung der GbR durch ihre Gesellschafter als fiktive Eigentümer"[344] sprechen. Diese Behandlung der Gesellschafter als fiktive Eigentümer, welche nur im Grundstücksrecht erfolgte, war jedoch als eine Art Kunstgriff des Gesetzgebers zu verstehen, um mit einem praktisch brauchbareren und einfacheren Mittel als der Schaffung eines Registers zu einer Rechtssicherheit zu gelangen.

Einen intendierten Rückschritt zum veralteten Verständnis der Gesamthand wird man darin nicht erblickt haben können, wofür schon angeführt werden kann, dass die einschlägigen Normen von einer Eintragung eines

---

341 BGH, Beschluss vom 28.04.2011 – V ZB 194/10, BGHZ 189, 274, 277 ff. Das löste eine weitere Diskussion darüber aus, auf welche Weise die Gesellschafter ihre Existenz und Stellung belegen können, vgl. dazu *Westermann*, WM 2013, 441, 446 m.w.N.

342 BGH, Beschluss vom 28.04.2011 – V ZB 194/10, BGHZ 189, 274, 283. Vgl. vor allem mit Bezug auf das Verfahrensrecht zuvor *Reymann*, ZNotP 2011, 84, 103 f. Kritisch hierzu insbesondere *Bestelmeyer*, ZIP 2011, 1389 ff.

343 *Kell*, in: BeckOGK BGB, § 718 Rn. 14 (dort Fn. 41) (Stand: 01.11.2020).

344 *Ulmer*, ZIP 2011, 1689, der an dieser Stelle auch von einer „dogmatisch nicht unproblematischen, wenn auch pragmatisch verständlichen verfahrensrechtlichen Neuerung" spricht.

„Recht(s) für eine Gesellschaft bürgerlichen Rechts“ (§ 47 Abs. 2 S. 1 GBO a.F.) sprachen oder davon die Rede war, dass „eine Gesellschaft bürgerlichen Rechts im Grundbuch eingetragen“ sei (§ 899a S. 1 BGB a.F., vgl. auch § 82 S. 3 GBO a.F.).

Nach damaliger Auffassung des Gesetzgebers gewährleistete eben nur die Eintragung der Gesellschafter die Identifizierung der materiell berechtigten GbR.[345] Man hätte bestenfalls von einer *fiktiven* Rückkehr zum alten Rechtsverständnis sprechen können, wobei auf diesem Weg am moderneren Verständnis der GbR als Rechtsträger festgehalten wurde.[346] Dass die Gesellschafter als fiktive Eigentümer zu behandeln waren, bedeutete naturgemäß eben auch nur, dass die Gesellschafter als Eigentümer „galten“ und in ihrer Eigenschaft das alleine der Gesellschaft zustehende Recht mittelten.

Mit anderen Worten *galten*, weil die GbR als solche nicht unter ihrem Namen im Grundbuch stand, als „dinglich Berechtigte die Personen der eingetragenen Gesellschafter in gesamthänderischer Verbundenheit“[347]. Das bedeutete allerdings nicht in umgekehrter Weise, dass die Gesellschafter (vor allem die einzelnen, das heißt nicht die Gesellschaftergesamtheit) auch *tatsächlich* als solche Inhaber der Rechte sein sollten und darüber hinausgehend unabhängig vom Grundstücksrecht Rechte der GbR mitteln sollten, was sie auch nicht konnten. In dieser Konsequenz musste § 47 Abs. 2 GBO a.F. so verstanden werden, dass die Gesellschaft Eigentümerin und deshalb materiell-berechtigt war, in verfahrensrechtlicher Sicht allerdings die Gesellschafter eingetragen wurden, und zwar bloß um hierdurch die Gesellschaft zu identifizieren.[348]

Eine dingliche Zuordnung zu den Gesellschaftern erfolgte also nicht mittelbar durch die Gesellschaft[349], sondern der GbR als solcher standen die dinglichen Rechte an Grundstücken zu, was durch die Grundbucheintragung

---

345 Bericht des Rechtsausschusses, BT-Drucks. 16/13437 (17.06.2009), 24.

346 Vgl. *Ulmer*, ZIP 2011, 1689, 1697.

347 *Ulmer*, ZIP 2011, 1689, 1695.

348 Vgl. *Schäfer*, in: MüKo-BGB, § 705 Rn. 323.

349 So aber *Kell*, in: BeckOGK BGB, § 718 Rn. 14 (Stand: 01.11.2020): „Die dingliche Zuordnung zu den Gesellschaftern erfolgt »mittelbar« durch den rechtsfähigen Personenverbund“.

ihrer Gesellschafter als fiktive Eigentümer nach § 47 Abs. 2 S. 1 GBO a.F. zum Ausdruck kam.

cc) *Schwierigkeiten einer eigentlich zwingenden vermögensrechtlichen Beteiligung*

Der einzelne Gesellschafter wurde nach der Gruppenlehre lediglich als ein „Gruppenmitglied" der Gesamthand verstanden, welche sodann eben allein Bezugspunkt aller Rechtsbeziehungen war.[350] Der rechtsfähigen GbR als Rechtssubjekt wurde folglich das Gesellschaftsvermögen zugeordnet, die Gesellschafter sollten nur vermögensmäßig partizipieren. Damit wurde der Regel entsprochen, dass ein Rechtsobjekt auch nur einem Rechtssubjekt zugeordnet werden kann. Diese sich breit durchgesetzt habende und auch vom BGH im Jahr 2001 vertretene Ansicht gilt es, mag sie bezüglich der damit verbundenen Qualifikation der Gesamthand als Rechtssubjekt noch so einleuchtend wie praxistauglich gewesen sein, mit den im Wesentlichen seit 1900 bis zu den Anpassungen durch das MoPeG unverändert gebliebenen Vorschriften dennoch insofern zu hinterfragen, als dass Änderungen an der gesetzlichen Grundlage große Wirkungen haben können.

Zunächst sprach der II. Zivilsenat des BGH 2001 im Kontext der Rechtsfähigkeit der BGB-Außengesellschaft von einer „nach außen bestehenden beschränkten Rechtssubjektivität"[351], was mit Blick auf die Vermögenszuordnung letztlich recht offen formuliert ist, einer etwaigen dinglichen Zuordnung also jedenfalls nicht diametral entgegenstehen musste – allerdings auch nicht viel hergibt, deshalb also eher als ein gehaltloser Gesichtspunkt betrachtet werden muss.

(1) *Existenz der Innengesellschaft*

Ein Argument aber, welches für eine irgendwie geartete dingliche Berechtigung der Gesellschafter im früheren Recht ins Feld geführt werden kann, ist die schon zuvor bestehende Dichotomie innerhalb des Rechts der GbR. Neben der Außen-GbR existierte gleichrangig die Innengesellschaft. Bei ihr war die dingliche Vermögenszuordnung an die Gesellschafter in ihrer

---

[350] Vgl. bereits *Flume*, ZHR 136 (1972), 177, 198.

[351] BGH, Urteil vom 29.01.2001 – II ZR 331/00, BGHZ 146, 341, 344.

gesamthänderischen Verbundenheit die Grundlage der zum Schutze des Gesellschaftsvermögens vorzunehmenden Vermögenstrennung.[352]

Diese These setzt freilich voraus, dass man der herkömmlichen Innen-GbR, die im Gegensatz zur Außen-GbR zwar meist kein Gesellschaftsvermögen bildete, sondern nur individuelles Vermögen der jeweils handelnden Gesellschafter, welche dieses quasi treuhänderisch verwalteten[353], die Möglichkeit der Bildung von Gesamthandsvermögen per se aber überhaupt zuspricht.[354] Nach Ansicht des BGH war es jedenfalls in atypischen Fällen denkbar, eine BGB-Innengesellschaft mit Gesamthandsvermögen auszustatten.[355] Abschließend entschieden hatte der BGH die Thematik im vormaligen Recht allerdings nicht. Erkannte man aber Innengesellschaften mit Gesamthandsvermögen entgegen der vor Erlass des MoPeG herrschenden Meinung[356] an, wofür durchaus einige gute Argumente stritten[357], hier allerdings nicht abschließend entschieden werden muss, so konnte dies wegen des einheitlichen Rechtsrahmens nicht nur für eine irgendwie geartete dingliche Mitberechtigung der GbR–Gesellschafter am Vermögen fruchtbar gemacht werden,

---

352 *Kell*, in: BeckOGK BGB, § 718 Rn. 13 (Stand: 01.11.2020): „Ohne die dingliche Vermögenszuordnung lässt sich schwerlich eine Vermögenstrennung mit Wirkung erga omnes begründen".

353 *Fleischer*, in: Fleischer PersGesRV-HdB, § 1 Rn. 47; *Schäfer*, in: MüKo-BGB, § 705 Rn. 283.

354 Vgl. hierzu die Ausführungen von *A. Wilhelm*, Recht der Gesamthand, 22 ff., der sich mit weiteren Nachweisen mit beiden Standpunkten auseinandersetzt und letztlich die Option der Bildung von Gesamthandsvermögen bei Innengesellschaften mit überzeugenden Argumenten bejaht.

355 Vgl. BGH, Urteil vom 29.10.1952 – II ZR 16/52, BGHZ 7, 378, 379; BGH, Urteil vom 21.12.1972 – II ZR 13/71, WM 1973, 296, 297; BGH, Urteil vom 12.06.1975 – IX ZR 268/69, WM 1975, 268, 269; BGH, Urteil vom 18.06.1990 – II ZR 132/89, WM 1990, 1543, 1545.

356 Statt aller *Stelmaszczyk*, in: Wachter, § 9 Rn. 10 m.w.N.

357 Siehe z.B. *Beuthien*, NZG 2011, 161 ff.; *Beuthien*, NZG 2017, 201 ff. Siehe im Rahmen des Gesetzgebungsverfahrens des MoPeG auch *Bachmann*, NZG 2020, 612, 615 f. Hervorzuheben ist, dass *Gregor Bachmann* als ein prominenter Befürworter der Abschaffung des Gesamthandsprinzips bei der BGB-Außengesellschaft gilt. Vgl. insoweit a.a.O. sowie *Bachmann*, in: FS K. Schmidt, 49, 52 („Von der Vorstellung einer rechtsfähigen Gesamthandsgemeinschaft ist Abschied zu nehmen"). Im Kontext des MoPeG widmet sich der Frage nach dem Gesamthandsvermögen der Gesellschafter bei der Innengesellschaft ausführlich auch *Armbrüster*, in: Schäfer, Neues PersGesR, § 3 Rn. 48 ff.

sondern kam der Vorschrift des § 718 BGB a.F. dann nach höchstrichterlicher Anerkennung der Rechtsfähigkeit der Außen-GbR, zumindest im Kontext der Innengesellschaft eine Bedeutung zu und war die Norm letztlich nicht rein deklaratorischer Natur.

(2) Die Rechtsfigur der An- und Abwachsung

Gegen eine rein vermögensmäßige Partizipation konnte jedoch insbesondere das in § 738 BGB a.F. zum Ausdruck kommende Grundprinzip der An- und Abwachsung geltend gemacht werden, und zwar mit bleibender Durchschlagskraft selbst dann, wenn man in der Regelung des § 738 Abs. 1 S. 1 BGB a.F. unisono mit *Karsten Schmidt*[358] bereits eine „Banalität" bzw. ein „Nullum" sah.

Die An- und Abwachsung vollzieht sich unabhängig von geleisteten Gesellschafterbeiträgen und auch unabhängig von Absprachen über Gewinn- und Verlustanteile. Diese Rechtsfigur war, mag man sich auch heute noch über ihre korrekte Interpretation streiten, auch bei der Außen-GbR bei Zugrundelegung der Theorie von Identität von Gesellschaftern und Gesellschaft zwingend[359], denn die rechtsfähige GbR, wie sie vor der Reform bestand, war nach der Gruppenlehre noch „immer die (verselbstständigte) Summe ihrer Gesellschafter, so dass diese umfassend die Anteile an ihr halten, also ihnen beim Ausscheiden eines früheren Mitglieds etwas zu- bzw. anwachsen muss"[360]. § 738 BGB a.F. wurde daher auch als Ausdruck der Bindung des

---

[358] *K. Schmidt*, in: FS Huber, 969, 969 („Banalität") bzw. 970 („banal") sowie 980 („dingliches nullum"). *K. Schmidt* plädiert in seinem Beitrag, in dem er mehrfach auf die Habilitationsschrift von *Ulrich Huber* aus 1970 rekurriert, für ein neu ausgerichtetes, wertmäßiges Verständnis der Rechtsfigur der Anwachsung. Siehe zudem *K. Schmidt*, ZHR 185 (2021), 16, 29 („recht eigentlich ein banaler, der gesetzlichen Regelung kaum bedürftiger Vorgang").

[359] Vgl. *Schäfer*, in: Recht der OHG, § 105 Rn. 265 („mit dem Gesamthandsprinzip notwendig verbundene Rechtsfolge"). Entsprechend kritischer drückt sich *K. Schmidt*, GesR, § 8 IV, 202 aus, wonach die Anwachsung aber „trotzdem (…) ein bedeutsames Charakteristikum des Gesamthandsprinzips" darstelle.

[360] *Früchtl*, NZG 2007, 368, 370. Nach *Karsten Schmidt* hingegen waren die §§ 719 Abs. 1 und 738 Abs. 1 BGB a.F. bereits nur noch eine „umständliche, weil auf einer überholten Doktrin beruhende, Beschreibung dessen, was bei der rechtsfähigen Außen-Personengesellschaft selbstverständlich ist", *K. Schmidt*, in: FS Huber, 969, 980. Deshalb sei

Gesellschaftsvermögens an die Stellung als „Gruppenmitglied“ statt an die einzelne Person des Gesellschafters verstanden.[361]

Eine bloß vermögensmäßige Beteiligung am Gesellschaftsvermögen müsste mit der Funktion der An- und Abwachsung, wonach die Gesellschaft von einem Mitgliederwechsel unberührt bleiben soll[362], in Einklang gebracht werden können.[363]

Für die vor Erlass des MoPeG überwiegende Ansicht (nur vermögensmäßige Beteiligung am einzig der Gesellschaft zugeordneten Gesellschaftsvermögen) war das jedoch, weil es die Rechtsfigur einer einheitlichen Gesamthand nicht gibt und eine Gleichsetzung der Außen-Personengesellschaft mit Güter- und Erbengemeinschaft folglich zu unterbleiben hatte[364], kein Problem[365]: Bei Ausscheiden eines Gesellschafters konnte dessen Anteil am Gesellschaftsvermögen (vgl. § 738 Abs. 1 S. 1 BGB a.F.) den anderen Gesellschaftern nicht zuwachsen, bei Eintritt umgekehrt den bisherigen Gesellschaftern der

---

heute ein „vermögensrechtliches Verständnis“ (*K. Schmidt*, a.a.O, 982) der Anwachsung angezeigt.

361 Vgl. *Kell*, in: BeckOGK BGB, § 718 BGB Rn. 11 (Stand: 01.11.2020).

362 Vgl. *Schäfer*, GesR, § 9 Rn. 22; siehe auch *Wertenbruch*, in: Westermann/Wertenbruch, Teil I, § 25 Rn. 568 (Dokumentstand: 70. Lieferung 1/2018): „Diese Anwachsung ändert aber, sofern mindestens zwei Gesellschafter verbleiben, nichts daran, dass die rechtsfähige Gesellschaft Trägerin des Vermögens ist. Die ungeteilte dingliche Mitberechtigung aller Gesamthänder als rechtsfähige Gruppe und die aus dieser Berechtigung folgende gesamthänderische Verfügungsbefugnis geht auf die verbleibenden Gesellschafter über“.

363 Kritisch und dies ablehnend *Kell*, in: BeckOGK BGB, § 718 Rn. 13, 17 (Stand: 01.11.2020). Vgl. andererseits aber die Ausführungen von *Stefan Habermeier*, wonach ungeachtet des Bekenntnisses zur Rechtsfähigkeit der GbR bei verschiedenen Autoren immer wieder noch das „überholte dingliche Verständnis“ der Anwachsung anklinge, *Habermeier*, in: Staudinger, § 738 Rn. 4.

364 Vgl. *K. Schmidt*, GesR, § 8 III 3, 200 f.

365 Prägnant *K. Schmidt*, in: MüKo-HGB, § 131 Rn. 105: „Hinsichtlich der Rechtszuordnung des Gesellschaftsvermögens ändert sich nichts. Dies gehörte vor dem Ausscheiden der Gesellschaft, und es gehört nach dem Ausscheiden des Gesellschafters der Gesellschaft“. Ähnlich auch *Kindl*, GesR, § 6 Rn. 10: „Und wenn § 738 Abs. 1 S. 1 bestimmt, dass im Falle des Ausscheidens eines Gesellschafters dessen Anteil am Gesellschaftsvermögen den übrigen Gesellschaftern »zuwächst«, dann ist damit nichts anderes gesagt, als dass die »Gruppe« in ihrer jeweiligen Zusammensetzung Trägerin dieses Vermögens ist“.

Anteil nicht abwachsen, da nach dieser Ansicht ein dinglicher Anteil am Vermögen der rechtsfähigen Gesellschaft ja gerade gar nicht erst bestand. Weil das Gesellschaftsvermögen ausnahmslos der Gesellschaft zugeordnet war und sich deshalb bei einem Ausscheiden nur der Wert der Mitgliedschaft der übrigen Gesellschafter erhöhte, war die Anwachsungsregel mit dieser Sicht konsequenterweise zumindest „in »dinglicher« Hinsicht überholt und überflüssig“[366].

(a) Zweigeteiltes Verständnis?

Da das Prinzip der An- und Abwachsung gesetzlich nach § 738 Abs. 1 S. 1 BGB a.F. aber unterschiedslos sowohl für die Innen- als auch für die Außengesellschaft galt, ergaben sich mit Blick auf dieses Neuverständnis „ganz erhebliche Unterschiede“[367]. Während man im Kontext der nichtrechtsfähigen Innengesellschaft weiterhin vom Gesamthandsprinzip als echtem Vermögensprinzip ausging und der An- und Abwachsung infolge eines Ausscheidens bzw. Eintritts eines Gesellschafters (weiterhin) eine dingliche Rechtswirkung zuschrieb, sollte die An- und Abwachsung bei der Außengesellschaft nach der überwiegenden Ansicht eben nur die Zuweisung der Mitgliedschaft bedeuten, sodass im Falle des Austritts der Ausscheidende seine mitgliedschaftlichen Rechte verlor und sie den verbleibenden Gesellschaftern anteilig (mit-)zustanden.[368] Auch durch diesen vor Inkrafttreten des MoPeG aufgrund der Dualität der GbR–Ausprägungen notwendigerweise zweigeteilten Blick auf § 738 Abs. 1 S. 1 BGB a.F. wird deutlich, dass das Negieren einer dinglichen Berechtigung der Gesellschafter im alten Recht einen gewissen Begründungsaufwand erfordert.

---

366 *K. Schmidt*, in: FS Huber, 969, 980; vgl. auch *K. Schmidt*, GesR, § 45 II 5, 1319; *K. Schmidt*, ZHR 177 (2013), 712, 728; *K. Schmidt*, in: MüKo-HGB, § 131 Rn. 105; zustimmend *Röder*, AcP 215 (2015), 450, 492; ähnlich auch *Stelmaszczyk*, in: Wachter, § 9 Rn. 17: „Insoweit kann auch § 738 Abs. 1 Satz 1 BGB als deklaratorische Vorschrift verstanden werden. Dass dort noch von Anwachsung die Rede ist, wo doch nach neuem Verständnis ohnehin die Gesellschaft Rechtsträger ist, ist allerdings Zeichen eines abweichenden Verständnisses des historischen Gesetzgebers“.

367 *Hadding/Kießling*, in: Soergel-BGB, § 738 Rn. 2.

368 Vgl. insoweit nur *Hadding/Kießling*, in: Soergel-BGB, § 738 Rn. 4 ff.

(b) Rechtliche Selbstverständlichkeit?

Beachtenswert ist, dass selbst *Carsten Schäfer*, der als Schüler von *Peter Ulmer* zuletzt nicht nur für die Beibehaltung des Gesamthandsprinzips einschließlich der Anwachsung plädierte[369], sondern im Besonderen speziell der Anwachsung eine fundamentale Rolle zuschrieb[370], sich im Kontext von § 738 Abs. 1 S.1 BGB a.F. nicht ganz eindeutig ausdrückte. So tendiert *Schäfer* im Kontext des alten Rechts einerseits wohl zur Annahme einer dinglichen Mitberechtigung der einzelnen Gesellschafter, andererseits scheint er ihnen eine solche dingliche Mitberechtigung aber wieder klar abzusprechen. Freilich stammen weite Teile entsprechender Ausführungen aus der von ihm fortgeführten Kommentierung noch von *Ulmer* selbst bzw. sind unter seiner (Mit-)Verantwortung entstanden, sodass dieser Zusammenhang in Bezug auf die Aktualität der Ausführungen bedacht werden muss. Doch zeigt sich, wie schwierig auch nach der Entscheidung ARGE Weißes Ross[371] das Herstellen einer Harmonie zwischen Gesetz, höchstrichterlicher Rechtsfortbildung und moderner Sichtweise war.

Schäfer erklärt im Rahmen seiner Kommentierung zu § 718 BGB a.F., dass es auf die jeweilige Höhe der versprochenen oder geleisteten Einlage für die „dingliche Mitberechtigung der einzelnen Gesamthänder am Gesamthandsvermögen“[372] nicht ankomme. Die in § 738 Abs. 1 S. 1 BGB a.F. geregelte Anwachsung sei „eine zwingende Folge des Ausscheidens, da die Gesamthandsberechtigung, das heißt, die Mitinhaberschaft an den der Gesellschaft zugeordneten Gegenständen, eine Folge der Zugehörigkeit zur Gesellschaft ist und nicht ohne diese fortbestehen kann“[373].

---

[369] *Schäfer*, in: Verh. des 71. DJT 2016 – Bd. I: Gutachten, E 87: „An dem in §§ 718, 719, 738 Abs. 1 BGB geregelten Gesamthandsprinzip (einschließlich Anwachsung) sollte festgehalten werden“.

[370] So heißt es im Kontext der Regelungen des Mauracher Entwurfs bei *Schäfer*, ZIP 2020, 1149, 1151: „(…) vielleicht ist es gut, dass von der sagenumwobenen Gesamthand im Gesetzestext an keiner Stelle mehr die Rede ist. Wichtig ist nur, dass das Anwachsungsprinzip erhalten bleibt“. Diese Aussage fast wortgleich wiederholend *Schäfer*, in: Schäfer, Neues PersGesR, § 1 Rn. 15.

[371] BGH, Urteil vom 29.01.2001 – II ZR 331/00, BGHZ 146, 341.

[372] *Schäfer*, in: MüKo-BGB, § 718 Rn. 6.

[373] *Schäfer*, in: MüKo-BGB, § 738 Rn. 8; *Schäfer*, in: Recht der OHG, § 105 HGB Rn. 279. Siehe auch *Schäfer*, in: Recht der OHG, § 131 HGB Rn, 117 („Mitberechtigung an

An anderer Stelle ordnet *Schäfer* das Gesellschaftsvermögen mit aller Deutlichkeit der Gesellschaft als solcher zu und ausdrücklich nicht dahinterstehenden Gesellschaftern.[374] Die Gesellschafter seien nach dem Gesamthandsprinzip deshalb „zwar »gesamthänderisch« mitberechtigt an der Gesamtheit der Gegenstände des Gesellschaftsvermögens, dies jedoch nur in ihrer Eigenschaft als Mitglieder des Verbands“[375]; aufgrund der sachenrechtlichen Zuordnung zur Gesellschaft sei das Vermögen „damit automatisch, aber indirekt zugleich dem jeweiligen Gesellschafterkreis“[376] zugeordnet. Die Regelung des § 738 Abs. 1 S.1 BGB a.F. sei zutreffend als eine mehr bildliche Wendung beschrieben worden, die eine „rechtliche Selbstverständlichkeit“[377] zum Ausdruck bringe.[378] Bei der rechtsfähigen Personengesellschaft verbinde sich die Anwachsung „freilich nicht mit einem dinglichen Erwerbsakt auf Seiten der übrigen Gesellschafter“[379].

(c) *Gesamtrechtsnachfolge?*

Komplizierter wird ein „moderner Blick“ auf § 738 Abs. 1 S. 1 BGB a.F. als (jedenfalls bei der Außen-GbR) rein deklaratorische Vorschrift sodann bei der Situation des Ausscheidens des vorletzten Gesellschafters aus der Gesellschaft. Wenn es zu einer Liquidation der Gesellschaft kam, weil eine Fortführung nicht vereinbart wurde, so war dieser Fall gesetzlich geklärt.[380]

---

den Gegenständen des Gesellschaftsvermögens beruht allein auf der Zugehörigkeit zur Gesellschaft und kann daher von dieser nicht isoliert werden“).

374 *Schäfer*, in: Recht der OHG, § 105 HGB Rn. 275 („Zuordnungssubjekt des Gesamthandsvermögens, d.h. Berechtigter in Bezug auf die zum Gesellschaftsvermögen gehörenden Sachen und Rechte (und Verpflichteter aus den namens der OHG (KG) eingegangenen Verbindlichkeiten) ist die Gesellschaft (Gesamthand) als solche, nicht sind es ihre Gesellschafter“).

375 *Schäfer*, in: Recht der OHG, § 105 HGB Rn. 275.

376 *Schäfer*, in: Recht der OHG, § 131 HGB Rn. 177.

377 *Schäfer*, in: Recht der OHG, § 105 HGB Rn. 279.

378 Vgl. auch *Schäfer*, in: Recht der OHG, § 131 HGB Rn. 117 (Anwachsungsprinzip diene dem Zweck, „die dingliche Zuordnung des Gesellschaftsvermögens zur Gesellschaft zu sichern“).

379 *Schäfer*, in: Recht der OHG, § 105 HGB Rn. 279.

380 Die Vermögensgegenstände sind dann an die Gesellschafter zurückzugeben oder zu veräußern (§§ 730 ff. BGB a.F.; § 149 HGB a.F.). Ein Überschuss nach Liquidationsbeendigung ist unter den Gesellschaftern zu verteilen (§ 734 BGB a.F., § 155 Abs. 1 HGB a.F.).

Problematischer war hingegen der Fall, dass die Gesellschafter gem. § 731 BGB a.F. bzw. § 145 Abs. 1 HGB a.F. die Auseinandersetzung abweichend geregelt hatten, also vor allem[381] die Fortführung der Gesellschaft durch den letztverbleibenden Gesellschafter vereinbarten („Fortsetzungsklausel"). Denn die Gesellschaft war (und ist im Übrigen auch weiterhin) von ihrem personellen Substrat abhängig, eine Ein-Personen-Personengesellschaft ließ das vormalige Recht nicht zu[382], was man bei Beharren auf dem Gesetz bereits aus dem insoweit eindeutigen Wortlaut des § 705 BGB a.F. folgern konnte, der eine Verbindung von Gesellschaftern zur Erreichung des gemeinsamen Zwecks voraussetzte.

Wenn also infolge der Anerkennung der Rechtsfähigkeit das Gesellschaftsvermögen zwingend und alleine der Gesellschaft als solcher zugeordnet wurde, eine irgendwie geartete dingliche (Mit-)Zuordnung an die einzelnen Gesellschafter somit nicht bestand, dann stellt sich die Frage, wie genau das ursprünglich der Gesellschaft zugeordnete Vermögen bei Ausscheiden des vorletzten Gesellschafters auf den letzten „Gesellschafter" (der bei Auflösung der Gesellschaft selbstredend kein Gesellschafter mehr ist) übergehen sollte. Im Gesetz war dieser Vorgang nämlich nicht ausdrücklich geregelt[383], doch denkbar waren die Institute Gesamtrechtsnachfolge, Einzelrechtsnachfolge oder Anwachsung des Gesellschaftsvermögens.[384]

Die vor Inkrafttreten des MoPeG überwiegende Ansicht (nur vermögensmäßige Beteiligung) zog bei dem Sonderfall des Erlöschens der Gesellschaft eine Gesamtrechtsnachfolge heran. *Karsten Schmidt* stellte hierzu fest: „Hier

---

381 Zur Veräußerung des Gesellschaftsvermögens im Ganzen an einen Dritten vgl. etwa *Schäfer*, in: MüKo-BGB, § 730 Rn. 86 ff.

382 Vgl. *Schäfer*, in: Recht der OHG, § 131 HGB Rn. 111. Vgl. auch zur Gesamthand *Bary*, AcP 220 (2020), 343 ff. Zur Beibehaltung der Mehrgliedrigkeit als Strukturmerkmal im neuen Recht *Wertenbruch*, ZPG 2023, 1, 2 f.

383 Das hat sich, wie oben bereits angedeutet, durch das MoPeG geändert. In § 712a Abs. 1 BGB n.F. steht geschrieben: „Verbleibt nur noch ein Gesellschafter, so erlischt die Gesellschaft ohne Liquidation. Das Gesellschaftsvermögen geht zum Zeitpunkt des Ausscheidens des vorletzten Gesellschafters im Wege der Gesamtrechtsnachfolge auf den verbleibenden Gesellschafter über".

384 *Schmölz*, in: FS Beuthien, 235, 236. Bemerkenswert (und unzutreffend) insoweit die Aussage von *Lorz*, in: EBJS HGB, § 131 Rn. 58: „Ob auch dies dogmatisch als Anwachsung zu begreifen ist, ist umstritten, jedoch im Ergebnis ohne praktische Bedeutung".

tritt bezüglich des Gesellschaftsvermögens eine Rechtsänderung ein, aber diese ist keine Anwachsung nach § 738 Abs. 1 S. 1 BGB a.F., sondern ein Vermögensübergang kraft Gesamtrechtsnachfolge. Eines Übertragungsakts bedarf es auch in diesem Fall nicht, sondern das Vermögen fällt mit allen Aktiven und Passiven dem verbleibenden Gesellschafter kraft Gesetzes an."[385]

Bei *Carsten Schäfer* hieß es: „Verbleibt nur ein Gesellschafter [...], so wird die Gesellschaft ausnahmsweise nicht nur aufgelöst und sodann liquidiert; vielmehr erlischt sie liquidationslos und ihr Vermögen geht kraft Gesetzes im Wege der Universalsukzession auf den verbleibenden (ehemaligen) Gesellschafter über."[386] Diesen Vermögensübergang begründete *Schäfer*, der anmerkt, dass die Rechtsgrundlage in diesen Fällen „nicht klar erkennbar"[387] sei, an anderer Stelle allerdings wie folgt: „Mit dem Ausschluss wird der verbleibende Gesellschafter kraft Gesetzes im Wege der auf der Anwachsung gem. § 738 Abs. 1 S. 1 BGB a.F. bzw. § 1922 BGB (analog) beruhenden Universalsukzession Alleininhaber des bisherigen gesamthänderischen

---

[385] *K. Schmidt*, in: MüKo-HGB, § 131 Rn. 105; vgl. auch die Ausführungen von *K. Schmidt*, in: FS Huber, 969, 991 ff. und insbesondere 993: „Der Vorgang des Vermögensanfalls bei diesem Gesellschafter ist wirklich »dinglicher« Art und spielt sich zwischen der erlöschenden Gesellschaft und dem Gesellschafter ab, ist also nicht als Anwachsungsvorgang zu erklären"; vgl. auch exemplarisch *Arbeitskreis Bilanzrecht Hochschullehrer Rechtswissenschaft*, ZIP 2021, Beilage zu Heft 2, 3, 9 („Nach ganz allgemeiner Meinung führt das Ausscheiden des vorletzten Gesellschafters aus einer rechtsfähigen Personengesellschaft dazu, dass diese ohne Liquidation erlischt und ihr Vermögen im Wege der Gesamtrechtsnachfolge auf den letzten Gesellschafter übergeht"); *Klöhn*, in: Henssler/Strohn, § 131 HGB Rn. 63 („Das Vermögen und die Schulden der Gesellschaft gehen ohne Liquidation im Wege der Gesamtrechtsnachfolge auf den verbleibenden Gesellschafter über"); *Röder*, AcP 215 (2015), 450, 492 („Die Gesellschaft erlischt schlicht praeter legem ohne Liquidation und das Gesellschaftsvermögen geht im Wege der Gesamtrechtsnachfolge auf den verbleibenden Gesellschafter über"); *Roth*, in: Hopt, § 131 HGB Rn. 35 („Das GesVermögen geht auf den Verbliebenen im Wege der Gesamtrechtsnachfolge über").

[386] *Schäfer*, GesR (5. Aufl.), § 9 Rn. 27. In der aktuellen Auflage des Lehrbuchs aus 2023 heißt es a.a.O. sodann ähnlich: „Verbleibt nach dem Ausscheiden nur ein Gesellschafter, so erlischt gem. §712a Abs. 1 BGB die Gesellschaft (Satz 1) und geht ihr Vermögen im Wege der Universalsukzession auf den zuletzt verbleibenden (ehemaligen) Gesellschafter über (Satz 2). Das war schon bislang – auch ohne gesetzliche Regelung – anerkannt".

[387] *Schäfer*, in: Recht der OHG, § 131 HGB Rn. 9.

Vermögens."[388] Nach *Schäfer* könne man also auch „in diesem Falle von einer Anwachsung entsprechend § 738 BGB a.F. ausgehen"[389]. *Werner Flume* wertete einen solchen Vorgang als Anwachsung, gar ohne dabei von einer Gesamtrechtsnachfolge zu sprechen.[390]

Hadding/Kießlich, die sich sehr deutlich gegen eine dingliche Berechtigung der einzelnen Gesellschafter am Gesamthandsvermögen einer Außengesellschaft aussprachen[391], eine dingliche Wirkung von § 738 Abs. 1

---

388 *Schäfer*, in: Staub-HGB, § 140 Rn. 26. Vgl. auch die kritischen Ausführungen von *Dieckmann*, Gesamthand und juristische Person, 297 f. zu dem Sonderfall, dass der letzte persönlich haftende Gesellschafter (Komplementär) aus der Kommanditgesellschaft ausscheidet, sodass nur noch der Kommanditist als Rechtsträger zurückbleibt. Denn macht man mit der Universalsukzession ernst, müsste das Vermögen gemäß § 1922 BGB von der Gesellschaft auf ihn übergehen mit der Folge, dass er auch in unbeschränkter Höhe für Altschulden der Gesellschaft gemäß §§ 1967 Abs. 1, 1975 BGB haftet. Man hätte also ein der Haftungsordnung der Kommanditgesellschaft (vgl. § 171 Abs. 1 HGB a.F.) widersprechende Problem, dass der grundsätzlich beschränkt haftende Kommanditist eigentlich nach § 1967 Abs. 1 BGB unbeschränkt für Altverbindlichkeiten haften würde. Nach dem BGH (BGH, Urteil vom 15.03.2004 – II ZR 247/01, ZIP 2004, 1047, 1048) hat der Kommanditist jedoch ausschließlich mit dem Gesellschaftsvermögen für die bisherigen Schulden einzustehen, sofern er das Handelsgeschäft der Kommanditgesellschaft nicht unter der bisherigen Firma weiterführt. Vgl. auch schon in ähnlicher Weise BGH, Urteil vom 10.12.1990 – II ZR 256/89, BGHZ 113, 132, 138.

389 *Schäfer*, in: Recht der OHG, § 131 HGB Rn. 9. Ähnlich drückt sich auch *Wertenbruch*, ZPG 2023, 1, 3 aus (bei der mit dem MoPeG erfolgenden Neuregelung in § 712a Abs. 1 S. 2 BGB n.F. handele es sich um eine Folge, welche „im gesamthandsrechtlichen Prinzip der Anwachsung ihren Ursprung hat").

390 *Flume*, Die Personengesellschaft, § 17 VIII, 371 ff. und insbesondere auf Seite 374: „Gerade die Anwachsung auf den einzigen verbleibenden Gesellschafter zeigt mit besonderer Evidenz, daß die Anwachsung als eine Rechtsänderung der Mitgliedschaft in der Gruppe die »dem Wesen einer Gesamthandsgemeinschaft gemäße Form der Änderung der Rechtszuständigkeit« ist". Vgl. in Bezug auf § 899a BGB a.F. auch *Ulmer*, ZIP 2011, 1689, 1698: „Relativ unproblematisch erscheint insoweit der Fall einer ursprünglich existenten GbR, die im Wege der Anwachsung, d.h. durch Übertragung der Anteile der Mitgesellschafter an den letztverbleibenden Gesellschafter, untergegangen ist mit der Folge, dass das Grundeigentum der GbR zu Alleineigentum des Letztverbleibenden wurde". *Kindl*, GesR, § 5 Rn. 1 (dort Fn. 4) spricht davon, dass im Falle einer Fortsetzungsklausel der Anteil des vorletzten Gesellschafters bei seinem Ausscheiden dem Verbleibenden „zuwachse".

391 Besonders deutlich *Hadding/Kießling*, in: Soergel-BGB, § 718 Rn. 7; § 719 Rn. 5 f.

S. 1 BGB a.F. aber nur bei der Innengesellschaft sahen[392], waren ebenfalls der Auffassung, dass das Gesellschaftsvermögen bei Ausscheiden des vorletzten Gesellschafters einer Außengesellschaft „im Wege der Gesamtrechtsnachfolge entsprechend [§ 738] Absatz 1 Satz 1 [BGB] beim anderen Gesellschafter“[393] anwachse.

Dass die in dieser Konstellation bestehende Gesamthandsberechtigung zu Alleineigentum aufgrund einer Universalsukzession führte, entspricht auch der Ansicht des BGH. In einer die Gesellschafterinsolvenz bei einer Zwei-Personen-GbR mit einer Fortsetzungsklausel betreffenden Konstellation bestätigte der II. Zivilsenat mit Urteil vom 07.07.2008[394] die ständige (und auch vor dem Grundsatzurteil aus 2001 zur Rechtsfähigkeit ergangene) Rechtsprechung[395], wonach das Gesellschaftsvermögen bei Ausscheiden des vorletzten GbR–Gesellschafters im Wege der Gesamtrechtsnachfolge auf den letzten verbleibenden Gesellschafter übergehe, sofern im Gesellschaftsvertrag nichts Abweichendes geregelt war. Das Gericht spricht davon, dass das Vermögen dem letzten verbleibenden Gesellschafter „anwachse“[396], und führt konkret zur Rechtsgrundlage an, dass diese Anwachsung auf § 738 BGB a.F. beruhe.[397]

In einer späteren Entscheidung aus 2011 bekräftigte der Senat sodann unter Bezugnahme auf das vorgenannte Urteil, das Gesellschaftsvermögen sei

---

392 *Hadding/Kießling*, in: Soergel-BGB, § 738 Rn. 3: „Die An- und Abwachsung bedeutet daher bei nichtrechtsfähigen Gesellschaften ein »Mehr« als bei rechtsfähigen Verbänden, denn (nur) hier kommt es zu einer echten Änderung der dinglichen Rechtslage durch das Ausscheiden eines Rechtssubjekts aus der Menge der an einem Gegenstand Beteiligten“; vgl. auch *Hadding/Kießling*, in: Soergel-BGB, § 738 Rn. 9.

393 *Hadding/Kießling*, in: Soergel-BGB, § 738 Rn. 5.

394 BGH, Urteil vom 07.07.2008 – II ZR 37/07, NJW 2008, 2992; vgl. auch die Ausführungen von *Bachmayer*, BWNotZ 2009, 122, 136, der in dieser Entscheidung ein klares Bekenntnis des Gerichts zur Gesamthandsdogmatik erblickt.

395 Zu den entsprechenden Nachweisen siehe BGH, Urteil vom 07.07.2008 – II ZR 37/07, NJW 2008, 2992 (dort im Klammerzusatz am Ende von Rn. 9).

396 BGH, Urteil vom 07.07.2008 – II ZR 37/07, NJW 2008, 2992 („wächst […] an“; vgl. auch bereits BGH, Urteil vom 12.07.1999 – II ZR 4-98, NJW 1999, 3557 („kommt es zur Anwachsung des Gesellschaftsvermögens bei dem allein verbleibenden »Gesellschafter«“).

397 BGH, Urteil vom 07.07.2008 – II ZR 37/07, NJW 2008, 2992, 2993.

dem letztverbleibenden Gesellschafter in der zugrungelegten Konstellation „nach § 17 Abs. 1 GV[398] in Verbindung mit § 738 BGB (…) angewachsen“[399].

(d) Zwischenergebnis und Folgerung

Klar ist, das ergibt sich schon aus dem Wortlaut der vormaligen Norm, welche auf den Fortbestand der Gesellschaft ausgelegt ist, dass § 738 Abs. 1 S. 1 BGB a.F. in dieser Konstellation nur analoge Anwendung finden konnte. Soweit man aber zur Begründung dieses Sonderfalls des Ausscheidens des vorletzten Gesellschafters die Gesamtrechtsnachfolge als auf § 738 Abs. 1 S. 1 BGB a.F. beruhend ansah und von einer Anwachsung sprach, so drückte sich damit in gewisser Weise doch (wieder) ein dingliches Verständnis der Rechtsfigur der An- bzw. Abwachsung auch im Kontext der rechtsfähigen Personengesellschaft aus.

Sollte § 738 Abs. 1 S. 1 BGB a.F. bei der Außengesellschaft also im Grundsatz keine dingliche Wirkung zukommen, im Ausnahmefall aber schon?[400] Das scheint nicht nur fraglich, sondern zieht vor allem einen Rechtfertigungsbedarf nach sich. Ordnete man das Gesellschaftsvermögen alleine der Gesellschaft (als Rechtssubjekt) zu und sieht man die Anwachsung nicht als Zuordnungsregel von Gegenständen zu Personen, sondern als Bestimmung zur Änderung des Werts der Mitgliedschaft, so schien es geradezu paradox, gerade diese Rechtsfigur wieder zur Begründung des Vermögensübergangs heranzuziehen. Das auch deshalb, weil man für die analoge Anwendung eben unter anderem eine vergleichbare Interessenlage annehmen muss.[401]

---

398 Die Regelung im Gesellschaftsvertrag, für die diese Abkürzung „GV“ steht, sah unter anderem für den Fall der Kündigung durch einen Gesellschafter vor, dass das Gesellschaftsvermögen dem anderen Gesellschafter anwachsen sollte.

399 BGH, Urteil vom 10.05.2011 – II ZR 227/09, NJW 2011, 2292, 2293. In der Entscheidung BGH, Beschluss vom 31.05.2010 – II ZB 9/09, NJW 2010, 3100 drückte sich der Senat hingegen neutraler und ohne Nennung einer Norm nur dahingehend aus, dass das Vermögen im Wege der Gesamtrechtsnachfolge übergehe.

400 Gerade ein solches Verständnis klingt bei *Schäfer*, in: Verh. des 71. DJT 2016 – Bd. I: Gutachten, E 86 an, der im Rahmen des Plädoyers für die Beibehaltung der An- bzw. Anwachsung anführt, „dass sich die für den historischen Gesetzgeber ganz im Vordergrund stehende dingliche Wirkung der Anwachsung aus heutiger Sicht teilweise erledigt“ habe.

401 Vgl. hierzu *Schmölz*, in: FS Beuthien, 235, 240 ff. *Schmölz* führt zudem aus, dass die Anwachsung kein Fall der Gesamtrechtsnachfolge sei, denn bei letzterer finde

Andererseits bleibt, sofern man das Ausscheiden des vorletzten Gesellschafters wie *Karsten Schmidt* nicht als (dingliche) Anwachsung begriff, sondern schlicht die Gesamtrechtsnachfolge anführte, offen, *warum* genau das Gesellschaftsvermögen „kraft Gesetzes“[402] auf den letzten „Gesellschafter“ übergehen sollte, wenn es eben eine solche den Übergang anordnende gesetzliche Vorschrift nicht gab.[403] Vollends verworren wird die Lage, wenn man sich vor Augen führt, dass im Gesetz eine Gesamtrechtsnachfolge nur ausnahmsweise angeordnet wird (vgl. insbesondere §§ 20, 131 UmwG; §§ 1922 Abs. 1, 1942 Abs. 1 BGB) und es nicht zur Dispositionsfreiheit der Parteien steht, ohne Weiteres eine Gesamtrechtsnachfolge anstatt einer Einzelrechtsnachfolge zu vereinbaren.[404]

d) *Lösung über eine periphere, indirekte und zugleich mittelbare Zuordnung?*

Doch was ist dann daraus zu folgern? Zunächst eines: Weder eine dingliche Mitberechtigung der einzelnen Gesellschafter noch eine ausschließlich vermögensrechtliche Partizipation der Gesellschafter an dem der Gesellschaft zugeordneten Vermögen war wirklich widerspruchsfrei mit dem alten Gesetz in Einklang zu bringen. Zwar war darin die GbR lediglich als vertragliches Schuldverhältnis zwischen den Gesellschaftern geregelt und klang darin die Gesamthand lediglich an, die nach dem überwiegenden Verständnis vor Inkrafttreten des MoPeG nicht nur vermögensrechtliche, sondern auch personen- und organisationsrechtliche Relevanz aufweisen sollte.

„anders als bei der Anwachsung ein Austausch der Rechtssubjekte bezogen auf eine Gesamtheit von Rechtsobjekten statt“ (241).

402 *K. Schmidt*, in: MüKo-HGB, § 131 Rn. 107.

403 Vgl. auch *Dieckmann*, Gesamthand und juristische Person, 295 f., der nach der Kritik an der Gruppenlehre, wonach man sich hier insoweit „mit der bloßen Behauptung einer Gesamtrechtsnachfolge behelfen“ (295) müsse, auch seine Theorie der Gesamthand in Bezug auf die Rechtsfigur der Anwachsung erläutert. Danach verändere sich bei Ausscheiden eines Gesellschafters nur der latente Anteil des einzelnen Gesellschafters am gemeinschaftlichen Vermögen, welcher erst mit Auflösung der Gesellschaft entstehe. Bei Eintritt in die Gesellschaft trete der Hinzukommende in den gemeinsamen *status* ein und werde dadurch Mitträger der schon bestehenden kollektiven Rechtsfähigkeit und zusammen mit den übrigen Gesellschaftern Eigentümer des (einen) Vermögens.

404 Hierauf hinweisend *Schmölz*, in: FS Beuthien, 235, 238, 240.

Das war freilich nicht neu. Eine alleinige bzw. unmittelbare dingliche Berechtigung der einzelnen Gesellschafter, wie sie ursprünglich zum Teil angenommen wurde, konnte jedoch mit Blick auf die Anerkennung der Rechtsfähigkeit der Außengesellschaft als solche und ihrer Qualifikation als Rechtssubjekt nicht mehr begründet werden.[405] Dem stand schon der sachenrechtliche Bestimmtheitsgrundsatz entgegen. Auch Versuche, das Grundstücksrecht zu bemühen, halfen letztlich in der Sache nicht weiter. Allerdings musste im damaligen Recht auch eine die unmittelbar dingliche Beteiligung der einzelnen Gesellschafter ablehnende und eine lediglich vermögensmäßige Partizipation behauptende Sichtweise einigen bedeutsamen Hürden in der lex scripta begegnen.

Die innerhalb der §§ 705 ff. BGB a.F. bestehende Dichotomie zwischen Innen- und Außengesellschaft konnte ein teilweise modifiziertes Verständnis einer Vermögenszuordnung anregen, sofern man Innengesellschaften die Bildung von Gesamthandsvermögen nicht per se absprach. Die §§ 718 f. BGB a.F. konnten ansonsten von vornherein nur für die Außengesellschaft Geltung beanspruchen. Selbst dann mussten sie aber anders gelesen oder gar als nichtssagend betrachtet und insoweit teleologisch reduziert werden, etwa weil es den in § 719 Abs. 1 BGB a.F. so bezeichneten „Anteil am Gesellschaftsvermögen" gar nicht gab und diese Bestimmung letztlich inhaltsleer war. Auch die in § 738 Abs. 1 S.1 BGB a.F. zum Ausdruck kommende Rechtsfigur der An- und Abwachsung bedurfte spätestens seit der Entscheidung ARGE Weißes Ross[406] einer Neuinterpretation.[407] Die ursprünglich mit der Vorschrift verfolgte dingliche Wirkung konnte an sich nur noch bei der nichtrechtsfähigen Innengesellschaft eintreten, bei der Außengesellschaft lief sie hingegen regelmäßig ins Leere.

Allerdings eben nur regelmäßig. Denn jedenfalls in der Situation des Ausscheidens des vorletzten Gesellschafters aus der Gesellschaft bestand Einigkeit

---

405 Abzulehnen ist daher auch die Entscheidung BFH, Urteil vom 29.02.2012 – II R 57/09, BStBl. II 2012, 917, in welcher der Senat ohne nähere Begründung die Auffassung vertritt, dass die Gesamthand (in der Entscheidung ging es um eine Kommanditgesellschaft) durch eine „unmittelbare dingliche Mitberechtigung der Gesamthänder am Gesellschaftsvermögen" gekennzeichnet sei.

406 BGH, Urteil vom 29.01.2001 – II ZR 331/00, BGHZ 146, 341.

407 Vgl. auch *Beuthien*, NZG 2011, 481, 486, wonach die Anhänger der Gruppenlehre die „gesetzlich geregelte Anwachsung leugnen" müssten.

darüber, dass bei Liquidation das ursprünglich der Gesellschaft zugeordnete Gesellschaftsvermögen auf den letzten „Gesellschafter" überging. Dieser Vermögensübergang sollte schlicht „kraft Gesetzes" erfolgen, doch fehlte eine solche Bestimmung gerade im Gesetz, wenn man den Vorgang nicht als Anwachsung begriff.

Sofern man andererseits aber – auch der II. Zivilsenat des BGH neigte zu dieser Ansicht – im Rahmen dieses dann eindeutig dinglich wirkendenden Rechtsakts argumentierte, eine angenommene Universalsukzession sei auf § 738 Abs. 1 S. 1 BGB a.F. zurückzuführen, so brachte man entsprechend doch wieder ein dingliches Verständnis der An- und Abwachsung zu Tage.

Man muss sich bewusst machen, dass man auf Basis der Gruppenlehre der Frage nach der gesamthänderischen Verbundenheit bzw. der Existenz eines Gesamthandsvermögens sogar gewissermaßen aus dem Weg gehen konnte.[408] Denn aufgrund des trotz und auch nach der Entscheidung ARGE Weißes Ross[409] bis zum Inkrafttreten des MoPeG Geltung beanspruchenden Normkonstrukts und speziell der Bestimmungen der §§ 718 f. BGB a.F., die, das haben die großen Diskussionen im 20. Jahrhundert gezeigt, verschiedene Deutungsansätze zulassen[410], konnte man durchaus – zugegeben nebulös – postulieren, dass die GbR rechtsfähig war und in ihr ein von ihren einzelnen Gesellschaftern abgrenzbarer eigener Rechtsträger bestand und das Gesellschaftsvermögen den Gesellschaftern in ihrer gesamthänderischen Verbundenheit zustand.[411] Denn die rechtsfähige Gesamthandsgesellschaft

---

408 Vgl. etwa im Zusammenhang mit dem Normgehalt des § 719 Abs. 1 BGB a.F. *Windbichler*, GesR, § 3 Rn. 4: „Man streitet (mit geringer praktischer Bedeutung) darüber, ob es solche Anteile überhaupt gibt". Vgl. andererseits im Zusammenhang mit der Strafbarkeit wegen Untreue und Bankrott die Bedeutung herausstellend *Brand*, Untreue und Bankrott, 143 ff.; dem zustimmend *Koch*, GesR, § 9 Rn. 21.

409 BGH, Urteil vom 29.01.2001 – II ZR 331/00, BGHZ 146, 341.

410 Vgl. zu § 718 BGB a.F. etwa *Kilian*, in: Henssler/Strohn, § 718 BGB Rn. 2: „Der Wortlaut des § 718 lässt offen, ob die Berechtigung an den zum Gesellschaftsvermögen gehörenden Gegenständen den Gesellschaftern in ihrer Verbundenheit oder der Gesellschaft selbst zukommt" sowie *Schöne*, in: BeckOK BGB, § 718 Rn. 2 (Stand: 01.11.2023): „§ 718 enthält nach heute ganz hM keine Aussage darüber, wer Rechtsinhaber des Gesellschaftsvermögens ist".

411 Vgl. hierzu die Ausführungen von *Niedostadek*, in: Ring/Grziwotz, § 718 BGB Rn. 1 und 4. Fragwürdig, weil insoweit wieder die dingliche Mitberechtigung ins Spiel bringend, erscheint folgende Aussage von *von Ditfurth*, in: Prütting/Wegen/

ist bei entsprechender Interpretation (das heißt im Sinne der „Flume'schen" Gruppenlehre) nichts anderes als genau das: die Gesellschafter in ihrer gesamthänderischen Verbundenheit.[412]

So betonte *Johannes Wertenbruch*, der mit seiner Habilitationsschrift aus dem Jahre 2000[413] bekanntlich als ein entscheidender Wegbereiter für die Entscheidung ARGE Weißes Ross[414] gilt, im alten Recht auch zuletzt noch, dass die synonyme Verwendung der Begriffe „Gesellschaftsvermögen" und „gemeinschaftliches Vermögen der Gesellschafter" kein Widerspruch sei und auch „Gesellschafter in ihrer gesamthänderischen Verbundenheit" einerseits, „Gesellschaft" bzw. letztlich „rechtsfähige Personengesellschaft" andererseits dasselbe bedeuten würden (freilich unter dem Vorbehalt, ob kontextabhängig nicht auf die jeweilig einzelnen Gesellschafter abzustellen sei).[415]

Diese Identität von Gesellschaft und Gesellschafterkreis könnte es folglich auch sein, die im alten Recht einen gewissen Sonderweg gegenüber der Vermögensordnung etwa einer juristischen Person zu begründen vermochte und gleichzeitig hätte rechtfertigen müssen. Erkannte man mit dem II. Zivilsenat des BGH die Rechtsfähigkeit der GbR als solcher an, so führte dies aber jedenfalls zu einer dem eigentlichen Wortlaut von §§ 718 Abs. 1, 719 BGB a.F. widersprechenden Notwendigkeit: Die Gesellschaft war dann Träger des Gesellschaftsvermögens. Sie war Rechtssubjekt. Mit dieser Erkenntnis, so

---

Weinreich, § 719 Rn. 1 (bezogen auf § 719 BGB a.F.): „Ausgangspunkt der Bestimmung ist der Grundsatz, dass das Gesamthandsvermögen sachenrechtlich den Gesellschaftern als Personengruppe zusteht, jeder Gesellschafter daher nur eine (dingliche) Mitberechtigung hat".

412 *Flume*, ZHR 136 (1972), 177, 188 f. sowie *Flume*, Die Personengesellschaft, § 4 II, 56 f.; zustimmend etwa *Wertenbruch*, NJW 2002, 324, 325: „Man darf eben, worauf Flume ausdrücklich hinweist, bei der Rechtsfähigkeit der GbR nicht aus den Augen verlieren, dass die Gesellschaft als Rechtssubjekt nichts anderes ist als »die Gesellschafter in ihrer Verbundenheit«".

413 *Wertenbruch*, Haftung von Gesellschaften.

414 BGH, Urteil vom 29.01.2001 – II ZR 331/00, BGHZ 146, 341.

415 *Wertenbruch*, in: Westermann/Wertenbruch, Teil I, § 32 Rn. 790 (Dokumentstand: 85. Lieferung 4/2023); *Wertenbruch*, in: EBJS HGB, § 105 Rn. 14, 19; *Wertenbruch*, Haftung von Gesellschaften, Teil 1, Kapitel 13, § 1, 211; vgl. auch *Wertenbruch*, in: FS Seibert, 1089, 1098 f.; *Wertenbruch*, BGB AT, § 4 Rn. 7. So auch *Stöber*, HandelsR, § 2 Rn. 5 („keine juristischen Personen, sondern mit den Gesellschaftern in ihrer gesamthänderischen Verbundenheit identisch"); *Stöber*, in: BeckOGK HGB, § 247 Rn. 67 (Stand: 01.11.2022); *Stöber*, GmbHR 2022, 967, 968 f.

könnte man meinen, bedeutete das keine Exklusivität, sondern sei dann das Vermögen gleichzeitig den einzelnen Gesellschaftern gewissermaßen „mitzugeordnet" gewesen, eben weil die Gesellschaft aus ihren jeweiligen Gesellschaftern bestand.

Diese Zuordnung hätte dann allerdings keinesfalls unmittelbar sein dürfen, sondern wäre so gesehen mittelbarer Art gewesen, da der Bezugspunkt der Rechtsbeziehungen der damaligen, „als Gruppe" rechtsfähigen GbR gerade bei dieser selbst lag und auch liegen musste. Anders ausgedrückt hätte man der Postulation von *Carsten Schäfer*, infolge der Zuordnung des Gesellschaftsvermögens zur Gesellschaft selbst sei jenes „damit automatisch, aber indirekt zugleich dem jeweiligen Gesellschafterkreis"[416] zugeordnet, noch hinzufügen können, dass diese indirekte Zuordnung zum jeweiligen Gesellschafterkreis zusätzlich eine umständehalber noch einmal dahinterstehende, mittelbare Mitzuordnung zum jeweiligen, einzelnen Gesamthänder zur Folge gehabt hätte. Dieser war eben ein „Gruppenmitglied" und bildete zusammen mit den anderen Gesamthändern in toto die „Gesellschafter in ihrer gesamthänderischen Verbundenheit" und mithin die Gesellschaft.

Das hätte auch hier bedeutet, dass die in § 738 Abs. 1 S. 1 BGB a.F. geregelte Anwachsung bei Ausscheiden eines Gesellschafters keine unmittelbare Änderung hinsichtlich der dinglichen Zuordnung des Gesellschaftsvermögens nach sich zog (das Vermögen verblieb bei der Gesellschaft selbst), sich wohl aber bei einem Ausscheiden oder Eintritt eines Gesellschafters die personelle Zusammensetzung der Gesamthand als Synonym für den Gesellschafterkreis und damit der Gesellschaft geändert hätte, sodass es letztlich zu einem indirekten und bloß mittelbaren Wechsel der Vermögenszuordnung gekommen wäre. Ein solcher Wechsel bzw. diese indirekte mittelbare Zuordnung hätte in der Sache aber unbedeutend sein müssen, gerade weil die unmittelbare Vermögensträgerin die Gesellschaft war und sie deshalb Endpunkt der Vermögensrechtsbeziehungen war und dies auch sein musste.

Insofern hätte man also im Rechtszustand vor Inkrafttreten des MoPeG auch auf Basis der Identität von Gesellschaft und Gesellschafterkreis von einer dinglichen Beteiligung der einzelnen Gesellschafter am Gesellschaftsvermögen sprechen können, die sich allerdings nicht näher ausgewirkt hätte und

---

416 *Schäfer*, in: Recht der OHG, § 131 HGB Rn. 177.

auch nicht haben dürfte. Mit einer solchen Deutung (mittelbare Beteiligung über die indirekte Zuordnung zum Gesellschafterkreis) hätte man dann auch noch ein *gemeinschaftliches* Vermögen (§ 718 Abs. 1 BGB a.F.) annehmen können. Denn genau genommen fehlte es gerade an einem solchen Gemeinschaftsvermögen, wenn und sobald die Gesellschaft selbst zum alleinigen Träger des Gesellschaftsvermögens avancierte.[417]

Doch auch das war unabhängig von dieser äußerst fragwürdigen und sehr gekünstelt wirkenden Konstruktion letztlich kein überzeugendes Ergebnis. Zum einen stellt sich die Frage, ob nicht schon die von *Schäfer* geäußerte Interpretation einer automatischen und indirekten Zuordnung des Vermögens zum Gesellschafterkreis, die auf *Flume* zurückgeht[418], nicht eher als eine Art Taschenspielertrick denn als echter Lösungsvorschlag verstanden werden musste.

Mit *Johannes Wertenbruch* etwa drückte sich aber auch eine weitere Koryphäe des Personengesellschaftsrechts in diesem Zusammenhang eher enigmatisch denn scharf konturiert aus. Ausgehend von der zuvor angesprochenen Austauschbarkeit der Begrifflichkeiten[419] sollten dem einzelnen Gesellschafter keine verfügbaren Anteile an den Gegenständen des Gesellschaftsvermögens zustehen und sollte der „Anteil" vielmehr nur eine wertmäßige Beteiligung darstellen.[420] Das entsprach der herrschenden Ansicht vor Inkrafttreten des MoPeG. Gleichwohl sollte es auch nach *Wertenbruch* eine „ungeteilte dingliche Mitberechtigung aller Gesamthänder als rechtsfähige Gruppe"[421] geben und sollte andererseits bei Eintritt eines Gesellschafters gerade auch dieser

---

417 So beschreibt *Beuthien*, ZGR 2019, 664, 695 dies als generellen Widerspruch mit der Gesamthand: „Wenn die GbR ausschließlich selbst Vermögensträger ist, passt schon das Rechtsbild der gesamten Hand nicht mehr".

418 *Flume,* Die Personengesellschaft, § 5, 74: „Selbstverständlich sind die Gesellschafter die Inhaber des Vermögens, aber eben nicht als einzelne, sondern nur als Gruppe".

419 Besonders pointiert *Wertenbruch*, in: Westermann/Wertenbruch, § 25 Rn. 558 (Dokumentstand: 70. Lieferung 1/2018): „Rechtsfähig ist die Gruppe als solche, und die gesamthänderisch verbundenen Gesellschafter sind die Gruppe".

420 *Wertenbruch*, in: Westermann/Wertenbruch, § 25 Rn. 558 f. (Dokumentstand: 70. Lieferung 1/2018).

421 *Wertenbruch*, in: Westermann/Wertenbruch, § 25 Rn. 568 (Dokumentstand: 70. Lieferung 1/2018).

Eintretende infolge der Anwachsung ebenfalls eine solche ungeteilte dingliche Mitberechtigung erwerben.[422]

Was genau bewirkte diese offerierte gemeinschaftliche dingliche Gesamtberechtigung und was sollte diese Zuordnung an den Gesellschafterkreis letztlich vor allem rechtlich darstellen? Wurde dadurch eine Art doppelte Rechtsinhaberschaft begründet? Im Grunde also ein Miteigentum höher Art? Oder sollte schon diese Zuordnung zum Gesellschafterkreis an sich eher folgenlos sein? Und noch wichtiger: Worin sollte der Vorzug dieser Hermeneutik liegen? Wären nicht gerade die Vorteile verschwunden, die man mit der Rechtsfähigkeit der GbR als solcher erreichen wollte? Weil man schon hierauf nicht rechtssicher aufsetzen konnte, konnte man auch eine dahinterstehende dingliche Beteiligung des einzelnen Gesellschafters nicht begründen. Jedenfalls durfte sich diese eben schon mit Blick auf den Bestimmtheitsgrundsatz nicht näher auswirken, sodass man eben zwingend von einer belanglosen Beteiligung auszugehen gehabt hätte, was wiederum zu einem unnötigen, weil falschen Zirkelschluss geführt hätte.

Das Problem und gleichzeitig dessen Lösung liegt darin, dass man bereits auf der Ebene der synonymen Begriffsverwendung ansetzen musste. Nur dann ließ sich eine Vernebelung auflösen. Man konnte infolge der Rechtsentwicklung also tatsächlich vor Inkrafttreten des MoPeG „Gesellschaftsvermögen" mit „gemeinschaftliches Vermögen der Gesellschafter" tauschen und auch „Gesellschafter in ihrer gesamthänderischen Verbundenheit" mit „Gesellschaft" bzw. „rechtsfähige Personengesellschaft" ersetzen. Man durfte bei diesem Begriffsverständnis dann jedoch nicht an dem Glauben festhalten, dass man insoweit noch von einer rechtsfähigen Gesamthandgemeinschaft des BGB sprach, sondern gemeint war dann schlicht die rechtsfähige Personengesellschaft und die Gesamthand war in diesem Kontext dann bloß eine Art Abbreviatur, die man der Tradition wegen verwenden mochte.[423]

Es bleibt deshalb dabei, dass man im alten Recht in der Sache trotz der gesetzlichen Schwierigkeiten einen dinglichen Anteil der Gesellschafter am einzig der Gesellschaft zugeordneten Vermögen verneinen musste. „Sie

---

422 *Wertenbruch*, in: Westermann/Wertenbruch, § 25 Rn. 568a (Dokumentstand: 70. Lieferung 1/2018).

423 Vgl. auch *Bachmann*, in: FS K. Schmidt, 49, 55. Zur Auflösung des Widerspruchs auch kurz *Rühlicke*, ZWE 2007, 261, 262.

und nur sie"[424] war die Vermögensträgerin. Andere durchaus salomonische Konstrukte konnten das infolge der anerkannten Rechtssubjektivität der GbR ebenso wenig ändern wie „delikate Dialektik"[425] der Gesetze.

Prima facie ist es zwar nach wie vor eine Frage wert, ob man die damit verbundene notwendig starke Uminterpretation bzw. teilweise Ausblendung der gesetzlich unveränderten Vorschriften vornehmen konnte, auch weil die Situation der rechtsfähigen Außengesellschaft und ihre Qualifikation als Rechtssubjekt durch mühevolle richterliche Rechtsfortbildung selbst geschaffen wurde. Doch bereits mit dem Blick darauf, dass der bis zum Inkrafttreten des MoPeG weitgehend unveränderte Normenbestand der §§ 705 ff. BGB a.F. daraus resultierte, dass das Gesamthandsprinzip der GbR von der zweiten Kommission bei Schaffung des BGB „darüber gestülpt"[426] bzw. nachträglich „aufgepfropft"[427] wurde und – worauf auch der BGH in der Entscheidung ARGE Weißes Ross ausdrücklich rekurriert[428] –, der Gesetzgeber die Klärung der Rechtsnatur der Gesamthand ausdrücklich offengelassen hatte[429] und deshalb „die Wissenschaft zur Klärung aufgerufen"[430] war, ist die Frage nach der Zulässigkeit dieser notwendigen Uminterpretation des alten geschriebenen Rechts zu bejahen.[431] Von einer „gesetzesübersteigenden Rechtsfortbildung"[432] hat man deshalb jedenfalls noch nicht sprechen können.

e) *Zwischenergebnis: Rechtssubjektqualität versus Gesamthandsvermögen*

Einen wichtigen Schluss darf man an dieser Stelle ziehen: Der Normgehalt der früheren §§ 718, 719 Abs. 1 und 738 Abs. 1 S. 1 BGB a.F. war mit Anerkennung der Rechtsfähigkeit der Außen-GbR für eben diese tatsächlich weitestgehend

---

424 *K. Schmidt*, ZHR 180 (2016), 411, 417.

425 *Schall*, NZG 2021, 494, 495. *Schall*, ZIP 2020, 1443, 1445 scheint offenbar von einer dinglichen Beteiligung der Gesellschafter am Gesellschaftsvermögen auszugehen. Wie diese konstruiert werden soll, bleibt aber auch bei ihm offen.

426 *Flume*, ZHR 136 (1972), 177, 178; *Flume*, Die Personengesellschaft, § 1 II, 3 f.

427 *K. Schmidt*, JZ 1985, 909.

428 BGH, Urteil vom 29.01.2001 – II ZR 331/00, BGHZ 146, 341, 343 f.

429 Vgl. *Mugdan*, Bd. II, 990.

430 *K. Schmidt*, GesR, § 8 III, 199.

431 Siehe auch komprimiert *Kindl*, GesR, § 6 Rn. 10.

432 So aber *Schmölz*, in: FS Beuthien, 235, 243.

funktionslos geworden und die darin niedergelegten Prinzipien waren deshalb überwiegend der „Ausdruck einer überholten Gesamthandslehre“[433].

Die gängige Formel, dass das Vermögen den Gesellschaftern in ihrer gesamthänderischen Verbundenheit zustünde, war widersprüchlich zur Rechtssubjektqualität der Gesellschaft, war so gesehen durch ARGE Weißes Ross[434] überholt und gab deshalb die vormalige Rechtspraxis unzureichend wieder. Zumindest die vermögensrechtliche Seite des Gesamthandsprinzips, welches daneben auch personen- und organisationsrechtliche Elemente aufweisen soll[435], hatte deshalb für die rechtsfähigen Personengesellschaften ausgedient.

Möchte man an der Vorstellung der rechtsfähigen GbR „als solcher“ festhalten (was man vor allem dem Gesetzgeber beispielsweise mit Blick auf § 899a BGB a.F. auch schon vor dem MoPeG unterstellen durfte), so kann es keine gemeinschaftliche Rechtsinhaberschaft der Gesellschafter und damit letztlich auch kein *Gesamthands*vermögen mehr geben. In dem Moment also, in dem der II. Zivilsenat 2001 die Rechtsfähigkeit der Außengesellschaft auf Basis der Gruppenlehre anerkannte, wurde notwendigerweise von der Vorstellung eines gesamthänderisch gebundenen Gesellschaftsvermögens Abstand genommen.[436]

---

433 *K. Schmidt*, ZHR 177 (2013), 712, 727. Siehe hierzu auch die Feststellung von *Dieckmann*, Gesamthand und juristische Person, 102, es sei „bemerkenswert, dass es in Rechtswissenschaft und -praxis mehrheitlich immer noch das Bewusstsein gibt, die Gesellschaft als eine Gesamthand zu begreifen, bei der irgendwie die Gesellschafter die wahren Träger der gesamthänderischen Rechtsbeziehungen sind, denn nur dann haben die §§ 718, 719 Abs. 1, 738 Abs. 1 Satz 1 BGB überhaupt einen Sinn, nicht aber, wenn die Gesellschaft selbst und nur sie Rechtsträgerin (d.h. Rechtssubjekt) ist“.

434 BGH, Urteil vom 29.01.2001 – II ZR 331/00, BGHZ 146, 341.

435 Vgl. nur *Flume*, Die Personengesellschaft, § 4 III, 61: „Die schuldrechtlichen Beziehungen der Gesellschafter zueinander sind allerdings auch bei der Gesamthandsgesellschaft im grundsätzlichen die gleichen wie bei der römischrechtlichen Sozietät. Das personenrechtliche Element der Gesellschaft nach geltendem Recht besteht aber im Gegensatz zur societas des römischen Rechts darin, daß bei der Gesamthandsgesellschaft die Gesellschafter als Personengruppe Bezugspunkt der Rechtsbeziehungen der Gesellschaft sind, indem der Gesellschaftsvertrag als Organisationsvertrag die Gesellschaft als Verband konstituiert“.

436 Anderer Ansicht ist offenbar *Heinze*, DStR 2020, 2107, 2110, wonach das Gesamthandshandsmodell infolge der Anerkennung der Rechtsfähigkeit der BGB-Außengesellschaft

Die Gesellschafter waren trotz der ehemaligen gesetzlichen Bestimmungen nicht (mehr) die „wahren“ Träger des Vermögens. Sofern man aber umgekehrt die Vermögensgegenstände als den Gesellschaftern zugehörig sehen möchte (Kollektivzuständigkeit, gemeinsame Rechtsinhaberschaft) und insoweit an der „gesellschaftsrechtlichen Gesamthand“ festhalten möchte, das Gesamthandsprinzip also begrifflich mit der Vermögensträgerschaft auflädt, muss konsequenterweise wieder von der Vorstellung der Rechtsfähigkeit der Gesellschaft „als solcher“ Abstand genommen werden.[437]

Das bedeutet also im Ergebnis, dass das Kriterium der Vermögensordnung schon im alten Recht vor Inkrafttreten des MoPeG nicht als Unterscheidungsmerkmal der rechtsfähigen Personengesellschaft zur juristischen Person taugte. Unabhängig vom MoPeG wird man nämlich sagen müssen, dass mit Anerkennung der Rechtsfähigkeit der GbR das Gesellschaftsvermögen einzig der rechtsfähigen Entität zugeordnet wird. Das aber entspricht zugleich der rechtlichen Situation bei der juristischen Person. Die Regelung in § 713 BGB n.F. hat also zu keiner nennenswerten Änderung geführt. Sie beseitigt jedoch die zuvor formal bestehende, letztlich aber leerlaufende Regel, dass das Vermögen den Gesellschaftern (mit)zugeordnet sei.

3. Geschäftsführung und Vertretung

a) Prinzip der Selbstorganschaft

Personengesellschaften müssen „aus sich heraus“ handlungsfähig bleiben. Das folgt mittelbar aus der persönlichen und unbeschränkten Haftung der Gesellschafter, denn diese ist vor allem dann und deswegen rechtspolitisch opportun, wenn und weil die Gesellschafter es in der Hand haben, die Geschäfte der Gesellschaft zu leiten. Darum muss mindestens ein Gesellschafter zur Geschäftsführung und Vertretung der Gesellschaft berechtigt sein. Diese organschaftliche Vertretung, die das Verhältnis der Gesellschaft zu Dritten betrifft, und die Geschäftsführungsbefugnis, die das Verhältnis

---

durch den BGH 2001 nur „gewankt haben“ mag und man nicht argumentieren könne, dass das umgesetzt werde, was ohnehin schon anerkannt sei.

437 Vgl. *Klingbeil*, AcP 217 (2017), 848, 876 („Gesamthandsgemeinschaften können nur solche Personenverbände sein, die nicht rechtsfähig sind, weshalb Gesamthandsgemeinschaften als Personenverbände ohne übergeordnete Verbandsperson zu begreifen sind“).

der Gesellschafter untereinander zur Gesellschaft betrifft, stehen auf einer Stufe.[438] Es gilt insoweit das Prinzip der Selbstorganschaft.[439]

Im vormaligen Recht der §§ 705 ff. BGB a.F. kam die vorgenannte Unterscheidung nicht gesetzlich zum Ausdruck, doch folgte die Vertretungsbefugnis nach § 714 BGB a.F. im Zweifel der Befugnis zur Geschäftsführung. Die Geschäftsführungs- und Vertretungsregeln der GbR werden in der Sache nicht geändert. Es bleibt auch seit Inkrafttreten des MoPeG dabei, dass vorbehaltlich anderweitiger Regelungen im Gesellschaftsvertrag alle Gesellschafter einer GbR nur gemeinschaftlich zur Geschäftsführung und Vertretung berechtigt sind (vgl. im alten Recht §§ 709 ff. BGB a.F.).[440] Allerdings widmet das Gesetz jetzt – analog zum Recht der Personenhandelsgesellschaften – jeweils ein eigenes Kapitel unter anderem der Geschäftsführungsbefugnis (vgl. §§ 708 bis 718 BGB n.F.) und der organschaftlichen Vertretung (vgl. §§ 719 bis 722 BGB n.F.).

§ 715 BGB n.F. fasst im Wesentlichen die früheren Regelungen zur Geschäftsführungsbefugnis, konkret die §§ 709, 710, 711, 712 und 713 BGB a.F., in einer Vorschrift zusammen.[441] Auffällig ist, dass es in § 715 BGB n.F. zu einer Trennung der Beschlusskompetenz der Gesellschafter von der Geschäftsführungskompetenz der Geschäftsführer kommt, das heißt in § 715 Abs. 4 und Abs. 5 BGB n.F. ist die Gesamtgeschäftsführungsbefugnis und die Einzelgeschäftsführungsbefugnis präzise geregelt.

---

438 *Habersack*, in: Schäfer, Neues PersGesR, § 4 Rn. 1.

439 Vgl. aus der Rechtsprechung etwa BGH, Urteil vom 11.07.1960 – II ZR 260/59, BGHZ 33, 105, 106 ff.; BGH, Urteil vom 22.01.1962 – II ZR 11/61, BGHZ 36, 292, 294; aus der Literatur stellvertretend *Wertenbruch*, in: Westermann/Wertenbruch, Teil I, § 13 Rn. 234 ff. (Dokumentstand: 81. Lieferung 9/2021). Der RegE MoPeG 03/2021 (Fn. 21), 163 f. sieht die Selbstorganschaft insoweit als fortgeltenden „systembildenden Grundsatz“.

440 Vgl. § 715 f. BGB n.F.; vgl. auch die gestraffte Darstellung von *Fleischer*, DStR 2021, 430, 435 f. bzw. ausführlicher zum neuen Vertretungsrecht der Personengesellschaften *Wertenbruch*, JZ 2023, 78, 82 f.

441 Mit dem MoPeG in § 715a BGB n.F. hinzugekommen ist eine explizite Notgeschäftsführungsbefugnis für den Fall, dass eine Maßnahme keinen Aufschub duldet, wobei dies zugleich zwingendes Recht darstellen soll und über § 105 Abs. 3 HGB n.F., § 161 Abs. 2 HGB n.F. und § 1 Abs. 4 PartGG n.F. auch bei der OHG, der KG und der Partnerschaftsgesellschaft entsprechend gilt.

Früher enthielten weder das BGB noch das HGB explizit eine Regelung zur Beschlussfassung hinsichtlich der Willensbildung der Gesellschaft.[442] Insoweit gab es im Recht der GbR nur die Vorschrift des § 709 Abs. 1 BGB a.F., wonach Beschlüsse der Gesellschafter einstimmig zu fassen waren. Damit waren nur Geschäftsführungsmaßnahmen adressiert, doch nach allgemeiner Auffassung im alten Recht galt diese Regelung für alle Beschlüsse.[443] Das MoPeG brachte für die GbR – anders als für die Personenhandelsgesellschaften in § 109 HGB n.F. – keine Vorschriften in Bezug auf die Voraussetzungen der Beschlussfassung. Hinsichtlich der Beschlussfassung im Allgemeinen wurde jedoch auch in das BGB eine Regelung aufgenommen: Gesellschafterbeschlüsse sollen nach der dispositiven Vorschrift des § 714 BGB n.F.[444] (§ 109 Abs. 2 HGB n.F.) nur einstimmig gefasst werden können, sodass alle Gesellschafter dem Beschluss zustimmen müssen.[445]

Die organschaftliche Vertretung der GbR wurde in Anlehnung an den für die OHG geltenden § 124 HGB n.F.[446] in § 720 BGB n.F. gesetzlich

---

442 Zur diesbezüglichen Kritik etwa *Drescher*, ZGR Sonderheft 23 (2021), 115, 118, 122.

443 *Schäfer*, in: MüKo-BGB, § 709 Rn. 81. Für die Personenhandelsgesellschaften gibt es eine ausdrückliche Regelung in § 119 Abs. 1 HGB a.F.

444 Die Norm bezieht sich, anders als die bisherige Regel, aber ausdrücklich auf die Vertretung der *Gesellschaft* und spricht nicht mehr von der Vertretung der *Gesellschafter*.

445 Zumindest auf den ersten Blick scheint dies unpraktikabel – man denke etwa an eine Anwaltssozietät mit mehreren Gesellschaftern, in der jedem Gesellschafter, weil es bei einer Maßnahme der Zustimmung aller Gesellschafter bedarf, ein Vetorecht zukommt. Insoweit wird es in der Praxis zur Sicherung der Handlungsfähigkeit wohl weiterhin regelmäßig zu abweichenden gesellschaftsvertraglichen Regeln kommen. Hier spielt dann auch § 709 Abs. 3 BGB n.F. eine Rolle, der die Stimmkraft zum Gegenstand hat. Die Stimmkraft richtet sich danach vorrangig nach den vereinbarten Beteiligungsverhältnissen. Sind keine Beteiligungsverhältnisse vereinbart worden, richtet sie sich nach den Beteiligungsverhältnissen, also nach dem vereinbarten Wert der Beiträge. Sind auch Werte nicht vereinbart worden, hat jeder Gesellschafter die gleiche Stimmkraft. Damit wird vom derzeitigen gesetzlichen Leitbild „eine Stimme pro Kopf" abgewichen; indes wird in der bisherigen Praxis in der Regel von der Dispositivität Gebrauch gemacht und schon im früheren Recht eine Stimmkraft und Gewinn- und Verlustverteilung nach Beteiligungsverhältnissen vereinbart. Letztlich stellt das MoPeG also auch insoweit nur die gelebte Rechtspraxis klar, die in §§ 709 Abs. 2, 722 BGB a.F. aber bislang nur unzureichend zum Ausdruck kam. Vgl. aus anwaltlicher Perspektive auch *Roßkopf/Hoffmann*, ZPG 2023, 14, 20 ff.

446 Die Vertretung der OHG wurde ohne nennenswerte Änderungen der §§ 125 bis 127 HGB a.F. nun in § 124 HGB n.F. geregelt. Es gilt bei ihr wie im alten Recht

fixiert, ohne dass der Gesetzgeber dabei zwischen der eingetragenen und der nicht eingetragenen GbR unterscheidet.[447] Es bleibt für die Grundform der Personengesellschaften beim Grundsatz der Gesamtvertretung durch alle Gesellschafter (vgl. §§ 709, 714 BGB a.F. und nunmehr § 720 Abs. 1 BGB n.F.), von dem freilich wie bisher durch Gesellschaftsvertrag abgewichen werden kann.[448]

Angesichts dessen, dass die Regeln zur Vertretung im alten Recht der GbR grundsätzlich dispositiv waren, in der damaligen Praxis etwa auch vielfach Dritten umfassende Vollmacht eingeräumt wurde[449], ist es durchaus die Frage wert, warum der Gesetzgeber sich mit dem MoPeG nicht dazu entschieden hat, den „Zopf der zwingenden Selbstorganschaft abzuschneiden“[450]. Es bleibt abzuwarten, ob sich die zunehmend befürwortete Zulässigkeit fremdorganschaftlicher Strukturen für die Personengesellschaften im wissenschaftlichen Diskurs noch weiter vorschieben wird[451], doch bleibt der Grundsatz der Selbstorganschaft bei den Personengesellschaften seit Inkrafttreten des MoPeG ein systembildender Grundsatz. Das bedeutet, dass die an die

---

vorbehaltlich besonderer Bestimmungen im Gesellschaftsvertrag der Grundsatz der Einzelvertretungsbefugnis eines jeden Gesellschafters.

447 Der Gesetzgeber erblickt in der unter Umständen erforderlichen Notwendigkeit, die Vertretungsbefugnis nachzuweisen, einen Anreiz für die Eintragung, die mit Registerpublizität verbunden ist, vgl. die Begründung RegE MoPeG 03/2021 (Fn. 21), 162.

448 Zu beachten ist, dass die Ermächtigungsbestimmung des § 720 Abs. 2 BGB n.F. (vgl. auch § 125 Abs. 2 S. 2 HGB n.F. bzw. § 124 Abs. 2 S. 2 HGB n.F.) zu einer Auflockerung der organschaftlichen Vertretungsbefugnis führt, vgl. die kurze Ausführung von *Habersack*, in: Schäfer, Neues PersGesR, § 4 Rn. 15.

449 Vgl. BGH, Urteil vom 20.09.1993 – II ZR 204/92, NJW-RR 1994, 98 m.w.N.; *Roßkopf/Hoffmann*, ZPG 2023, 14, 18 („gerade in größeren, im weitesten Sinne unternehmerisch tätigen GbR nicht selten“).

450 *P. Scholz*, NZG 2020, 1044.

451 Vgl. kritisch zur Selbstorganschaft bei den Personengesellschaften etwa *A. Bergmann*, Die fremdorganschaftlich verfasste offene Handelsgesellschaft, 568 ff.; *Fleischer*, NZG 2020, 601, 604 ff.; *Lieder*, ZRP 2021, 34, 36 m.w.N.; *Osterloh-Konrad*, ZGR 2019, 271, 276 ff. (auch einen Rechtsvergleich anstellend); siehe ferner *K. Schmidt*, GesR, § 14 II 2, 410 (es gebe „keinen vorgesetzlichen Grundsatz, der die Personengesellschaften ausnahmslos dem Prinzip der Selbstorganschaft unterwürfe“); im Lichte des Mauracher Entwurfs ausführlich *P. Scholz*, NZG 2020, 1044 ff. (auch m.w.N. in Fn. 14).

Mitgliedschaft gebundene[452] organschaftliche Vertretung weiterhin von der vorgenannten Möglichkeit der Vollmachtserteilung zu unterscheiden ist und insoweit ein Pflichtrecht darstellt. Das Recht zur Geschäftsführung in den Personengesellschaften steht den Gesellschaftern aufgrund des Grundsatzes der Selbstorganschaft kraft ihrer Gesellschafterstellung zu (vgl. § 715 Abs. 1 BGB n.F.).

b) Grundsatz zentralisierter Leitungsmacht

Auch die juristischen Personen sind trotz eigener Rechtspersönlichkeit nicht selbst handlungsfähig, auch für sie müssen deshalb natürliche Personen agieren. Zur Vornahme von Rechtsgeschäften bzw. zur Vertretung sind daher von den Gesellschaftern (jedenfalls mittelbar[453]) gewählte bzw. bestellte Organe wie beispielsweise Vorstand (§ 78 AktG) oder Geschäftsführer (§ 35 GmbHG) zuständig. Diese Organe der juristischen Person müssen aber nicht mit ihren Mitgliedern übereinstimmen. Deshalb besteht grundsätzlich und abweichend zum Personengesellschaftsrecht die Möglichkeit der Fremdorganschaft (vgl. aber auch hier etwa § 9 Abs. 2 GenG) und im Übrigen gilt bei der Fassung von Gesellschafterbeschlüssen bei Kapitalgesellschaften von vornherein das Mehrheitsprinzip.[454]

c) Keine Änderung durch das MoPeG

Zusammenfassend lässt sich also sagen, dass die Zentralisierung von Geschäftsführung und Vertretung als typisches Charakteristikum der Körperschaft auch mit dem MoPeG nicht zu einem Wesensmerkmal der Personengesellschaft wurde. Im gleichen Atemzug sollte jedoch betont werden, dass zur Abgrenzung der rechtsfähigen Vereinigungen mehr auf das Kriterium der zentralisierten Geschäftsführung abzustellen ist als auf die organschaftliche Vertretung, weil sich die Personenhandelsgesellschaften auch durch Prokuristen oder Handlungsbevollmächtigten vertreten lassen können (§§ 48 ff., 6

---

452 *Habersack*, in: Recht der OHG, § 125 HGB Rn. 5 f.

453 Die Organbestellung erfolgt entweder unmittelbar (vgl. § 101 Abs. 1 S. 1 AktG, § 46 Nr. 5 GmbHG) oder mittelbar (vgl. z.B. § 84 Abs. 1 S. 1 AktG).

454 Vgl. *Wertenbruch*, in: Westermann/Wertenbruch, Teil I, § 1 Rn. 15 f. (Dokumentstand: 81. Lieferung 9/2021).

Abs. 1 HGB in Verbindung mit § 105 Abs. 1 HGB n.F. und für die KG § 161 Abs. 2 HGB n.F. bzw. §§ 105 Abs. 1, 161 Abs. 2 HGB a.F.).

4. Persönliche Gesellschafterhaftung

a) Akzessorische Haftung

Das Recht der Personengesellschaften wird von dem handelsrechtlichen Grundsatz geprägt, dass die unternehmerische Verantwortung mit persönlicher Haftung verbunden ist, vgl. im alten Recht §§ 128 bis 130 HGB a.F. für die Haftung der OHG-Gesellschafter und § 171 ff. HGB a.F. in Bezug auf die Kommanditistenhaftung. Diese Haftungsregeln wurden mit dem MoPeG beibehalten.[455]

Die akzessorische Haftung der Gesellschafter wurde durch die Entscheidung ARGE Weißes Ross auch auf die GbR übertragen.[456] Man mag zwar darüber uneinig sein, ob die auf richterlicher Rechtsfortbildung beruhende Analogie überzeugend war[457] bzw. ihrerseits einer teleologischen Reduktion bedürft hätte[458], doch wurde die persönliche Haftung mit dem Inkrafttreten des MoPeG für die GbR ausdrücklich[459] geschriebenes Recht (vgl. § 721 bis

---

455 Die Haftung der OHG-Gesellschafter findet sich nun in §§ 126 bis 128 HGB n.F., die Haftung des Kommanditisten ist jetzt mit einigen Änderungen in §§ 171 ff. HGB n.F. kodifiziert, vgl. auch *Wertenbruch*, JZ 2023, 78, 84 f.

456 BGH, Urteil vom 29.01.2001 – II ZR 331/00, BGHZ 146, 341. Schon zuvor hatte der BGH eine allgemeine Haftungsbegrenzung der GbR durch den Zusatz „mbH" verneint und entschieden, dass die Gesellschafterhaftung nicht mehr auf eine durch die Geschäftsführer eigens begründete zusätzliche Verpflichtung zurückgehen solle, BGH, Urteil vom 27.09.1999 – II ZR 371/98, BGHZ 142, 315, 318 ff.

457 *Canaris*, ZGR 2004, 69 („unzulässige Rechtsfortbildung contra legem"); vgl. diesbezüglich auch *K. Schmidt*, ZHR 177 (2013), 712, 723 f.

458 *Schöne*, in: BeckOK BGB, § 714 Rn. 42 m.w.N. (Stand: 01.11.2023). Der BGH setzt für eine Haftungsbeschränkung auf das Gesellschaftsvermögen grundsätzlich (für geschlossene Immobilienfonds in der Form der GbR hat er in BGH, Urteil vom 21.01.2002 – II ZR 2/00, BGHZ 150, 1 eine Haftungsbeschränkung durch AGB für zulässig erachtet) eine Individualvereinbarung mit dem Gläubiger voraus, vgl. BGH, Urteil vom 27.09.1999 – II ZR 371/98, BGHZ 142, 315; BGH, Urteil vom 24.11.2004 – XII ZR 113/01, ZIP 2005, 391.

459 Bislang wurde allerdings bereits in § 736 Abs. 2 BGB a.F. die sinngemäße Anwendung von § 160 HGB a.F. über die Begrenzung der Nachhaftung normiert.

721b BGB n.F.).[460] Dass diese persönliche Gesellschafterhaftung mit etwaiger Aufgabe des Gesamthandsprinzips (bzw. jedenfalls des prägenden Vermögenselements) hinterfragt werden kann, führt aber nicht dazu, dass sie letztlich größerer und besonderer Rechtfertigung bedürfe[461], selbst wenn man in der gesetzlichen Positivierung gar eine Haftungsverschärfung gegenüber dem anerkannten status quo ante erblickt.[462] Die persönliche Haftung kann und sollte jedenfalls[463] als schlichte legislative Wertentscheidung verstanden werden[464], denn vor allem durchzieht eben der auch für das Haftungsmodell bedeutsame Grundsatz der Selbstorganschaft weiterhin das Personengesellschaftsrecht.

b) Haftungsbeschränkung

Eine unbeschränkt persönliche Haftung der Gesellschafter kommt bei juristischen Personen grundsätzlich[465] nicht in Betracht. Ihren Gläubigern steht vielmehr zur Befriedigung regelmäßig nur das Gesellschaftsvermögen zur Verfügung (vgl. § 1 Abs. 1 S. 2 AktG, § 13 Abs. 2 GmbHG).[466] Durch diese bei juristischen Personen typische Haftungsbeschränkung können ihre Gläubiger, soweit das Gesellschaftsvermögen zur Befriedigung nicht ausreicht, mitunter unbefriedigt bleiben.

---

460 *Schäfer*, in: Schäfer, Neues PersGesR, § 1 Rn. 5 bezeichnet die neuen Vorschriften als „gewiss unabdingbar". Die Nachhaftung und Sonderverjährung bei der GbR werden jetzt in §§ 728b, 739 BGB n.F. adressiert.

461 Anderer Ansicht ist offenbar *Schall*, NZG 2021, 494, 496 („nun aber nicht mehr selbstverständlicher Grundsatz, sondern zur begründungsbedürftigen Ausnahme mutiert").

462 So *Bachmann*, NZG 2020, 612, 616 f.; vgl. auch *Habersack*, ZGR 2020, 539, 562 ff.; anderer Ansicht ist *Schäfer*, in: Schäfer, Neues PersGesR, § 1 Rn. 7.

463 Vgl. dazu sogleich unter Gliederungspunkt Teil 1, B. I. 7. b) bb).

464 Vgl. auch *Kindler*, ZHR 2021, 598, 609: „Die beschränkte Haftung ist kein Wesensmerkmal der juristischen Person, sondern eine rechtsformspezifische Entscheidung der Gesetzgeber". Zur Rechtfertigung auf fehlende Kapitalaufbringungs- und Kapitalerhaltungsregeln verweisend *Habermeier*, in: Staudinger, vor §§ 705–740 Rn. 29.

465 Vgl. aber etwa §§ 278 ff., 322 AktG einerseits und auf der anderen Seite auch §§ 161 ff. HGB a.F., § 8 Abs. 2, 3 und 4 PartGG a.F. Es ist daher überaus fraglich, ob man die beschränkte Haftung als Wesensmerkmal verstehen kann, vgl. dazu *Kindler*, ZHR 2021, 598, 609 m.w.N. in Fn. 54.

466 Freilich können im Innenverhältnis Ansprüche gegen das Organ bestehen, wie sich etwa aus § 93 Abs. 2 S. 1 (i.V.m. § 116 S. 1 AktG) oder § 43 Abs. 2 GmbHG ergibt.

c) Beibehaltung bewährter Grundsätze

Insofern bleibt für die Personengesellschaften das Strukturmerkmal der persönlichen Haftung der Gesellschafter einerseits und die Beschränkung der Haftung auf das Gesellschaftsvermögen andererseits auch nach dem Inkrafttreten des MoPeG erhalten.

5. Kapitalaufbringung

a) Beitragsleistung als Tatbestandsmerkmal

Bei Personengesellschaften spielen die persönlichen Beiträge der Gesellschafter für die Erreichung des gemeinsamen Zwecks eine maßgebliche, regelmäßig entscheidende Rolle. Das wurde bislang konzeptionell daran deutlich, dass sich die Gesellschafter nach § 705 BGB a.F. zu der Leistung vereinbarter Beiträge verpflichten. Dadurch begründeten sie das Schuldverhältnis. Nach § 706 Abs. 3 BGB a.F. konnten die Beiträge dabei auch aus Diensten (also etwa Übernahme des Schriftverkehrs der Gesellschaft) bestehen, weshalb der Begriff des Beitrags über den Einlagenbegriff (vgl. § 171 Abs. 1 HGB a.F.) hinausging.[467]

Der Grund dafür, dass die Vereinbarung von Diensten bei den Personengesellschaften genügt, liegt in dem Strukturmerkmal der unbeschränkten Gesellschafterhaftung, denn hierdurch sind die Gläubiger der Gesellschaft bereits ausreichend geschützt.[468] Bei der Personengesellschaft ist die Bereitstellung von Eigenkapital damit gesetzlich nicht gefordert. Die überragende Bedeutung der Beitragspflicht kommt seit Inkrafttreten des MoPeG weiterhin deutlich zum Ausdruck, denn sie ist bereits Bestandteil des Begriffs der Gesellschaft, gehört mithin zum Tatbestand (vgl. § 705 Abs. 1 BGB n.F.). Mit dem MoPeG war insoweit auch keine Wesensänderung verbunden, denn noch immer kann der Beitrag eines Gesellschafters auch in der Leistung von Diensten bestehen (§ 709 Abs. 1 BGB n.F.).

b) Mindesteinlage als Garantiekapital

Demgegenüber sind Kapitalgesellschaften gewissermaßen als Beschaffungs- und Lagerplatz für Kapital zu betrachten. Die Gesellschafter haben

---

[467] *Schäfer*, in: Schäfer, Neues PersGesR, § 6 Rn. 59 (auch dazu, dass das neue Recht konsequent auf den Begriff der Einlage verzichtet).

[468] *Schäfer*, in: Schäfer, Neues PersGesR, § 6 Rn. 59.

Stamm- oder Grundkapital aufzubringen, wobei ihnen dabei (nur) Bar- oder Sacheinlagen zur Verfügung stehen. Sofern die zwingend vorgegebene Mindesteinlage nicht erbracht wird, lehnt das Registergericht die Eintragung der Gesellschaft in das Register ab (vgl. § 9c Abs. 1 GmbHG, § 38 Abs. 1 AktG); die Gesellschaft als solche entsteht nicht (vgl. 11 Abs. 1 GmbHG, § 41 Abs. 1 S. 1 AktG). Dienstleistungen sind bei Kapitalgesellschaften wegen des geforderten Stamm- bzw. Grundkapitals kein tauglicher Gegenstand von Einlagen (vgl. § 7 Abs. 3 GmbHG, § 27 Abs. 2 Hs. 2 AktG). Dieser Leitgedanke gilt auch für die Mitgliedschaft. So nimmt die Höhe der Beteiligung der Gesellschafter am Kapital Einfluss auf ihr Stimmrecht[469] (§§ 12 Abs. 1 S. 1, Abs. 2 AktG, § 47 Abs. 2 GmbHG[470]). Das Wesen als Beschaffungs- und Lagerplatz für Kapital zeigt sich aber auch daran, dass der Anteil einen Bruchteil des Stamm- oder Grundkapitals darstellt (vgl. §§ 3 Abs. 1 Nr. 4, 14 S. 1, 2 GmbHG bzw. § 1 Abs. 2 AktG) sowie daran, dass die jeweilige Kapitalbeteiligung der Gesellschafter auch über ihren Anteil am Gewinn bestimmt (§ 60 Abs. 1 AktG, § 29 Abs. 3 S. 1 GmbHG).

6. Aussagekraft und bestehende Kritik

Diejenigen, die den gesellschaftsrechtlichen Dualismus vor allem in den vorgenannten Kriterien vermittelt sahen, werden auch nun seit Inkrafttreten des MoPeG eher beruhigt aufatmen können. Zwar ist ein an sich grundsätzlich bedeutender Punkt, die gesamthänderische Vermögensbindung, seit 2024 gesetzlich nicht mehr abgebildet. Doch mussten § 718 BGB a.F. und § 719 BGB a.F. seit Anerkennung der Rechtssubjektivität der GbR ohnehin für die Außengesellschaft als weitestgehend deklaratorisch gesehen werden, taugten daher schon im alten Recht nicht zur Unterscheidung.

Ob mit den Neuregelungen in § 705 Abs. 2 Alt. 1 BGB n.F. und § 713 BGB n.F. letztlich für die Personengesellschaften das Gesamthandsprinzip in Gänze aufgegeben wurde, ist für die gesellschaftsrechtliche Begriffstaxonomie von bestenfalls untergeordneter Bedeutung und kann an

469 Grundsätzlich gilt das Prinzip „one share one vote", vgl. *Eisenhardt/Wackerbarth*, GesR II, § 9 Rn. 427.

470 Stimmlose Geschäftsanteile, die etwa durch Satzung bzw. durch Ausgabe von Vorzugsaktien geschaffen werden können, gewähren kein Stimmrecht, *Eisenhardt/Wackerbarth*, GesR II, § 9 Rn. 427.

dieser Stelle offenbleiben. Denn die traditionell der gesellschaftsrechtlichen Gesamthand zugeschriebenen Grundsätze wie vor allem Selbstorganschaft und die persönliche Gesellschafterhaftung wurden vom Gesetzgeber beibehalten. Deshalb hat sich bei Lichte betrachtet hinsichtlich der allgemeinen zur Abgrenzung genannten Rechtscharakteristika gar nicht viel geändert.

Nicht gänzlich unberechtigt ist jedoch die Kritik, dass diese Merkmale nicht zur scharfen Unterscheidung der rechtsfähigen Personengesellschaft zur juristischen Person taugen, sondern vielmehr auf die Abgrenzung zur Kapitalgesellschaft gemünzt sind.[471] Ebenso gewichtig ist der Einwand, dass diese Charakteristiken teilweise aufgeweicht sind oder gar jeweils konträr vorkommen[472], was sich bereits an der prominenten Gesellschaftsform der Gesellschaft mit beschränkter Haftung zeigt.[473] Man kann letzterem Einwand zwar mit gutem Argument wieder entgegenhalten, dass das jeweils Ausnahmen betreffe und es geltende Grundsätze nicht in Frage stelle.[474] Doch auch wenn die Kapitalgesellschaften zweifellos juristische Personen sind und deren Wesen zu einem Großteil von ihnen ausgemacht wird[475], lohnt es sich doch, den ersten Einwand aufzugreifen und zu fragen, was die rechtsfähige Personengesellschaft nicht bloß von den Kapitalgesellschaften, sondern von ihrem Oberbegriff, also folglich der juristischen Person (zu denen eben auch mitgliederlose Vereinigungen wie Stiftung und Anstalt

---

471 *Hadding*, ZGR 2001, 712, 718 ff., besonders pointiert aber auf 720: „Sämtliche von Ulmer genannten »Differenzierungen« (…) sind Unterschiede zwischen »Kapitalgesellschaften« und »Personengesellschaften«; mit der Frage, ob eine »juristische Person« vorliegt, haben diese Unterschiede nichts zu tun". Vgl. zuletzt ähnlich *Kindler*, ZHR 2021, 598, 609 sowie *Kindler*, ZfPW 2022, 409, 421 f.

472 Vgl. nur *A. Bergmann*, Die fremdorganschaftlich verfasste offene Handelsgesellschaft, 51 ff. bzw. prägnanter *A. Bergmann*, in: jurisPK-BGB, § 705 BGB Rn. 46 (Stand: 01.02.2023).

473 So heißt es auch bereits bei *Flume*, Die juristische Person, § 2 VII, 62: „Die GmbH ist materiell als Personengesellschaft zu verstehen, die nur um der Haftungsbeschränkung willen vermögensmäßig als juristische Person gegenüber den Gesellschaftern verselbstständigt ist". Vgl. zur möglichen Akzentuierung des personalen Elements bei der GmbH auch *Altmeppen*, in: Altmeppen-GmbHG, § 13 Rn. 13 f.

474 *M. Lehmann*, AcP 207 (2007), 225, 245; *Ulmer*, AcP 198 (1998), 113, 121. Vgl. auch *Stöber*, in: BeckOGK HGB, § 247 Rn. 67 (Stand: 01.11.2022).

475 *Bachmann*, in: FS K. Schmidt, 49, 59; *Hadding*, in: FG Zivilrechtslehrer 1934/1935, 147, 154 und 166 ff.; *Klingbeil*, AcP 217 (2017), 848, 875.

zählen[476]) unterscheidet. Das scheint im Übrigen auch deshalb geboten, weil der Begriff der juristischen Person nicht einen rein gesellschaftsrechtlichen Terminus bezeichnet.[477]

7. Die Abhängigkeit von den Gesellschaftern

Die Überschrift dieses Abschnitts nimmt das Ergebnis im Grunde bereits vorweg. Es ist die fortdauernde Zugehörigkeit der Gründer bzw. im Ergebnis letztlich die allgemeine Abhängigkeit der Personengesellschaften von ihren Gesellschaftern, die sie grundlegend und fundamental von juristischen Personen unterscheidet. Dies gilt für das alte Recht und ebenso für das durch das MoPeG neugestaltete Recht. Darum ist die Umschreibung mit dem „schönen Begriff vom Gegensatz zwischen Personenverband (Gruppe) und Verbandsperson (Organisation)“[478] keine Leerformel, sondern auch seit Inkrafttreten des Personengesellschaftsmodernisierungsgesetzes noch eine wohlgezielte und griffige Akzentuierung der Differenzen der trennbaren rechtsfähigen Vereinigungen.

a) Selbstständigkeit juristischer Person

Die eigene Rechtspersönlichkeit der juristischen Person führt dazu, dass das Ausscheiden eines Gesellschafters den Bestand der Gesellschaft unberührt lässt. Die Mitgliedschaft ist also grundsätzlich verkehrsfähig[479]; so kann etwa der Geschäftsanteil nach § 15 Abs. 1 GmbHG veräußert und vererbt werden.[480] Deshalb ist die ungehinderte Übertragbarkeit der Anteile an der Gesellschaft auf Nichtgesellschafter ein Strukturmerkmal der Körperschaft. Darüber hinaus bedarf es für die juristische Person nicht einmal des Vorhandenseins von Mitgliedern[481] und auch der Wegfall aller Mitglieder führt nicht zum

---

476 *Schöpflin*, in: BeckOK BGB, § 21 Rn. 4 f. (Stand: 01.11.2022).

477 Vgl. *Hadding*, in: FS Kraft, 137, 143.

478 *A. Bergmann*, in: jurisPK-BGB, § 705 Rn. 46 (Stand: 01.02.2023).

479 Die Verkehrsfähigkeit ist aufgrund Vinkulierungsmöglichkeiten nicht gleichzusetzen ist mit einer freien Übertragbarkeit. Eine freie Übertragbarkeit der Anteile ist allerdings nicht durchgängig gewährleistet, vgl. § 38 BGB; siehe auch § 76 GenG.

480 Vgl. auch etwa § 68 AktG.

481 Vgl. schon *Flume*, in: FS Kegel, 147, 152 ff. Dass auch kein Verbot einer „Ein-Personen-Gesellschaft“ besteht, zeigt sich schon im Kapitalgesellschaftsrecht an § 1 GmbHG und § 2 AktG („eine oder mehrere Personen“).

Erlöschen.[482] Nach herrschender Ansicht ist die juristische Person sogar selbst dann, wenn sie vermögenslos geworden ist, noch rechtsfähig und existent (Lehre vom Doppeltatbestand[483], das heißt Erlöschen setzt Vermögenslosigkeit und Löschung voraus).[484] Denkbar ist aber auch, dass die juristische Person von Anfang an gar nicht über ein Vermögen verfügt.[485] Sie ist also letztlich von ihren Mitgliedern unabhängig und nicht auf sie angewiesen.[486]

b) *Unfreiheit der Personengesellschaft*

Diese Unabhängigkeit und die unbegrenzte „Lebensdauer" der Gesellschaft ist dem Personengesellschaftsrecht nicht nur fremd, sondern dort undenkbar. Die GbR ist de lege abrogata und auch seit Inkrafttreten des MoPeG vor allem eines: Ein Schuldverhältnis zwischen ihren Gesellschaftern.[487] Die

---

482 Das gilt nicht nur für die Stiftung und die Anstalt, sondern auch etwa für die Aktiengesellschaft oder die Gesellschaft mit beschränkter Haftung. Auch für den eingetragenen Verein ist dies grundsätzlich anerkannt, vgl. hierzu nur *K. Schmidt*, GesR, § 11 V 6, 316 ff. sowie § 24 VII 2, 722 ff. (auf 729 ff. auch kritisch bezugnehmend auf BGH, Urteil vom 17.11.1955 – II ZR 172/54, BGHZ 19, 51).

483 Vgl. nur BAG, Urteil vom 04.06.2003 – 10 AZR 448/02, BAGE 106, 217; OLG Düsseldorf, Urteil vom 14.11.2003 – 16 U 95/98, NZG 2004, 916; OLG Koblenz, Urteil vom 09.03.2007 – 8 U 228/06, NZG 2007, 431; OLG Celle, Beschluss vom 03.01.2008 – 9 W 124/07, NZG 2008, 271; *Haas*, in: Noack/Servatius/Haas, § 60 GmbHG Rn. 6 m.w.N.; siehe i.Ü. konzeptionell *K. Schmidt*, GmbHR 1988, 209 ff.

484 Vgl. BGH, Urteil vom 21.01.2016 – III ZR 159/15, DNotZ 2016, 711 („Die Löschung einer vermögenslosen GmbH nach § 394 Abs. 1 FamFG hat zur Folge, dass die Gesellschaft ihre Rechtsfähigkeit verliert").

485 *Bachmann*, in: FS K. Schmidt, 49, 59 („Briefkastengesellschaft").

486 Siehe auch *Bachmann*, in: FS K. Schmidt, 49, 61 f. mit dem Hinweis, dass die konstitutiven Formalakte angesichts der notwendigen Identifizierung von elementarer Bedeutung sind.

487 Nach *Wertenbruch*, ZPG 2023, 1, 2 bzw. *Wertenbruch*, in: Westermann/Wertenbruch, Teil I, § 1 Rn. 4 (Dokumentstand: 81. Lieferung 9/2021) hat der Gesellschaftsvertrag auch nach dem MoPeG weiterhin eine Doppelnatur, das heißt er ist einerseits organisationsrechtlicher Vertrag, der die rechtsfähige Personengesellschaft errichtet, und begründet darüber hinaus ein Schuldverhältnis der Gesellschafter untereinander. So auch *Werner*, NWB 2021, 2049, 2050 („Doppelcharakter der Personengesellschaft als Schuld- und Organisationsverhältnis"). Vgl. im Übrigen, bezogen auf den Mauracher Entwurf, auch die Ausführungen von *Habersack*, ZGR 2020, 539, 548 f.

Mehrgliedrigkeit der Personengesellschaften ist systembildend. Der Gesellschaftszweck ist somit auch immer Zweck der Gesellschafter.[488]

Bei den Personengesellschaften fehlt die Möglichkeit einer derivativen Übertragbarkeit. Weil der Zusammenschluss der Mitglieder einer Personengesellschaft einen höchstpersönlichen Charakter hat, ist der Gesellschaftsanteil grundsätzlich nur mit Zustimmung der anderen Gesellschafter durch Abtretung (§§ 398, 413 BGB) übertragbar[489], was in § 711 Abs. 1 S. 1 BGB n.F. erstmals ausdrücklich kodifiziert wurde.[490] Der Gesellschaftsanteil ist denn inhaltlich auch bei der GbR als Inbegriff der gesamten Mitgliedschaft und somit als Verkörperung der mitgliedschaftlichen Rechte und Pflichten zu verstehen.[491]

Auch im neuen Recht kann die BGB-Gesellschaft keine eigenen Anteile erwerben. Das war schon vorher ein allgemein anerkanntes Prinzip des Personengesellschaftsrechts[492], wurde mit dem MoPeG aber in § 711 Abs. 1 S. 2 BGB n.F. sogar gesetzlich klargestellt.[493] Die Regelung in § 711a BGB n.F. zur eingeschränkten Übertragbarkeit von Gesellschafterrechten entspricht dabei im Wesentlichen dem bislang geltenden § 717 BGB a.F. Die Unübertragbarkeit der an die Mitgliedschaft gebundenen Rechte verhindert die Aufspaltung dieser Rechte, das heißt nur bestimmte Vermögensrechte sind

---

488 Diesbezüglich wurde nach altem GbR-Recht noch vermutet, dass der Zweck nur bei Mitwirkung der (Gründungs-)Gesellschafter erreicht werden konnte, was sich zuletzt noch darin ausdrückte, dass die Gesellschaft bei Tod eines Gesellschafters grundsätzlich aufgelöst wurde (§ 727 Abs. 1 BGB a.F.). Mit dem MoPeG kehrte sich diese Regel um (§ 723 BGB n.F.), doch bewirkte dieser Wandel von der Personen- zur Verbandskontinuität im Ergebnis keine Wesensänderung, weil den Traditionen des römischen Rechts in der gelebten Praxis ohnehin durch entsprechende Fortsetzungsklauseln im Gesellschaftsvertrag begegnet wurde, ohne dass letztlich das Charakteristikum des konstituierenden Schuldverhältnisses bezweifelt wurde. Vgl. nach altem Recht für die offene Handelsgesellschaft und die Kommanditgesellschaft bereits § 131 Abs. 3 S. 1 Nr. 1 HGB a.F., ggf. in Verbindung mit § 161 Abs. 2 HGB a.F.

489 *Wertenbruch*, in: Westermann/Wertenbruch, Teil I, § 29 Rn. 639 (Dokumentstand: 79. Lieferung 1/2021) mit zahlreichen Nachweisen.

490 Vgl. für einen kurzen Überblick der bisherigen Rechtslage und der erfolgten Neuregelung *A. Bergmann*, in: Schäfer, Neues PersGesR, § 7 Rn. 1.

491 Vgl. BGH, Urteil vom 15.09.2020 – II ZR 20/19, NZG 2020, 1304.

492 Vgl. insoweit schon *K. Schmidt*, Stellung der oHG, 194 (vom positiven Recht gewollte Sozietätskonstruktion).

493 Vgl. hierzu die sehr ausführliche Begründung im RegE MoPeG 03/2021 (Fn. 21), 144.

übertragbar (§ 711a S. 2 BGB n.F.). Die vorgenannten Grundsätze in §§ 711, 711a BGB n.F. gelten kraft Verweises subsidiär auch für die offene Handelsgesellschaft (§ 105 Abs. 3 HGB n.F.), Kommanditgesellschaft (§§ 105 Abs. 3, 161 Abs. 2 HGB n.F.) und Partnerschaftsgesellschaft (§ 1 Abs. 4 PartGG n.F.), sofern in deren jeweiligen Rechtsrahmen keine anderen Bestimmungen getroffen werden.

Nicht denkbar war überdies, dass eine Personengesellschaft nur aus einer Person besteht oder gar mitgliedslos ist[494], auch im neuen Recht nicht, wie sich gesetzlich aus § 705 Abs. 1 BGB n.F. und § 712a Abs. 1 S. 1 BGB n.F. ergibt.[495]

aa) Fehlende Rechtspersönlichkeit

Johannes Wertenbruch sprach schon im alten Recht insoweit anschaulich von einer inexistenten „Mauer“ nach innen, um die fehlende Verselbstständigung figurativ auszudrücken.[496] Man kann durchaus konstatieren, dass die Rechtsfähigkeit der Personengesellschaften gegenüber Kapitalgesellschaften eine strukturell andere ist, allerdings nicht in Bezug auf das Außenverhältnis[497], sondern nur in Hinsicht auf das Innenverhältnis, denn die rechtsfähige Personengesellschaft ist auch seit 2024 im Verhältnis zu ihren Gesellschaftern nicht rechtlich verselbstständigt. Grund ist letztlich eine weiterhin bestehende Identität der Gesellschaft mit dem Gesellschafterkreis.[498]

---

494 Einer Löschung im Register kommt also nur deklaratorische Bedeutung zu, vgl. *K. Schmidt*, GesR, § 11 V 6, 316 ff.

495 Nach § 712 Abs. 1 S. 1 BGB n.F. erlischt eine Gesellschaft liquidationslos, sofern der vorletzte Gesellschafter ausscheidet. Vgl. hierzu auch Begründung RegE MoPeG 03/2021 (Fn. 21), 146.

496 *Wertenbruch*, Haftung von Gesellschaften, Teil 1, Kapitel 13, § 1, 212; *Wertenbruch*, in: FS Seibert, 1089, 1099, 1102 f.; *Wertenbruch*, in: Westermann/Wertenbruch, Teil I, § 2 Rn. 34 (Dokumentstand: 81. Lieferung 9/2021) sowie Teil I, § 25 Rn. 559 (Dokumentstand: 70. Lieferung 1/2018).

497 So allerdings *Beuthien*, NZG 2011, 481, 486, der von einer kollektiven Rechtsfähigkeit („Gesamtrechtsfähigkeit“) ausgeht.

498 Vgl. *Wertenbruch*, JZ 2023, 78, 80; *Wertenbruch*, in: FS Seibert, 1089, 1099; *Wertenbruch*, in: Westermann/Wertenbruch, Teil I, § 32 Rn. 790 (Dokumentstand: 85. Lieferung 4/2023); *Wertenbruch*, BGB AT, § 4 Rn. 7; *Wertenbruch*, Haftung von Gesellschaften, Teil 1, Kapitel 13, § 1, 211; *Stöber*, HandelsR, § 2 Rn. 5 („keine juristischen Personen, sondern mit den Gesellschaftern in ihrer gesamthänderischen Verbundenheit identisch“); *Stöber*, in: BeckOGK HGB, § 247 Rn. 67 (Stand: 01.11.2022); *Stöber*, GmbHR 2022, 967, 968 f. der a.a.O. darauf hinweist, dass das

Das ist so gesehen das große Puzzleteil, das ihr weiterhin zur eigenen Rechtspersönlichkeit fehlt und die divergierenden Regelungskonzepte von rechtsfähiger Personengesellschaft und Kapitalgesellschaft bzw. juristischer Person trotz der bestehenden Gemeinsamkeiten und der in beiden Richtungen vorkommenden Ausnahmen von typischen Merkmalen eben schon vor, aber auch seit Inkrafttreten des MoPeG unterscheidet. Verdeutlicht wird das auch am Anwachsungsprinzip, welches nun in § 712 BGB n.F. anteilsbezogen ausgestaltet ist. Dieses Rechtsprinzip stellt eine deutlich engere Verbindung der Gesellschafter mit der Gesellschaft her, als es bei den juristischen Personen der Fall ist, wo eine solche Regel keine Anwendung findet. Denn beim Ausscheiden eines Gesellschafters aus einer Personengesellschaft geht dessen Anteil (die gesamte Mitgliedschaft) ex lege auf die verbleibenden Gesellschafter über, ohne dass es einer rechtsgeschäftlichen Verfügung bedarf.

Die fehlende Verselbstständigung drückt sich auch bereits bei der Entstehung aus: Juristische Personen entstehen durch die Eintragung in ein öffentliches Register bzw. durch staatliche Verleihung oder Erlaubnis, während Personengesellschaften traditionell und auch nach der Reform durch Vertrag begründet werden. In dem Entstehungstatbestand selbst das einzig und letztverbleibende Unterscheidungskriterium zu sehen[499], überzeugt allerdings nicht. Diese Auffassung lässt sich nämlich schon nicht mit der rechtlichen Situation der Vorgesellschaft vor Eintragung rechtsfähigen juristischen Person in Einklang bringen.[500]

bb) Schuldverhältnis als dogmatische Basis

Mit dem vorgenannten Wesensunterschied jedenfalls als gesetzgeberische Wertentscheidung eng verknüpft sind die bei juristischen Personen und

---

Gesamthandsprinzip nicht die alleinige Grundlage für diese Identität ist. Gänzlich anderer Auffassung ist *Seer*, StuW 2023, 30, 36, wonach *Werner Flume* einen „fundamentalen Bruch mit der These der Identität von Gesellschaft und Gesellschafter" vollzogen habe.

499 Dieser Umstand wurde dem MoPeG teilweise auch als das einzige und letztverbleibende Unterscheidungskriterium bemüht, vgl. insbesondere *Schöpflin*, in: BeckOK BGB, § 21 Rn. 7 (Stand: 01.11.2022); *Leuschner*, in: MüKo-BGB, vor § 21 Rn. 13.

500 *Grunewald*, GesR, § 1 Rn. 108 (auch mit dem Hinweis darauf, dass die rechtliche Behandlung der Partnerschaft hier mit Blick auf § 7 PartGG a.F. und die Rechtsfähigkeit durch Eintragung in das Partnerschaftsregister als Argument taugt).

rechtsfähigen Personengesellschaften divergierenden Elemente der persönlichen Gesellschafterhaftung und dem Gesellschafterschutz (das heißt vor allem dem Grundsatz der Selbstorganschaft). Letztlich aber müssen diese beibehaltenen und zum Teil erstmals kodifizierten Elemente gar nicht als von einer Gesamthand zu abstrahierende und charakteristisch als legislative Wertbekennungen qualifiziert werden. Darum muss der Abschied von der Gesamthand also nicht mit einer kritischen Frage nach dem Willen des Gesetzgebers verbunden werden.

Denn die Elemente lassen sich, wie etwa auch das Verbot des Erwerbs eigener Anteile[501] oder das Verbot der Ein-Personen-Gesellschaft[502], ebenso überzeugend auf das die Personengesellschaft prägende Charakteristikum als Schuldverhältnis zwischen den Gesellschaftern zurückführen. Die beibehaltene Verortung in den §§ 705 BGB n.F. unterstreicht dabei die Bedeutung des Schuldverhältnisses und liefert zugleich die Antwort auf die Frage, ob die GbR als Grundform der Personengesellschaften nicht besser im ersten Abschnitt des Allgemeinen Teils („Personen") aufgehoben wäre.[503] Im Ergebnis allerdings kommt es darauf für den gesellschaftsrechtlichen Dualismus nicht an. Insoweit zählt für die Frage nach dessen Fortbestand nur, dass die GbR und die übrigen Personengesellschaften ihren Gesellschaftern am Ende eben doch nicht als ein von ihnen wie bei einer Kapitalgesellschaft zu unterscheidendes, losgelöstes und vor allem gänzlich selbstständiges Gebilde gegenübertritt.

cc) Behandlung von Sonderformen

Es bleibt aus gesellschaftsrechtlicher Sicht freilich die Frage, wie sich Vor- bzw. Nachgesellschaft und nichtrechtsfähiger Verein (mit Art. 1 Nr. 2 MoPeG

---

501 Nach *Schäfer*, in: Staub-HGB, § 105 Rn. 97 liege das daran, dass „die Rechtsnatur der OHG/KG als auf einem Schuldvertrag beruhende Gesamthand den Erwerb eigener Anteile durch die OHG/KG ausschließt: diese kann nicht Vertragspartner des ihre Grundlage bildenden Gesellschaftsvertrags sein".

502 Die beiden vorgenannten Grundsätze wurden vereinzelt allerdings bereits im alten Recht in Frage gestellt, vgl. z.B. *Priester*, ZIP 2014, 245 ff. (Zulässigkeit des Erwerbs eigener Anteile); *Weimar*, ZIP 1997, 1769 ff. (Einpersonen-Personengesellschaft). Kritisch zu dem erwähnten Beitrag von *Priester* äußert sich *K. Schmidt*, ZIP 2014, 493 passim.

503 Vgl. dazu *Bachmann*, NZG 2020, 612.

jetzt: Verein ohne Rechtspersönlichkeit) in die Kategorienbildung einordnen. *Gregor Bachmann* schlägt vor, diese Rechtsgebilde jeweils als Sonderformen zu begreifen, die man für die Grundsatzeinteilung außer Betracht lassen solle.[504]

Für die Vorgesellschaft ist das schon deshalb überzeugend, weil die früheren Versuche der Qualifizierung des Verbands als GbR bzw. Personengesellschaft oder nichteingetragenen Verein missglückt sind[505], und auch für die Nachgesellschaft kann man mit Blick auf die Lehre vom Doppeltatbestand[506] mit guten Argumenten die Eigenschaft als juristische Person in Abrede stellen.[507]

Denkbar war es dagegen im alten Recht aber auch, den nichtrechtsfähigen Verein mit Blick auf seine Charakteristika den juristischen Personen zuzuschlagen.[508] Das gilt dann auch noch seit Inkrafttreten des MoPeG; § 54 BGB n.F. fasst sowohl die nicht in das Vereinsregister eingetragenen Idealvereine als auch die nicht konzessionierten Wirtschaftsvereine zusammen; insoweit werden die Vorschriften der §§ 24 bis 53 BGB bzw. für Letztere das „Recht der Gesellschaft“ für entsprechend anwendbar erklärt (§ 54 Abs. 1 BGB n.F.). Bedeutsame Änderungen bezogen auf die Rechtsentwicklung gehen damit nicht einher.[509]

8. Zwischenergebnis: Rechtsfähige Personengesellschaft als tertium genus auch nach dem MoPeG

Auch trotz der erfolgten Reformierung des Rechts kann und sollte an der Klassifizierung der „rechtsfähigen Personengesellschaft“ als tertium genus neben natürlichen und juristischen Personen festgehalten werden. Die in

---

504 *Bachmann*, in: FS K. Schmidt, 49, 61 f.

505 Vgl. *Brand*, Untreue und Bankrott, 141 f. m.w.N.

506 Vgl. Fn. 483.

507 Insofern überzeugend *Bachmann*, in: FS K. Schmidt, 49, 61 f.

508 So im Ergebnis *Brand*, Untreue und Bankrott, 139 ff.; *Raiser*, AcP 194 (1994), 495 ff.; *Raiser*, AcP 199 (1999), 104 ff.; *Raiser*, in: FS Zöllner, 469 ff.; vgl. auch schon *Huber*, Vermögensanteil, 98 f.

509 RegE MoPeG 03/2021 (Fn. 21), 123 f. Vgl. zur Neuregelung gebündelt *M. Noack*, DB 2020, 2618, 2622; *K. Schmidt*, ZHR 185 (2021), 16, 46 f. jeweils m.w.N. Ausführlicher ist etwa die Darstellung von *Wertenbruch*, in: Schäfer, Neues PersGesR, § 13 Rn. 3 ff. bzw. *Wertenbruch*, JZ 2023, 78, 87 f.

§ 705 Abs. 2 BGB n.F. vorgenommene Einordnung der GbR als rechtsfähige Personengesellschaft überzeugt.

Eine Beibehaltung des bekannten Kanons erscheint unabhängig von den rechtlich besseren Gründen zudem aus einem anderen Grund vorzugswürdig. Denn *wie* bzw. *inwieweit* würde man die rechtsfähige Personengesellschaften als juristische Person trotz der zweifellos bestehenden Annäherung der rechtsfähigen Verbände sinnvollerweise fassen wollen? Wegen der Abhängigkeit von den Mitgliedern bei den Personengesellschaften und der Loslösung von den Mitgliedern bei den Kapitalgesellschaften und übrigen juristischen Personen bedürfte es wohl einer neuen Kategorienbildung. In die klassische Definition („Zusammenfassung von Personen oder Sachen zu einer rechtlich geregelten und zweckgebundenen Organisation, der die Rechtsordnung Rechtsfähigkeit verliehen hat und die dadurch als Träger eigener Rechte und Pflichten verselbstständigt ist"[510]) passt die rechtsfähige Personengesellschaft auch nach dem MoPeG nicht hinein.[511] Gewonnen hat man durch Etablierung eines Neuverständnisses auf Kosten der Einführung eines dualistischen bzw. trialistischen Kanons der juristischen Personen aber nichts.[512] Auch deshalb sollte mit dem Gesetzgeber an der herkömmlichen Begrifflichkeit festgehalten werden.

II. Fortbestand oder Verabschiedung der gesellschaftsrechtlichen Gesamthand

So sehr die Rufe nach einer Reform der Personengesellschaften einerseits immer lauter wurden, so sehr wird man auf der anderen Seite auch die Arbeit der am Gesetzgebungsverfahren und dabei insbesondere die der am

---

510 *Schöpflin*, in: BeckOK BGB, § 21 Rn. 1 m.w.N. (Stand: 01.11.2022).

511 Ausdrücklich anderer Ansicht ist *Palm*, Person im Ertragsteuerrecht, 508. Nach Palm a.a.O. sei der Terminus „juristische Person" eben nur eine Sammelbezeichnung („Sie werden als juristische Personen bezeichnet, weil man sie eben als juristische Personen bezeichnet").

512 Vgl. auch *Osterloh-Konrad*, in: Zukunftsfragen des Steuerrechts IV, 1, 14: „Wird das Reden über das Recht einfacher dadurch, dass man jeden Verband, dem Rechtsfähigkeit zukommt, als »juristische Person« bezeichnet, wie dies etwa Raiser vorgeschlagen hat?" *Osterloh-Konrad* tendiert a.a.O. zur Bejahung dieser Frage: „Kategorisierung [...] wäre für das Verständnis (und die Lehre!) des geltenden Rechts sicherlich hilfreicher als der status quo – auch wenn dieser zugegebenermaßen auch nicht schadet" (15).

Mauracher Entwurf Beteiligten anerkennen müssen. Unabhängig davon, dass vereinzelte Regelungen teilweise kritisiert wurden[513], liegt auf der Hand, dass hinter dem MoPeG fundierte und weitreichende Überlegungen stecken. Doch einer der größten Schritte ist zweifellos die vom Gesetzgeber gewollte[514] Abkehr vom gesellschaftsrechtlichen Gesamthandsprinzip.

1. Bekenntnis des Gesetzgebers

Dass das vermögensrechtliche Element[515] des Gesamthandsprinzips bereits im alten Recht nicht mit der Rechtsubjektqualität der Außen-GbR zu vereinbaren war, wurde bereits thematisiert (Gliederungspunkt Teil 1, B. I. 2.). Mit dem MoPeG wurden die dort geäußerten Probleme in Bezug auf eine Berechtigung der einzelnen Gesellschafter am Vermögen und damit letztlich nach einem Gesamthandsvermögen allerdings gelöst.

Dem Argument, dass die Innengesellschaft bei Anerkennung ihrer Fähigkeit zur Bildung von Gesellschaftsvermögen den Fortbestand des Gesamthandsprinzips und eine irgendwie geartete dingliche Berechtigung der einzelnen Gesellschafter nahelegen konnte, begegnet das MoPeG in eleganter, wenn auch nicht kritiklos gebliebener Weise[516] dadurch, dass der nicht rechtsfähigen Gesellschaft ausdrücklich bereits die Bildung von einem Gesellschaftsvermögen abgesprochen wird (§ 740 Abs. 1 BGB n.F.), wie es bereits auch im alten Recht vermehrt vertreten wurde.[517]

Der ohnehin banale Einwand, dass die Formulierung des BGH 2001 hinsichtlich der Vermögenszuordnung offen formuliert war, verliert durch die klare Sprache in den neuen Regelungen der § 705 BGB n.F. und § 713 BGB n.F.

---

513 Kritisch etwa *Altmeppen*, NZG 2020, 822 ff.; *Altmeppen*, ZIP 2021, 213 ff.; *Geibel*, ZRP 2020, 137 ff.; *Martens*, AcP 221 (2021), 68 ff.; *Schall*, ZIP 2020, 1443 ff.; *J. Wilhelm*, NZG 2020, 1041 ff.

514 Begründung RegE MoPeG 03/2021 (Fn. 21), 148: „Mit Anerkennung der Rechtsfähigkeit der Gesellschaft ist das Gesamthandsprinzip unter dem Gesichtspunkt der Vermögenstrennung entbehrlich geworden und hat sich folglich der dogmatische Ausgangspunkt von § 718 BGB überholt".

515 Sofern man das Gesamthandsprinzip vor Inkrafttreten des MoPeG lediglich als rein sachenrechtliches Vermögenszuordnungsprinzip begriff, so war bereits das Gesamthandsprinzip generell und als solches nicht mit der Rechtsfähigkeit der BGB-Außengesellschaft zu vereinbaren.

516 *Bachmann*, NZG 2020, 612, 615 f.

517 Vgl. hierzu *Schäfer*, in: MüKo-BGB, § 705 Rn. 288 f.

vollends an Bedeutung. Durch die ausdrückliche Festschreibung der Rechtsfähigkeit scheint es zudem unnötig bzw. überflüssig, das Gesamthandsprinzip in irgendeiner Form zu bemühen.

Der Sonderfall des Ausscheidens des letzten Gesellschafters und das Schicksal des Gesellschaftsvermögens wurde in § 712a BGB n.F. mit einer ausdrücklichen Regelung bedacht.[518] Der dann stattfindende dingliche Rechtsakt, für den man bisher entweder eine Gesamtrechtsnachfolge kraft Gesetzes behaupten musste, obwohl eine solche gesetzliche Grundlage schlicht nicht bestand, oder man doch wieder ein uneinheitliches, weil dann dingliches Verständnis der Anwachsung bemühen musste, wurde damit auf ein gesetzliches Gerüst gestellt.

Und auch die Anwachsung selbst, deren rechtliche Einordnung zuletzt von einer Banalität bzw. Nullum (*Karsten Schmidt*) bis zu einem offenbar unverzichtbaren Bestandteil der Personengesellschaft (*Carsten Schäfer*) reichte, wurde in modifizierter Form[519] in § 712 BGB n.F. beibehalten. Der Anteil des ausgeschiedenen Gesellschafters soll weiterhin nicht eingezogen werden, sondern ex lege auf die verbleibenden Gesellschafter übergehen. Durch die Neuformulierung wurde jedoch entsprechend dem Leitbild der rechtsfähigen Gesellschaft die Anwachsung nicht bloß auf die Wertbeteiligung am Vermögen beschränkt, sondern vielmehr auf den Gesellschaftsanteil als „Inbegriff der mitgliedschaftlichen Rechte und Pflichten“[520] erweitert.

Mit diesen und den weiteren getroffenen Regelungen, insbesondere also der Streichung von § 718 BGB a.F. und § 719 BGB a.F., sollte letztlich das Gesamthandsprinzip für die Personengesellschaft (in toto) aufgegeben werden. Diese Wertentscheidung hatte sich bereits der Mauracher Entwurf auf die Fahne geschrieben und an ihr wurde auch im fortschreitenden Gesetzgebungsverfahren festgehalten.[521]

---

518 Siehe hierzu erläuternd *A. Bergmann*, in: Schäfer, Neues PersGesR, § 7 Rn. 24 ff.

519 Vgl. kritisch zur Regelung in Bezug auf die Abfindung ausscheidender Gesellschafter *Hüttemann/Meyer*, ZIP 2022, 935 ff.

520 *Wertenbruch*, GmbHR 2021, 1, 3.

521 Vgl. Begründung Mauracher Entwurf (Fn. 17), 87 „historisch überholte Gesamthandslehre“; vgl. auch Begründung RegE MoPeG 03/2021 (Fn. 21), 148; Begründung RegE MoPeG 01/2021 (Fn. 20), 163; Begründung RefE MoPeG (Fn. 19), 167.“ Vgl. hierzu auch die Feststellung von *Fleischer*, DB 2020, 1107, 1111 („Deutlicher lässt sich der Abschied von der Gesamthand im BGB-Gesellschaftsrecht kaum in Worte fassen“).

2. Rechtfertigungsbedarf in Bezug auf die Loslösung

In seiner Habilitationsschrift aus 2016 äußert *Francis Limbach* im Rahmen der Einführung, es sei denkbar, dass „ein Abschied vom Gesamthandsprinzip im Recht der Personengesellschaften als abrupter Traditionsbruch verstanden wird und aus diesem Grund einer besonderen Rechtfertigung bedarf“[522]. Teilweise wurde eine solche Rechtfertigung in den Entwürfen zum MoPeG vermisst bzw. eher als nicht ohne Weiteres möglich gesehen[523], doch überwiegend wurde die mit dem MoPeG intendierte Abkehr vom Gesamthandsprinzip wohl begrüßt.[524]

Für die Antwort auf die Frage, ob einer entsprechenden Rechtfertigung Genüge getan wurde, kommt es am Ende auf das jeweilige Verständnis vom Gesamthandsprinzip selbst an. Denn nur dann lässt sich überhaupt erst eine Aussage dazu treffen, ob man mit dem MoPeG tatsächlich die Loslösung vom gesellschaftsrechtlichen Gesamthandsprinzip erklärt hat.

a) Tradiertes oder extensives Verständnis

Erkennt man also an, dass das Gesamthandsprinzip mit seiner zentralsten (weil ureigenen) Funktion der Vermögensordnung im Widerspruch zur im alten Recht zuerkannten eigenen Rechtssubjektivität der GbR steht, ein Gesamthandsvermögen infolge der (alleinigen und ungeteilten!) Vermögensträgerschaft der GbR selbst also nicht mehr bestehen konnte, so ist der Abschied von dem Gesamthandsprinzip eine wohl nahezu notwendige, jedenfalls aber in sich stimmige und begreifliche Konsequenz und eine besondere Rechtfertigung nicht erforderlich. Insoweit gilt es dann, die Gesamthand wieder als eine rein sachenrechtliche Figur zu sehen, die ihre vermögensrechtliche Bedeutung dort entfaltet, wo ein eigenständiger Rechtsträger fehlt (vgl. §§ 1316 ff., 2032 ff. BGB). Die rechtsfähige Personengesellschaft ist dann folglich keine Gesamthand mehr.[525]

---

522 *Limbach*, Gesamthand und Gesellschaft, 7 f.; vgl. auch *Ulmer*, AcP 198 (1998), 113, 120.

523 Kritisch v.a. *Habersack*, ZGR 2020, 539, 548 („So dezidiert die Entwurfsverfasser das Gesamthandsprinzip in den Mülleimer der Gesellschaftsrechtsgeschichte werfen wollen: Unbeantwortet bleibt bei alledem, was denn die rechtsfähige Personengesellschaft statt dessen ist“).

524 Vgl. etwa *Bachmann*, FR 2022, 709, 711 m.w.N.

525 Vgl. in ähnlicher Stoßrichtung *K. Schmidt*, ZHR 177 (2013), 712, 721 f.

Dieses Verständnis klingt beim Gesetzgeber an. Er hat zwar die Vermögensordnung gesetzlich neu geregelt. Doch weil die Umsetzung nur die konsequente Anpassung an den Erkenntnisstand darstellt, hat der Gesetzgeber keinesfalls das Vermögen „zwischen Gesellschaftern und der Gesellschaft hin und her“[526] geschoben, sondern das geschriebene Recht insoweit bloß mit der Rechtspraxis versöhnt.[527]

Schreibt man davon abweichend dem Gesamthandsprinzip bzw. dem Begriff der Gesamthand eine darüberhinausgehende Bedeutung zu, erklärt man also vor allem typische Wesensmerkmale der Personengesellschaften wie beispielsweise die Selbstorganschaft oder auch das Anwachsungsprinzip geradezu aus dem Gesamthandsprinzip resultierend, so wird man im Gesetzgebungsverfahren tatsächlich eine größere Rechtfertigung erwartet haben dürfen.[528] Dann wird man sich jedoch fragen, ob sich der Gesetzgeber in der Gesetzesbegründung zum MoPeG in Bezug auf das Gesamthandsprinzip nicht nur unzureichend, sondern auch fehlerhaft ausgedrückt hat. Denn dann würde nämlich, weil diese typischen Wesensmerkmale eben erhalten bleiben, die Gesamthand wohl auch weiterhin bloß teilweise rechtlich abgebildet und sie „nur“ ihrer prägenden gesamthänderischen Vermögensordnung beraubt worden sein.

b) *Entledigung von unnötigem Ballast?*

Zu einer solchen extensiven Interpretation der Gesamthand besteht aber keine Notwendigkeit, denn die typischen Charakteristika wie Selbstorganschaft, das Verbot des Erwerbs eigener Anteile oder das Verbot der Ein-Personen-Personengesellschaft können ohne Weiteres als rechtspolitische und gesetzgeberische Wertentscheidungen verstanden werden.[529] Es steht dem Gesetzgeber frei, mitunter für die Personengesellschaften bestimmte Regelungen zu treffen oder ihnen Rechtsfolgen zuzuschreiben, die man zuvor

---

526 *K. Schmidt*, ZHR 185 (2021), 16, 28.

527 Vgl. auch *Fleischer*, DB 2020, 1107, 1111 („Dass Personengesellschaftsanteile nur mit Zustimmung aller Mitgesellschafter übertragen werden dürfen, hat keine spezifisch gesamthänderische Prägung, sondern ist Ausdruck des Delectus-personae-Prinzips, wie es fortan in § 711 Abs. 1 BGB-E positiviert werden soll“).

528 Vgl. *Habersack*, ZGR 2020, 539, 548 f.

529 Vgl. bereits Gliederungspunkt Teil 1, B. I. 4 sowie Gliederungspunkt Teil 1, B. I. 7. b) bb).

mit einem ganz bestimmten Gebilde verbunden hat.[530] Diese Merkmale können in dogmatischer Hinsicht auf die ureigene Eigenschaft der Personengesellschaft gestützt werden, nämlich darauf, dass sie in erster Linie ein vertragliches Schuldverhältnis der Gesellschafter darstellt.[531] Dafür braucht es die Vorstellung von einer Gesamthand, insbesondere mit den Gesellschaftern zugeordnetem Vermögen, aber nicht. Eine entsprechende Betitelung bringt hier keinen Mehrwert.

Die extensive Interpretation überzeugt aber auch aus einem anderen Grund nicht: Es gibt im Zivilrecht schon keine einheitliche Gesamthand. Unter den Begriff fallen nämlich auch die Ehegatten-Gütergemeinschaft und die Erbengemeinschaft mit ihren jeweiligen Besonderheiten. Soweit man die GbR als die „Urfigur“[532] der Gesamthand und die sie betreffenden Regelungen als paradigmatisch für die übrigen Gesamthandsgemeinschaften ansieht, so wäre es letztlich auch nur konsequent, eben den anderen Gesamthandsgemeinschaften auch die Rechtsfähigkeit nicht grundsätzlich abzusprechen[533], doch sollen diese nach ganz überwiegender Ansicht gerade nicht rechts- und parteifähig sein und ihnen vielmehr die Theorie der ungeteilten Gesamtberechtigung zugrunde liegen.[534] Zudem vermag man eine solche umfassende Sicht mitunter auch als „bloßen Benennungstrick“[535] bezeichnen, nämlich sofern

---

530 Vgl. *Arbeitskreis Bilanzrecht Hochschullehrer Rechtswissenschaft*, ZIP 2021, Beilage zu Heft 2, 3, 4 f.

531 Vgl. auch Gliederungspunkt Teil 1, B. I. 7. b) bb).

532 *Flume*, ZHR 136 (1972), 177, 179 sowie *Flume*, Die Personengesellschaft, § 1 I, 2.

533 *Flume*, ZHR 136 (1972), 177, 194; *Flume*, Die Personengesellschaft, § 4 II, 59 und dort Fn. 48; bezogen auf die Erbengemeinschaft vor allem auch *Grunewald*, AcP 197 (1997), 305 ff.; vgl. auch *Altmeppen*, NZG 2020, 822.

534 Zur Erbengemeinschaft BGH, Urteil vom 11.09.2002 – XII 187/00, NJW 2002, 3389, 3390; BGH, Beschluss vom 17.10.2006 – VIII ZB 94/05, NJW 2006, 3715 f.; LAG Hamm, Beschluss vom 04.01.2012 – 2 Ta 337/11, NZG 2012, 777; vgl. zur Gütergemeinschaft OLG Nürnberg, Beschluss vom 24.05.2017 – 12 W 643/17, NZG 2017, 1026; BayObLG, Beschluss vom 22.01.2003 – 3Z BR 238/02, 239/02, 240/02, NZG 2003, 431 (eheliche Gütergemeinschaft kann nicht als Kommanditistin in das Handelsregister eingetragen werden). Aus dem Schrifttum stellvertretend *Fleischer*, in: MüKo-HGB, § 105 Rn. 239 und 241; vgl. auch bereits *Ulmer*, AcP 198 (1998), 113, 124 m.w.N. Anderer Auffassung ist etwa *Palm*, Person im Ertragsteuerrecht, 577 („Rechtstechnisch sind nicht nur die Personenhandelsgesellschaft und die BGB-Außengesellschaft rechtsfähig, sondern auch die eheliche Gütergemeinschaft und die Erbengemeinschaft“).

535 *Beuthien*, NJW 2005, 855, 857.

man sich auf den Standpunkt stellt, die Bezeichnung als „Gesamthand“ setze jedenfalls vermögensrechtlich voraus, dass das Gesellschaftsrechtsvermögen sachenrechtlich in den Gesellschaftern gesamthänderisch gebunden ist und das Vermögen umgekehrt nicht bereits deshalb als *Gesamthands*vermögen bezeichnet werden kann, weil die Gesellschaft im organisationsrechtlichen Sinne eine Gesamthand darstellt.[536]

Der Ausdruck „Gesamthand“ unterliegt im Gesellschaftsrecht also nicht nur seit Jahrzehnten teils gegensätzlichen Verständnissen, sondern hat in seiner aktuellen allgemeinen Deutung stark an Aussagekraft verloren. Das Prinzip der Gesamthand als solches wurde ohnehin eher erst mit dem BGB als eine Art Kunstfigur geschaffen, als dass es von historischen Figuren geprägt wurde.[537] Die begriffliche Divergenz vom Verständnis des Gesamthandsprinzips kann so letztlich keiner klaren oder „richtigen“ Lösung zugeführt werden.[538]

Die herkömmliche Terminologie ist aber nicht oder zumindest nicht mehr in der Lage, die GbR und die subsidiär auf ihrem Regelwerk basierenden Gesellschaften etwa von der Kapitalgesellschaft als juristischer Person zu scheiden. Schon weil das Begriffsverständnis der Gesamthand seit Schaffung des BGB großen Schwankungen ausgesetzt war und ist und keine eindeutige Nomenklatur herrscht, ist es deshalb einzig die rechtsfähige Personengesellschaft, die sinnvollerweise einer Kapitalgesellschaft bzw. juristischen Person dogmatisch gegenüberzustellen ist und sich aufgrund ihrer fehlenden rechtlichen Selbstständigkeit nach innen auch weiterhin in einem Kernaspekt von ihr sondert. Scharf klingend, aber letztlich überzeugend ist daher die Aussage, mit § 713 BGB n.F. sei die „konsequente Abkehr von der Gesamthandslehre“[539] ausgedrückt.

---

536 Vgl. *Beuthien*, NJW 2005, 855, 856 f.

537 Vgl. *Limbach*, Gesamthand und Gesellschaft, 249 ff., 231 ff.

538 *Osterloh-Konrad*, in: Zukunftsfragen des Steuerrechts IV, 1, 11 ff. spricht insoweit von der Gesamthand als „tû-tû-Begriff“; vgl. auch *Roth*, in: Hopt, § 713 BGB-MoPeG, Rn. 1 („offen, ob künftig noch von einem gesamthänderischen Vermögen und von einer Gesamthand auszugehen ist“).

539 *Schumm*, StuB 2020, 513, 515.

Speziell das Anwachsungsprinzip, welches mitunter eine Basisregel[540] des Gesamthandsprinzips darstellen soll, hält *Carsten Schäfer* für ein Wesensmerkmal, an welchem auch mit Blick auf eine Unterscheidung zur Kapitalgesellschaft festgehalten werden müsse und das für die Beibehaltung des Gesamthandsprinzips spreche.[541] Denn es müsse bei einem Ausscheiden anders als bei der Kapitalgesellschaft kein Anteil eingezogen werden, bei einem Beitritt müsse ein neuer Anteil nicht durch eine förmliche Kapitalerhöhung geschaffen werden.[542] Dem ist aber schon zu erwidern, dass das Anwachsungsprinzip, wie beschrieben, schon nicht mehr in seiner eigentlichen Bedeutung verstanden werden kann und innerhalb des Rechts der GbR wohl notwendigerweise dualistisch interpretiert werden muss, also bei Anerkennung der Rechtsfähigkeit der Außen-GbR grundsätzlich zu einem wertmäßigen Verständnis zwingt. Konsequenterweise ist das Anwachsungsprinzip jetzt in § 712 BGB n.F. nicht mehr vermögens-, sondern anteilsbezogen formuliert, wurde daher in modifizierter und letztlich noch modernerer Form beibehalten.

Sieht man in dieser Hinsicht die Anwachsung gewissermaßen als Selbstverständlichkeit (wie es *Schäfer* an einer anderen Stelle selbst tut[543]), so kann man dem Argument *Schäfers* bezüglich der förmlichen Einziehung bzw. Neuschaffung von Kapitalanteilen entgegnen, dass deren fehlende Notwendigkeit daraus folgt, dass die Personengesellschaft kein fixes Nominalkapital hat.[544]

Es stellt sich bei einem wieder sachenrechtlichen Verständnis des Gesamthandsprinzips „lediglich" die Frage, was genau die rechtsfähige GbR und die auf ihr aufbauenden Gesellschaften seit Inkrafttreten des MoPeG darstellen. Die erste Antwort darauf ist denkbar einfach. Es sind weiterhin rechtsfähige Personengesellschaften. Sie sind allerdings keine Gesamthandsgesellschaften im herkömmlich verstanden Sinne mehr. Das bedeutet allerdings keinesfalls, dass sie durch das MoPeG zugleich eine starke Wesensänderung durchgemacht

---

540 *Schäfer*, in: MüKo-BGB, § 718 Rn. 5; ähnlich *von Ditfurth*, in: Prütting/Wegen/Weinreich, § 718 Rn. 1 („Grundregel").

541 Vgl. *Schäfer*, in: Verh. des 71. DJT 2016 – Bd. I: Gutachten, E 86; in Bezug auf den Mauracher Entwurf *Schäfer*, ZIP 2020, 1149, 1151: „Wichtig ist nur, dass das Anwachsungsprinzip erhalten bleibt, und dies ist nach § 712 BGB-E der Fall".

542 *Schäfer*, in: Verh. des 71. DJT 2016 – Bd. I: Gutachten, E 86.

543 *Schäfer*, in: Recht der OHG, § 105 HGB Rn. 279.

544 *Bachmann*, in: FS K. Schmidt, 49, 53.

hätten, eher im Gegenteil. Es heißt nur, dass die Herauslösung „aus den Fesseln des Gesamthandsprinzips“[545] es zusätzlich ermöglicht, bestimmte und mit der Gesamthand als untrennbar vereint gesehene Merkmale durch Eröffnung des wissenschaftlichen Diskurses auf den Prüfstand zu stellen.[546]

Auch deshalb überzeugt es, sich der Haltung des Gesetzgebers mit der dezidierten Ausgestaltung des GbR-Rechtsrahmens durch das MoPeG hinzugeben und sich andererseits des extensiven und letztlich auch den Begriff überladenden Verständnisses des Gesamthandsprinzips zu entledigen. Das MoPeG tut im Ergebnis aus gesellschaftsrechtlicher Sicht gut daran, den Gesamthandsbegriff wie einen leeren Treibstofftank nach einem klassischen Raketenstart abzustoßen und die endgültig im Rechtsverkehr angekommenen Gesellschaft ihren Weg fortan alleine beschreiten zu lassen. Im gesamteuropäischen Vergleich wird diese These bestätigt.[547] Anhand dieses figurativen Bildes soll allerdings eines ebenso deutlich werden: Die Gesamthand bzw. vor allem das mit ihr einhergehende Vermögenszuordnungsprinzip darf nicht als ein bis dato wirkender Ballast verstanden werden, und die in großer Anzahl und Umfang ausgetragenen Streitigkeiten bleiben von elementarer Bedeutung für die dogmatische Entwicklung.[548]

Die gesellschaftsrechtliche Gesamthand hat insbesondere der BGB-Gesellschaft überhaupt erst ermöglicht, dass sie als solche eigenständige Trägerin von Rechten und Pflichten sein kann.[549] Ihr hat es die GbR zu verdanken, dass diese in ihrer Eigenschaft als Außengesellschaft bereits im alten Recht die Qualität als Rechtssubjekt innehatte. Nunmehr wird die zentrale Funktion der Trennung von Gesellschaftsvermögen vom privaten

---

545 *K. Schmidt*, AcP 209 (2009), 181, 199.

546 *Arbeitskreis Bilanzrecht Hochschullehrer Rechtswissenschaft*, ZIP 2021, Beilage zu Heft 2, 3, 5; *Bachmann*, NZG 2020, 612, 615; *Weller/Schwemmer*, BB 2021, Heft 29/30, Umschlagteil, I („Die Rechtsfortbildung legt der Gesetzgeber dagegen weiter in die Hände der Wissenschaft und Rechtsprechung. Eine kluge Gewaltenteilung“).

547 Vgl. dazu *Beuthien*, ZGR 2019, 664, 696; *Wedemann*, RabelsZ 75 (2011), 541, 543 ff.; aktuell auch *Fleischer*, ZGR Sonderheft 23 (2021), 1, 22; *Fleischer*, in: Fleischer PersGesRV-HdB, § 1 Rn. 173, 224 ff. sowie 280.

548 Vgl. auch *Fleischer*, DStR 2021, 430, 435: „Gleichwohl wäre es verfehlt, die Gesamthand im Rückblick als germanistischen Irrweg abzustempeln. Sie hat ihre wohlfahrtsfördernde Funktion, das Gesellschaftsvermögen vom Privatvermögen der Gesellschafter zu trennen (asset partitioning), vielmehr lange Zeit erfolgreich erfüllt“.

549 Vgl. auch *Westermann*, NZG 2017, 921, 929; *Westermann*, DZWIR 2020, 321, 327.

Gesellschaftervermögen auch gesetzlich durch die Rechtsträgerschaft der GbR erreicht, eine andere dogmatische Brücke oder begriffliche Umschreibung braucht es nicht.

Für ein Festhalten an der letztlich schon anachronistisch anmutenden Konstruktion einer Gesamthandsgesellschaft – die, wie gesehen, in Bezug auf die Vermögenszuordnung letztlich unüberbrückbaren Komplikationen ausgesetzt ist – kann man außer der ihr innewohnenden und das Gesellschaftsrecht seit Jahrzehnten prägenden Historie im Übrigen auch nicht die Besorgnis in die Waagschale werfen, dass bei einer legislativen Aufgabe dieses Prinzips die Konturen und damit die Unterschiede zu der juristischen Person zu stark verwischen würden. Die Personengesellschaften sind mit dem MoPeG eben nicht gleichsam zu juristischen Personen erstarkt. Die fehlende Verselbstständigung verhindert das. Daran ändert insbesondere der Umstand nichts, dass sich einige Strukturmerkmale der Personengesellschaft mit Blick auf den lange Zeit unverändert gebliebenen Gesetzestext und einer deshalb gesetzeskonformen, in der Sache aber nicht realisierbaren Vorstellung einer gemeinsamen Rechtsinhaberschaft aus speziell eben dieser Kollektivzuständigkeit „von selbst“ erklärt haben mögen. Sie sind eben wie erwähnt entweder zulässige Legislativentscheidungen oder resultieren aus dem Charakteristikum des konstitutiven Schuldverhältnisses.

Einer wie auch immer gearteten zusätzlichen „quasi-natürlichen“ Rechtfertigung gerade infolge des Gesamthandsprinzips bedarf es nicht. Die durch die mit Inkrafttreten des MoPeG erfolgte Entkoppelung der Personengesellschaften vom Gesamthandsprinzip stellt damit auch keinen Pyrrhussieg dar, denn die gesellschaftsrechtliche Dichotomie von rechtsfähiger Personengesellschaft einerseits und juristischer Person andererseits kann angesichts bestehender Strukturunterschiede ohne Weiteres aufrechterhalten werden und sie sollte es auch. Auch das legt den Abschied von einem jedenfalls komplizierten und in Bezug auf die Vermögensordnung gar widersprüchlichen System nahe.

c) Zwischenergebnis: Harmonie durch Ambiguität

Das alles aber führt zu folgendem Ergebnis: So bedeutend wie man zunächst befürchten könnte, ist die im MoPeG zum Ausdruck kommende Abkehr vom Gesamthandsprinzip in Bezug auf das Gesellschaftsrecht nicht. Die oben (Gliederungspunkt Teil 1, B. 2. a)) aufgeworfene Frage nach dem „als gesichert anzusehende[n] Erkenntnisstand um die Rechtsnatur“[550] wurde mit dem MoPeG daher zutreffend beantwortet und überzeugend umgesetzt.

Die Entscheidung, Tabula rasa zu machen und die Personengesellschaft vom Gesamthandsprinzip gesetzlich zu entkoppeln, führt in dieser Hinsicht nicht zu einer gesellschaftsrechtlichen Revolution, sondern setzte tatsächlich das um, was mit Blick auf die Anerkennung der Rechtssubjektsqualität der Außen-GbR und der damit einhergehenden Vermögenszuordnung eine zwingende Folgerung und anerkannte Rechtspraxis war.

Weil man aber eben (aufgrund der Ambiguität des Begriffs auch weiterhin) unterschiedlicher Auffassung darüber sein kann, was genau sich hinter dem gesellschaftsrechtlichen Terminus Gesamthand bzw. dem gesellschaftsrechtlichen Gesamthandsprinzip verbirgt, kann man, je nach Gusto und Verständnis, auch seit dem Inkrafttreten des MoPeG noch die Vorstellung hegen, dass die GbR und die auf ihr fußenden Personengesellschaften letztlich noch das Attribut Gesamthand verdienen.[551] Überzeugend ist das angesichts der deutlichen Sprache des MoPeG nicht und gewonnen ist dabei abgesehen davon, dass man gewissermaßen – teilweise – an alter Doktrin und „Werke[n] von »Riesen« unserer Zunft“[552] festhalten kann, freilich auch nicht. Mit dem Attribut der Vermögenszuordnung darf man den Begriff jedenfalls nicht mehr füllen.

Mit Inkrafttreten des MoPeG sei von der „von der sagenumwobenen Gesamthand […] an keiner Stelle des Gesetzes mehr die Rede“[553], hält *Carsten Schäfer* fest, der in seinem Gutachten 2016 noch vehement für die Beibehaltung

550 Begründung RegE MoPeG 03/2021 (Fn. 21), 101.

551 Dies meint denn wohl *Schäfer*, in: Schäfer, Neues PersGesR, § 1 Rn. 15. Vgl. auch *Armbrüster*, in: Schäfer, Neues PersGesR, § 3 Rn. 42 („hängt vom Standpunkt des Betrachters ab“). Die „moderne“ Verwendung des Begriffs Gesamthand als eine Art Zusammenfassung oder Oberbegriff für die letztlich fehlende Verselbstständigung der Personengesellschaft nach innen geht auf *Flume* zurück, vgl. hierzu prägnant *Osterloh-Konrad*, in: Zukunftsfragen des Steuerrechts IV, 1, 10.

552 *Schall*, ZIP 2020, 1443, 1444.

553 *Schäfer*, WPg 2021, 919; vgl. in Bezug auf den Mauracher Entwurf auch *Schäfer*, ZIP 2020, 1149, 1150 f.

der gesamthänderischen Vermögensstruktur plädierte.[554] Diese Feststellung ist ebenso zutreffend und zu begrüßen wie seine in diesem Zusammenhang getroffene Anmerkung stimmig ist, dass eben diese Abstinenz der Gesamthand für die Rechtsanwendung letztlich unerheblich sei.[555]

III. Kurzfazit des MoPeG aus gesellschaftsrechtlicher Sicht

Auch wenn das ausführliche MoPeG einen mitunter überkommenen Gesetzestext korrigierte und auch vom Aufbau her herumwirbelte, so kann der vormalige Rechtsrahmen der Personengesellschaften nicht als bloße dogmatische Romantik verabschiedet werden. Denn sieht man beispielsweise von der Einführung eines Gesellschaftsregisters für die GbR[556] oder von der

---

[554] *Schäfer*, in: Verh. des 71. DJT 2016 – Bd. I: Gutachten, E 87: „An dem in §§ 718, 719, 738 Abs. 1 BGB geregelten Gesamthandsprinzip (einschließlich Anwachsung) sollte festgehalten werden".

[555] *Schäfer*, WPg 2021, 919 (dort Fn. 10); vgl. auch *Schäfer*, ZIP 2020, 1149, 1151.

[556] §§ 707 ff. BGB n.F. Nunmehr kann sich eine Außen-GbR in ein eigenes Register eintragen lassen, wobei die Modalitäten des Registers im Wesentlichen dem Handelsregister entsprechen. Eingetragen wird der Name der GbR, ihr Sitz und Anschrift, die Vertretungsbefugnis für die GbR sowie Angaben zu allen Gesellschaftern. Mit der Eintragung ist die Gesellschaft verpflichtet, als Namenszusatz die Bezeichnungen „eingetragene Gesellschaft bürgerlichen Rechts" oder „eGbR" zu führen. Die Eintragung in das Gesellschaftsregister ist dabei im Grundsatz freiwillig, also insbesondere nicht Voraussetzung für die Erlangung der Rechtsfähigkeit der Gesellschaft. Eine GbR kann jedoch nicht im Grundbuch eingetragen werden oder in die Gesellschafterliste einer GmbH aufgenommen werden, sofern sie nicht im Gesellschaftsregister eingetragen ist, § 47 Abs. 2 GBO n.F. Das dient der Klarheit über die Haftung und Vertretungsverhältnisse der Gesellschaft. Im Ergebnis gibt es also eine Art faktischen Eintragungszwang. Vgl. für einen Überblick der Stellung der GbR im Grundbuch nach dem MoPeG *Wertenbruch*, JZ 2023, 78, 80 ff.; vgl. im Übrigen die Beiträge von *Reymann*, DNotZ 2021, 103 ff. sowie *Wilsch*, ZfIR 2020, 521 ff. Die dortigen Ausführungen basieren auf dem Mauracher Entwurf bzw. dem Referentenentwurf des BMJ, können jedoch übertragen werden. Ende 2022 wurde die Verordnung über die Einrichtung und Führung des Gesellschaftsregisters und zur Änderung der Handelsregisterverordnung vom 16.12.2022 veröffentlicht, in welcher die Einzelheiten für die Führung des Registers geregelt werden und den registerführenden Amtsgerichten entsprechende Muster bereitgestellt werden, BGBl. 2022, Teil I, 2422. Vgl. diesbezüglich prägnant *Schollmeyer*, ZPG 2023, 61 f. sowie ausführlich *M. Noack*, ZPG 2023, 95 ff.

Umwandlung[557] und vom Statuswechsel[558] ab, so brachte das MoPeG für die GbR in materieller Hinsicht keine überaus weitreichenden Neuerungen.

Auch das neue geschriebene Recht der Personenhandelsgesellschaften wird der vor der Reform Rechtskundige seit Inkrafttreten des MoPeG auf den ersten Blick kaum wiedererkannt haben.[559] Sofern er sich jedoch die Mühe macht, die vormaligen Vorschriften mit den heutigen synoptisch nebeneinanderzulegen, wird er auch dort feststellen, dass sich hier in der Sache mit Ausnahme von Aspekten wie der Öffnung für Freiberufler[560] oder der Einführung eines eigenen Beschlussmängelrechts[561] ebenfalls nicht besonders viel geändert hat.

---

557 Die GbR ist nun umwandlungsfähig und kann an Verschmelzungen (§ 3 Abs.1 Nr. 1 UmwG n.F.), an Spaltungen (§ 124 und § 3 Abs.1 Nr. 1 UmwG n.F.) sowie an einem Formwechsel (§ 191 Abs. 1 Nr. 1 und Abs. 2 Nr. 1 UmwG n.F.) teilnehmen, soweit sich die rechtsfähige GbR nach §§ 707 ff. BGB n.F. hat registrieren lassen. Die Registrierung ist damit eine zentrale Voraussetzung für die Beteiligung der GbR an einer Umwandlung.

558 In § 707c BGB n.F. (und §§ 106, 107 HGB n.F.) wird der Statuswechsel einer eGbR adressiert, also ein außerhalb des BGB und UmwG festgelegtes Verfahren zur Ermöglichung des registerrechtlichen Vollzugs eines identitätswahrenden Wechsels der Rechtsform einer eingetragenen Personengesellschaft in eine andere, ebenfalls eingetragene Personengesellschaft (RegE MoPeG 03/2021 (Fn. 21), 110). Das dient dazu, einerseits die Identität zu wahren und andererseits eine Doppeleintragung zu vermeiden.

559 Vgl. für einen Überblick *Fleischer*, BB 2021, 386 ff.

560 Die Öffnung der Personenhandelsgesellschaft für Freiberufler ist in § 107 Abs. 1 S. 1 HGB n.F. thematisiert. Danach können jetzt auch Freiberufler eine Personenhandelsgesellschaft gründen, allerdings nur, soweit das anwendbare Berufsrecht die Eintragung zulässt. Diese Einschränkung ist freilich nicht unerheblich, wenn man berücksichtigt, dass das Berufsrecht oftmals auf Länderebene geregelt wird, sodass die Bundesländer nun für jeden einzelnen Berufsstand nachziehen müssen. Einfacher ist es demgegenüber etwa für Rechtsanwälte, als dass deren Berufsrecht Bundesrecht darstellt und mit der Änderung der BRAO (BGBl. 2021, Teil I, 2363) bereits in § 59b BRAO entsprechende Regelungen getroffen wurden. Vgl. insbesondere in Bezug auf die Personenhandelsgesellschaften auch *Stöber*, DStR 2021, 2137, 2138, wonach dieser „Systembruch völlig unnötig" sei; diese Anmerkung wiederholend *Stöber*, GmbHR 2022, 967.

561 Vgl. §§ 110 ff. HGB n.F. sowie einführend *M. Noack*, ZIP 2020, 1382 ff. Der Mauracher Entwurf sah im Übrigen in § 714a BGB-MauE vor, das Beschlussmängelrecht auch für die GbR einzufügen, vgl. in diesem Zusammenhang auch *Claußen/Pieronczyk*, NZG 2021, 620 ff. sowie *Tröger/Happ*, NZG 2021, 133 ff. Jetzt ist auch bei den

Insoweit stellt die Reform des Personengesellschaftsrechts in weiten Teilen eine Kodifizierung dessen dar, was bereits anerkannte und gelebte Rechtspraxis war. Das gilt allen voran für die gesetzliche Positivierung der Rechtsfähigkeit der GbR bzw. Personengesellschaften sowie letztlich auch deren Vermögenszuordnung. Andere Aspekte, die unmittelbar auf das Charakteristikum der Gesamthand gestützt wurden, können entweder als eine schlicht zulässige Entscheidung des Gesetzgebers verstanden werden oder aber können – ebenso überzeugend – auf das zentrale Wesensmerkmal der Personengesellschaft, das konstitutive Schuldverhältnis, zurückgeführt werden. Mit dieser Sichtweise kann aufgrund der Neuregelungen nicht mehr am tradierten Verständnis des die Personengesellschaften kennzeichnenden Gesamthandsprinzips festgehalten werden. Nicht ausgeschlossen – wenngleich nicht überzeugend – ist aber, dass man den Begriff der Gesamthand bzw. des Gesamthandsprinzips weiterhin gewissermaßen mit anderen Charakteristika über die prägende Funktion der Vermögenszuordnung hinaus überlädt und nach der Reform die Lehre *Flumes* mitunter ins Gesetz gegossen sieht.

Abgesehen von dem Anliegen der grundsätzlich begrüßenswerten gesetzestechnischen Neuordnung, die sehr eindrucksvoll und aufwändig erfolgte, werden vor allem diejenigen, die etwa auch in Bezug auf die erfolgte Einführung des Registers oder die Übertragung des Beschlussmängelrechts eine eher kritische oder ablehnende Haltung einnahmen, wohl im Flüsterton äußern können, dass es des MoPeG unter dem Blickwinkel des Gesellschaftsrechts in materieller Sicht nicht unbedingt bedurft hätte. Dieser Aussage unmittelbar abmildernd hinzuzufügen wäre dann aber, dass die Systematisierung und Neuordnung gewiss dogmatisch überzeugend ist, zu einer stets begrüßenswerten Rechtssicherheit geführt hat und zur allgemeinen Erschließung

---

Personenhandelsgesellschaften zwischen nichtigen und anfechtbaren Gesellschafterbeschlüssen zu unterscheiden. Nichtig soll ein Beschluss nach der etwas schwammig wirkenden Definition in § 110 Abs. 2 S. 1 Nr. 1 HGB n.F. dann sein, wenn er „durch seinen Inhalt Rechtsvorschriften verletzt, auf deren Einhaltung die Gesellschafter nicht verzichten können". Gesetzlich nicht geregelt wurde die Frage, wann überhaupt ein anfechtungsfähiger Beschluss vorliegt. Vgl. im Einzelnen zum neuen Beschlussmängelrecht *K. Schmidt*, ZHR 187 (2023), 107 ff.

des Personengesellschaftsrechts nunmehr auch keine vertiefte Kenntnis der Rechtsprechung oder Literaturströme vonnöten ist. Klar dürfte aber auch sein, dass die erfolgte Reform zu neuen Sichtweisen führen wird und etwa die Fortgeltung entsprechender Strukturmerkmale hinterfragt werden kann. Der interessierte Leser wird sich am künftigen wissenschaftlichen Diskurs daher gewiss delektieren.

Steuerrechtliche Implikationen des MoPeG

Auch wenn sich mit dem MoPeG in materieller Hinsicht – abgesehen von der Einführung des Gesellschaftsregisters und der Öffnung der Personenhandelsgesellschaften für Freiberufler – also gar nicht viel veränderte, mit der Reform vielmehr vor allem eine Kodifizierung und Klarstellung der gelebten Rechtspraxis bewirkt wurde, stellt der Verzicht auf das Prinzip der Gesamthand mit der Neugestaltung in § 713 BGB n.F. jedenfalls ein formales Novum dar, und zwar auch hinsichtlich der Personenhandelsgesellschaften.[562] In Bezug auf das Gesellschaftsrecht sind damit allerdings, wie gesagt, keine weiteren Praxisprobleme verbunden und reduziert sich die Problematik letztlich überspitzt ausgedrückt auf einen terminologischen Glaubenskrieg.

Dennoch findet sich unter den über hundert Gesetzen, die das MoPeG in materieller Hinsicht explizit antastet, trotz Beteiligung des Bundesministeriums für Finanzen[563] kein einziges Steuergesetz.

---

562 Anderer Ansicht ist *Bachmann*, in: FS K. Schmidt, 49, 53, wonach sich aufgrund von § 124 HGB a.F. in Verbindung mit § 14 Abs. 2 BGB „die Anwendung von §§ 718 Abs. 1, 719, 738 Abs. 1 BGB auf OHG und KG erübrigt"; ähnlich (jedenfalls) bezogen auf §§ 718, 719 BGB a.F. auch *Fleischer*, NZG 2021, 949, 951 („Die Verweisung ins BGB-Gesellschaftsrecht geht mithin ins Leere, weil das OHG-Recht eine eigene Vermögungsordnung vorsieht").

563 *Bachmann*, FR 2022, 709, 710 („BMF war in der üblichen Ressortabstimmung an der Abfassung des MoPeG beteiligt"); insoweit a.A. offenbar *Mayer/Käshammer*, NWB 2021, 2514, 2515 („ohne Mitwirkung des Bundesministeriums für Finanzen").

Rechtsgebietsübergreifende Auswirkungen der gesellschafts- bzw. zivilrechtlichen Reform sind nicht per se ausgeschlossen.[564] Zu klären ist deshalb in ertragsteuerrechtlicher Hinsicht (Gliederungspunkt Teil 2, Abschnitt 1) sowie in Bezug auf einige Vorschriften des Grunderwerb-, Erbschaft- und Schenkungsteuerrechts (Gliederungspunkt Teil 2, Abschnitt 2), ob der MoPeG-Gesetzgeber dabei etwas vorschnell gehandelt hat und entsprechende Regelungen hätte vornehmen sollen, selbst wenn diese womöglich letztlich nur klarstellend hätten sein müssen. Bereits der Ende Februar 2023 vom Bundesministerium der Finanzen vorgelegte Entwurf für ein MoPeG-Steueranpassungsgesetz indizierte, dass man im Gesetzgebungsverfahren des MoPeG zumindest das Ertragsteuerrecht hätte berücksichtigen sollen. Nach Verabschiedung des MoPeG wurde der Gesetzgeber sodann tatsächlich aktiv: Mit dem Kreditzweitmarktförderungsgesetz[565] wurden die im Entwurf des MoPeG-Steueranpassungsgesetzes angelegten Änderungen im Ertragsteuerrecht sowie dann auch im Erbschaft- und Schenkungsteuerrecht sowie (zumindest auf drei Jahre befristet) im Grunderwerbsteuerrechts umgesetzt, sodass ab dem 01.01.2024 jedenfalls Rechtssicherheit erreicht werden sollte. Diese nachgelagerten Gesetzesänderungen bestätigen die grundsätzliche Relevanz der aufgeworfenen Problematik. Zugleich stellt sich jedoch die Vorfrage, ob diese nachträglich gewählten Regelungen tatsächlich erforderlich waren oder ob die vormals bestehende Rechtslage nicht auch ohne gesetzgeberisches

---

564 Vgl. auch *von Oertzen/Reich*, ZEV 2021, 215, 216: „Das Verständnis der Bundesregierung von der Abkehr vom Gesamthandsprinzip einerseits und der gewollten Beibehaltung der bislang daraus gezogenen Grundsätze für das Steuerrecht andererseits erscheint nicht selbstverständlich".

565 Dazu Fn. 53. Zunächst war noch geplant, die hier maßgeblichen Änderungen im Wachstumschancengesetz umzusetzen, vgl. Art. 14, 38, 42, 43 des Regierungsentwurfs in der Fassung vom 17.11.2023 = BT-Drucks. 588/23, abrufbar unter https://t1p.de/erzn6. Der Bundesrat hat indes beschlossen, zu dem vom Bundestag verabschiedeten Gesetz den Vermittlungsausschuss mit dem Ziel der grundlegenden Überarbeitung anzurufen, vgl. BT-Drucks. 20/9524 (27.11.2023), abrufbar unter https://t1p.de/o8voa. Eine Einigung ist zwar gescheitert, doch wurden konsensfähige Regelungen kurzerhand aus dem streitbefangenen Wachstumschancengesetz herausgelöst und in das Gesetzgebungsverfahren zum Kreditzweitmarktförderungsgesetz überführt, vgl. für einen umfassenden Überblick zum Wachstumschancengesetz sowie daraus in das Kreditzweitmarktförderungsgesetz überführte Regelungen etwa *Korn*, kösdi 2024, 23841 ff.

Eingreifen praktikabel geblieben wäre. Zudem gilt zu klären, ob die gewählten Anpassungen ihrerseits zumindest hinreichend inhaltlich ausgestaltet sind, um die angestrebte Rechtsklarheit zu gewährleisten.

Abschnitt 1: Ertragsteuerrecht

Hinsichtlich des ertragsteuerrechtlichen Teils gibt die Gesetzesbegründung des MoPeG tatsächlich eine Erklärung für die Abstinenz entsprechender Regelungen: Mit der Reform des Personengesellschaftsrechts sollen keine ertragsteuerlichen Konsequenzen verbunden sein.[566]

Doch bindet eine solche Gesetzesbegründung die Finanzgerichte freilich nicht[567] und stellt sich eben losgelöst davon die Frage, ob sich die gesellschaftsrechtliche Loslösung vom Gesamthandsprinzip tatsächlich weder unmittelbar noch mittelbar auf das Ertragssteuerrecht auswirkt, denn insoweit wurde eben jenes Prinzip vom Bundesverfassungsgericht auch als Begründungselement für die an Art. 3 Abs. 1 GG gemessene verfassungsrechtliche Rechtfertigung des Dualismus des Unternehmenssteuerrechts herangezogen.[568]

Brachte das MoPeG daher die unterschiedliche Behandlung von Personen- und Kapitalgesellschaft im Ertragsteuerrecht entgegen dem klaren Wunsch des Gesetzgebers[569] ins Wanken oder lässt sich, auch etwa vor dem Hintergrund des KöMoG mit der entsprechenden Option zur Körperschaftbesteuerung in § 1a KStG, das dualistische System auch seit Inkrafttreten des MoPeG mit überzeugenden Gründen rechtfertigen? Ist bei Beibehaltung der bisherigen Linie mit einer Rechtsprechungsänderung aus Karlsruhe zu rechnen und dadurch am Ende womöglich der Weg für eine einheitliche

566 Begründung RegE MoPeG 03/2021 (Fn. 21), 107. Vgl. auch *Wichmann*, Stbg 2022, 81, 88 (es sei „systemfremd, in der Begründung einer Änderung zivilrechtlicher Bestimmungen steuerrechtliche Ausführungen“ zu machen).

567 Vgl. BFH, Urteil vom 15.06.2016 – VI R 54/15, BStBl. II 2016, 1010 mit zahlreichen Rechtsprechungsnachweisen; *Larenz*, Methodenlehre, 328, 330.

568 Vgl. BVerfG, Beschluss vom 21.06.2006 – 2 BvL 2/99, BVerfGE 116, 164, 199 f.; BVerfG, Beschluss vom 29.03.2017 – 2 BvL 6/11, BVerfGE 145, 106, 148 f.

569 Begründung RegE MoPeG 01/2021 (Fn. 20), 114 bzw. Begründung RegE MoPeG 03/2021 (Fn. 21), 107.

Unternehmenssteuer[570] geebnet? Sind losgelöst davon andere ertragsteuerrechtliche Folgewirkungen zu erwarten, etwa hinsichtlich Buchwertfortführung und Übertragung stiller Reserven bei der Veräußerung bestimmter Anlagegüter? Und vor allem auch: Wurde die gesamte Thematik wegen der mit Wirkung zum 01.01.2024 durch das Kreditzweitmarktförderungsgesetz eingefügten neuen Fiktionsregelung in § 39 Abs. 2 Nr. 2 AO in überzeugender Weise entschärft?

A. Dualistische Unternehmensbesteuerung

I. Status quo von Trennungs- und Transparenzprinzip

Das deutsche Steuerrecht kennt keine eigene Unternehmenssteuer. Es bestehen vielmehr verschiedene Steuerarten[571], wobei Unternehmen in Abhängigkeit von ihrer Charakteristik als Einzelunternehmen, Personen- oder Kapitalgesellschaft besteuert werden. Die gesellschaftsrechtlich zuvor bestehende und auch seit Inkrafttreten des MoPeG weiterhin überzeugende Trennung von Personengesellschaft und Körperschaft im Zivilrecht drückt sich de lege lata auch im Unternehmenssteuerrecht aus: Es besteht ein Dualismus von Einkommen- und Körperschaftsteuer.[572] Der Steuergesetzgeber folgt also mit der Körperschaftsteuer als „Einkommensteuer der juristischen Person“[573] der

---

570 Vgl. in diesem Zusammenhang *Lang*, StuW 2011, 144, 149 („Eine wichtige Bedingung entscheidungsneutraler Unternehmensbesteuerung ist ihre Rechtsformneutralität, die eine allgemeine Unternehmensteuer am besten verwirklicht. Die unterschiedliche Besteuerung von Kapitalgesellschaften und Personenunternehmen (duales System von Trennungs- und Transparenzprinzip) beeinträchtigt die Rechtsformwahl erheblich und verhindert ein Konzept einheitlich wettbewerbsfähiger Besteuerung“).

571 Vgl. für eine überblicksartige Systematisierung der Steuerarten *C. Kraft/G. Kraft*, Unternehmensbesteuerung, 3 f.

572 Das ist erst seit den reichseinheitlichen Gesetzen 1920 der Fall; im preußischen Einkommensteuergesetz von 1891 waren juristische Personen neben physischen Personen im Katalog der Einkommensteuersubjekte gemeinsam einer progressiven Besteuerung unterworfen, vgl. *Birk/Desens/Tappe*, SteuerR, § 1 Rn. 24; *Drüen*, GmbHR 2008, 393; *Kußmaul/Gottfreund*, StB 2021, 321. Vgl. allgemein einführend zum Dualismus der Unternehmensbesteuerung etwa *Stenert*, in: Westermann/Wertenbruch, Teil II, § 1 Rn. 1 ff. (Dokumentstand: 81. Lieferung 9/2021); *Hennrichs*, in: Tipke/Lang, Rn. 10.1 ff.; *Kahle*, in: Beck'sches Hdb. PersG, § 7 Rn. 1 ff. Siehe in diesem Zusammenhang auch *Wacker*, in: FS Goette, 561.

573 *Hey*, in: Tipke/Lang, Rn. 11.1.

gesetzgeberischen Wertentscheidung der zivilrechtlichen Selbstständigkeit der Körperschaft.[574] Personengesellschaften und juristische Personen, also vor allem Kapitalgesellschaften, unterliegen daher in Deutschland unterschiedlichen Besteuerungsregimen.[575]

1. Körperschaften und das Trennungsprinzip

Eigene steuerjuristische Personen sind ausschließlich die in § 1 Abs. 1 KStG genannten Verbandsformen. Für diese gilt das sogenannte Trennungsprinzip, das heißt die Körperschaften werden getrennt von ihren Mitgliedern bzw. Gesellschaftern besteuert. Für diese ergeben sich grundsätzlich nur dann steuerliche Konsequenzen aus ihrer Beteiligung, sofern sie Gewinnausschüttungen oder vertragliche Zahlungen von der jeweiligen Körperschaft erhalten. Der Gesetzgeber nimmt bei den Körperschaften eine formelle Betrachtung vor, welche die rechtliche Selbständigkeit der Kapitalgesellschaft gegenüber den dahinter stehenden Personen betont.[576]

Körperschaften und damit auch Kapitalgesellschaften wird mithin eine eigenständige und objektive Leistungsfähigkeit zuerkannt, die von der individuellen und subjektiven Leistungsfähigkeit der hinter der Körperschaft bzw. Kapitalgesellschaft stehenden Personen getrennt ist und unabhängig von dieser besteuert wird.[577] Es ist damit zwischen der Besteuerung der Gewinne auf Gesellschaftsebene und Besteuerung der Dividenden auf Gesellschafterebene zu unterscheiden. Sofern Gewinne der Körperschaft thesauriert werden, fließen dem Anteilseigner auch keine Einkünfte zu und auf seiner Ebene fallen keine Steuern an.[578] Schuldrechtliche Vertragsbeziehungen zwischen den beiden Rechtssubjekten (Körperschaft und Gesellschafter) werden grundsätzlich wie Verträge zwischen Dritten behandelt.[579] Den Körperschaften kommt

---

574 *Stenert*, in: Westermann/Wertenbruch, Teil II, § 1 Rn. 1 (Dokumentstand: 81. Lieferung 9/2021).

575 Vgl. insoweit nur *Stenert*, in: Westermann/Wertenbruch, Teil II, § 1 Rn. 1 (Dokumentstand: 81. Lieferung 9/2021); *Hennrichs*, in: Tipke/Lang, Rn. 10.2; *Kahle*, in: Beck'sches Hdb. PersG, § 7 Rn. 2.

576 So BVerfG, Beschluss vom 29.03.2017 – 2 BvL 6/11, BVerfGE 145, 106, 147 f.

577 BVerfG, Beschluss vom 29.03.2017 – 2 BvL 6/11, BVerfGE 145, 106, 147.

578 Umgekehrt unterliegen ausgeschüttete Gewinne einerseits der Körperschaftsteuer, andererseits auf Ebene des Gesellschafters der Besteuerung.

579 *Scheffler*, Besteuerung von Unternehmen III, Rn. 39.

auf allen Teilgebieten des Steuerrechts eine eigene Rechtssubjektqualität zu („Steuerrechtssubjekt“).

2. Personenunternehmen und das Transparenzprinzip

Bei einem Einzelunternehmen hingegen werden dessen Gewinne dem Inhaber nach dem Einheitsprinzip direkt zugerechnet (§ 1 EStG). Sofern die Tätigkeit gewerblich ist, unterliegen Gewinne auf Unternehmerebene als Einkünfte aus Gewerbebetrieb der Einkommensteuer (§ 15 Abs. 1 S. 1 Nr. 1 EStG). Personengesellschaften werden in § 1 Abs. 1 KStG nicht erwähnt. Doch § 1 EStG stellt auf der anderen Seite ausschließlich auf natürliche Personen ab, sodass die Personengesellschaften an sich auch kein Steuersubjekt der Einkommensteuer darstellen.

Das Steuerrecht unterscheidet im EStG und im KStG hinsichtlich der Steuersubjekte nur zwischen natürlichen Personen und Körperschaften, die damit die Eckpunkte der Unternehmensbesteuerung bilden. Personengesellschaften sind also weder körperschaft- noch unmittelbar einkommensteuerpflichtig, sie ordnen sich dazwischen ein, werden nach der Wahl des Gesetzgebers aber im Grundsatz dem Einzelunternehmer gleichgestellt.[580]

Sie werden nach dem sogenannten Transparenzprinzip nicht als solche besteuert, sondern es wird der von ihr erwirtschaftete Gewinn unabhängig von einer Ausschüttung steuerlich unmittelbar ihren Gesellschaftern zugerechnet. Es wird daher bildlich gesprochen durch die Personengesellschaft hindurchgeschaut. Sind die Gesellschafter natürliche Personen, werden die Gesellschaftsgewinne diesen unmittelbar als dem Einkommensteuersubjekt zugerechnet; ist eine Körperschaft Gesellschafter der Personengesellschaft, erfolgt die Zurechnung an sie unmittelbar als Körperschaftsteuersubjekt.

Im Rahmen der Einkommenbesteuerung ist der Terminus der Personengesellschaft gleichwohl zweitrangig, denn für die Besteuerung der laufenden

---

580 Vgl. z.B. BFH, Urteil vom 22.11.1994 – VIII R 63/93, BStBl. II 1996, 93; BFH, Urteil vom 10.05.2007 – IV R 69/04, BStBl. II 2010, 973; BFH, Urteil vom 20.11.2014 – IV R 1/11, BStBl. II 2017, 34. Vgl. zu dieser Gleichstellungsthese stellvertretend aus dem Schrifttum *Pinkernell*, Einkünftezurechnung, 182 ff. Die Gleichstellungsthese ist freilich nach wie vor umstritten, vgl. dazu *Kahle*, FR 2019, 337, 344 f.

Einkünfte einer unternehmerisch tätigen Personengesellschaft[581] kommt es auf das Vorliegen einer Mitunternehmerschaft an.

Ausgangspunkt ist hier § 15 Abs. 1 S. 1 Nr. 2 S. 1 EStG. Danach sind Einkünfte aus Gewerbebetrieb die Gewinnanteile der „Gesellschafter einer Offenen Handelsgesellschaft, einer Kommanditgesellschaft oder einer anderen Gesellschaft, bei der der Gesellschafter als Unternehmer (Mitunternehmer) des Betriebs anzusehen ist". Der Gesetzgeber bezeichnet die OHG und die KG als typische Formen der Mitunternehmerschaft – eine Legaldefinition dieses Begriffs findet sich jedoch nicht, vielmehr ist die Mitunternehmerschaft Richterrecht.[582]

Nach dem Bundesfinanzhof ist Mitunternehmer, wer aufgrund eines zivilrechtlichen Gesellschaftsverhältnisses oder eines wirtschaftlich damit vergleichbaren Gemeinschaftsverhältnisses zusammen mit anderen Personen Mitunternehmerinitiative entfalten kann und Mitunternehmerrisiko trägt.[583]

Mitunternehmerrisiko liegt regelmäßig vor, sofern der Gesellschafter am Vermögen, am laufenden Gewinn und an den stillen Reserven beteiligt ist; auch die Übernahme der persönlichen Haftung kann ausreichen.[584]

Mitunternehmerinitiative wird angenommen, wenn der Gesellschafter die Gesellschaft vertritt, die Geschäfte führt oder zumindest die Rechte eines Kommanditisten hat (insbesondere Widerspruchsrecht bei wichtigen Geschäften und Einsichtsrechte), das heißt auch ein Kommanditist kann trotz des im HGB vorgesehenen Ausschlusses von der Geschäftsführung Mitunternehmer sein.[585]

---

581 Für die Besteuerung müssen unternehmerisch tätige und vermögensverwaltende Personengesellschaften gesondert werden. Bei der vermögensverwaltenden Personengesellschaft erfolgt eine anteilsmäßige Zurechnung zu den Gesellschaftern im Wege einer Bruchteilsbetrachtung (vgl. § 39 Abs. 2 Nr. 2 AO).

582 Vgl. zum Mitunternehmeranteil im Steuerrecht unter Einschluss von Einheits- und Vielheitsbetrachtung die griffigen Ausführungen von *Kilincsoy*, Mitunternehmeranteil an der Personengesellschaft, 99 ff.

583 Vgl. BFH, Urteil vom 13.07.2017 – IV R 41/14, BStBl. II 2017, 1133; BFH, Urteil vom 22.06.2017 – IV R 42/13, BFHE 259, 258; BFH, Beschluss vom 25.06.1984 – GrS 4/82, BStBl. II 1984, 751.

584 Vgl. *Kahle*, FR 2019, 337, 342; *Stöber*, in: BeckOGK HGB, § 247 Rn. 83 (Stand: 01.11.2022).

585 *Schreiber*, Besteuerung der Unternehmen, 315; *Stöber*, in: BeckOGK HGB, § 247 Rn. 82 (Stand: 01.11.2022).

Der Begriff des Mitunternehmers ist als ein Typusbegriff zu begreifen; er umfasst bestimmte Wesensmerkmale, die jedoch unterschiedlich stark ausgeprägt sein können.[586] Das bedeutet, dass in dem Fall, dass zwei Personen gemeinsam tätig werden, aber nur einer von ihnen als Mitunternehmer zu charakterisieren ist, ertragsteuerlich ein Einzelunternehmen und keine Mitunternehmerschaft vorliegt.[587]

Das Transparenzprinzip hat zur Folge, dass die Gewinne erst auf Gesellschafterebene zur Besteuerung herangezogen werden, die Personengesellschaft für die Einkommensteuer, anders als für die Gewerbesteuer[588] und die Umsatzsteuer[589] oder Grunderwerbsteuer[590], deshalb als solche unbedeutend ist, mithin keine „echte" Steuerschuldnerin darstellt.

Inwieweit die Personengesellschaft bezogen auf die Einkünfteermittlung von ihren Gesellschaftern verselbstständigt ist, wurde bzw. wird wegen Fehlens einer gesetzlichen Vorschrift unter den Bezeichnungen „Einheit der Gesellschaft" bzw. „Vielheit der Gesellschaft" und damit zusammenhängend auch der sogenannten Bilanzbündeltheorie[591] lebhaft diskutiert.[592] Im Kern

---

586 *H. Fischer/Palenker*, in: MHdB GesR I, § 9 Rn. 2.

587 In Ausnahmefällen können auch Nichtgesellschafter Mitunternehmer sein, vgl. hierzu das Beispiel von *Prinz*, DB 2020, 1766.

588 Die Gewerbesteuerpflicht ergibt sich aus § 5 Abs. 1 S. 3 GewStG.

589 Die Umsatzsteuerpflicht ergibt sich aus der Unternehmereigenschaft des § 2 Abs. 1 UStG. Für die Personengesellschaft vgl. BFH vom 21.04.1994 – V R 105/91, BStBl. II 1994, 671.

590 BFH, Urteil vom 22.10.1986 – II R 118/84, BStBl. II 1987, 183.

591 Diese Theorie bezweckte, den Mitunternehmer dem Einzelunternehmer gleichzustellen, vgl. RFH, Urteil vom 14.07.1937 – VI A 422/37, RStBl. 1937, 937: „Das Einkommensteuergesetz sieht die OHG nicht als selbständiges Steuersubjekt an, sondern behandelt die Teilhaberschaft daran als selbständigen Gewerbebetrieb jedes einzelnen Mitunternehmers. Die einheitliche Bilanz des Unternehmens ist steuerlich nur eine Zusammenführung der an sich für jeden einzelnen Mitunternehmer besonders aufgestellten Bilanzen.". Vgl. kurz zusammenfassend und mit Blick auf die Entscheidung ARGE Weißes Ross (BGH, Urteil vom 29.01.2001 – II ZR 331/00, BGHZ 146, 341) die Ausführungen von *List*, BB 2004, 1473, 1474 ff.

592 Zusammenfassend *Ley*, Ubg 2011, 274 „Dieses duale System, Steuersubjekteigenschaft der Gesellschafter, soweit es sich um natürliche Personen oder Körperschaften handelt, und die Steuersubjekteigenschaft der Personengesellschaft in Bezug auf die Einkunftsart und die Einkünfteerzielung ist ursächlich für das ewige Spannungsverhältnis". Vgl. auch *Drüen*, in: FS BFH, 1317, 1331 f. sowie die gestrafften Ausführungen

geht es dabei um die Frage, ob bzw. inwieweit die Gesellschaft Subjekt der Einkünfteermittlung sein kann.[593] Auch wenn infolge der Aufgabe der Bilanzbündeltheorie[594] die Personengesellschaft für die Einkommensteuer oder Körperschaftsteuer hinsichtlich der Gewinnerzielung, Gewinnermittlung und Einkünftequalifikation mittlerweile als Steuerrechtssubjekt anzusehen ist („partielle Steuerrechtsfähigkeit")[595], ändert dies nichts daran, dass es ihre Gesellschafter sind, die als Mitunternehmer einen Betrieb der Gesellschaft führen und daraus Einkünfte erzielen und man deshalb letztlich treffend von einer „unio mystica von Gesellschaft und Gesellschaftern"[596] sprechen kann.

3. Rechtsformabhängige Besteuerung als Konsequenz

Der kurz skizzierte Umstand, dass sich die Zuordnung zu Einkommen- oder Körperschaftsteuer an der tradierten Einteilung in natürliche und juristische Personen orientiert und daher eine Rechtsformabhängigkeit der Ertragbesteuerung von Unternehmen besteht[597], führt letztlich dazu, dass wirtschaftlich grundsätzlich vergleichbare Unternehmen[598] mit unterschiedlichen Rechtsformen verschiedene steuerliche Belastungen erfahren und damit gleichbedeutend der Gesetzgeber unternehmerische Tätigkeiten je nachdem, ob sie in Form einer Personen- oder Kapitalgesellschaft ausgeübt werden, steuerlich verschieden behandelt. So werden insbesondere beim Einzelunternehmen

---

von *Hennrichs*, in: Tipke/Lang, Rn. 10.11 ff. Vgl. auch die insoweit einschlägige Monographie von *Seb. Scholz*, Einheit der Gesellschaft, passim.

593 *Kahle*, FR 2019, 337, 341; *Meyer*, Steuerliches Leistungsfähigkeitsprinzip, 500 ff.

594 Mit BFH, Urteil vom 19.01.1982 – VIII R 21/77, BStBl. II 1982, 456 erklärte der Große Senat des BFH die Theorie für überholt. Vgl. später dann BFH, Beschluss vom 25.06.1984 – GrS 4/82, BStBl. II 1984, 751: „Eine Personengesellschaft unterliegt zwar als solche nicht der Einkommensteuer und ist insoweit nicht Steuersubjekt. [...] Eine Personengesellschaft ist jedoch für die Einkommensteuer oder Körperschaftsteuer insoweit Steuerrechtssubjekt, als sie in der Einheit ihrer Gesellschafter Merkmale eines Besteuerungstatbestandes verwirklicht, welche den Gesellschaftern für deren Besteuerung zuzurechnen sind".

595 *Birk/Desens/Tappe*, SteuerR, § 6 Rn. 1138 m.w.N.

596 *Groh*, StuW 1995, 383.

597 *Hennrichs*, in: Tipke/Lang, Rn. 10.2 f. *Jachmann*, in: DStJG 23 (2000), 9, 19 („Schon der Dualismus von Einkommensteuer und Körperschaftsteuer bedeutet eine rechtsformabhängige Unternehmensbesteuerung"); vgl. auch *Wacker*, DStR 2019, 585, 585 f.

598 Vgl. dazu auch *Mössner*, in: DStJG 17 (1994), 231, 236.

und bei den Personengesellschaften Gewinne dem Unternehmensinhaber bzw. den Gesellschaftern unabhängig von der Entscheidung über die Gewinnverteilung als steuerpflichtige Einkünfte zugerechnet.[599] Die Einkünfte der jeweiligen Mitunternehmer werden einheitlich und gesondert festgestellt (§ 180 Abs. 1 Nr. 2a AO). Es kommt also nicht darauf an, ob die Gewinne entnommen werden oder im Unternehmen verbleiben.[600] Das bringt so gesehen Vor- und Nachteile mit sich, denn Verluste können mitunter beim Gesellschafter mit anderen Einkunftsquellen verrechnet werden.[601]

Aus dem Dualismus von transparenter und intransparenter Besteuerung der zivilrechtlichen Verbände ergeben sich einige nennenswerte Unterschiede in der Besteuerung von Personengesellschaft und Kapitalgesellschaft; hierauf muss vorliegend nicht vertieft eingegangen werden.[602] Anzumerken bleibt aber, dass sich das System der ertragsteuerlichen Behandlung der Unternehmen über 100 Jahre lang gehalten und letztlich denn – das mag man feststellen dürfen – auch bewährt hat.[603] Vor allem auch angesichts der traditionellen Sicht des Gesellschaftsrechts auf die GbR als Gesamthand wird man zugestehen müssen, dass das Transparenzprinzip in sich ziemlich stimmig und überzeugend wirkt und letztlich die Differenzen der Personengesellschaft zur juristischen Person abbildet.[604]

---

599 *Scheffler*, Besteuerung von Unternehmen III, Rn. 54.

600 Dieser Grundsatz wird durch die Thesaurierungsbegünstigung gem. § 34a EStG eingeschränkt, wonach die Besteuerung vergleichbar mit der Besteuerung von Körperschaften wird.

601 *Prinz*, DB 2020, 1766 (dort auch kurz zu den bilanziellen Besonderheiten bei Personengesellschaften).

602 Vgl. dazu beispielsweise *Schreiber*, Besteuerung der Unternehmen, 304 ff. Für ausführliche Modellrechnungen *Schreiber*, Besteuerung der Unternehmen, 447.

603 Vgl. *Brandenberg*, FR 2010, 731, 736 („Die bestehende Rechtslage ist nicht unkompliziert, sie trägt aber der zivilrechtlichen Ausgangslage für die meisten Fälle am besten Rechnung"); *Kahle*, in: Beck'sches Hdb. PersG, § 7 Rn. 4 (Transparenzprinzip als das „im Kern bewährte Fundament der Ertragsbesteuerung"); *Prinz*, DB 2020, 1766, 1767 („Im Großen und Ganzen hat sich die Mitunternehmerbesteuerung in Deutschland bewährt").

604 *Stöber*, GmbHR 2022, 967, 968 f. („In dogmatischer Hinsicht ist das ertragsteuerliche Transparenzprinzip die konsequente Folgerung aus den zivilrechtlichen Eigenarten der Personengesellschaft im Vergleich zur Kapitalgesellschaft"). Entgegengesetzter Auffassung ist *Seer*, StuW 2023, 30, 37 ff., der in diesem Kontext von der „steuerrechtliche[n] Lebenslüge der Mitunternehmerschaft" (37) spricht und dementsprechend eine

Doch auch mit Blick auf die Entwicklungen der Entscheidung ARGE Weißes Ross[605] zur Rechtsfähigkeit der BGB-Außengesellschaft gibt es gute Argumente dafür, dass eine gewisse Verselbstständigung der Personengesellschaft auch im Steuerrecht nachvollzogen wurde.[606] Angesichts der heutigen zivilrechtlichen Charakteristik der Personengesellschaften scheint das Nebeneinander von Trennungs- und Transparenzprinzip auch weiterhin beständig. Es stellt sich allerdings die Frage, inwieweit sich das reformierte Personengesellschaftsrecht auf diese Betrachtung auswirkt.

II. Tragweite der Reform des Personengesellschaftsrechts

1. Prüfungsmaßstab

Deutschland ist ein Steuerstaat, der seine Aufgaben allgemein über Steuern finanziert.[607] Es versteht sich von selbst, dass das Steuerrecht eng mit dem deutschen Verfassungsrecht verbunden ist und sich an ihm zu orientieren hat. Wesentliche Bedeutung hat dabei auch die Rechtsprechung des BVerfG[608], denn das Grundgesetz ist insgesamt und vor allem in Bezug auf das Steuerrecht offen formuliert, entsprechende Prinzipien für das „ungeschriebene Finanzrecht"[609] bedürfen daher einer Konkretisierung und richterlicher Kontrolle.[610]

Klar ist jedoch auch, dass der bestehenden Gestaltungsfreiheit des Gesetzgebers Grenzen durch die Gesetzgebungskompetenz sowie bezüglich der inhaltlichen Ausgestaltung und der maximalen Gesamtbelastung des Einzelnen gesetzt sind.[611] In Bezug auf den Dualismus der Unternehmensbesteuerung

---

Neubewertung der Besteuerung der Personengesellschaft und ihrer Gesellschafter einfordert.

605 BGH, Urteil vom 29.01.2001 – II ZR 331/00, BGHZ 146, 341.

606 *Kilincsoy*, FR 2021, 248, 252; S. *Müller*, GmbH-StB 2022, 184, 189.

607 Ausführlich dazu *Isensee*, in: FS Ipsen, 409 ff.

608 Vgl. die mittlerweile in die Jahre gekommene, aber weiterhin lesenswerte Rechtsprechungsnachzeichnung von *K. Vogel*, in: FS 50 Jahre BVerfG, 527, 529 ff.

609 *K. Vogel*, in: GS Martens, 265.

610 Vgl. *Lang*, in: DStJG 23 (2000), 1, 5 („In keinem Land der Welt verfährt die Verfassungsgerichtsbarkeit so streng mit dem Steuergesetzgeber wie in Deutschland").

611 Vgl. zur Frage der verfassungsrechtlichen Grenzen der Besteuerung auch den Überblick bei *Loritz*, NJW 1986, 1 ff. *Loritz* führt aus, das BVerfG habe nicht selten „Pionierarbeit" (*Loritz* a.a.O, 10) zu leisten gehabt, weil es insoweit mitunter von der Literatur aus Wissenschaft und Praxis alleingelassen wurde.

spielt der allgemeine Gleichheitssatz des Art. 3 Abs. 1 GG die zentrale und zugleich überragende Rolle.[612] Die unterschiedliche Behandlung von Personengesellschaften im Gegensatz zu Kapitalgesellschaften hat sich also vor allem hieran zu messen.

a) Gleichmäßigkeit der Besteuerung als Maßstab des BVerfG

aa) Grenze zwischen Willkürverbot und strenger Verhältnismäßigkeit

Ausgehend von der „Fundamentalnorm staatlicher Verteilungsgerechtigkeit“[613] ist wesentlich Gleiches gleich und wesentlich Ungleiches ungleich zu behandeln. Dieses Gebot gilt insoweit sowohl für ungleiche Belastungen als auch für ungleiche Begünstigungen. Art. 3 Abs. 1 GG verwehrt dem Gesetzgeber also nicht jede Differenzierung, doch muss eine Unterscheidung durch sachliche Gründe gerechtfertigt sein, die dem Zweck und Umfang der Ungleichbehandlung angemessen ist.

Es ist eine stufenlose und am Grundsatz der Verhältnismäßigkeit angelehnte Prüfung vorzunehmen, wobei sich der Prüfungsmaßstab nur nach den konkret betroffenen unterschiedlichen Sach- und Regelungsbereichen bestimmen lässt.[614] Dies kann für den Gesetzgeber von einer inhaltlichen Grenze eines Willkürverbots bis hin zum Erfordernis einer strengen Verhältnismäßigkeitsprüfung führen. Insoweit bestehen jedoch „Orientierungshilfen“[615], die zu einem „Mehr“ oder „Weniger“ an strengen Maßstäben anstelle einer Alternation von Willkürverbot und strenger Verhältnismäßigkeit führen, welche insoweit als Endpunkte einer Skala fungieren.[616]

---

612 Das verwundert angesichts der Bedeutung des Gleichheitssatzes im Steuerrecht kaum. Das verdeutlicht sich auch an § 3 Abs. 1 AO, wonach Steuern „allen auferlegt“ werden. Das ist Ausdruck des Grundsatzes der Gleichmäßigkeit der Besteuerung, *Drüen*, in: Tipke/Kruse, AO § 3 AO Rn. 41 (Dokumentstand: 169. Lieferung 2/2022). Vgl. zum Gleichheitssatz als magna charta des Steuerrechts *Musil*, JöR 64 (2016), 443, 446 f. Siehe auch *Eichberger*, in: FS BFH, 501 ff.

613 *Birk/Desens/Tappe*, SteuerR, § 2 Rn. 171.

614 BVerfG, Urteil vom 17.12.204 – 1 BvL 21/12, BVerfGE 138, 136, 180; BVerfG, Beschluss vom 23.06.2015 – 1 BvL 14/11, BVerfGE 139, 285, 309; BVerfG, Urteil vom 10.04.2018 – 1 BvL 11, 12/14, 1/15, 1 BvR 639/11, 889/12, BVerfGE 148, 147, 183 f.

615 *Kirchhof*, in: Dürig/Herzog/Scholz, Art. 3 Abs. 1 GG Rn. 296 (75. Lieferung 9/2015).

616 *Boysen*, in: von Münch/Kunig, Art. 3 GG Rn. 104; *Nußberger*, in: Sachs, Art. 3 GG Rn. 32.

So soll dieser gleitende Rechtfertigungsmaßstab dann strenger sein, wenn die Unterscheidungsmerkmale sich den – den Kern der Persönlichkeit betreffenden – Merkmalen des Art. 3 Abs. 3 GG annähern.[617] Er ist auch in den Fällen strenger, in denen der Betroffene das Unterscheidungskriterium durch sein Handeln weniger beeinflussen kann[618] beziehungsweise – gleichbedeutend[619] – je weniger die Merkmale, an die die gesetzliche Differenzierung anknüpft, für den Einzelnen verfügbar sind.[620] Ein engerer Maßstab soll sich auch aus der Betroffenheit von Freiheitsgrundrechten ergeben[621], wobei es sich hierbei eher um ein Hilfskriterium handeln dürfte.[622]

bb) Wirtschaftliche Leistungsfähigkeit und Gebot der Folgerichtigkeit

Die in diesem Rahmen bestehende Freiheit des Gesetzgebers wird insbesondere im Einkommensteuerrecht durch zwei letztlich zusammenhängende Grundsätze begrenzt, zum einen durch das Prinzip der wirtschaftlichen Leistungsfähigkeit und zum anderen durch das Gebot der Folgerichtigkeit.[623]

---

617 Das BVerfG hat etwa dann einen strengen Kontrollmaßstab angelegt, wenn der Gesetzgeber aufgrund der sexuellen Orientierung (BVerfG, Beschluss vom 19.06.2012 – 2 BvR 1397/09, BVerfGE 131, 239, 256 f.; BVerfG, Beschluss vom 18.07.2012 – 1 BvL 16/11, BVerfGE 132, 179, 189 f.; BVerfG, Beschluss vom 07.05.2013 – 2 BvR 909, 1981/06, 288/07, BVerfGE 133, 377, 408) oder der Staatsangehörigkeit (BVerfG, Beschluss vom 07.02.2012 – 1 BvL 14/07, BVerfGE 130, 240, 255) differenziert, die zwar nicht von den Merkmalen Geschlecht bzw. Heimat und Herkunft erfasst sind, aber eine Nähe hierzu aufweisen (bei einer Differenzierung aufgrund der Staatsangehörigkeit dürfte bei EU-Ausländern in der Regel zudem ein nicht zu rechtfertigender Verstoß gegen Art. 18 Abs. 1 AEUV vorliegen).

618 BVerfG, Beschluss vom 26.01.1993 – 1 BvL 39, 40, 43/92, BVerfGE 88, 87, 96; BVerfG, Beschluss vom 21.06.2011 – 1 BvR 2035/07, BVerfGE 129, 49, 69.

619 *Britz*, NJW 2014, 346, 350.

620 BVerfG, Beschluss vom 21.06.2011 – 1 BvR 2035/07, BVerfGE 129, 49, 69; BVerfG, Beschluss vom 07.02.2012 – 1 BvL 14/07, BVerfGE 130, 240, 254; BVerfG, Beschluss vom 18.07.2012 – 1 BvL 16/11, BVerfGE 132, 179, 189.

621 BVerfG, Beschluss vom 30.05.1990 – 1 BvL 2/83, 9, 10/84, 3/85, 11, 12, 13/89, 4/90, 1 BvR 764/86, BVerfGE 82, 126, 146; BVerfG, Beschluss vom 04.12.2002 – 2 BvR 400/98, 1735/00, BVerfGE 107, 27, 46.

622 Vgl. zur Darstellung der Problematik *Boysen*, in: von Münch/Kunig, Art. 3 GG Rn. 108 f.

623 Vgl. nur *Birk/Desens/Tappe*, SteuerR, § 2 Rn. 173 f.

Die Bindung an den allgemeinen Gleichheitssatz und damit an den verbindlichen Grundsatz der Steuergerechtigkeit[624] führt nach dem BVerfG dazu, dass die Besteuerung an der finanziellen bzw. gleichbedeutend[625] wirtschaftlichen Leistungsfähigkeit[626] auszurichten ist.[627] Eine exakte Definition von wirtschaftlicher Leistungsfähigkeit ist indes schwierig.[628] Es gilt jedenfalls, Steuerpflichtige bei gleicher Leistungsfähigkeit auch gleich hoch zu besteuern (horizontale Steuergerechtigkeit), wobei vertikal gesehen die Besteuerung höherer Einkommen im Vergleich mit der Steuerbelastung niedriger Einkommen dem Gerechtigkeitsgebot genügen muss.[629]

Im Einkommensteuerrecht wird die wirtschaftliche Leistungsfähigkeit durch das Nettoprinzip in seinen Ausprägungen als objektives und als subjektives Nettoprinzip konkretisiert, was sich auch in den Begriffen „Gesamtbetrag der Einkünfte“ (§ 2 Abs. 3 EStG) und „zu versteuerndes Einkommen“ (§ 2 Abs. 5 EStG) widerspiegelt.

---

624 Ständige Rechtsprechung seit BVerfG, Beschluss vom 17.01.1957 – 1 BvL 4/54, BVerfGE 6, 55, 70.

625 Bzgl. der Terminologie *Meyer*, Steuerliches Leistungsfähigkeitsprinzip, 106.

626 Ausführlich (und kritisch) zum Leistungsfähigkeitsprinzip als Fundamentalprinzip und bereichsspezifischer Konkretisierung des allgemeinen Gleichheitssatzes im Einkommensteuerrecht *Rau*, Verfassungsdirigierte Prinzipien, 86 ff. Bezogen auf das Unternehmenssteuerrecht die Bedeutung hervorhebend auch *Birk*, StuW 2000, 328, 329.

627 Vgl. nur BVerfG, Beschluss vom 29.03.2017 – 2 BvL 6/11, BVerfGE 145, 106, 142 m.w.N.; *Saenger*, GesR, 566.

628 Vgl. *Meyer*, Steuerliches Leistungsfähigkeitsprinzip, 106 ff. *Meyer* schlägt dann a.a.O (111) folgende Definition vor: „Leistungsfähigkeit wird indiziert durch Vorgänge und Zustände in der Lebenswirklichkeit, die bei Berücksichtigung aller im jeweiligen Sachbereich relevanten Umstände typischerweise auf die Fähigkeit schließen lassen, Steuern aus vorhandenem Vermögen zu zahlen“.

629 BVerfG, Beschluss vom 29.05.1990 – 1 BvL 20, 26/84, 4/86, BVerfGE 82, 60, 89; BVerfG, Beschluss vom 10.11.1998 – 2 BvL 42/93, BVerfGE 99, 246, 260; BVerfG, Beschluss vom 04.12.2002 – 2 BvR 400/98, 1735/00, BVerfGE 107, 27; 46 f.; BVerfG, Beschluss vom 21.06.2006 – 2 BvL 2/99, BVerfGE 116, 164, 180; BVerfG, Urteil vom 09.12.2008 – 2 BvL 1, 2/07, 1, 2/08, BVerfGE 122, 210, 231; BVerfG, Beschluss vom 29.03.2017 – 2 BvL 6/11, BVerfGE 145, 106, 142 f. Übernommen hat das Bundesverfassungsgericht diese Prinzipien aus den Vorarbeiten von *Birk*, Leistungsfähigkeitsprinzip als Maßstab der Steuernormen, 165, 170. Vgl. schon zuvor *Birk*, ZRP 1979, 221. Siehe prägnant auch *Birk*, StuW 2000, 328, 329.

Das Nettoprinzip ist darauf gerichtet, dass lediglich disponibles Einkommen besteuert wird; eine steuerliche Teilhabe des Staates kommt also nur in Betracht, soweit das Einkommen für die Steuerzahlung auch verfügbar ist.[630]

Nach dem subjektiven Nettoprinzip ist daher sicherzustellen, dass erwerbssichernde und existenzsichernde Aufwendungen eines Menschen von der Besteuerung freigestellt werden, sodass Leistungsfähigkeit erst entsteht, nachdem der Einkommensbezieher Erwerbsvoraussetzungen geschaffen und zwangsläufige Daseinsvoraussetzungen finanziell gesichert hat.[631]

Das objektive Nettoprinzip zielt hingegen darauf ab, Erwerbsaufwendungen von der Bemessungsgrundlage der Einkommensteuer abzuziehen, das heißt der Steuerpflichtige darf Aufwendungen, die er zur Erzielung von Einnahmen aufwendet, von den Einnahmen absetzen.[632] Insofern ist die Bemessungsgrundlage für das Einkommensteuerrecht in zwei Schritten zu ermitteln.[633]

Die vorgenannten Grundsätze, das heißt das Prinzip der Leistungsfähigkeit und das objektive (nicht hingegen das subjektive) Nettoprinzip finden auch im Bereich der Körperschaftsteuer Anwendung.[634]

Das Gebot der Folgerichtigkeit wird vom Bundesverfassungsgericht zweistufig konkretisiert: Dem Gesetzgeber stehe bei Auswahl des Steuergegenstandes und auch bei Bestimmung des Steuersatzes zwar ein entsprechend weiter Entscheidungsspielraum zu, weil die Entscheidungen über die Steuerwürdigkeit im Wesentlichen auf politischen Motiven beruhen würden.[635] Allerdings

---

630 BVerfG, Beschluss vom 30.09.1998 – 2 BvR 1818/91, BVerfGE 99, 88, 96; die mangelnde Trennschärfe von „indisponiblen" Aufwendungen kritisierend und den Terminus „Unvermeidbarkeit" für rechtlich nicht maßgebend haltend *P. Fischer*, in: DStJG 24 (2001), 463, 502; vgl. zuvor *Wernsmann*, StuW 1998, 317, 321 ff.

631 *Birk/Desens/Tappe*, SteuerR, § 2 Rn. 175 m.w.N.

632 Vgl. *Breinersdorfer*, DStR 2010, 2492.

633 *Birk/Desens/Tappe*, SteuerR, § 2 Rn. 176 („in der Steuerrechtswissenschaft unbestrittenem Verständnis"); *Frieauf*, in: DStJG 12 (1989), 3, 29 ff.; a.A. *Bareis/Siegel*, DB 2006, 748.

634 BVerfG, Beschluss vom 12.10.2010 – 1 BvL 12/07, BVerfGE 127, 224, 248; *Drüen*, GmbHR 2008, 393, 397.

635 BVerfG, Beschluss vom 07.07.2010 – 2 BvL 14/02, 2/04, 13/05, BVerfGE 127, 1, 27; BVerfG, Beschluss vom 23.06.2015 – 1 BvL 13, 14/11, BVerfGE 139, 285, 309; BVerfG, Beschluss vom 29.03.2017 – 2 BvL 6/11, BVerfGE 145, 106, 143; *Wernsmann*, in: Hübschmann/Hepp/Spitaler, § 3 AO Rn. 97 (Dokumentstand: 262. Lieferung 4/2021). Kritisch

müsse er, sofern die Grund- bzw. Ausgestaltungsentscheidung getroffen ist, diese auch entsprechend dem Gebot möglichst gleichmäßiger Belastung aller Steuerpflichtigen im Sinne der Belastungsgleichheit umsetzen.[636]

Es handelt sich bei dem Gebot der Folgerichtigkeit zwar nicht um ein eigenständiges Verfassungsgebot.[637] Allerdings müssen sich Abweichungen einer folgerichtigen Umsetzung wiederum am Gleichheitssatz messen lassen und bedürfen zur Rechtfertigung eines besonderen sachlichen Grundes.[638] Dabei steigen die Anforderungen an den Rechtfertigungsgrund mit Umfang und Ausmaß der Abweichung, sodass das Ausmaß der Differenzierung zu einer stärkeren Überprüfung durch das Bundesverfassungsgericht führen kann.[639]

cc) Befugnis zur Typisierung

Ebenfalls mit der gesetzgeberischen Freiheit im Zusammenhang steht die Befugnis zur Typisierung. Damit ist gemeint, dass der Regelungsgehalt von Vorschriften vergröbernd an dem typischen Normalfall ausgerichtet sein kann und individuelle Besonderheiten ausgeklammert werden dürfen.[640] Verfassungsrechtlich sind solche verallgemeinernden Regelungen zulässig.[641] Dem Gesetzgeber ist es daher unbenommen, bei der Ordnung von Massenerscheinungen „grundsätzlich generalisierende, typisierende und

---

äußert sich dagegen *Hey*, in: Tipke/Lang, Rn. 3.119: „Indem das BVerfG den Anwendungsbereich des Folgerichtigkeitsgebots formal-juristisch auf den Binnenbereich einzelner Steuern beschränkt, verkennt es die dem gesamten Steuerrecht zugrundeliegende einheitliche Wertung des Leistungsfähigkeitsprinzips“.

636 BVerfG, Beschluss vom 07.11.2006 – 1 BvL 10/02, BVerfGE 117, 1, 31; BVerfG, Urteil vom 09.12.2008 – 2 BvL 1, 2/07, 1, 2/08, BVerfGE 122, 210, 231 m.w.N.; BFH, Beschluss vom 14.10.2015 – I R 20/15, BStBl. II 2017, 1240, 1242; vgl. auch *Birk*, DStR 2009, 877, 881.

637 Vgl. hierzu nur die ausführliche Untersuchung von *Kempny*, in: JöR 64 (2016), 477, 484 ff.

638 Vgl. BVerfG, Beschluss vom 29.03.2017 – 2 BvL 6/11, BVerfGE 145, 106, 143 f. m.w.N. Die extensive Sichtweise des BVerfG gegenüber der Freiheit des Gesetzgebers wird in der Literatur durchaus kritisch gesehen, vgl. etwa *Eckhoff*, StuW 2016, 207, 212 m.w.N.

639 *Nußberger*, in: Sachs, Art. 3 GG Rn. 142a.

640 Vgl. *Koenig*, in: Koenig AO, § 3 Rn. 66.

641 BVerfG, Beschluss vom 21.06.2006 – 2 BvL 2/99, BVerfGE 116, 164, 182 („Jede gesetzliche Regelung muss verallgemeinern“). Vgl. auch BVerfG, Urteil vom 24.07.1963 – 1 BvL 30/57, 11/61, BVerfGE 17, 1, 23 („typisierende Regeln allgemein als notwendig anerkannt“); *Eckhoff*, Rechtsanwendungsgleichheit, 75 ff.

pauschalierende Regelungen [zu] treffen, ohne wegen der damit unvermeidlich verbundenen Härten gegen den allgemeinen Gleichheitssatz zu verstoßen"[642]. Die gesetzliche Verallgemeinerung darf jedoch nicht auf einen atypischen Fall zurückgehen, sondern muss auf einer möglichst weiten, alle betroffenen Gruppen und Regelungsgegenstände einschließenden Beobachtung aufbauen; als realitätsgerechter Maßstab dient also der typische Fall.[643] Solche Typisierungsnormen, die das Massenfallrecht Steuerrecht praktikabel oder zumindest praktikabler gestalten[644], resultieren in der Gleichbehandlung von Ungleichem, die wiederum jedoch gerechtfertigt werden kann.[645] Dies gilt insbesondere vor dem Hintergrund, dass Typisierungen auch der Verwirklichung von Gerechtigkeit dienen können.[646] Grenzen folgen insoweit aus dem Prinzip der Verhältnismäßigkeit, das heißt die entsprechende Regel muss geeignet, erforderlich und angemessen sein.[647] Daraus folgt mit dem Bundesverfassungsgericht, dass im Einzelfall gewisse auftretende Härten hinzunehmen sind, soweit die Benachteiligung nur eine kleine Zahl von Personen betrifft und zusätzlich der Verstoß gegen den Gleichheitssatz nicht sehr intensiv ist.[648]

b) Gebot der Rechtsformneutralität?

In Anbetracht des bestehenden Dualismus der Unternehmensbesteuerung und der Vorgaben aus der Verfassung wird seit langem darüber debattiert, ob es einen Verfassungsgrundsatz gibt, der eine rechtsformneutrale Besteuerung

---

642 BVerfG, Beschluss vom 21.06.2006 – 2 BvL 2/99, BVerfGE 116, 164, 182 f. m.w.N. Vgl. auch *Kirchhof*, in: FS Kruse, 17, 19 ff.

643 *Koenig*, in: Koenig AO, § 3 Rn. 66 m.w.N.

644 *Wernsmann*, in: Hübschmann/Hepp/Spitaler, § 4 AO Rn. 451 (Dokumentstand: 260. Lieferung 10/2020).

645 BVerfG, Beschluss vom 29.03.2017 – 2 BvL 6/11, BVerfGE 145, 106, 146; *Schober*, Verfassungsrechtliche Restriktionen, 45 f., 221.

646 Das ist nicht ganz unbestritten, vgl. *Wernsmann*, in: Hübschmann/Hepp/Spitaler, § 4 AO Rn. 453 m.w.N. (Dokumentstand: 260. Lieferung 10/2020).

647 *Koenig*, in: Koenig AO, § 3 Rn. 68.

648 Ständige Rechtsprechung, vgl. BVerfG, Beschluss vom 29.03.2017 – 2 BvL 6/11, BVerfGE 145, 106, 146; siehe auch bereits BVerfG, Beschluss vom 02.07.1969 – 1 BvR 669/64, BVerfGE 26, 265, 275 f.

fordert.[649] Die Diskussion darüber ist im Grunde so alt wie der Dualismus selbst.[650] Bereits in den 1920er Jahren wurde sich ausführlich mit einer Reform der Unternehmensbesteuerung auseinandergesetzt.[651] Vordergründig geht es dabei um die horizontale Steuergerechtigkeit.

aa) Untauglichkeit der Rechtsform

Teilweise wird vertreten, dass sich unmittelbar aus der Verfassung ein Gebot der Rechtsformneutralität ergibt, wobei dies vor allem auf Art. 3 Abs. 1 GG[652] und seltener auf die in Art. 12 Abs. 1, 14 Abs. 1 bzw. Art. 9 Abs. 1 GG verankerten Freiheitsrechte[653] gestützt wird.

Es wird auch im Vergleich zur vorgenannten Sicht etwas abgeschwächt angenommen, dass der Gesetzgeber aufgrund einer „Rechtsformgerechtigkeit" nicht alle Rechtsformen einheitlich besteuern müsse und Rechtsformunterschiede durchaus Relevanz für die Besteuerung haben könnten. Letzteres müsste aber Auswirkungen auf die wirtschaftliche Leistungsfähigkeit haben; nur dann sei die Anknüpfung an die Rechtsform zulässig.[654]

Einig sind sich beide eher ökonomisch geprägten und auf das Ergebnis der unternehmerischen Tätigkeit abzielenden Ansichten jedoch insoweit, als dass die Anknüpfung an die Rechtsform zur Rechtfertigung von Unterschieden in der steuerlichen Belastung untauglich sei, weil sich bezogen auf das Leistungsfähigkeitsprinzip keine relevanten Unterschiede von Kapital- und Personengesellschaften feststellen lassen würden.[655] In seinem Reformentwurf zur Erneuerung des Steuerrechts schlägt *Paul Kirchhof* deshalb vor, die

---

649 Vollends überzeugende Alternativen wurden jedoch noch nicht entwickelt, vgl. *Hüttemann*, in: DStJG 25 (2002), 123, 139 m.w.N.

650 *Drüen*, GmbHR 2008, 393 f. m.w.N.

651 Vgl. zur historischen Diskussion auch die prägnanten Ausführungen von *Sieker*, in: DStJG 25 (2002), 145, 146 ff.

652 *Lang*, StuW 1990, 107, 115 f.; *Jachmann*, in: DStJG 23 (2000), 9, 41 f.; *Hey*, in: DStJG 24 (2001), 155, 166 ff.; *Lauterbach*, Ein neues Unternehmenssteuerrecht, 51 ff.; *Palm*, Person im Ertragsteuerrecht, 545 ff.; *Weinelt*, Rechtsformneutralität, 99, 138.

653 Vgl. hierzu *Kirchhof*, StuW 2002, 3, 11; *Merzrath*, Die Vereinigungsfreiheit, 98 ff., 178 f.; *Waldoff*, StuW 2000, 217, 220; *H. Weber*, JZ 1980, 545, 547.

654 Vgl. etwa *Hennrichs*, StuW 2002, 201, 210; *Hey*, in: Tipke/Lang, Rn. 13.174 f.; *Hey*, in: DStJG 24 (2001), 155, 180; *Wäckerlin*, Betriebsausgabenabzugsbeschränkung, 110 ff.

655 Vgl. stellvertretend *Hennrichs*, in: Tipke/Lang, Rn. 10.5. m.w.N.

Trennung zwischen Körperschaftsteuer und Einkommensteuer aufzugeben und Personen- und Kapitalgesellschaften gleichsam als steuerjuristische Personen zu erfassen.[656]

bb) Kein Verfassungsgebot als Position des BVerfG

Nach einer anderen Auffassung ist aus der Verfassung kein Gebot der rechtsformneutralen Besteuerung von Unternehmen abzuleiten.[657] Im Hinblick auf bestehende Strukturunterschiede zwischen Personen- und Kapitalgesellschaften sei es verfassungsrechtlich nicht zu beanstanden, dass der Gesetzgeber an die Rechtsform anknüpfe und sich hinsichtlich der Besteuerung dann unterschiedliche Rechtsfolgen ergäben.[658] Entsprechend würde es, so *Dieter Birk*, der Verfassung auch nicht zuwiderlaufen, wenn die Leistungsfähigkeit der Körperschaften unabhängig von der ihrer Teilhaber erfasst werde und entsprechend erzielte Gewinne doppelt besteuert würden.[659]

Das Bundesverfassungsgericht hatte die Abhängigkeit von der Rechtsform bei der Besteuerung für mit dem Gleichheitssatz als unvereinbar erachtet.[660] Diese Entscheidung betraf jedoch die Umsatzsteuer, nicht aber die Einkommenbesteuerung. Hinsichtlich dieser Materie[661] schließt sich das Gericht

656 *Kirchhof*, BStGB, Gesetzesübersicht, 44, § 12 Abs. 1 S. 1, 2 BStGB: „Steuerpflichtig können natürliche und steuerjuristische Personen sein. Steuerjuristische Personen sind Personenvereinigungen und Zweckvermögen des privaten Rechts." Hierzu heißt es bei *Kirchhof*, BStGB, Leitgedanken, Rn. 52: „Die steuerjuristische Person umfasst jeden wirtschaftlich selbstständigen Organismus, an dem mehrere Personen beteiligt sind, also sämtliche Personengesellschaften und die bisher Körperschaftsteuerpflichtigen. Die Körperschaftsteuer wird überflüssig". Auch andere Modelle zur Abmilderung der Belastungsdifferenzen wurden entwickelt, vgl. für einen Überblick *Lauterbach*, Ein neues Unternehmenssteuerrecht, 95 ff. (Grundkonzepte) und 119 ff. (Reformmodelle).

657 *Birk*, StuW 2000, 328, 333; vgl. auch *Drüen*, GmbHR 2008, 393, 400; *Kahle*, FR 2022, 377, 379; *Kahle*, StuB 2022, 881, 883; *Musil/Leibohm*, FR 2008, 807, 813; *Wernsmann*, in: Hübschmann/Hepp/Spitaler, § 4 AO Rn. 515 (Dokumentstand: 260. Lieferung 10/2020).

658 *Birk*, StuW 2000, 328, 333; *Pelka*, StuW 2000, 389, 392 ff.; *Stapperfend*, FR 2005, 74, 76; *H. Weber*, JZ 1980, 545, 549.

659 *Birk*, StuW 2000, 328, 333.

660 BVerfG, Beschluss vom 10.11.1999 – 2 BvR 2861/93, BVerfGE 101, 151.

661 Zu beachten ist, dass die Entscheidungen BVerfG, Beschluss vom 21.06.2006 – 2 BvL 2/99, BVerfGE 116, 164 und BVerfG, Beschluss vom 29.03.2017 – 2 BvL 6/11, BVerfGE

vielmehr im Wesentlichen der Auffassung von *Dieter Birk* an. Denn auch aus Sicht der Karlsruher Richter lässt sich Art. 3 Abs. 1 GG kein Gebot der Rechtsformneutralität entnehmen.[662] Der Gesetzgeber sei insoweit nicht zu einer wirtschaftlichen, das heißt materiellen Sichtweise der Leistungsfähigkeit gezwungen und eine an der Rechtsform orientierte, materielle Sichtweise, die der Steuergesetzgeber verfolge, stehe mit der Verfassung im Einklang.[663] Es sei mithin zulässig, dass im Einkommensteuerrecht ausgeschüttete Gewinne von Kapitalgesellschaften anders behandelt würden als entnommene Gewinne von Personengesellschaften. Voraussetzung sei allerdings, dass für die unterschiedliche Behandlung ein sachlicher Grund festgestellt werden könne.[664]

Dies sei auf dem Gebiet des Einkommensteuerrechts hinsichtlich der Normen § 32c EStG a.F. und § 8b Abs. 5 KStG jedoch – anders als bei der Umsatzsteuer[665] – der Fall. Das Gericht, das bei seiner Dogmatik auch auf die Überlegungen *Flumes* aufsetzt[666], führt insoweit im Jahre 2006[667] eher knapp aus, dass ein solcher Grund in der Abschirmung der Vermögenssphäre einer Kapitalgesellschaft gegenüber ihren Anteilseignern gesehen werden könnte, welcher zu einer eigenständigen und objektiven Leistungsfähigkeit führe.[668]

145, 106 jeweils einzelne Normen betrafen, also keine Grundsatzentscheidung darstellen und deshalb nicht unbedingt verallgemeinerungsfähig sind, vgl. *Hey*, in: FS Grunewald, 361, 366.

662 Nach *Keß*, FR 2006, 869, 871 setze die Entscheidung BVerfGE 116, 164 „tatsächlich einen Schlusspunkt unter die Diskussion über die Frage eines verfassungsrechtlichen Gebots rechtsformneutraler Besteuerung".

663 BVerfG, Beschluss vom 21.06.2006 – 2 BvL 2/99, BVerfGE 116, 164, 198; BVerfG, Beschluss vom 29.03.2017 – 2 BvL 6/11, BVerfGE 145, 106, 148. Siehe auch BVerfG, Beschluss vom 12.10.2010 – 1 BvL 12/07, BVerfGE 127, 224, 248 ff.

664 BVerfG, Beschluss vom 21.06.2006 – 2 BvL 2/99, BVerfGE 116, 164, 198; BVerfG, Beschluss vom 29.03.2017 – 2 BvL 6/11, BVerfGE 145, 106, 148.

665 *Paul Kirchhof*, damals Berichterstatter, möchte die Entscheidung zur Umsatzsteuer auf das Ertragsteuerrecht übertragen, vgl. *Kirchhof*, StuW 2002, 3, 11, 18.

666 Vgl. überzeugend *Palm*, Person im Ertragsteuerrecht, 9, 27 f.

667 Vgl. für einen Überblick zum Hintergrund der Entscheidung BVerfG, Beschluss vom 21.06.2006 – 2 BvL 2/99, BVerfGE 116, 164 (auch zur Begründung des BFH und zur Stellungnahme der Bundesregierung) den Beitrag von *Stahlschmidt*, StuB 2006, 756 ff.

668 BVerfG, Beschluss vom 21.06.2006 – 2 BvL 2/99, BVerfGE 116, 164, 199. Die Übernahme der Argumentation in BVerfG, Beschluss vom 12.10.2010 – 1 BvL 12/07, BVerfGE 127, 224, 248, 250 wurde vielfach kritisiert, vgl. z.B. *Hennrichs*, FR 2010, 721,

Darum dürfe der Steuergesetzgeber die zivilrechtliche Wertentscheidung aufnehmen, wonach bei Personengesellschaften das Vermögen den jeweiligen Gesellschaftern zugerechnet werde, wohingegen das Vermögen bei den Kapitalgesellschaften gegenüber dem Gesellschaftervermögen grundsätzlich verselbstständigt sei.[669] Auch der 66. DJT 2006 verneinte eine Pflicht zur Beseitigung der dualistischen Unternehmensbesteuerung.[670]

cc) Rechtsformneutralität als sittliches Gebot der Ökonomie

Es geht in diesem Abschnitt nicht darum, die ergangene Rechtsprechung des Bundesverfassungsgerichts dezidiert zu hinterfragen oder gar eine Apologie anzustellen, dies würde den Erkenntnisgewinn in Bezug auf den Untersuchungsgegenstand auch nicht beträchtlich erhöhen. Insoweit kann vielmehr auf die einschlägige, vornehmlich kritische Literatur[671] verwiesen werden. Es soll nachfolgend vielmehr der Frage nachgegangen werden, ob die gesetzgeberische und aus Karlsruhe abgesegnete Anknüpfung an die Rechtsform bei Beibehaltung der Linie auch mit der Reform des Personengesellschaftsrechts Bestand haben kann.

(1) Gestaltungsmacht des Steuerrechts

„Neutralität der Besteuerung zielt darauf ab, die Verzerrung betriebswirtschaftlicher Entscheidungen zu vermeiden."[672] Mit dieser Aussage begann *Johanna Hey* in neuerer Zeit einen knappen Ausflug zu ökonomischen

---

723 („schlicht falsch"). Das Bundesverfassungsgericht hielt indes daran fest, BVerfG, Beschluss vom 29.03.2017 – 2 BvL 6/11, BVerfGE 145, 106, 148 f.

669 BVerfG, Beschluss vom 21.06.2006 – 2 BvL 2/99, BVerfGE 116, 164, 199; BVerfG, Beschluss vom 12.10.2010 – 1 BvL 12/07, BVerfGE 127, 224, 248, 250). Vgl. etwas abgeschwächt BVerfG, Beschluss vom 29.03.2017 – 2 BvL 6/11, BVerfGE 145, 106, 148 („stärkere Abschirmung der Vermögensphäre").

670 *Ständige Deputation des Deutschen Juristentages,* Verh. des 66. DJT 2006 – Bd. II/2: Sitzungsberichte, Q 170, Beschluss Nr. 18 („Die dualistische Struktur der Unternehmensbesteuerung – Trennungsprinzip bei juristischen Personen und Transparenzprinzip bei Personenunternehmen – hat sich bewährt. Sie entspricht – bei typisierter Betrachtung – zivilrechtlichen Rechtsformunterschieden und sollte daher beibehalten werden").

671 Vgl. z.B. *Hennrichs/U. Lehmann*, StuW 2007, 16 16 ff.; *Hey*, DStR 2007, 925; *Palm*, in: Leitgedanken des Rechts, 1697 ff.; *Schön*, StuW 2005, 247 ff.

672 *Hey*, in: FS Grunewald, 361, 363.

Neutralitätspostulaten. Dem ist zuzustimmen, dass sich die Besteuerung bzw. treffender gesagt deren Folgen angesichts des bestehenden Dualismus der Unternehmensbesteuerung unmittelbar auf die Wahl der Rechtsform auswirken.[673]

Wirtschaftlich vergleichbare Unternehmen können verschiedenen steuerlichen Belastungen unterliegen, je nachdem, ob die unternehmerische Tätigkeit in Form eines Einzelunternehmens, einer Personen- oder einer Kapitalgesellschaft ausgeübt wird. Weil sich die unterschiedlichen Steuerfolgen als durchaus beträchtlich darstellen können, wird die Wahl der „richtigen" Rechtsform auch zu einem Großteil nach eben diesen Gesichtspunkten getroffen, während andere betriebswirtschaftliche oder auch unternehmenspolitische Aspekte in den Hintergrund treten.[674]

Vor diesem Hintergrund erklärt sich etwa auch, dass die GmbH & Co. KG letztlich ein „Kind des Steuerrechts"[675] ist. Aus dieser Macht, die dem Steuerrecht bei der Rechtsformwahl damit unweigerlich zukommt, können ökonomisch unersprießliche Folgen resultieren.[676] Dies zu kompensieren ist Motivgrund des Postulats der aus der Wettbewerbsneutralität resultierenden Neutralität der Besteuerung, was die Brücke zu dem genannten Zitat von *Johanna Hey* schlägt. Das Steuerrecht soll den rational handelnden Unternehmer nicht bei seiner Auswahl der Rechtsform beeinflussen.[677]

(2) Postulate als Wertmaßstäbe

Die vom gegenwärtigen Steuerrecht aufgrund der Rechtsformabhängigkeit unstreitig nicht erfüllte Neutralität der Besteuerung als ein Postulat bzw. Sittengebot ist also in erster Linie von der Betriebswirtschaftslehre und

---

673 Vgl. *Seer*, StuW 1993, 114 ff. mit zahlreichen Nachweisen; siehe aktuell auch etwa *Scheffler*, Besteuerung von Unternehmen III, Rn. 19 ff.

674 Vgl. *Schreiber*, Besteuerung der Unternehmen, 299 ff. (auch mit einer kurzen Darstellung der Vor- und Nachteile des Trennungs- bzw. Transparenzprinzips) sowie insbesondere 447 ff.

675 *K. Schmidt*, GesR, § 1 II c, 23.

676 *Kußmaul/Gottfreund*, StB 2021, 321, 322.

677 *Desens*, in: Herrmann/Heuer/Raupach, Einführung zum KStG Rn. 57 ff. (Dokumentstand: 296. Lieferung 2/2020).

Finanzwissenschaft entwickelt worden.[678] In dieser Folge kommt diesem Postulat aber keine unmittelbare und zwingende verfassungsrechtliche Relevanz zu[679], sondern ist vielmehr zunächst zwischen ökonomischen Prinzipien einerseits und Vorgaben des Verfassungsrechts andererseits zu unterscheiden.[680]

Während Verfassungsmaßstäbe dem Steuergesetzgeber zwingende Vorgaben machen und ihn hierdurch fest binden, sind ökonomische Prinzipien im Rahmen der bereichsspezifischen Konkretisierung des Verfassungsrechts „lediglich" als Wertmaßstäbe zu verstehen und einzubeziehen[681], ohne dass ihnen aber unmittelbar ein zwingender Verfassungsrang zukommt.[682] Das bedeutet, dass die ökonomischen Prinzipien hinsichtlich ihrer Geltungsbereiche und Reichweiten auch unterschiedlichen Sichtweisen bzw. Deutungen unterliegen können, Durchbrechungen solcher Prinzipien möglich sind und hieraus wiederum nicht per se jeweils eine Verfassungswidrigkeit folgen muss.[683]

(3) Zulässige Durchbrechungen qua Ermessensspielraum

Deshalb ist es im Grundsatz auch nicht zu beanstanden, wenn die Rechtsprechung aufgrund der fest konturierten, aber bestehenden gesetzgeberischen Freiheit im Steuerrecht im Zusammenhang mit einzelnen Prinzipien geringere Anforderungen an die Rechtfertigung möglicher Ungleichbehandlungen stellt.[684]

---

678 *Desens*, in: Herrmann/Heuer/Raupach, Einführung zum KStG Rn. 55 (Dokumentstand: 296. Lieferung 2/2020); *Kußmaul/Gottfreund*, StB 2021, 321, 323 f. Siehe ausführlich dazu *Woerz*, Körperschaftsteuer für Personenunternehmen, 24 ff.

679 *D. Schneider*, DB 2004, 1517, 1519.

680 *Desens*, in: Herrmann/Heuer/Raupach, Einführung zum KStG Rn. 50 (Dokumentstand: 296. Lieferung 2/2020); *Lang*, StuW 1990, 107, 110.

681 vgl. etwa BVerfG, Beschluss vom 22.06.1995 – 2 BvL 37/91, BVerfGE 93, 121, 134.

682 *Desens*, in: Herrmann/Heuer/Raupach, Einführung zum KStG Rn. 50 (Dokumentstand: 296. Lieferung 2/2020).

683 *Desens*, in: Herrmann/Heuer/Raupach, Einführung zum KStG Rn. 50 (Dokumentstand: 296. Lieferung 2/2020).

684 Vgl. etwa BVerfG, Beschluss vom 12.05.2009 – 2 BvL 1/00, BVerfGE 123, 111; BVerfG, Beschluss vom 17.11.2009 – 1 BvR 2192/05, BVerfGE 125, 1; BVerfG, Beschluss vom 12.10.2010 – 1 BvL 12/07, BVerfGE 127, 224; BVerfG, Beschluss vom 29.03.2017 – 2 BvL 6/11, BVerfGE 145, 106; vgl. zum Kontrollprogramm des BVerfG auch die Ausführungen von *Desens*, StuW 2016, 240, 246 ff.; *Drüen*, Ubg 2009, 23 ff.

Eine Durchbrechung des (ökonomischen) Vernunftgebots der Rechtsformneutralität ist mithin zulässig, sofern das gegenwärtige Steuermodell mit der Verfassung im Einklang ist, das heißt letztere den Gesetzgeber nicht zu eben dieser Rechtsformneutralität zwingt, dem Postulat also Verfassungsrang verleiht. Das Grundgesetz enthält keinen Artikel, der eine Rechtsformneutralität ausdrücklich verlangt. Die Frage ist deshalb wiederum vorrangig am Gleichheitssatz zu messen.[685]

Art. 3 Abs. 1 GG ist verletzt, wenn sich ein vernünftiger, aus der Natur der Sache ergebender oder sonst wie sachlich einleuchtender Grund für die gesetzliche Differenzierung oder Gleichbehandlung nicht finden lässt.[686] Hierbei spielt die angesprochene Freiheit des Gesetzgebers, das heißt vor allem sein Ermessensspielraum in Bezug auf die Rechtschaffung, dann wiederum eine große Rolle.[687] Das gilt zunächst für die Frage, ob überhaupt zwischen den jeweiligen Sachverhalten Unterschiede bestehen, welche eine Ungleichbehandlung rechtfertigen können.[688] Auch darf der Gesetzgeber aus Gründen der Praktikabilität eben auch typisierend tätig sein.[689] Das bedeutet vor allem, dass der originäre Gestaltungsspielraum dazu führt, dass unter mehreren Lösungen nicht stets die „vernünftigste" oder gerechteste gewählt werden muss, wenn und soweit die Regelung hinsichtlich des zu ordnenden Gegenstands geeignet ist und es für sie einen sachgerechten Grund gibt, sie also nicht von Willkür determiniert ist.[690]

---

685 Vgl. *H. Weber*, JZ 1980, 545, 546.

686 Ständige Rechtsprechung, vgl. BVerfG, Urteil vom 23.10.195 – 2 BvG 1/51, BVerfGE 1, 14, 52; BVerfG, Beschluss vom 05.10.1993 – 1 BvL 34/81, BVerfGE 89, 132, 141; BVerfG, Urteil vom 06.03.2002 – 2 BvL 17/99, BVerfGE 105, 73, 110; BVerfG, Beschluss vom 04.12.2002 – 2 BvR 400/98, 1735/00, BVerfGE 107, 27, 45 f.; BVerfG, Beschluss vom 08.06.2004 – 2 BvL 5/00, BVerfGE 110, 412, 431 f.; BVerfG, Beschluss vom 18.07.2005 2 BvF 2/01, BVerfGE 113, 167, 214; BVerfG, Beschluss vom 29.03.2017 – 2 BvL 6/11, BVerfGE 145, 106, 143.

687 A.A. im Zusammenhang der Rechtsformneutralität wohl *Hey*, in: Tipke/Lang, Rn. 13.172 („Der Hinweis auf die Gestaltungsfreiheit des Gesetzgebers kann indes nicht überzeugen").

688 BVerfG, Beschluss vom 08.10.1991 – 1 BvL 50/86, BVerfGE 84, 348, 359.

689 Vgl. die Ausführungen unter Gliederungspunkt Teil 2, Abschnitt 1, A. II. 1. a) cc).

690 Willkür in diesem Sinne kann nach ständiger Rechtsprechung des BVerfG erst dann festgestellt werden, soweit die Unsachlichkeit der Differenzierung evident ist, vgl. BVerfG, Beschluss vom 29.03.2017 – 2 BvL 6/11, BVerfGE 145, 106, 143 m.w.N.

(4) Wirtschaftliche Besonderheiten und zulässige Typisierung

Legt man diese Maßstäbe zugrunde, wird man nicht per se beanstanden müssen, dass das Bundesverfassungsgericht in der Vergangenheit grundsätzlich Rechtsformunterschiede als sachlichen Grund für die divergierende Ertragsbesteuerung herangezogen hat. Denn bei der Ertragsbesteuerung geht es – anders als bei der Umsatzsteuer, die Gegenstand der populären Schwarzwaldklinik-Entscheidung[691] war – um direkte Steuern.

Der verfassungsrechtliche Gleichheitssatz bedingt einerseits nicht schlechterdings die Gleichstellung von natürlicher Person und Körperschaft und die Körperschaft und das Einzelunternehmen bzw. die rechtsfähige Personengesellschaft sind andererseits eben durch klare Strukturunterschiede voneinander abgegrenzt.[692] Selbst wenn man die Rechtsformneutralität nicht aus Art. 3 Abs. 1 GG, sondern aus Art. 9 Abs. 1, Art. 12 Abs. 1 bzw. Art. 14 Abs. 1 GG folgert[693], ändert das die grundlegende Wertung nicht.[694]

Auch wenn der normative Kern des Problems im Leistungsfähigkeitsprinzip wurzeln mag, vermag die Argumentation des Bundesverfassungsgerichts zu den Belastungsdifferenzen im Ergebnis zu überzeugen – sofern eben nicht bloß auf die Rechtsform an sich abstellt wird, sondern gedanklich vielmehr auf entsprechende erhebliche Divergenzen in der wirtschaftlichen Wirklichkeit, und sich gerade diese Divergenzen lediglich in den jeweiligen Rechtsformen manifestieren. In diesem Fall rechtfertigt sich das Trennungs- bzw. Transparenzprinzip auch unter dem Gesichtspunkt des Leistungsfähigkeitsprinzips.

Wenn dann also von außen betrachtet die Rechtsform entscheidend für die steuerliche Behandlung des wirtschaftlichen Ertrags sein kann, dann

---

691 BVerfG, Beschluss vom 10.11.1999 – 2 BvR 2861/93, BVerfGE 101, 151.

692 Grundlegend BVerfG, Urteil vom 24.01.196 – 1 BvR 845/58, BVerfGE 13, 331; *Drüen*, in: Frotscher/Drüen, Vor § 1 KStG Rn. 28 (Werkstand: 01.06.2022). Anderer Ansicht (Gleichstellung und damit Abschaffung des Dualismus der Unternehmensbesteuerung) ist *Palm*, Person im Ertragsteuerrecht, 545 ff., 559, 566.

693 Vgl. hierzu *Kirchhof*, StuW 2002, 3, 11; *Merzrath*, Die Vereinigungsfreiheit, 98 ff., 178 f.; *Waldoff*, StuW 2000, 217, 220; *H. Weber*, JZ 1980, 545, 547.

694 Vgl. hinsichtlich der Freiheitsrechte auch *Wernsmann*, in: Hübschmann/Hepp/Spitaler, § 4 AO Rn. 515 (Dokumentstand: 260. Lieferung 10/2020): „Es erscheint bereits sehr zweifelhaft, ob mit Anreizen für eine bestimmte Rechtsformwahl ein rechtfertigungsbedürftiger Eingriff in Freiheitsrechte verbunden ist, ob also überhaupt ein Eingriff in Freiheitsrechte verbunden ist".

liegt das darin begründet, dass es „letztlich" bzw. von innen betrachtet die mit den Rechtsformen zivilrechtlich determinierten Folgewirkungen sind, an die dann in verfassungskonformer Weise typisierend anhand der Rechtsform (unter Beachtung des Gebots der Folgerichtigkeit[695]) angeknüpft werden kann, und es an einer wirtschaftlichen Vergleichbarkeit von Personenunternehmen und Kapitalgesellschaft fehlt.

Dieses gedanklichen Schritts zur Verknüpfung der Argumentation bedarf es jedoch. Das Nebeneinander von Trennungs- und Transparenzprinzip basiert daher letztlich auf der Sicht, dass nicht nur allein der unternehmerisch erzielte Gewinn als Indikator für die Besteuerung herangezogen wird, sondern vielmehr auch die mit der Rechtsform einhergehenden wirtschaftlichen Gesichtspunkte Einfluss auf die Leistungsfähigkeit haben können.[696] Dieses letztlich die zuvorderst ökonomische Forderung vernachlässigende Dogma steht mit der Verfassung im Einklang. Darauf, ob hierbei jedoch der aus Karlsruhe ins Feld geführte Merkspruch der „Abschirmung der Vermögensphäre einer Kapitalgesellschaft gegenüber ihren Anteilseignern"[697] tatsächlich in dieser Vagheit als Anführung eines sachlichen Grunds im Sinne von Art. 3 Abs. 1 GG zu verstehen ist, wird noch einzugehen sein.

2. Reformeinfluss

Was die Frage nach der Gerechtigkeit der Unternehmensbesteuerung angeht, so ist es in den letzten Jahren zwar etwas ruhiger geworden[698], doch geben MoPeG und KöMoG den Diskussionen wieder Auftrieb.[699] Der Rechtssatz des BVerfG, wonach Art. 3 Abs. 1 GG kein allgemeines Verfassungsgebot rechtsformneutraler Besteuerung enthält und ein hinreichender sachlicher Grund für die divergierende Besteuerung von Personen- und Kapitalgesellschaft besteht, hindert den Gesetzgeber natürlich nicht daran, eine möglichst rechtsformneutrale Besteuerung anzustreben, und deshalb etwa den

695 Siehe auch *Drüen*, GmbHR 2008, 393, 400 (Grenzen für die Anknüpfung an die Rechtsform ergeben sich allerdings aus dem Gebot der Folgerichtigkeit).

696 Vgl. *Mössner*, in: DStJG 17 (1994), 231, 236.

697 BVerfG, Beschluss vom 29.03.2017 – 2 BvL 6/11, BVerfGE 145, 106.

698 *Hey*, in: FS Grunewald, 361, 363 („im letzten Jahrzehnt keine große Rolle mehr gespielt").

699 Beide Gesetze behandelnd etwa *Bochmann/Bron*, NZG 2021, 613 ff.; *Möhlenbrock/Haubner*, FR 2022, 53 ff.; *S. C. Scholz*, StuB 2021, 677 ff.

nicht entnommenen Gewinn bei den Personengesellschaften zu begünstigen (§ 34a EStG).

Auch durch das KöMoG möchte der Gesetzgeber dieses Ziel erreichen, freilich ohne von der Grundidee des Nebeneinanders von Trennungs- und Transparenzprinzip Abstand zu nehmen. Der zentralen Neuerung, einer Option der Personengesellschaften zur Besteuerung nach den Vorschriften für die Kapitalgesellschaften, hätte es schlicht nicht bedurft, sofern die Personengesellschaft aus Sicht des Gesetzgebers ex lege als juristische Person zu qualifizieren sein sollte und der Besteuerung nach dem KStG hätte unterliegen sollen.[700]

Bevor in diesem Kapitel auf die Auswirkungen des MoPeG eingegangen wird, soll sich zunächst noch der Frage gewidmet werden, ob man mit dem KöMoG nicht zumindest eine Entschärfung der Debatte hinsichtlich der Gerechtigkeit der Unternehmensbesteuerung herbeigeführt hat, denn immerhin geht mit der Optionseinführung eine Durchbrechung des Transparenzprinzips einher.[701]

a) KöMoG

aa) Überblick zur Option

Der größte tatsächliche Unterschied in der steuerlichen Belastung von Personengesellschaften und Körperschaften liegt in der Gewinnthesaurierung.[702] Hier wurde mit Wirkung vom 1. Januar 2008 die Sondertarifierung nach

---

700 *Stöber*, GmbHR 2022, 967, 970. Vgl. auch *Kanzler*, FR 2021, 1049, 1052 mit dem Hinweis, dass im Falle eines verfassungsrechtlichen Gebots rechtsformneutraler Unternehmensbesteuerung die zwingende Körperschaftbesteuerung und nicht ein Wahlrecht die einzig zulässige Lösung sei.

701 Kritisch gegenüber einem Optionsmodell zur Vereinfachung der Unternehmensbesteuerung ist *Kahle*, in: Beck'sches Hdb. PersG, § 7 Rn. 5 („Anstatt an ihren Symptomen zu kurieren, wäre es sinnvoller, die Ursachen der komplexen deutschen Mitunternehmerbesteuerung zu beseitigen“).

702 Vgl. auch Gutachten WD-MoPeG (Fn. 43), 18 mit dem Hinweis darauf, dass ausgeschüttete Gewinne von Kapitalgesellschaften bzw. Gewinne von Personengesellschaften unter Berücksichtigung der Gewerbesteuer sowie des Teilcinkünfteverfahrens annähernd gleich hoch besteuert werden, sofern eine natürliche Person (als Gesellschafter der Personengesellschaft oder als Anteilseigner) den einkommensteuerrechtlichen Spitzensteuersatz zahlen muss.

§ 34a EStG eingeführt und auch hier setzt letztlich das KöMoG[703] an. Nach § 1a Abs. 1 S. 1 KStG besteht die Möglichkeit, auf unwiderruflichen Antrag eine ertragsteuerliche Behandlung wie eine Kapitalgesellschaft zu erfahren mit der Folge, dass die Gesellschafter wie die nicht persönlich haftenden Gesellschafter einer Kapitalgesellschaft behandelt werden.[704]

Das bedeutet, dass die Personengesellschaft bei Antragstellung auf Option ab dem folgenden Wirtschaftsjahr (erstmals möglich für Wirtschaftsjahre, die nach dem 31. Dezember 2021 beginnen) ertragsteuerlich wie eine Kapitalgesellschaft und die Gesellschafter der Personengesellschaft wie Anteilseigner einer Kapitalgesellschaft, also wie deren nicht persönlich haftende Gesellschafter, behandelt werden (§ 1a Abs. 1 S. 1 KStG, § 2 Abs. 8 GewStG). Die diese Option ausübende Personengesellschaft unterliegt dann bis zu einer Rückkehr zur transparenten Besteuerung[705] der Körperschaft- und Gewerbesteuer. Nach § 1a Abs. 3 KStG stellen Tätigkeiten des Gesellschafters im Dienst der Gesellschaft Einkünfte aus nichtselbstständiger Arbeit dar (§ 19 EStG), die Hingabe von Darlehen an die Gesellschaft sind als Einkünfte aus Kapitalvermögen (§ 20 Abs. 1 Nr. 7 bzw. Abs. 2 S. 1 Nr. 7 EStG) zu verstehen und bei der Überlassung von Wirtschaftsgütern an die Gesellschaft handelt es sich um Einkünfte gemäß §§ 21 f. EStG.

Es liegt damit zunächst nahe, in der Schaffung dieser Optionsmöglichkeit tatsächlich eine Abmilderung des Streits und der Forderungen in Bezug auf eine rechtsformneutrale bzw. rechtsformgerechte Unternehmensbesteuerung zu sehen. Das gilt umso mehr, weil der Gedanke nach der Einführung eines

---

703 Angesichts der grundsätzlichen Bedeutung und potentiellen Auswirkungen dieses Gesetzes überrascht die Vielzahl an positiven und kritischen Beiträgen zum KöMoG keineswegs, vgl. etwa *Adrian/Fey*, StuB 2021, 309 ff.; *Kahle*, FR 2022, 377 ff.; *Mayer/Käshammer*, NWB 2021, 1300 ff.; *Prinz*, FR 2022, 61 ff.; *Prinz*, DB 2022, 11, 13 ff.; *Rätke/Tiede*, BKK 2021, 477 ff.; *Richter/Welling*, FR 2022, 65 ff.; *Wacker/R. Krüger/Levedag/Loschelder*, DStR-Beih 2021, 3 ff.; *Wälzholz*, notar 2022, 35 ff.

704 Vgl. hierzu die drei aufeinander abgestimmten Beiträge *Brühl/Weiss*, DStR 2021, 889, 892 ff.; *Brühl/Weiss*, DStR 2021, 945 ff.; *Brühl/Weiss*, DStR 2021, 1617 ff.

705 Die Rückkehr erfolgt entweder auf Antrag (§ 1a Abs. 4 S. 1 bis 3 KStG) oder kraft Gesetzes, sofern die Voraussetzungen für die Option entfallen (§ 1 a Abs. 4 S. 4 bis 7 KStG).

Optionsmodells nicht neu[706] ist und ein solches Verfahren auch etwa in den USA[707] erfolgreich praktiziert wird.

Allerdings – und das dürfte eine möglicherweise aufgekommene Euphorie erheblich bremsen – sollten zur Ausübung der Option gem. § 1a Abs. 1 S. 1 KStG a.F. zunächst nur Personenhandelsgesellschaften (OHG und KG), Partnerschaftsgesellschaften im Sinne des PartGG sowie gem. § 1 EWIVAG die EWIV sein. Zwar erstreckte sich die Option ausweislich der Gesetzesbegründung auch auf hiermit vergleichbare ausländische Gesellschaften.[708]

Nicht erfasst waren bei Einführung des § 1a KStG aber die übrigen Personengesellschaften, insbesondere also nicht die GbR.[709] Durch die Änderung des § 1a KStG durch das Wachstumschancengesetz sind mit Wirkung zum 28.03.2024[710] immerhin heute auch eingetragene BGB-Gesellschaften antragsbefugt. Einzelunternehmern ist dies jedoch weiterhin nicht zugestanden. Die mit dem KöMoG geschaffene Option führt somit zu einer Dreiteilung: Für Körperschaften gilt weiterhin das Trennungsprinzip und die nicht

---

706 So wurde insbesondere schon im Entwurf eines Steuersenkungsgesetzes vom 15.02.2000 eine entsprechende Körperschaftsteueroption aufgenommen (§ 4a KStG-E), Gesetzesentwurf der Bundesregierung = BTDrucks. 14/3074 (30.03.2020), 4, abrufbar unter https://t1p.de/6l7ro, im Folgenden zitiert als: Regierungsentwurf StSenkG; hier in Verbindung mit dem Gesetzentwurf der Fraktionen SPD und BÜNDNIS 90/DIE GRÜNEN = BT-Drucks. 14/2683 (15.02.2020), 77, abrufbar unter https://t1p.de/z01pt, im Folgenden zitiert als: Fraktionsentwurf StSenkG. Vgl. insoweit auch die kurze Zusammenfassung von *Hey*, in: FS Grunewald, 361, 371 mit Verweis auf den 33. DJT.

707 Sog. „Check the Box“-Verfahren, vgl. etwa *Hey/Bauersfeld*, IStR 2005, 649, 651.

708 Gesetzesentwurf der Bundesregierung = BT-Drucks. 19/28656 (19.04.2021), 19, 21, abrufbar unter https://t1p.de/k2aat, im Folgenden zitiert als: RegE KöMoG 04/2021.

709 § 1a Abs. 1 S. 6 KStG nimmt zudem Investmentfonds im Sinne des InvStG aus dem Anwendungsbereich heraus sowie auch Gesellschaften, die nach Ausübung der Option in dem Staat, in dem sich ihre Geschäftsleitung befindet, keiner der deutschen unbeschränkten Körperschaftsteuerpflicht vergleichbaren Steuerpflicht unterliegen. Vgl. hierzu Begründung RegE KöMoG 04/2021 (Fn. 708), 21.

710 Ursprünglich war im Rahmen des Wachstumschancengesetz vorgesehen, jedwede Personengesellschaft in den Anwendungsbereich aufzunehmen, sodass auch die nicht eingetragene GbR erfasst worden wäre, vgl. noch Gesetzesentwurf der Bundesregierung = BT-Drucks. 20/8628 (02.10.2023), 54, abrufbar unter https://t1p.de/8hrpj; davon hat der Bundestag auf Vorschlag des Bundesrates und Empfehlung des Finanzausschusses dann jedoch abgesehen. Bei dieser Einstufung ist es auch in der vom Vermittlungsausschuss verabschiedeten Kompromissfassung geblieben.

antragsberechtigten Personengesellschaften wie etwa die – seit 28.03.2024 nur noch: nicht eingetragene – GbR[711] unterliegen wie bisher dem Transparenzprinzip mit der Folge, dass die Gesellschafter, sofern sie natürliche Personen sind, wie auch der Einzelunternehmer Subjekte der Einkommensteuer sind. Nur die zur Option berechtigten Personengesellschaften (wozu sich inzwischen die eingetragene GbR zählen darf) als eine dritte Kategorie können zwischen diesen beiden Prinzipien wählen. Das müsste auch unter verfassungsrechtlichen Gesichtspunkten gerechtfertigt werden können. Ist mit dieser Dreiteilung und damit vor allem mit der Herausnahme des Einzelunternehmers und der nicht eingetragenen GbR aus dem Kreis der Antragsberechtigten tatsächlich eine Art brauchbare „Lösung“ für die bestehenden ertragsteuerrechtlichen Diskrepanzen gefunden?

bb) Verfassungsrechtliche Zweifel

Es stellt sich zwar angesichts der Absicht einer rechtsformneutralen Besteuerung wohl nicht die Frage, ob die Optionsmöglichkeit zweckmäßig ist. Es steht aber zu hinterfragen, ob damit Verfassungsrecht verletzt ist, insbesondere ob dem allgemeinen Gleichheitssatz des Art. 3 Abs. 1 GG Genüge getan wurde.[712] Insoweit gilt der bereits beschriebene stufenlose Prüfungsmaßstab mit dem Grundsatz der Lastengleichheit und dem Grundsatz der Steuergerechtigkeit auch für diese Zwecke. Unter der (letztlich nicht zu beanstandenden) Prämisse des BVerfG, dass es kein verfassungsrechtliches Gebot der Rechtsformneutralität gibt, müsste sich für die mit der Dreiteilung verbundene unterschiedliche Behandlung ein sachgerechter Grund finden lassen.

---

711 Nach der Gesetzesbegründung war zwar nicht ausgeschlossen, dass auch die GbR einbezogen werden wird, Begründung RegE KöMoG 04/2021 (Fn. 708), 19 f. Siehe dazu auch Begründung RegE MoPeG 03/2021 (Fn. 21), 263 ff. zur Änderung des Umwandlungsgesetzes. Bei Einführung der Option entschied sich der Gesetzgeber jedoch zunächst dagegen.

712 Für eine über die vorliegend den Gleichheitssatz nur anreißende Darstellung hinausgehende, vor allem auch das Rechtsstaatsprinzip, das Sozialstaatsprinzip und das Finanzverfassungsrecht in den Blick nehmende Untersuchung vgl. die lesenswerten Ausführungen von *Stein*, BB 2020, 1879, passim.

(1) Gründe für den Ausschluss der Einzelunternehmer?

Dass der Einzelunternehmer nicht optionsberechtigt sein soll, lässt sich womöglich darauf stützen, dass es bei ihm nicht zu einer rechtlichen Verselbstständigung des Vermögens auf Unternehmensseite kommt, insoweit also eine bildhafte Identität besteht, die Situation also noch viel klarer ist als bei den Personengesellschaften.[713] Das Unternehmensvermögen ist vom Vermögen des Unternehmers nicht getrennt, sondern das Unternehmensvermögen ist ein Teil des Unternehmervermögens.[714]

Auf Basis der Linie des Bundesverfassungsgerichts, wonach die Trennung des Gesellschaftsvermögens vom Gesellschaftervermögen als ein Begründungselement und damit als ein sachlicher Grund für die verfassungsrechtliche Zulässigkeit des Dualismus der Unternehmensbesteuerung herangezogen wurde[715], kann dieses Argument für den Ausschluss des Einzelunternehmers durchaus anklingen. Immerhin beruht die Besteuerung der Körperschaft auf dem Trennungsprinzip und damit auf der Sonderung der leistungsfähigen Körperschaft einerseits und ihren Teilhabern andererseits, die sich grundsätzlich „wie zwei fremde Dritte“[716] gegenüberstehen. So gesehen würde diese Kernaussage des Trennungsprinzips der Anwendung der Körperschaftsteuer beim Einzelunternehmer entgegenstehen.[717]

Allerdings sieht der Gesetzesentwurf zum Steuersenkungsgesetz aus 2000 im Entwurf zur Änderung des § 4a Abs. 1 KStG vor, dass auch eine natürliche Person optionsberechtigt ist.[718] Dieser ältere Entwurf erklärt damit im Vorbeigehen, dass die Option zur Körperschaftsteuer grundsätzlich auch

---

713 Vgl. *Hey*, Stellungnahme zu dem Entwurf eines Gesetzes zur Modernisierung des Körperschaftsteuerrechts (BT-Drucks. 19/28656), 4, abrufbar unter https://t1p.de/n0ej, im Folgenden zitiert als: *Hey*, Stellungnahme KöMoG.

714 Für die Besteuerung ist freilich das Privatvermögen des Unternehmers von dessen Betriebsvermögen abzugrenzen, denn nur das Betriebsvermögen dient der Erzielung gewerblicher Einkünfte.

715 BVerfG, Beschluss vom 21.06.2006 – 2 BvL 2/99, BVerfGE 116, 164, 198 f.; BVerfG, Beschluss vom 12.10.2010 – 1 BvL 12/07, BVerfGE 127, 224, 248, 250; BVerfG, Beschluss vom 29.03.2017 – 2 BvL 6/11, BVerfGE 145, 106, 148 f.

716 *Hey*, in: Tipke/Lang, Rn. 11.2.

717 Vgl. *Hey*, Stellungnahme KöMoG (Fn. 713), 4. *Hey* weist darauf hin, dass alternativ Sonderregelungen erforderlich wären. Vgl. auch *Hey*, in: Tipke/Lang, Rn. 13.185.

718 Regierungsentwurf StSenkG (Fn. 706), 4 in Verbindung mit Fraktionsentwurf StSenkG (Fn. 706), 77.

beim Einzelunternehmer denkbar ist. Es scheint daher zumindest fraglich, ob tatsächlich ein sachlicher Grund im Sinne von Art. 3 Abs. 1 GG für die beschränkte Antragsbefugnis besteht.

(2) Gründe für den Ausschluss der anderen Personengesellschaften?

(a) Fehlende Übertragbarkeit

Auch wenn man der Auffassung des Gesetzgebers folgt, wonach ihm die Verfassung keine Verpflichtung auferlegt, die Option auch für den Einzelunternehmer einzuführen, so kann die dortige Argumentationsbasis jedenfalls nicht pauschal auf die BGB-Gesellschaft projiziert werden. Die GbR war und ist, soweit sie nach außen hin tätig wird, auch schon vor Inkrafttreten des MoPeG (voll) rechtsfähig[719] und ebenso alleinige Trägerin des Gesellschaftsvermögens. Die bisher formal fortbestehenden Zuordnungsregeln sind inhaltsleer. Die Reform des Personengesellschaftsrechts ist in dieser Hinsicht also einzig klarstellender Natur.

(b) Kritik an der Gesetzesbegründung

Deshalb vermochte in der Sache schon nicht überzeugen, dass die Gesetzesbegründung zum KöMoG eine erneute Bewertung in Bezug auf die Erweiterung des Kreises der Optionsberechtigten mit Blick auf die „reformierte“ GbR lediglich in Aussicht stellte[720], die Option für die GbR also vom Gesetzgeber nicht bereits implementiert wurde.[721] Sehr verwunderlich ist dabei aber auch, was die Gesetzesbegründung in der Sache als Erklärung des Ausschlusses der GbR hergibt:

> „Die Ausübung der Option zur Körperschaftsbesteuerung für andere Personengesellschaften wie die Gesellschaft bürgerlichen Rechts ist zunächst nicht vorgesehen. Eine solche hätte zur Folge, dass sich auch die vielen kleinen Gesellschaften bürgerlichen Rechts (...) mit den teilweise komplexen und ggf. beratungsintensiven

719 BGH, Urteil vom 29.01.2001 – II ZR 331/00, BGHZ 146, 341.

720 RegE KöMoG 04/2021 (Fn. 708), 19 f.

721 Die der GbR vormals noch fehlende Umwandlungsfähigkeit und die vormalige Unmöglichkeit ihrer Registereintragung ändert daran nichts, vgl. hierzu überzeugend die Ausführungen von *Hey*, Stellungnahme KöMoG (Fn. 713), 4. Vgl. entsprechend auch die Schlussfolgerung von *Müller-Gatermann*, FR 2022, 637, 640: „Unternehmensbesteuerung in Deutschland weiter kompliziert und international zu weiteren Verwerfungen beigetragen“.

> steuerlichen Alternativen auseinandersetzen müssten. Dies stünde angesichts der von diesen Gesellschaften voraussichtlich nur selten in Anspruch genommenen Möglichkeit zur Optionsausübung in keinem Verhältnis. Diese Gesellschaften können allerdings über den Formwechsel in eine der berechtigten Gesellschaftsformen selbst die persönlichen Voraussetzungen für die Option schaffen."[722]

Warum aber diese kleineren Gesellschaften ein geringeres Interesse an einer Behandlung nach dem Trennungsprinzip hätten oder warum genau die Komplexität der Frage nach einer Optionsausübung letztlich außer Verhältnis stünde, bleibt in der Begründung vollends offen. Es mag schon sein, dass die Entscheidung nach der Ausübung einer Option komplizierte und verflochtene Folgefragen auslöst. Diese Komplexität und etwaiger Beratungsaufwand[723] trifft jedoch selbstverständlich auch die einschränkungslos antragsberechtigten Personenhandelsgesellschaften.[724]

Das gilt umso mehr, als dass die mit dem KöMoG geschaffene Option *zusätzlich* und damit in Konkurrenz zu der Thesaurierungsbegünstigung des § 34a EStG geschaffen wurde, welche auch bei den kleinen BGB-Gesellschaften regelmäßig alleine schon für einigen Beratungsbedarf sorgen dürfte.[725] So ist Option zur Körperschaftbesteuerung bereits dem Wortlaut und der Natur der Sache nach lediglich eine *zusätzliche Möglichkeit*, um das unternehmerische Tätigwerden in einer Personengesellschaft gewissermaßen an der Besteuerung festzumachen bzw. sich hiervon zu lösen. Es stünde den vom Gesetzgeber ausgeklammerten „vielen kleinen Gesellschaften bürgerlichen Rechts" daher doch unbenommen, entsprechende Beratungsleistungen nicht in Anspruch zu nehmen und eine ihnen gebotene *Möglichkeit* zur Optionsausübung schlicht unbeachtet zu lassen.

Es gibt mithin durch das KöMoG keinerlei Verpflichtung zu einer etwaigen Verkomplizierung der Besteuerung. Umgekehrt sind auch kleinere

---

722 RegE KöMoG 04/2021 (Fn 705), 21.

723 Vgl. *Schiffers/Jacobsen*, DStZ 2021, 348, 371 („durchaus komplexes und damit beratungsintensives steuerliches Wahlrecht"). Vgl. bezogen auf den Gesetzesentwurf zum Steuersenkungsgesetz aus 2000 die Darstellung der vorgestellten Modelle (auch hinsichtlich Beratungsaufwand) von *Scheipers/Bergemann*, DStR 2000, 709 ff.

724 Vgl. in diesem Zusammenhang auch die Feststellung von *Prinz*, DB 2020, 1766, 1767 („einfacher wird der Umgang mit Personengesellschaften dadurch sicher nicht").

725 *Prinz*, DB 2020, 1766, 1767 („sehr komplex und in der Praxis schwierig handhabbar, da […] mit nur schwer planbaren Nachversteuerungslatenzen belastet").

Personenhandelsgesellschaften durch die eingeräumte Möglichkeit zur Körperschaftsbesteuerung nicht zwangsläufig den vom Gesetzgeber vage genannten komplexen und beratungsintensiven steuerlichen Alternativen ausgesetzt; auch ihnen bietet das KöMoG selbstredend nur eine Erweiterung in Bezug auf die steuerrechtlich erfasste wirtschaftliche Tätigkeit. Sicherlich wird die neue Option zur Körperschaftsteuer wohl nur von größeren Personengesellschaften wahrgenommen werden[726]; die Einräumung einer grundsätzlichen *Möglichkeit* auch für die GbR – insofern auch für die nicht eingetragene GbR – scheint jedoch vorzugswürdiger als der faktische Zwang zum Formwechsel, der für die GbR bis zur Nachjustierung durch das Wachstumschancengesetz als einziger Weg zur Option bestand und für die nicht eingetragenen BGB-Gesellschaften auch weiterhin die einzige Möglichkeit darstellt.[727]

Darum scheint es auch unter dem Aspekt einer typisierenden Betrachtung zweifelhaft, dass der Gesetzgeber zunächst schlicht allen GbRs das Interesse an einer Optionsausübung absprach.[728] Unter diesen Gesichtspunkten und mit Blick auf die Angleichung der steuerlichen Belastung von Kapitalgesellschaft und Personenunternehmen hätte eine Reformierung der komplexen Regelung zur Thesaurierungsbegünstigung in § 34a EStG wohl mindestens

---

726 Ausweislich einer Antwort der Bundesregierung auf eine Kleine Anfrage der Abgeordneten Christian Görke, Dr. Gesine Lötzsch, Klaus Ernst, weiterer Abgeordneter und der Fraktion DIE LINKE sind für das Wirtschaftsjahr 2022 lediglich rund 150 Anträge auf Option zur Körperschaftsbesteuerung gestellt worden, vgl. BT-Drucks. 20/1231 (28.03.2022), 6, abrufbar unter https://t1p.de/gmy6c. Dies verdeutlicht angesichts der oben in Fn. 72 genannten Anzahl von über 400.000 steuerpflichtige Personengesellschaften – knapp die Hälfte davon sind BGB-Gesellschaften – die mit der Optionsausübung einhergehende Komplexität

727 Vgl. auch *Hey*, in: Tipke/Lang, Rn. 7.90.

728 Zu einer anderen Auffassung gelangt das Gutachten des Wissenschaftlichen Dienstes „Option zur Körperschaftsteuer für Personengesellschaften“ (WD 4 – 3000 – 053/21), 13, abrufbar unter https://t1p.de/r8ip. In Bezug auf den Einzelunternehmer scheint diese Sicht ungleich vertretbarer als in Bezug auf die vom Anwendungsbereich herausgenommenen Personengesellschaften. Soweit a.a.O. ausgeführt wird, die große Breite an Realtypen, die sich hinter diesen Personengesellschaften verberge, würde diese Typisierung rechtfertigen, so wird damit ausgeblendet, dass die GbR im praktischen Wirtschaftsleben eben längst der offenen Handelsgesellschaft angenähert ist und sie sich von ihr oftmals nur vom Führen von Handelsbüchern unterscheidet.

ebenso nahegelegen[729], denn immerhin dürfte die Begünstigung des nicht entnommenen Gewinns ein bei den Personenunternehmen ohnehin bekanntes und beratungsintensives Thema sein und eine Vereinfachung würde hier vermutlich auf großen Zuspruch stoßen. An Vorschlägen, derer sich der Gesetzgeber hätte bedienen können, mangelt es nicht.[730]

cc) Zwischenergebnis: Missglückte Beschränkung des Anwendungsbereichs

Das grundsätzlich begrüßenswerte Bestreben des Gesetzgebers, mit Gesetzesanpassungen für eine Rechtsformneutralität zu sorgen, ist in seiner Umsetzung durch das KöMoG nur unzureichend geglückt. Die bis heute beibehaltene Entscheidung des Gesetzgebers, etwa den Einzelunternehmer von der Option auszunehmen, ist zwar im Ansatz nachvollziehbar, aber keineswegs zwingend, wie schon frühere Entwürfe zu Optionsrechten gezeigt haben. Kritischer erscheint aber die Versagung der Optionsmöglichkeit bei bestimmten Personengesellschaften. Dass der Gesetzgeber die GbR vollständig vom Anwendungsbereich ausgenommen hatte, vermochte nicht zu überzeugen. Dass er sich eine Neubewertung anlässlich des in Kraft getretenen MoPeG vorbehielt, stellte angesichts der schon bestehenden Rechtswirklichkeit ebenfalls eine implausible und jedenfalls disputable Begründung dar. Auch vor dem Hintergrund der dem Gesetzgeber eingeräumten Befugnis zur Typisierung scheint die Beschränkung des Kreises der Antragsberechtigten zweifelhaft, jedenfalls soweit nicht der Einzelunternehmer betroffen ist. Inzwischen hat der Gesetzgeber, wie erwähnt, durch das Wachstumschancengesetz immerhin die eingetragene GbR in den Anwendungsbereich aufgenommen.

Möchte man jedoch den allgemeinen Gleichheitssatz nach Art. 3 Abs. 1 GG tatsächlich hinreichend zur Geltung bringen, müsste man der mit dem KöMoG verbundenen Besserstellung der optionsberechtigten Gesellschaften

---

729 Diesem Aspekt ist der Gesetzgeber inzwischen nachgekommen, denn § 34a EStG wurde infolge von Artikel 3 Nummer 6 Wachstumschancengesetz vollständig neu gefasst, vgl. hierzu auch etwa *M. Cordes/Glatthaar*, FR 2024, 401; *Dietz/Kausch/Leucht*, DB 2024, 1230, 1232; *Schiffers*, DStZ 2024, 860, 862 f.).

730 Vgl. etwa *Wacker*, DStR 2019, 585, 590 ff. Vgl. auch die kurzen einschlägigen Anmerkungen von *Schiffers/Jacobsen*, DStZ 2021, 348, 371 f.

auch die Benachteiligung der übrigen Personenunternehmen sowie die der Körperschaften gegenüberstellen und in der Konsequenz womöglich auch die nicht erfassten Unternehmensformen in eine optionale Besteuerung mit einbeziehen. Weshalb sollen bloß bestimmte Personengesellschaften (wohlgemerkt unter Wahrung ihrer Rechtsform!) in den Genuss einer unter Umständen vorteilhafteren Besteuerung nach dem Trennungsprinzip kommen können, und warum sollte dann etwa eine kleine und ertragsschwache GmbH nicht etwa zugunsten einer Besteuerung nach dem Transparenzprinzip optieren können? Konsequenterweise sollte es daher – soweit eine Option eingeführt wird, auch eine Vice-Versa-Option für Körperschaften zur Besteuerung nach dem Transparenzprinzip geben.[731]

Die Schaffung einer Möglichkeit zur wahlweisen Besteuerung nach dem Trennungs- bzw. Transparenzprinzip (auch für die nicht eingetragene GbR oder etwa die Kapitalgesellschaft) scheint – von der konkreten Umsetzbarkeit abgesehen – zum Zwecke der Abschwächung der bestehenden Belastungsdifferenzen zumindest deutlich eher mit dem Gleichheitssatz vereinbar als das letztlich mit dem KöMoG umgesetzte beschränkte Optionsmodell.

Wie *Christoph Kraus* in seiner Dissertation anmerkt und aktueller auch *David Stein* überzeugend ausgeführt hat, sieht sich die Einführung eines (beschränkten) Optionsmodells auch unter dem Aspekt des Grundsatzes der Folgerichtigkeit verfassungsrechtlich erheblichen Bedenken ausgesetzt. Denn sofern der Steuergesetzgeber die Entscheidung zur Besteuerung in Abhängigkeit von der Rechtsform zugunsten des mit der Option verbundenen Selbstbestimmungsrechts bestimmter Unternehmen aufgibt, erscheint es in der Tat folgewidrig, dieses Optionsrecht an die Rechtsform zu knüpfen.[732]

Letztlich vermag das KöMoG die Forderungen nach Rechtsformneutralität nur unzureichend zu befriedigen; das gilt nicht nur für die ursprüngliche Fassung, sondern auch für die inzwischen erfolgte Anpassung.[733] Ein Optionsrecht ist, sofern der Anwendungsbereich entsprechend weit gefasst

---

731 Vgl. auch *Bippus*, DStZ 2000, 541, 550; *Hey*, in: DStJG 24 (2001), 155, 215.

732 *Kraus*, Körperschaftsteuerliche Integration, 288 f.; *Stein*, BB 2020, 1879, 1882 f.

733 Vergleiche nunmehr auch *Taube*, BB 2025, 471 ff., der neben ausführlicher Darstellung der inzwischen erfolgten Gesetzesanpassung auch weiterhin überzeugend darlegt, dass das KöMoG unter verfassungsrechtlichen Gesichtspunkten höchst zweifelhaft ist.

ist, durchaus in der Lage, die steuerlichen Unterschiede deutlich zu entschärfen.[734] An dem hierfür zu fordernden weiten Anwendungsbereich mangelt es dem KöMoG jedoch, auch nach der inzwischen erfolgten Ausbesserung.[735] Dies hat zur Folge, dass die Verfassungskonformität des Gesetzes mit guten Gründen in Frage gestellt werden kann. Vieles spricht dafür, dass das KöMoG insoweit verfassungswidrig ist.

b) MoPeG

aa) Aktuelle Kritik im Zusammenhang mit dem MoPeG

Wenn also durchaus große Zweifel daran verbleiben, dass das KöMoG letztlich innerhalb der Schranken des Verfassungsrechts den Konflikt von rechtlicher Verselbstständigung der Personengesellschaften und Besteuerung nach dem Transparenzprinzip aufzulösen oder jedenfalls zu lockern vermag und zumindest bis zum Inkrafttreten des MoPeG für die GbR auch keineswegs auflösen wollte, so stellt sich spätestens mit dieser Feststellung die Frage, welche Auswirkungen das im Gesellschaftsrecht wurzelnde MoPeG auf den bestehenden steuerrechtlichen Dualismus hat.

(1) Bedeutung erhobener Vorwürfe

Vor allem die Entscheidung des Bundesverfassungsgerichts aus dem Jahr 2006[736] wurde in der Literatur bekanntlich verschiedentlich kritisiert.[737] Es wurde vorgebracht, das Gericht habe einen grundlegenden Wandel der Personenrechtsdogmatik nicht hinreichend berücksichtigt, so etwa in der Habilitationsschrift von *Ulrich Palm*: „Der Zweite Senat des Bundesverfassungsgerichts folgt demnach einer überkommenen Lehre, um die steuerliche

---

[734] Unter Skizzierung einiger damit verbundenen Probleme *Hey*, in: Tipke/Lang, Rn. 13.185.

[735] Punktuell anderer Ansicht ist *Taube*, BB 2025, 471, 478, wonach sich die Diskussion jedenfalls für die GbR erledigt habe.

[736] BVerfG, Beschluss vom 21.06.2006 – 2 BvL 2/99, BVerfGE 116, 164.

[737] *Dötsch*, in: GS Knobbe-Keuk, 7; *Hennrichs/U. Lehmann*, StuW 2007, 16 ff.; *Hennrichs*, in: Tipke/Lang, Rn. 10.4 ff.; *Hey*, DStR 2007, 925, 931; *Hey*, in: Tipke/Lang, Rn. 13.169 ff.; *Keß*, FR 2006, 869, 870; *Palm*, JZ 2012, 297 ff.; *Palm*, Person im Ertragsteuerrecht, 22 ff., 472 ff.; *Schön*, in: GS Knobbe-Keuk, 139, 145 ff. je m.w.N.

Ungleichbehandlung von Personengesellschaften und Kapitalgesellschaften zu rechtfertigen“[738].

Auf die bei der Kapitalgesellschaft bestehende Abschirmung des Vermögens und die nach dem Gesetz bestehende Vermögenszuordnung an die Gesellschafter bei den Personengesellschaften hat das BVerfG indes auch in späteren Entscheidungen abgehoben.[739] Es hat zwar den Aspekt der persönlichen Haftung der Gesellschafter explizit in sein Argumentationsmuster aufgenommen, doch blieb die Zurechnungsnorm des Gesellschaftsvermögens, § 718 BGB, aus Sicht der Karlsruher Richter offenbar auch weiterhin ein Kriterium zur verfassungsrechtlichen Rechtfertigung des bestehenden Steuersystems.

Der von der Literatur vorgebrachte Einwand ist natürlich gewichtig und vor allem im Zusammenhang des MoPeG besonders aktuell: Sollte das Gericht tatsächlich und letztlich irrend von unzutreffenden zivilrechtlichen Prämissen ausgegangen sein, könnte bei dessen erneuter Befassung mit der Frage aufgrund der klaren Regelungen im MoPeG mit einer Rechtsprechungsänderung zu rechnen sein.[740]

Dass die Judikatur unter diesem Blickwinkel so gesehen „schlichtweg nicht auf der Höhe der Zeit“[741] war, ergibt sich bereits aus der zwingenden Folge der BGH-Entscheidung ARGE Weißes Ross aus 2001, wodurch die

---

738 *Palm*, Person im Ertragsteuerrecht, 23 mit weiteren Nachweisen in grundsätzlich gleicher Stoßrichtung. Vgl. auch *Hennrichs*, in: Tipke/Lang, Rn. 10.4. Siehe ferner auch schon vor ARGE Weißes Ross in Bezug auf den gesellschaftsrechtlichen Vorstoß der Gruppenlehre *Zöllner*, in: FS Gernhuber, 563, 568 („Nimmt man Flume beim Wort, hat er damit das Trennungsprinzip in gleicher Weise für die BGB-Gesellschaft etabliert wie es für die juristischen Personen besteht“).

739 BVerfG, Beschluss vom 12.10.2010 – 1 BvL 12/07, BVerfGE 127, 224, 248, 250; BVerfG, Beschluss vom 29.03.2017 – 2 BvL 6/11, BVerfGE 145, 106, 148 f.

740 Vgl. insoweit auch *Arbeitskreis Bilanzrecht Hochschullehrer Rechtswissenschaft*, ZIP 2021, Beilage zu Heft 2, 3, 6 f. Einen solchen Umschwung in der Rechtsprechung erachtet *Roman Seer* für unausweislich, vgl. *Seer*, StuW 2023, 30, 39 ff.

741 *Hey*, in: FS Grunewald, 361, 365 f.; in der Sache ähnlich auch etwa *Seer*, StuW 2023, 30, 39 („BVerfG unterlag […] dem gesellschaftsrechtlichen »Schwindel« von der unmittelbaren Zurechnung des Personengesellschaftsvermögens auf die Personengesellschafter“).

Personengesellschaft endgültig[742] zu einem verkehrsrechtsfähigen Subjekt erstarkte und zugleich diese Rechtsfähigkeit auch die alleinige Vermögenszuordnung zur Gesellschaft bedingte.

Dennoch aber besteht Anlass zur Sorge um einen Umschwung aus Karlsruhe wohl eigentlich nur dann, sofern man die Ausführungen des Gerichts vollends beim Wort nimmt und am Ende dann so versteht, dass gerade die strikte Vermögensabschirmung bei den Kapitalgesellschaften der (*gar?*) nicht bestehenden Abschirmung bei den Personengesellschaften gegenübersteht und geradezu *das* das Steuersystem rechtfertigen soll.

(2) Erfordernis einer Kohärenzbetrachtung

Auftrieb erfahren hat die Kritik an der Rechtsprechung des BVerfG nun im Gesetzgebungsverfahren des MoPeG. Es ist vor allem *Alexander Schall*, der angesichts der Reform des Personengesellschaftsrechts und der damit verbundenen gesellschaftsrechtlichen Abkehr vom Gesamthandsprinzip eine künftige Absegnung des Dualismus der Unternehmensbesteuerung durch das Verfassungsorgan als sehr problematisch erachtet.[743]

---

742 Vgl. für die Personenhandelsgesellschaften auch § 124 Abs. 1 HGB a.F. bzw. für die Partnerschaftsgesellschaften § 7 Abs. 2 PartGG a.F.

743 *Schall*, ZIP 2020, 1443, 1446 f.; *Schall*, NZG 2021, 494, passim. *Alexander Schall* war auch einer der Sachverständigen zum MoPeG, vgl. auch das Wortprotokoll zum MoPeG (Fn. 24). Kritisch äußert sich auch *Müller-Gatermann*, FR 2022, 637, 639: „Die mit dem MoPeG geschaffene Rechtsfähigkeit der Personenaußengesellschaft (...) erschafft vielmehr eine eigene Leistungsfähigkeit der Personengesellschaft und begründet damit auch deren Steuersubjektfähigkeit". *Müller-Gatermann* fügt a.a.O. indes hinzu, dass der Gesetzgeber an der transparenten Besteuerung für Personengesellschaften festhalten könne, wobei insoweit sachliche Gründe hierfür nicht erkennbar seien. Deutlich auch etwa *Seer*, StuW 2023, 30, 37 („Abschied von der Gesamthandsgesellschaft aber wirkt für das Ertragsteuerrecht wie ein Brennglas") oder auch *Bachem*, DStR 2022, 725, 726: „Ab dem 1.1.2024 entfällt mit der Abschaffung des Gesamthandsprinzips somit die Rechtfertigung für das im Steuerrecht geltende Transparenzprinzip". Andere Stimmen halten das bestehende System der Unternehmensbesteuerung auch nach Inkrafttreten des MoPeG für gerechtfertigt, vgl. etwa *Arbeitskreis Bilanzrecht Hochschullehrer Rechtswissenschaft*, ZIP 2021, Beilage zu Heft 2, 3, 6 f.; *K. Schmidt*, ZHR 185 (2021), 16, 28 („Befürchtung [...] ist als unplausibel zurückzuweisen"); *Stöber*, GmbHR 2022, 967, 970 („gebietet Art. 3 Abs. 1 GG [...] allein wegen der Abschaffung des Gesamthandsprinzips keine Gleichbehandlung von

Ob das wirklich daraus gefolgert werden muss und daher ein „steuerlicher Erdrutsch“[744] im Ertragsteuerrecht durch das Inkrafttreten des MoPeG ernstlich zu befürchten ist, soll im Folgenden hinterfragt werden. Hierzu kommt es zum einen nochmals auf die materiellen Auswirkungen des MoPeG an. Zum anderen aber bedarf es hinsichtlich der beschriebenen Kritik auch einer etwas näheren Auseinandersetzung mit den Worten des BVerfG, um auf dieser Basis ohne jedwede verfassungsrechtliche Kompetenz zu beanspruchen, eine potentielle Argumentationslinie unter Wahrung der verfassungsrechtlichen Anforderungen benennen zu können.

Die trotz der Entscheidung ARGE Weißes Ross[745] bis zum Inkrafttreten des MoPeG fortbestandene Regel in § 718 Abs. 1 BGB a.F. ist funktionslos geworden. Es ist nur konsequent, dass mangels Divergenz der Vermögenszuordnungen bei den Verbandstypen Personen- und Kapitalgesellschaft mit der Reform die rechtlich nicht zu erklärende gleichzeitige Zurechnung des Vermögens zu den Gesellschaftern, die sich in § 718 Abs. 1 BGB a.F. ausdrückt, gestrichen wurde. Das heißt zugleich, dass das im Gesamthandsprinzip ausgedrückte Element der Vermögenszuordnung auch schon vor dem MoPeG verfassungsrechtlich nicht als sachlicher Grund für die unterschiedliche steuerrechtliche Erfassung von Personen- und Kapitalgesellschaften taugte. Diesbezüglich ist die Kritik an dem Wortlaut der Begründung des BVerfG zur Rechtfertigung des dualistischen Systems gerechtfertigt. Gleichwohl ist von der Verfassung nicht vorgegeben, dass die Gesellschafter Träger der Gesellschaft sein müssen.[746] Darauf zielte die Rechtsprechung richtigerweise in der Vergangenheit auch nicht ab. Der dem BVerfG gegenüber erteilte Tadel ist

---

Personen- und Kapitalgesellschaften im Ertragsteuerrecht“); *Wertenbruch*, GmbHR 2021, 1, 3.

744 *K. Schmidt*, ZHR 185 (2021), 16, 28 (im Zusammenhang mit der Begründung der Gruppenlehre durch Werner Flume).

745 BGH, Urteil vom 29.01.2001 – II ZR 331/00, BGHZ 146, 341.

746 Anderer Auffassung offenbar *Schall*, Stellungnahme zum Regierungsentwurf des Gesetzes zur Modernisierung des Personengesellschaftsrechts (MoPeG), 3, abrufbar unter https://t1p.de/1tghl. Nach *Schall* a.a.O. „müsste begründet werden, dass auch in Zukunft nicht die Personengesellschaft, sondern die Gesellschafter Inhaber des Unternehmens sind“.

in seiner Allgemeinheit zu pauschal, sofern er sich letztlich im Wesentlichen nur auf die Nichtbeachtung der Entscheidung ARGE Weißes Ross[747] bezieht.

(3) Gesamthandsprinzip lediglich als Schlüsselwort

Wirft man einen Blick auf den genauen Wortlaut der Karlsruher Richter, so kommt man nicht darum herum festzustellen, dass das Gesamthandsprinzip in seiner vermögensrechtlichen Ausprägung zwar einfachgesetzlich herangezogen wurde, die Begründung sich darin aber keineswegs erschöpft.

So heißt es selbst in der früheren Entscheidung aus 2006, dass die Abschirmung der Vermögensphäre einer Kapitalgesellschaft gegenüber ihren Anteilseignern „einen solchen Grund"[748] bzw. „ein mögliches Differenzierungskriterium"[749] liefere. Dass das also aus Sicht des Gerichts nicht abschließend als das einzig denkbare Kriterium gelten sollte, verdeutlichen die Richter dann jedenfalls in der Entscheidung aus 2017[750], in welcher die frühere Begründung zumindest um das Kriterium der persönlichen Haftung ergänzt wurde. Auch wenn letztere grundsätzlich mit dem Gesamthandsprinzip assoziiert wird, kann sie dogmatisch überzeugend auch losgelöst von diesem Prinzip mit den Personengesellschaften in Verbindung gebracht werden und dogmatisch das konstitutive Schuldverhältnis herangezogen werden. So gesehen zeichnet sich die zeitlich spätere Entscheidung des Bundesverfassungsgerichts also durch die Nennung eines zusätzlichen Aspekts aus, der aus dessen Sicht als sachlicher Grund angeführt werden könnte.

Auch ist auffällig, dass das Bundesverfassungsgericht im Zusammenhang mit der zivilrechtlichen Grundentscheidung zur Vermögenszuordnung und zu der auf das Gesellschaftsvermögen beschränkten Haftung bei den Kapitalgesellschaften davon spricht, dass es hierdurch bei den Kapitalgesellschaften zu einer „stärkere[n] Abschirmung der Vermögenssphäre"[751] komme. Eine wohlüberlegte und präzise Wortwahl insbesondere in dem Kontext der Kritik an der früheren Entscheidung wird man dem Gericht ohne Weiteres unterstellen dürfen, sodass man durch die Verwendung des flektierten Adjektivs

---

747 BGH, Urteil vom 29.01.2001 – II ZR 331/00, BGHZ 146, 341.

748 BVerfG, Beschluss vom 21.06.2006 – 2 BvL 2/99, BVerfGE 116, 164, 199.

749 BVerfG, Beschluss vom 21.06.2006 – 2 BvL 2/99, BVerfGE 116, 164, 200.

750 BVerfG, Beschluss vom 29.03.2017 – 2 BvL 6/11, BVerfGE 145, 106.

751 BVerfG, Beschluss vom 29.03.2017 – 2 BvL 6/11, BVerfGE 145, 106, 148 f.

wohl ohne Weiteres festhalten kann, dass dem Verfassungsorgan die zivilrechtliche Dogmatik erstens bewusst war[752] und es zweitens die ins Feld geführte Abschirmung nicht lediglich durch die den rechtsfähigen Verbänden zugehörige Vermögenszuordnung definiert sieht, sondern auch andere Merkmale den Terminus der Abschirmungswirkung auffüllen können.

Das wiederum bedeutet, dass es aus Sicht des BVerfG durchaus auch bei der Personengesellschaft im Grundsatz zu einer Abschirmung der Vermögenssphäre kommen kann, diese Abschirmung jedoch in puncto Strenge gewissermaßen nicht an die Ausprägung bei den Kapitalgesellschaften heranreichen würde und dürfe.

Beschränkt man die Argumentationsanalyse deshalb nicht auf die Ausführungen zum Gesamthandsprinzip[753], sondern ordnet die Worte der Karlsruher Richter im größeren Gesamtkontext ein, so rücken letztlich ziemlich deutlich die Strukturunterschiede zwischen Personen- und Kapitalgesellschaft in das Zentrum der Begründung. Das gilt umso mehr vor dem Hintergrund, dass im Ertragsteuerrecht – anders als etwa im Umsatzsteuerrecht – dem Attribut der Rechtspersönlichkeit auch weiterhin eine zentrale Rolle zukommt.[754] Es überrascht deshalb nicht, dass das Gericht auch die rechtliche Selbstständigkeit der Kapitalgesellschaft als eine juristische Person hervorhebt.[755]

Dass die in § 718 Abs. 1 BGB a.F. bloß formaljuristisch ausgedrückte Vermögensabschirmung bei der Personengesellschaft mit dem MoPeG weggefallen

---

752 Vgl. BVerfG, Beschluss vom 29.03.2017 – 2 BvL 6/11, BVerfGE 145, 106, 148 („ungeachtet der rechtlichen Selbständigkeit der Gesellschaft").

753 So jedoch vor allem die Ausführungen von *Schall*, NZG 2021, 494 passim, der unter diesem Blickwinkel die Wortwahl der Karlsruher Richter freilich sehr präzise analysiert. Vgl. dagegen *Arbeitskreis Bilanzrecht Hochschullehrer Rechtswissenschaft*, ZIP 2021, Beilage zu Heft 2, 3, 7 („nicht die eigentliche ratio decidendi"); *Stöber*, GmbHR 2022, 967, 970.

754 *Palm*, Person im Ertragsteuerrecht, 5 („Nachdem der Gesetzgeber in vielen Rechtsgebieten dazu übergegangen ist, die rechtsfähigen Personengesellschaften den juristischen Personen weitgehend gleichzustellen, ist das Ertragsteuerrecht einer der letzten Rechtsbereiche, in denen der »Rechtspersönlichkeit« grundlegende Bedeutung zukommt").

755 BVerfG, Beschluss vom 21.06.2006 – 2 BvL 2/99, BVerfGE 116, 164, 198: „Bei einer solchen eher formellen, rechtsformorientierten Sicht tritt eine Kapitalgesellschaft in den Vordergrund, die rechtlich selbstständig ist und als juristische Person losgelöst von den dahinter stehenden Personen arbeitet".

ist und das Gesamthandsprinzip für die Personengesellschaften aufgegeben wurde, kann darum nicht ohne Weiteres dazu führen, dass sich unumstößlich die verfassungsrechtliche Zulässigkeit der bekannten und bewährten Unternehmensbesteuerung ändert. Voraussetzung für die Standhaftigkeit dieser These ist freilich, dass sich (weiterhin) ein sachlicher Grund finden lässt, der auch in der Sache überzeugt.

bb) Keine einfachgesetzliche Auswirkung de lege lata

Zunächst ist anzumerken, dass eine einfachgesetzliche Änderung der Besteuerung mit der Folge, dass BGB-Außengesellschaft, OHG und KG nicht mehr unter § 15 Abs. 1 S. 1 Nr. 2 EStG zu fassen wären, nicht erfolgt. Die GbR und die übrigen Personengesellschaften sind und bleiben „andere Gesellschaften“ im Sinne dieser Norm, die vom Gesetzgeber auch nach dem MoPeG nicht angepasst wurde. Die rechtsfähigen Personengesellschaften erstarkten mit dem MoPeG nicht ex lege zu einer „sonstigen juristischen Person des privaten Rechts“ im Sinne von § 1 Abs. 1 Nr. 4 KStG.

(1) Vorbringen der Literatur

Der Gehalt des vorherigen Absatzes ist dabei nicht unbedingt eine leicht ausgedrückte Selbstverständlichkeit, denn in der Literatur wird mitunter postuliert, dass jedenfalls eine Klarstellung zur weiteren steuerrechtlichen Behandlung der Personengesellschaft als Gesamthand erfolgen solle[756], zum anderen wird die Verankerung des Transparenzprinzips gerade in § 15 Abs. 1 S. 1 Nr. 2 EStG gesehen[757] bzw. wird es gerade auch als auf dem Gesamt-

---

[756] So etwa *Hubert*, StuB 2021, 113, 116 („Zur Vermeidung von Unsicherheiten bezüglich der künftigen Anwendbarkeit betroffener Steuervorschriften und zwar aufseiten der Stpfl., deren Berater wie auch auf der des FA sollte daher beizeiten klargestellt werden, dass Personengesellschaften steuerlich weiterhin als „Gesamthand“ zu qualifizieren sind“). Ähnlich *Kahle*, FR 2022, 377, 380 („Notwendigkeit eines MoPeG-Steuerrechts-Reparaturgesetzes“); vgl. insoweit aber den Hinweis von *Wichmann*, Stbg 2022, 81, 86: „Das ist nicht miteinander vereinbar: Warum soll diese Klarstellung erfolgen, wenn der klargestellte Sachverhalt insoweit keine Bedeutung hat?“. Vgl. dazu auch unten unter Gliederungspunkt Teil 2, Abschnitt 3, I.

[757] *Mayer/Käshammer*, NWB 2021, 2514, 2522 („Solange § 15 Abs. 1 Satz 1 Nr. 2 EStG erhalten bleibt, dürfte das Transparenzprinzip zudem auch nicht durch die Rechtsprechung zu Fall gebracht werden können“).

handsprinzip basierend qualifiziert[758], was in der Folge durchaus mit Folgewirkungen verbunden sein könnte.

(2) Autonomie des Steuerrechts

Gleichwohl treten auf nichtverfassungsrechtlicher Ebene entsprechende Fernwirkungen mit der Reform ungeachtet dessen, dass gesellschaftsrechtlich der Dualismus auch weiterhin überzeugt und deshalb an ihm festzuhalten ist, nicht ein.[759] Das liegt darin begründet, dass das Steuerrecht das Transparenzprinzip in § 15 Abs. 1 S. 1 Nr. 2 EStG letztlich autonom zum Ausdruck bringt.[760]

Auch wenn die Rechtsgebiete Zivil- bzw. Gesellschaftsrecht und Steuerrecht unterschiedliche Zwecke verfolgen und man daher grundsätzlich hinterfragen könnte, ob das eine Gebiet dogmatische Vorgaben des anderen Gebiets übernehmen muss (oder im Interesse von Rechtssicherheit übernehmen sollte[761]), wäre es wenn überhaupt das Zivil- bzw. Gesellschaftsrecht, das in Bezug auf diese Klassifizierung den Kurs angeben würde.[762]

---

758 *Mayer/Käshammer*, NWB 2021, 2514, 2522 („das transparente Mitunternehmerkonzept [...], das insbesondere auf der gesamthänderischen Vermögensbindung der Gesellschafter beruht").

759 Vgl. hierzu *Stöber*, GmbHR 2022, 967, 969 mit zahlreichen Nachweisen. Vgl. auch *Osterloh-Konrad*, in: Zukunftsfragen des Steuerrechts IV, 1, 16, wonach man sich mangels erkennbaren Willens des Gesetzgebers zur Änderung um die Mitunternehmerbesteuerung „keine Sorgen machen" müsse.

760 Vgl. *Jahndorf*, FR 2022, 707, 708; *Kahle*, StuB 2022, 881, 883; vgl. auch *Rau*, Verfassungsdirigierte Prinzipien, 25: „Wenn ein Steuergesetz Tatbestandsmerkmale enthält, die dem Zivilrecht entnommen sind, ist die Bedeutung dieser Tatbestandsmerkmale grundsätzlich nicht anhand der zivilrechtlichen, sondern anhand der für das jeweilige Steuergesetz maßgeblichen steuerrechtlichen Teleologie zu ermitteln".

761 Vgl. *Knobbe-Keuk*, SteuerR, 19. Vgl. für einen Überblick zum Verhältnis von Zivil- und Steuerrecht auch die Ausführungen von *Rau*, Verfassungsdirigierte Prinzipien, 24 ff. sowie ausführlich *Meyer*, Steuerliches Leistungsfähigkeitsprinzip, 17 ff.

762 Vgl. *Bachmann*, in: FS K. Schmidt, 49, 50 f.; *Hüttemann*, in: Eigenständigkeit des Steuerrechts, 115 ff.; *K. Schmidt*, in: Gutachten und Vorschläge zur Überarbeitung des Schuldrechts – Band III, 413, 433 („Sollten sich Anpassungsprobleme herausstellen, so hätte das Steuerrecht dem Privatrecht zu folgen und nicht umgekehrt"); *K. Schmidt*, GesR, § 8 I 3, 184 f.

Dass die Körperschaftsteuer also an die gesellschaftsrechtliche Kapitalgesellschaft anknüpft, ist jedenfalls zulässig.[763] Richtigerweise ist das Steuerrecht aber als eigenständiges Rechtsgebiet losgelöst vom Zivilrecht und geht im Sinne persönlicher Teleologie erfolgreich seinen eigenen Weg.[764] Zudem folgt das Steuerrecht dem Zivil- bzw. Gesellschaftsrecht bereits nicht vollumfänglich[765], und kann sich das Steuerrecht vielmehr von den entsprechenden Auslegungen auch abnabeln[766] bzw. entsprechend auch in das Zivilrecht ausstrahlen.[767]

Die gesellschaftsrechtliche Abkehr vom Gesamthandsprinzip ist hier also schon deswegen ohne Belang, weil die unveränderte Vorschrift § 15 Abs. 1 S. 1 Nr. 2 EStG gar nicht an eine Qualifikation als Gesamthand anknüpft.[768] Insoweit soll es für die steuerliche Betrachtung auch bereits unerheblich sein, ob das Gesellschaftsvermögen der Personengesellschaft als solcher zugeordnet ist oder ob es den Gesellschaftern in ihrer gesamthänderischen Verbundenheit zusteht.[769] Der Große Senat des BFH lehnt es ab, hieraus unterschiedliche Folgerungen zu ziehen.[770] Darum ist § 15 Abs. 1 S. 1 Nr. EStG lediglich ein-

---

763 Vgl. BFH, Beschluss vom 25.06.1984 – GrS 4/82, BStBl. II 1984, 751. Andere Ansicht *Boles/Walz*, GmbHR 1986, 435.

764 *Hey*, in: FS Grunewald, 361, 364. Vgl. zum Einfluss des Zivilrechts auf das Steuerrecht auch *Hallerbach*, Personengesellschaft im Einkommensteuerrecht, 73 ff.

765 So gehören zu den „nichtrechtsfähigen Personenvereinigungen“ (!) in § 3 Abs. 1 KStG nicht nur die nichtrechtsfähigen Vereine, sondern auch sonstige Personenzusammenschlüsse wie insbesondere die GbR, KG, OHG, stille Gesellschaft, GmbH & Co. KG und die Partnerschaftsgesellschaft, *Pfirrmann*, in: Gosch KStG, § 3 Rn. 13. Vgl. auch *Osterloh-Konrad*, in: Zukunftsfragen des Steuerrechts IV, 1, 16 („Damit würde ein Gesellschaftsrechtler nach 2001 nicht ohne weiteres rechnen“).

766 Vgl. etwa BFH, Beschluss vom 25.06.1984 – GrS 4/82, BStBl. II 1984, 751, worin der Große Senat seinen unterschiedlichen zivilrechtlichen und körperschaftsteuerlichen Blickwinkel zum Ausdruck bringt. Vgl. für eine Darstellung der Entwicklung der Rechtsprechung *M. Vogel*, Auslegung privatrechtlich geprägter Begriffe, 26 ff.

767 An drei Problemkreisen die Ausstrahlung des Steuerrechts in das Zivilrecht aufzeigend *Stöber*, ZfPW 2020, 433 ff.

768 *Arbeitskreis Bilanzrecht Hochschullehrer Rechtswissenschaft*, ZIP 2021, Beilage zu Heft 2, 3, 6; *Hubert*, StuB 2021, 113, 115; *Osterloh-Konrad*, in: Zukunftsfragen des Steuerrechts IV, 1, 15.

769 *Krumm*, in: Kirchhof/Seer, § 15 Rn. 164.

770 BFH, Beschluss vom 03.07.1995 – GrS 1/93, BStBl. II 1995, 617.

fachgesetzlicher und autonomer Anknüpfungspunkt für das Transparenzprinzip, nicht jedoch zwingend erforderliche Rechtsgrundlage.[771]

Auch eine – mit dem MoPeG nicht automatisch verbundene und nach hiesiger Ansicht abzulehnende – Einordnung der rechtsfähigen Personengesellschaft als juristische Person würde insoweit folgenlos bleiben, da abgesehen von der bestehenden Ambiguität des Begriffs „Gesamthand" sowie der beschriebenen Eigenständigkeit des Steuerrechts zudem die Vorschrift § 15 Abs. 1 S. 1 Nr. 2 EStG lex specialis gegenüber § 1 Abs. 1 Nr. 5 KStG ist.[772]

cc) Keine reelle Auswirkung auf steuerverfassungsrechtlicher Ebene

Von der vorgenannten einfachgesetzlichen Ebene, für die die Antwort auf die Frage nach entsprechenden Auswirkungen doch recht schnell gegeben ist, ist die steuerverfassungsrechtliche Seite zu trennen. Doch auch hier dürfte eher wenig zu befürchten stehen. Die GbR und die übrigen Personengesellschaften sind den juristischen Personen (nur, und doch zweifellos) angenähert. Auch lässt sich dem Grundgesetz in Art. 19 Abs. 3 GG entnehmen, dass etwa die Mitunternehmerschaft den gleichen Schutz erfahren soll wie die juristische Person.[773]

Allerdings ist auch zu beachten, dass der Gesetzgeber den herkömmlichen Dualismus letzten Endes ausdrücklich anerkennt, weil das Grundgesetz in Art. 106 Abs. 3 S. 1 GG die Körperschaftsteuer und die Einkommensteuer gesondert aufführt. Zudem stellen Körperschaften und rechtsfähige Personengesellschaften auch seit Inkrafttreten des MoPeG keine bloßen „Varianten der Einheitsfigur »juristische Person«"[774] dar.

(1) Beschränktes Argument: Freie Rechtsformwahl

Zu einfach scheint es, wenn man unter verfassungsrechtlichen Gesichtspunkten darauf verweist, dass die Wahl der Rechtsform in Deutschland frei ist.[775]

---

771 Im Ergebnis auch *Wichmann*, Stbg 2022, 81, 87, wonach das transparente Mitunternehmerkonzept „ohne gesetzliche Grundlage durch die Rechtsprechung in das Gesetz hineininterpretiert" werde.

772 Vgl. *Osterloh-Konrad*, in: Zukunftsfragen des Steuerrechts IV, 1, 16.

773 Vgl. *Kirchhof*, in: DStJG 25 (2002), 1, 5, der im Übrigen auch auf § 1 Abs. 1 Nr. 5 KStG verweist.

774 *K. Schmidt*, NJW 2001, 993, 996.

775 Gerade diesen Punkt betont *Drüen*, GmbHR 2008, 393, 400.

Zwar streiten gute Gründe dafür, die Rechtfertigung der Ungleichbehandlung mit Blick auf diese Wahlfreiheit eher gelingen zu lassen.[776] Auch der selbst für die GbR (§ 214 UmwG n.F.) ermöglichte Rechtsformwechsel könnte hier angeführt werden.[777]

Indes scheint eine solche Betrachtung zu kurz gegriffen. Sicherlich kann sich bei Entscheidung für oder gegen eine Rechtsform auf die steuerlichen Folgen eingestellt werden; auch könnten und werden gerade die steuerlichen Folgen eine Wahl für oder gegen eine Rechtsform bestimmen. Entscheidend gegen eine Möglichkeit zur verfassungsrechtlichen Stütze der dualistischen Unternehmensbesteuerung sprechen allerdings die Konturen und Vorgaben des Gesellschaftsrechts. Natürlich erlaubt jene Rechtsdisziplin eine beträchtliche Freiheit und Flexibilität, man denke etwa an die GmbH einerseits und die GmbH & Co. KG andererseits, die beide mit einer Haftungsbeschränkung einhergehen, gleichwohl insbesondere unter steuerrechtlichen Gesichtspunkten am Ende völlig verschieden sind.

Es gibt allerdings auch nicht auszublendende Einschränkungen: Sofern etwa am Markt für Wertpapiere teilgenommen werden soll, macht das Gesellschaftsrecht klare Vorgaben. Hier bieten sich denn keine Möglichkeiten, passgenau die Rechtsform in Anlehnung an das Steuerrecht zu wählen. Auch die Kommanditgesellschaft auf Aktien ist unbeschränkt körperschaftsteuerpflichtig (§ 1 Abs. 1 Nr. 1 KStG). Aus diesem Grund kann das Argument einer freien Rechtsformwahl bestenfalls ein schwaches Hilfsargument sein, nicht jedoch allein zu einer verfassungsrechtlichen Rechtfertigung beitragen.

(2) Abkehr vom Gesamthandsprinzip

Klar ist eines: Auch auf steuerverfassungsrechtlicher Ebene taugt das Gesamthandsprinzip (im klassisch verstandenen sachenrechtlichen Sinne) bereits vor dem MoPeG nicht als tragfähige Stütze. Schon im Gesellschaftsrecht gibt es kein einheitliches Begriffsverständnis der Gesamthand. Das Steuerrecht geht hier seinen eigenen Weg. Treffend heißt es in einer wichtigen

---

[776] Dazu *Arbeitskreis Bilanzrecht Hochschullehrer Rechtswissenschaft*, ZIP 2021, Beilage zu Heft 2, 3, 7; *Birk*, StuW 2000, 328, 335; vgl. auch *Drüen*, GmbHR 2008, 393, 398 ff.

[777] So auch das Gutachten WD-MoPeG (Fn. 43), 19.

Kommentierung, dass das Gesamthandsvermögen bei den Außengesellschaften als das Gesellschaftsvermögen zu verstehen sei.[778]

Dass die rechtliche Verselbstständigung der BGB-Außengesellschaft mit ausschließlich ihr zugehörigem Gesellschaftsvermögen nun ins Gesetz überführt wurde, drängt sie unter ertragsteuerlichen Gesichtspunkten aber nicht in Richtung des Trennungsprinzips. Denn diese gesetzliche Positivierung stellt nur eine Kodifikation der infolge von ARGE Weißes Ross[779] zwingenden Rechtswirklichkeit dar. Die Punkte, die mit dem Gesamthandsprinzip assoziiert werden und in ihrer Gesamtheit tatsächlich und von innen betrachtet als sachlicher Grund herangezogen werden können, wurden mit dem MoPeG nicht angetastet.

(3) Fortbestehende Charakteristika

(a) Zivilrechtliche Durchbrechungen des Trennungsprinzips

Wenn im Rahmen der Ausführungen unter Gliederungspunkt Teil 2, Abschnitt 1, A. II. 2. b) bb) (2)) gesagt wurde, dass das Steuerrecht das Transparenzprinzip autonom zum Ausdruck bringt, und auch vor dem Hintergrund, dass die Verselbstständigung der Personengesellschaft bereits teilweise Einzug in das Steuerrecht gefunden hat[780], ist diese Postulation auch aus zivilrechtlicher Sicht noch zu vervollständigen. Insoweit wird die Haltung des BVerfG nicht zuletzt deshalb kritisiert, weil auch unter dem Blickwinkel des Zivilrechts bei Personengesellschaften das Trennungsprinzip gelten würde.[781] Das ist zwar grundsätzlich richtig, doch werden auch in dieser Rechtsdisziplin höchstrichterlich Ausnahmen von der vollständigen rechtlichen Selbstständigkeit gemacht, sodass das Trennungsprinzip zivilrechtlich nicht ausnahmslos zur Anwendung gelangt. Auch hier bestehen mitunter Durchbrechungen, wird also die strikte Trennung von Gesellschafts- und Gesellschafterebene – mit guten Gründen[782] – nicht durchgehend vollzogen.

---

778 *Krumm*, in: Kirchhof/Seer, § 15 Rn. 228.

779 BGH, Urteil vom 29.01.2001 – II ZR 331/00, BGHZ 146, 341.

780 Vgl. zur steuerrechtlichen Rezeption der zivilrechtlichen Entwicklungen prägnant *C. Krüger*, FR 2016, 1031, 1035 ff. sowie ausführlicher zu den Entwicklungsstadien *C. Krüger*, Übertragung von Wirtschaftsgütern, 36 ff.

781 *Dötsch*, in: GS Knobbe-Keuk, 7, 9; *Hennrichs*, in: Tipke/Lang, Rn. 10.4.

782 Die Begründung wurzelt in der unter Gliederungspunkt Teil 1, B. I dargestellten fehlenden vollständigen Abkopplung der Gesellschaft von ihren Gesellschaftern, was

So hatte der für das Gesellschaftsrecht zuständige II. Zivilsenat des BGH 2013 über einen Schadensersatzanspruch einer GbR aufgrund einer Verletzung der gesellschafterlichen Treuepflicht zu entscheiden.[783] Der BGH erklärte ausdrücklich, dass das Trennungsprinzip zwischen Gesellschaft und ihren Gesellschaftern „nicht ausnahmslos"[784] gelte. Der BGH übertrug die für die GmbH in engen Grenzen anerkannte Durchbrechung auf die GbR, für die nichts anderes gelten könne.[785] Zudem hat der VIII. Zivilsenat des BGH Ende 2016 entschieden, dass § 573 Abs. 2 Nr. 2 BGB auch nach der Grundsatzentscheidung ARGE Weißes Ross[786] bei einer GbR Anwendung finden könne und sich die GbR als Vermieter bei einer Eigenbedarfskündigung gegenüber einem ihrer Mieter auf den Eigenbedarf eines ihrer Gesellschafter oder dessen Angehörigen berufen könne.[787] Das national oberste ordentliche Gericht führte zur Begründung aus, dass bei der GbR aufgrund ihrer fehlenden rechtlichen Verselbstständigung wie einer juristischen Person die Interessen des Gesellschafterkreises rechtlich nicht völlig unbeachtlich seien.[788]

Ohnehin ist und bleibt die rechtsfähige Personengesellschaft gewissermaßen transparent, weil für sie der Grundsatz der Selbstorganschaft gilt. Sie kann also nur durch ihre Gesellschafter organschaftlich handeln, während die Körperschaften als von ihren Mitgliedern losgelösten Entitäten „nur" eines organschaftlichen Vertreters bedürfen. Die akzessorische Haftung und die damit einhergehende Verknüpfung der Gesellschaftsverbindlichkeiten mit den Gesellschaftern unterstreicht diese Transparenz.[789]

---

auch die Aufrechterhaltung des gesellschaftsrechtlichen Dualismus von rechtsfähiger Personengesellschaft und juristischer Person rechtfertigt.

783 BGH, Urteil vom 19.11.2013 – II ZR 149/12, BeckRS 2014, 5160.

784 BGH, Urteil vom 19.11.2013 – II ZR 149/12, BeckRS 2014, 5160 Rn. 26.

785 BGH, Urteil vom 19.11.2013 – II ZR 149/12, BeckRS 2014, 5160. Nach dem BGH a.a.O. könne die Durchbrechung des Trennungsprinzips konkret dadurch geschehen, dass rechtserhebliche Umstände auf Seiten der Gesellschafter der Gesellschaft zugerechnet werden würden bzw. dass ein Dritter dem gegen ihn erhobenen Anspruch der Gesellschaft seinen gegen alle Gesellschafter gerichteten Schadensersatzanspruch als Einwendung entgegenhalten könne.

786 BGH, Urteil vom 29.01.2001 – II ZR 331/00, BGHZ 146, 341.

787 BGH, Urteil vom 14.12.2016 – VIII ZR 232/15, BGHZ 213, 136.

788 BGH, Urteil vom 14.12.2016 – VIII ZR 232/15, BGHZ 213, 136, 142 f.

789 *Reiner/Bogedain*, JZ 2020, 982, 987.

Letztlich folgt aus dieser zivilrechtlichen Durchbrechung des Trennungsprinzips, dass eben jenes nicht als aussagekräftiges Argument für einen Durchschlag auf das Ertragsteuerrecht herangezogen werden kann, gerade auch weil die zivilrechtliche Durchbrechung vom II. Zivilsenat erklärt wurde, das heißt von dem Senat, der den Weg der Verkehrsfähigkeit der GbR erst vollends geebnet und komplettiert hat.

(b) Wirtschaftliche Ungleichheit

Vor knapp zwanzig Jahren erwähnte *Rainer Hüttemann* im Rahmen der 26. Jahrestagung der Steuerjuristischen Gesellschaft der Sache nach, dass sich die anteilige und unmittelbare Zurechnung des Unternehmensgewinns an den persönlich haftenden Gesellschafter durch dessen Außenhaftung rechtfertigen könne.[790]

Im Zusammenhang der „stärkere[n] Abschirmung der Vermögenssphäre"[791] nannte auch das BVerfG etwa auch die Aspekte der persönlichen Haftung und die Abhängigkeit vom Bestand der Mitglieder. Der These *Hüttemanns* ist im Ergebnis zuzustimmen und der Ausdruck des BVerfG vermag in der Sache ebenfalls zu überzeugen. Es sind die fortbestehenden Strukturunterschiede zwischen den Kapitalgesellschaften und den Personengesellschaften, die bisher und auch seit Inkrafttreten des MoPeG das bestehende Steuersystem zu rechtfertigen vermögen. Diese lassen sich durchaus unter dem Begriff einer „stärkere[n] Abschirmung der Vermögenssphäre" zusammenfassen, was letztlich auch weiterhin als Homöonym für den sachlichen Grund angeführt werden kann. Dabei kommt der Haftung eine wesentliche Rolle zu. Während bei den Körperschaften die persönliche Haftung auf Ausnahmen begrenzt ist, ist die Verlusttragung bei Personengesellschaften (und für Einzelunternehmen) umgekehrt die Regel[792], sodass man hier einen grundsätzlichen Wesensunterschied[793] dieser Verbände ausmachen kann (vgl. auch zuvor unter Gliederungspunkt Teil 1, B. I. 4.).

---

790 *Hüttemann*, in: DStJG 25 (2002), 123, 139 f. Vgl. auch die sich daran anschließende Diskussion (177 ff.).

791 BVerfG, Beschluss vom 29.03.2017 – 2 BvL 6/11, BVerfGE 145, 106, 148 f.

792 Differenzierungen sind bei der Kommanditgesellschaft und der Partnerschaftsgesellschaft anzustellen.

793 Die persönliche Haftung kann gegenüber Dritten freilich durch Individualvereinbarung ausgeschlossen werden und auch bei den Kapitalgesellschaften besteht das

(i) Keine vermögensrechtliche Relevanz der Gesellschafterhaftung?

Die ausdrückliche Kodifizierung der unmittelbaren, primären und unbeschränkten Einstandspflicht der GbR-Gesellschafter änderte zwar offenkundig nichts an der Vermögenszuordnung der Grundform der Personengesellschaften. Die erfassten Gesellschafter haften also prima vista schlicht für die Verbindlichkeiten der Gesellschaft, mithin für die Verbindlichkeiten eines anderen Rechtssubjekts.[794] Dennoch führt die bisher richterrechtlich anerkannte und mit der Reform gesetzlich verankerte persönliche und unbeschränkte Haftung der Gesellschafter dazu, dass diese Rechtswirkung auch bei der wirtschaftlichen Leistungsfähigkeit Berücksichtigung finden muss. Sie trägt dazu bei, dass den Mitunternehmern bei der Personengesellschaft bzw. dem Unternehmer bei dem Einzelunternehmen die Gewinne und Verluste unmittelbar zugerechnet werden können.

Einem solchen Gedanken wird in der Literatur mit gewichtigen Argumenten entgegengehalten, dass sich die persönliche Haftung nicht auf die Realisation des Gewinns bzw. Verlusts durch die Gesellschaft auswirke, die persönliche Haftung also erst dann eine Rolle spielen könne, sofern sie sich tatsächlich auswirkt.[795] Folglich würde die persönliche Haftung lediglich als mögliche Minderung der Leistungsfähigkeit zu qualifizieren sein und dieses Risiko damit nur eine negative Sollleistungsfähigkeit darstellen.[796]

Risiko des Verlusts der geleisteten Einlage. Die Ausnahmen stellen jedoch nicht den grundsätzlichen Unterschied der Haftung bei Personen- und Kapitalgesellschaft bzw. juristischer Person in Frage. Vgl. auch *Rasenack*, Theorie der Körperschaftsteuer, 298. Kritisch im Zusammenhang mit dem MoPeG äußert sich etwa *Müller-Gatermann*, FR 2022, 637, 640: Zum einen tauge die Haftung nicht als Differenzierungsgrund und zum anderen müsse sich der Gesetzgeber bei entsprechender Typisierung nicht am theoretischen Typus, sondern „an der Realität orientieren".

794 Vgl. *Schall*, NZG 2021, 494, 496 f.

795 *Hennrichs*, in: Tipke/Lang, Rn. 10_5 m.w.N. Vgl. speziell auch *Hennrichs*, FR 2010, 721, 727, wonach aufgrund des Regressanspruchs nach § 110 HGB ein unbeschränkt haftender Gesellschafter einem aufgrund schuldrechtlicher Basis haftenden Gesellschafter gleichzustellen sei, die Leistungsfähigkeit also erst berührt sei, wenn Verluste tatsächlich getragen würden.

796 Vgl. insoweit nur *Palm*, JZ 2012, 297, 300; *Palm*, Person im Ertragsteuerrecht, 512 ff.; *Palm*, in: Leitgedanken des Rechts, 1697, 1704.

(ii) Mittelbare Verknüpfung der Vermögensmassen

Diese Sichtweise lässt jedoch die hiermit verbundenen rechtlichen Besonderheiten und wirtschaftliche Gesichtspunkte unberücksichtigt und ist daher zu eng gefasst. Es kann hierbei dahinstehen, ob die persönliche Haftung die unterschiedliche Besteuerung „allein"[797] rechtfertigen kann. Darauf kommt es infolge des MoPeG gar nicht an, und auch das BVerfG zielte im Jahre 2017 nicht einzig auf das Haftungsmerkmal ab. Der vorgenannte Einwand überzeugt jedenfalls deshalb nicht, weil die persönliche Haftung gerade zusammen mit dem (im Hinblick auf den Gesellschaftsanteil modifizierten) Prinzip der An- und Abwachsung sowie dem Grundsatz der Selbstorganschaft mit dem MoPeG erhalten bleibt bzw. ausdrücklich kodifiziert wurde und daher sowohl im alten Recht als auch de lege lata zu einer Verknüpfung von Gesellschaftsvermögen und Vermögen der Gesellschafter sowie Gewinn- und Verlustzurechnung bei den Personengesellschaften (bzw. Einzelunternehmen) führt.

Deshalb kommt dem Charakteristikum der persönlichen Haftung auch eine gewisse vermögensrechtliche Relevanz zu; dadurch nämlich, dass die Personengesellschaft anders als die Körperschaften auch künftig nicht über eine eigene Rechtspersönlichkeit verfügt und nicht nach innen verselbstständigt ist, sondern vielmehr von ihrem personalen Substrat abhängig ist, wird eine zumindest mittelbare Verbindung der Gesellschafter mit dem Gesellschaftsvermögen geschaffen, die sich wesentlich von der Situation bei den Körperschaften unterscheidet.[798]

Die persönliche Haftung hat zur Folge, dass Verluste der Gesellschaft auch die Gesellschafter betreffen und diese Verluste ihnen auch steuerlich zugerechnet werden.[799] Dass diese Verbindung dabei auf Akzessorietät fußt, also zwischen beiden Vermögensmassen zu unterscheiden ist, bewirkt dabei

---

[797] *Bachem*, DStR 2022, 725, 726 (Haftung als Rechtfertigung generell ablehnend).

[798] Vgl. auch die weiterhin zutreffende Ansicht von *R. Wendt*, in: FS Friauf, 859, 870: „Zu der Grundkonzeption, die die Rechtsordnung veranlasst hat, die Verselbständigung gewisser Vermögenskomplexe als juristische Person überhaupt zu ermöglichen, gehört deren Undurchlässigkeit, d.h. zum einen der Ausschluss von Durchgriffen auf die Gesellschafter aus den Verhältnissen der juristischen Person heraus, zum anderen – als Kehrseite dieses Ausschlusses – die Unabhängigkeit der juristischen Person von den persönlichen Verhältnissen ihrer Gesellschafter".

[799] BVerfG, Beschluss vom 24.03.2010 – 1 BvR 2130/09, NJW 2010, 2116, 2117.

für die Frage nach der Auswirkung auf das Leistungsfähigkeitsprinzip keinen Unterschied. Die Ergebniszurechnung an die Gesellschafter beruht nicht darauf, dass die Gesellschafter der Personengesellschaft selbst Einkommen erzielen.[800]

Auch wenn die akzessorische Haftung der Gesellschafter zunächst auf die Verlusttragung abzielt, kann die Gewinnzurechnung hiervon nicht gänzlich isoliert betrachtet und unberücksichtigt bleiben, weil die Gewinn- und die Verlustzurechnung letztlich bloß „zwei Seiten einer Medaille"[801] sind. Durch das Privatvermögen der Gesellschafter wird der Bestand der Personengesellschaft nach außen hin geschützt: Die akzessorische und unbeschränkte Haftung dient dem Schutz der Gesellschaftsgläubiger, welcher bei den Kapitalgesellschaften durch das geleistete Eigenkapital erreicht wird.[802]

Diese Kapitalaufbringung ist bei den Personengesellschaften nicht vorgeschrieben, vielmehr taugt als Beitragsleistung ebenso die Erbringung von Diensten. Die Haftungsregel bei den Personengesellschaften, die mittelbar die Funktion der bei den Kapitalgesellschaften erforderlichen Eigenkapitals übernimmt, sichert also auch die Leistungsfähigkeit nach außen ab.[803]

Die vorgenannte Verknüpfung, das heißt die in der Sache zwar bestehende, aber letztlich schwächere Trennung zwischen Vermögen der Personengesellschaft und Vermögen ihrer Gesellschafter, manifestiert sich denn auch am Prinzip der An- bzw. Abwachsung und dem Grundsatz der Selbstorganschaft. Denn gerade mit letzterem und der hiermit verbundenen organschaftlichen Vertretung korrespondiert für die hierzu befugten Gesellschafter eben auch eine Verfügungsmacht über die Gewinne der Gesellschaft.[804] Ohnehin

---

800 *Hüttemann*, in: DStJG 25 (2002), 123, 139; a.A. *Pinkernell*, Einkünftezurechnung, 85 ff.

801 *Rau*, Verfassungsdirigierte Prinzipien, 134 f. (freilich zum gegenteiligen Ergebnis kommend, das heißt die persönliche Haftung soll sich nicht auf die Leistungsfähigkeit auswirken können).

802 *Steitz*, in: Henssler/Strohn, § 128 HGB Rn. 1.

803 Im Ergebnis so wohl auch *Hüttemann*, in: DStJG 25 (2002), 123, 125.

804 Vgl. auch *Hüttemann*, in: DStJG 25 (2002), 123, 139: „Insbesondere für Personenunternehmen muss es vielmehr im Grundsatz dabei bleiben, dass sich Gewinne und Verluste aus der unternehmerischen Tätigkeit unmittelbar hei demjenigen steuerlich auswirken, der über die Gewinne disponieren kann und der für diese Verluste zivilrechtlich einzustehen hat".

erscheint bei der Personengesellschaft die Tätigkeit der Gesellschaft letztlich als Tätigkeit der Gesellschafter.[805]

(iii) Keine Beschränkung auf das Einkommen

Im Grunde lässt sich die Streitfrage der Rechtsformneutralität auch auf die Frage nach den maßgeblichen Parametern für die steuerliche Erfassung zurückführen. Es überzeugt dabei nicht, wenn man unter Anwendung des Leistungsfähigkeitsprinzips lediglich das erzielte Einkommen als den relevanten Bezugspunkt festgelegt. So ist aber gerade die Grundprämisse derjenigen Stimmen, die die Anknüpfung an die Rechtsform zur Rechtfertigung der Belastungsunterschiede als ein untaugliches Kriterium ablehnen. Indes sind es stets und ausschließlich natürliche Personen, die Einkommen erzielen, während ein Unternehmen lediglich als eingesetztes Instrument zur Einkommenserzielung fungiert.[806]

Vor diesem Hintergrund kann bzw. sollte dasselbe Einkommen, das in verschiedenen gesellschaftsrechtlichen Rechtsformen erzielt wird, nicht ohne Ausblendung der gesamten gesellschaftsrechtlichen Dogmatik mit dem Hinweis auf eine gleiche Leistungsfähigkeit gleich belastet werden. Denn das in beiden Fällen erzielte Einkommen kann gänzlich unterschiedlichen Sachverhalten unterliegen, wie sich vor allem bereits an einem nur oberflächlichen Vergleich der GbR und der Aktiengesellschaft veranschaulicht.[807]

Zwar ist die nach außen bestehende Rechtsfähigkeit – zuvor anerkannt und aufgrund der Neuregelung infolge des MoPeG nun auch gesetzlich eindeutig zum Ausdruck kommend – kein Unterscheidungskriterium. Allerdings führen etwa auf Seiten der Personengesellschaft bzw. ihrer Grundform GbR die Abhängigkeit von den Gesellschaftern, die jeweiligen allgemeinen und bewährten Strukturprinzipien wie insbesondere der Grundsatz der Selbstorganschaft und die systemprägende akzessorische Haftung und auf Seiten

---

805 BVerfG, Beschluss vom 24.03.2010 – 1 BvR 2130/09, NJW 2010, 2116.

806 *D. Schneider*, DB 2004, 1517, 1518 f.; *Schreiber*, Besteuerung der Unternehmen, 461. Vgl. auch *Brönner*, Besteuerung der Gesellschaften, 73 Rn. 15 (Personenvereinigung sei „nur Mittel zum Zweck, die individuellen Ziele der hinter der Personengesellschaft agierenden Gesellschafter zu verwirklichen. Die Personengesellschaft besitzt keine eigenständigen Ziele. [...] Verfolgt ein Steuergesetz die Erfassung von individueller Leistungsfähigkeit, kann diese daher nur bei den Gesellschaftern ermittelt werden").

807 Vgl. *H. Weber*, JZ 1980, 545, 549.

der Kapitalgesellschaft Aspekte wie das zwingende Aktienrecht, die oftmals bestehende Unternehmensmitbestimmung, die Übertragbarkeit der Aktie, die unbegrenzte „Lebensdauer" der Aktiengesellschaft oder etwa auch der Zugang zum organisierten Kapitalmarkt dazu, dass bei grundsätzlich „gleichen Zahlen" dasselbe Unternehmen nach außen hin in Abhängigkeit von der Rechtsform erheblich stärker und stabiler (AG) oder schwächer und unsicherer (GbR) scheint.[808]

Das aber sollte in der Konsequenz bedeuten, dass die Personengesellschaft und die Kapitalgesellschaft bzw. Körperschaft trotz isoliert betrachtet gleicher Kennziffern beim Einkommen schlicht nicht als wirtschaftlich gleichwertig zu sehen sind und auch so nicht erfasst werden sollten. In einer solchen ganzheitlichen Betrachtung liegt die Antwort auf die Frage, „warum [...] der mit dem Risiko voller persönlicher Haftung erzielte Gewinn einer Personengesellschaft höher/niedriger besteuert werden [sollte]"[809]. Eine Abweichung vom einkommensteuerlichen Einkommensbegriff scheint mithin geboten, soweit sie ihre Wurzel in den formal in der Rechtsform ausgedrückten Strukturunterschieden von Personen- und Kapitalgesellschaft findet.

(iv) BMF-Schreiben zur Limited Liability Company

Dafür, dass für eine steuerrechtliche Erfassung nicht zwingend auf das Gesamthandsprinzip abzustellen sein muss, sondern es vielmehr auf die hiermit traditionell verbundenen, letztlich jedoch eigenständigen Rechtscharakteristika und -wirkungen ankommt, lässt sich mit begrenzter Aussagekraft auch das BMF-Schreiben von 2004 zur steuerlichen Einordnung der nach dem Recht der Bundesstaaten der USA gegründeten Limited Liability Company[810] anführen.[811]

Konkret geht es darin um die Frage, wann diese Gesellschaftsform für deutsche Besteuerungszwecke als Körperschaft und mithin eigenständiges

---

808 Vgl. *Kahle*, FR 2022, 377, 379 („Unsicherheit des Einkommens"); *H. Weber*, Unternehmensbesteuerung, 172 ff., 182 ff.

809 *Hey*, in: Tipke/Lang, Rn. 13_175.

810 BMF-Schreiben vom 19.03.2004 – IV B 4 – S 1301 USA – 22/04, BStBl. I 2004, 411.

811 Vgl. *Roßkopf*, Stellungnahme zum Entwurf eines Gesetzes zur Modernisierung des Personengesellschaftsrechts (Personengesellschaftsrechtsmodernisierungsgesetz – MoPeG), 4, abrufbar unter https://t1p.de/1gk82; in diese Richtung auch S. *Müller*, GmbH-StB 2022, 184, 190.

Steuersubjekt und wann sie als Personengesellschaft zu qualifizieren ist.[812] Es soll im Rahmen einer Gesamtbetrachtung auf alle Elemente ankommen, die nach deutschem Recht als wesentliche Strukturmerkmale einer Körperschaft gelten.[813] Das BMF-Schreiben enthält dementsprechend eine Auflistung von Eigenschaften, die sich für den Rechtstypenvergleich heranziehen lassen würden.[814] Diese Kriterien können im Wesentlichen auf die Personenabhängigkeit des Verbandes zusammengefasst werden, sodass also auch insoweit auf den unverkennbaren Unterschied von Personen- und Kapitalgesellschaft abgestellt wird.

Wirft man unter dem Stichwort Trennungs- und Transparenzprinzip einen Blick ins Ausland, so fällt zudem auf, dass das Transparenzprinzip mitunter auch dann Anwendung findet, wenn die Personengesellschaft als juristische Person zu qualifizieren ist.[815] Das steht nicht im Widerspruch zum BMF-Schreiben von 2004, sondern unterstützt lediglich die These der Unbedeutendheit des tradierten gesellschaftsrechtlichen Gesamthandsprinzips auch für das deutsche Steuerrecht.

Gleichwohl ist das Anführen des BMF-Schreibens am Ende nur ein eher vages und nur schwaches Argument, denn dieses ist in Bezug auf die Frage einer künftig womöglich zu erwartenden Änderung der steuerrechtlichen Behandlung von Personengesellschaften wenig aussagekräftig. In Anbetracht von KöMoG und MoPeG dürfte das BMF-Schreiben vielmehr in seinem materiellen Gehalt zu hinterfragen sein und ist mit einer Überarbeitung zu rechnen bzw. scheint eine entsprechende Anpassung geboten.

---

812 Ob eine ausländische Gesellschaft steuerlich als Körperschaft oder als Personengesellschaft zu behandeln ist, richtet sich nach deutschem Steuerrecht. Die zivil- bzw. steuerrechtliche Qualifikation nach der jeweiligen ausländischen Rechtsordnung sind hierfür nicht relevant.

813 RFH, Urteil vom 12.02.1930 – VI A 899/27, RStBl. 1930, 444; BFH, Urteil vom 17.07.1968 – I 121/64, BStBl. II 1968, 695; BFH, Urteil vom 03.02.1988 – I R 134/84, BStBl. II 1988, 588; BFH, Urteil vom 23.06.1992 – IX R 182/87, BStBl. II 1992, 972; BFH, Urteil vom 16.12.1992 – I R 32/92, BStBl. II 1993, 399.

814 Konkret sind dies die zentralisierte Geschäftsführung und Vertretung, die beschränkte Haftung, die freie Übertragbarkeit der Anteile, die Gewinnzuteilung, die Kapitalaufbringung, die unbegrenzte Lebensdauer der Gesellschaft, die Gewinnverteilung sowie formale Gründungsvoraussetzungen. Der vorhandenen oder fehlenden Rechtsfähigkeit sowie der Anzahl der Gesellschafter kommt keine Bedeutung zu.

815 Hierzu *Groh*, ZIP 1998, 89, 90. m.w.N.

Führt man sich die Vorschriften des MoPeG noch einmal vor Augen, so bedingen sie trotz der überschaubaren Änderungen im Recht der Personengesellschaften mitunter eine Sinnentleerung der im LLC-Erlass angeführten Abgrenzungsmerkmale. Das gilt zunächst für die gesetzliche Verankerung der in der herkömmlichen Praxis bereits durch Satzungsgestaltung gelebten Gewinnverteilung nach Beteiligungsverhältnissen[816] anstelle der Verteilung nach Köpfen; insoweit ist dieses Kriterium bereits im alten Recht von untergeordneter Bedeutung.

Gleiches gilt auch in Bezug auf die nun zum gesetzlichen Standard gewordene Kontinuität bei Ausscheiden eines Gesellschafters aus der Gesellschaft, denn obwohl dieser Grundsatz für die Personenhandelsgesellschaften ohnehin galt[817], ist dieser Fortbestand jetzt in § 723 BGB n.F. auch für die Grundform der Personengesellschaften als gesetzlicher Regelfall normiert.

Auch leidet das im BMF-Schreiben angeführte Kriterium der Gründungsvoraussetzung infolge der mit dem MoPeG erfolgten Einführung des Gesellschaftsregisters an einer Trennschärfe, da eine GbR ohne Eintragung nicht im Grundbuch eingetragen werden oder in die Gesellschafterliste einer GmbH aufgenommen werden kann, § 47 Abs. 2 GBO n.F. Dadurch gibt es also auch für die GbR eine Art faktischen Eintragungszwang.[818]

Dessen ungeachtet ist zudem fraglich, ob angesichts der 2008 eingeführten haftungsbeschränkten Unternehmergesellschaft als eine Sonderform der GmbH[819] das im BMF-Schreiben genannte weitere Merkmal der Kapitalaufbringung überhaupt sinnvollerweise herangezogen werden kann.[820]

Und auch das unter verfassungsrechtlichen Gesichtspunkten zweifelhafte und jedenfalls nicht stringente KöMoG wirft zumindest die Frage auf, ob nicht auch Optionsmodelle anderer Jurisdiktionen künftig in Deutschland zu berücksichtigen sind oder aufgrund der ansonsten bestehenden Rechtssicherheit jedenfalls zu berücksichtigen sein sollten.

816 Vgl. §§ 709 Abs. 2, 722 BGB a.F. und § 709 Abs. 3 BGB n.F.

817 Vgl. § 131 Abs. 3 S. 1 Nr. 1 HGB a.F., ggf. in Verbindung mit § 161 Abs. 2 HGB a.F.

818 Vgl. auch oben Fn. 556.

819 Gesetz zur Modernisierung des GmbH-Rechts und zur Bekämpfung von Missbräuchen (MoMiG), BGBl. 2008, Teil I, 2026.

820 Insoweit eine Bedeutung ablehnend FG München, Beschluss vom 10.11.2020 – 6 V 1784/20, DStRE 2021, 513, dieser Entscheidung nachgehend, diesbezüglich aber offengelassen von BFH, Beschluss vom 18.05.2021 – I B 76/20 (AdV), BFH/NV 2021, 1491.

(4) *Zwischenergebnis: Rechtsformabhängigkeit auch de lege ferenda verfassungskonform*

Die wirtschaftlichen Unterschiede, die sich nach außen und formal in der Rechtsform manifestieren, begründen wie auch schon bisher die unter verfassungsrechtlichen Gesichtspunkten zulässige Grenze zwischen den dem Trennungsprinzip unterliegenden Körperschaftsteuersubjekten und nach dem Transparenzprinzip zu besteuernden Personenunternehmen. Das sowie mitunter flankierend noch Gedanken der Wettbewerbsgleichheit[821] rechtfertigen es weiterhin, dass der Gesetzgeber typisierend an die Rechtsform anknüpft und die Personengesellschaft in ertragsteuerlicher Hinsicht anders als die Kapitalgesellschaft als juristische Person behandelt wird.

Weil es also auf die beibehaltenen Strukturmerkmale ankommt, die bislang oftmals gedanklich mit dem Gesamthandsprinzip verbunden wurden, mit diesem aber nicht untrennbar und zwingend verbunden sind, bleibt die mit dem MoPeG erklärte Loslösung von der Vorstellung einer gesamthänderischen Verbundenheit auch unter steuerverfassungsrechtlichen Gesichtspunkten ohne richtungswechselnde Auswirkung.

Die Einebnung des bestehenden Dualismus ist deshalb infolge der Reform des Personengesellschaftsrechts, die letztlich im Wesentlichen eine Glattziehung des Gesetzes ohne gravierende materielle Auswirkungen darstellt, nicht zu befürchten. Das Bundesverfassungsgericht könnte, sofern es nochmals mit der Frage der verfassungsrechtlichen Zulässigkeit der dualistischen Ertragsbesteuerung befasst wird, sich also – weiterhin – auf die materiellen Wesensunterschiede der rechtsfähigen Verbände stützen, die sich eben in formaler Hinsicht in der Rechtsform ausdrücken. Sachwidrig oder gar willkürlich ist das nicht.

Dabei kann auch auf die Typisierungsbefugnis des Gesetzgebers im Rahmen des legislativen Freiraums abgestellt werden, da eben realitätsgerecht der typische Fall erfasst wird. Gelingt deshalb auch weiterhin die verfassungsrechtliche Absegnung der Unternehmensbesteuerung, so ist damit gleichwohl nicht geklärt, ob dieses Steuersystem auch rechtspolitisch überzeugt und

---

[821] *Schön*, StuW 1988, 253 ff.; *Schön*, StuW 1996, 275 ff.; ähnlich *Schober*, in: Bott/Walter, § 8 Rn. 110 (Dokumentstand: 150. Lieferung 5/2022); vgl. zur Körperschaftsteuer aufgrund administrativer bzw. wettbewerblicher Notwendigkeiten auch *Schreiber*, Besteuerung der Unternehmen, 365 f.

daher beibehalten werden sollte. Dies ist indes eine ebenfalls traditionell lebhaft diskutierte Frage, die losgelöst von der verfassungsrechtlichen Zulässigkeit betrachtet werden muss und daher an anderer Stelle[822] aufzugreifen ist. Rein terminologische Veränderungen im Zivilrecht können diesbezüglich lediglich initiative Wirkung entfalten.

dd) Exkurs: Vermögensverwaltende Personengesellschaft

Es wurde kurz darauf hingewiesen, dass das MoPeG in einfachgesetzlicher Hinsicht keine unmittelbaren Folgewirkungen im Hinblick auf die für Mitunternehmerbesteuerung zentrale Vorschrift § 15 EStG hat.[823] Indes ist auch zu fragen, wie sich die Abschaffung der vormals (jedenfalls formal) bestandenen gesamthänderischen Vermögenszuordnung auf die in der Abgabenordnung geregelte persönliche Zurechnung von Wirtschaftsgütern auswirkt.

Die maßgebliche Vorschrift ist nach einem Regel-Ausnahme-Prinzip aufgebaut: Nach § 39 Abs. 1 AO sind Wirtschaftsgüter dem Eigentümer zuzurechnen, § 39 Abs. 2 AO normiert sodann Abweichungen von diesem Grundsatz. Gemäß § 39 Abs. 2 Nr. 2 AO a.F. (§ 39 Abs. 2 Nr. 2 S. 1 AO n.F.) werden Wirtschaftsgüter, die mehreren zur gesamten Hand zustehen, den Beteiligten anteilig zugerechnet, soweit eine getrennte Zurechnung für die Besteuerung erforderlich ist. Insoweit wird eine Bruchteilsberechtigung fingiert.

Nach bisherigem und heutigem Recht wurde bzw. wird diese Ausnahmeregelung hinsichtlich Mitunternehmerschaften wiederum durch § 15 Abs. 1 S. 1 Nr. 2 EStG verdrängt, welcher insoweit lex specialis ist.[824] Das hat zur

---

[822] Denkbar ist es etwa, sämtliche Unternehmen einer einheitlichen Steuer zu unterwerfen („Betriebssteuer"), oder eben die Gewinne und Verluste sämtlicher Unternehmen den Kapitalgebern zuzurechnen („Teilhabersteuer"), vgl. hierzu *Schreiber*, Besteuerung der Unternehmen, 464 ff. Weiterführend zur Verwirklichung von Rechtsformneutralität auch *Hey*, in: Tipke/Lang, Rn. 13.177. Nach *Kahle*, FR 2022, 377, 384 werde hingegen der Dualismus der Unternehmensbesteuerung „auch künftig unüberwindbar bleiben". Hinzuweisen ist in diesem Zusammenhang auch nochmals darauf, dass sich auch in ausländischen Rechtsordnungen eine Dualität von Transparenz- und Trennungsprinzip behaupten kann, vgl. *Hey/Bauersfeld*, IStR 2005, 649 ff.; *Osterloh-Konrad*, in: Zukunftsfragen des Steuerrechts IV, 1, 17.

[823] Vgl. Gliederungspunkt Teil 2, Abschnitt 1, A. II. 2. b) bb).

[824] Vgl. BFH, Beschluss vom 25.02.1991 – GrS 7/89, BStBl. II 1991, 691, 699; BFH, Urteil vom 20.02.2003 – III R 34/01, BStBl. II 2003, 700, 701; BFH, Urteil vom 28.02.2013 – IV R 50/09, BStBl. II 2013, 494. Der Grund dafür, dass § 39 Abs. 2 Nr. 2 AO für die

Folge, dass sich der Anwendungsbereich von § 39 Abs. 2 Nr. 2 AO grundsätzlich auf vermögensverwaltende Personengesellschaften beschränkt; hier gehen die jeweiligen Wirtschaftsgüter folglich nicht in das Gesellschaftsvermögen über.[825]

Mit Verkündung des MoPeG schien die Frage des vorgenannten Anwendungsbereichs dann durchaus virulent, da die Reform nicht nur die Vermögenszuordnung zur Gesellschaft gesetzlich klarstellen, sondern zudem eben die formal noch bestehende (je nach Verständnis: Mit-)Zuordnung zu den Gesellschaftern zur gesamten Hand abschaffen wollte. Bei strenger Auslegung am Wortlaut konnte die Ausnahmeregelung in § 39 Abs. 2 Nr. 2 AO a.F. für die Personengesellschaften deshalb mit Inkrafttreten des MoPeG keine Anwendung mehr finden, sie wäre vielmehr leergelaufen.[826] Stellt man hingegen entscheidend auf den Sinn und Zweck der Zurechnungsvorschrift ab, so blieb § 39 Abs. 2 Nr. 2 AO a.F., wie *Michael Stöber* präzise herausgearbeitet hat[827], auch trotz Neugestaltung des Personengesellschaftsrechts auf die vermögensverwaltenden Personengesellschaften anwendbar.

Diese Sichtweise überzeugt. § 39 AO als Vorschrift des materiellen Steuerrechts soll die Feststellung ermöglichen, bei welcher Person ein Wirtschaftsgut – an welchem es jeweils nur einen Eigentümer geben kann[828] – steuerlich zu erfassen ist.[829] Die Norm ist Ausdruck der wirtschaftlichen Betrachtungsweise im Steuerrecht und aufgrund des von ihr normierten systematischen Vorrangs der zivilrechtlichen Zurechnung nach der Eigentumsordnung des

---

vermögensverwaltenden Personengesellschaften zur Anwendung gelangt, liegt darin, dass § 15 Abs. 1 S. 1 Nr. 2 EStG nicht eingreift, weil es hier an einer gewerblichen, land- oder fortwirtschaftlichen oder selbstständigen Tätigkeit fehlt.

825 Vgl. *Drüen*, in: Tipke/Kruse, § 39 AO Rn. 92 (Dokumentstand: 129. Lieferung 6/2012).

826 Entsprechendes wird auch vertreten, vgl. die Auflistung verschiedener Literaturstimmen bei *Stöber*, GmbHR 2022, 967, 970 (dort Fn. 49).

827 *Stöber*, GmbHR 2022, 967, 970 f.; vgl. auch *Arbeitskreis Bilanzrecht Hochschullehrer Rechtswissenschaft*, ZIP 2021, Beilage zu Heft 2, 3, 7.

828 *Ratschow*, in: Klein, AO, § 39 Rn. 10 m.w.N. Zur historischen Entstehung und Entwicklung der Vorschrift *Fischer*, in: Hübschmann/Hepp/Spitaler, § 39 AO Rn. 1 ff. (Dokumentstand: 221. Lieferung 3/2013).

829 Vgl. BFH, Urteil vom 24.05.1977 – IV R 47/76, BStBl. II 1977, 737; *Fu*, in: Gosch AO/FGO, § 39 AO Rn. 3 (Dokumentstand: 157. Lieferung 11/2020).

BGB deshalb auf Steuerarten, welche an zivilrechtliche Vorgänge anknüpfen, nicht oder nur im Einzelfall anzuwenden.[830]

Im Unterschied zur Vorgängervorschrift des § 11 Nr. 5 StAnpG, welche seinerseits § 80 Abs. 2 RAO 1919 nachgebildet war[831], kommt es bei § 39 Abs. 2 Nr. 2 AO a.F. ausdrücklich darauf an, ob die anteilige Zurechnung jeweils „erforderlich" ist, was wiederum dann nicht der Fall ist, sofern die Gesamthand als solche bzw. selbstständig steuerpflichtig respektive steuerfähig ist.[832] Für Zwecke der Einkommenbesteuerung ist die Fiktion von Bruchteilseigentum der einzelnen Gesellschafter dann erforderlich im Sinne der Norm, da die Gesamthand zwar den entsprechenden Besteuerungstatbestand erfüllt, selbst allerdings keine Schuldnerin der Einkommensteuer ist.[833]

In der Folge ist unter Anwendung von § 39 Abs. 2 Nr. 2 AO a.F. insoweit die Existenz des Gesamthandsvermögens zu verneinen und ist dieses in gedachte Bruchteilsberechtigungen zu parzellieren.[834] Heruntergebrochen verlangt die Zurechnungsregelung also zwei Dinge: Die Gesamthand als solche darf nicht selbstständig steuerpflichtig sein und das Vermögen darf nach der Eigentumsordnung des BGB nicht bereits Bruchteilsvermögen sein.[835]

Gerade diese beiden Aspekte wurden durch die Änderungen infolge des MoPeG nicht berührt und mithin trat eine relevante Strukturänderung der Personengesellschaften nicht ein. Es bleibt vielmehr bei dem tradierten Grundsatz, dass nicht die Gesellschaft, sondern ihre Gesellschafter insoweit die heranzuziehenden Steuersubjekte sind. Aufgrund der in § 39 Abs. 2 Nr. 2 AO a.F. niedergelegten wirtschaftlichen Betrachtungsweise hatte eine zivilrechtliche Anpassung bzw. Klarstellung der Rechtsfigur der

---

830 BFH, Urteil vom 22.09.1982 – II R 61/80, BStBl. II 1983, 179; *Fischer*, in: Hübschmann/Hepp/Spitaler, § 39 AO Rn. 7 (Dokumentstand: 221. Lieferung 3/2013). Entsprechend ist die Vorschrift nicht bzw. nur im Einzelfall anwendbar auf die Grunderwerbssteuer und die Erbschaft- und Schenkungssteuer, vgl. *Fu*, in: Gosch AO/FGO, § 39 AO Rn. 16 (Dokumentstand: 157. Lieferung 11/2020) m.w.N.

831 Vgl. hierzu *Fischer*, in: Hübschmann/Hepp/Spitaler, § 39 AO Rn. 295 m.w.N. (Dokumentstand: 246. Lieferung 2/2018).

832 *Fischer*, in: Hübschmann/Hepp/Spitaler, § 39 AO Rn. 295 m.w.N. (Dokumentstand: 246. Lieferung 2/2018).

833 BFH, Beschluss vom 21.07.2016 – IV R 26/14, BStBl. II 2017, 202.

834 BFH, Beschluss vom 21.07.2016 – IV R 26/14, BStBl. II 2017, 202; *Wacker*, DStR 2005, 2014, 2015.

835 Vgl. *Stöber*, GmbHR 2022, 967, 970 f.

Personengesellschaft für die Anwendung der Bruchteilsfiktion deshalb außer Betracht zu bleiben.[836] Das gilt umso mehr, sofern für diese Bruchteilsfiktion weiterhin ein Bedürfnis besteht, was bei der reformierten Personengesellschaft unter Aufgabe des Gesamthandsprinzips der Fall ist und nach Ansicht des Gesetzgebers gemessen an dessen zunächst legislativer Untätigkeit dann auch weiterhin der Fall sein sollte.

Im Übrigen gilt auch hier, dass es keinen zwingenden Vorrang des Zivilrechts vor dem Steuerrecht gibt und letzteres in Bezug auf das eigene Begriffsverständnis bzw. die Auslegung von zivilrechtlichen Vorstellungen grundsätzlich unabhängig ist.[837]

Mithin bewirkte das MoPeG an sich in Bezug auf § 39 Abs. 2 Nr. 2 AO a.F. keine unmittelbaren Rechtsreflexe oder Folgewirkungen und wäre diese Norm auch mit dem MoPeG nicht sinnentleert gewesen. Gleichwohl ist der Gesetzgeber dazu übergegangen, § 39 Abs. 2 AO a.F. im Wortlaut anzupassen. Mit dem Kreditzweitmarktförderungsgesetz wurde die Vorschrift entsprechend den Vorschlägen des Entwurfs eines MoPeG-Steueranpassungsgesetzes bzw. den ursprünglichen Entwürfen des Wachstumschancengesetzes[838] mit Wirkung zum 01.01.2024 dahingehend ergänzt, dass Wirtschaftsgüter tatbestandlich auch einer rechtsfähigen Personengesellschaft zustehen können. Konkret wurde § 39 Abs. 2 Nr. 2 AO a.F. zu § 39 Abs. 2 Nr. 2 S. 1 AO und wurde in einem neuen S. 2 der Zusatz aufgenommen, dass rechtsfähige Personengesellschaften für Zwecke der Ertragsbesteuerung als Gesamthand und deren Vermögen als Gesamthandsvermögen gelten. Dieser Schritt sollte zusammen mit der zugleich erfolgten Einfügung eines § 14a AO mit einer Legaldefinition der Personenvereinigungen die Kontinuität der ertragsteuerrechtlichen Regelung zur persönlichen Zurechnung von Wirtschaftsgütern sichern.

---

836 Vgl. auch *Stöber*, GmbHR 2022, 967, 971; *Stöber*, in BeckOGK HGB, § 247 Rn. 69.2 (Stand: 01.11.2022) m.w.N.; *Möhlenbrock/Haubner*, FR 2022, 53, 55.

837 Vgl. nur *Fischer*, in: Hübschmann/Hepp/Spitaler, § 39 AO Rn. 13 (Dokumentstand: 221. Lieferung 3/2013) m.w.N.

838 Gesetzesentwurf der Bundesregierung = BR-Drucks. 433/23 (08.09.2023), 204, abrufbar unter https://t1p.de/g8alw.

B. Sonstiges Ertragsteuerrecht

Fraglich ist, ob das MoPeG unmittelbare Auswirkungen auf Vorschriften hat, die gerade an die Gesamthand bzw. an ein Gesamthandvermögen terminologisch anknüpfen bzw. ein solches voraussetzen. Hinsichtlich des § 39 Abs. 2 Nr. 2 AO a.F. standen entsprechende Rechtsreflexe nicht zu befürchten. Doch wie verhält es sich mit den Vorschriften des Ertragsteuerrechts zur Buchwertfortführung oder zur Übertragung stiller Reserven, gibt es Probleme in Bezug auf die Investitionsabzugsbeträge und Sonderabschreibungen oder gar mit Blick auf die Erstattung der Kapitalertragsteuer?

Ausgangspunkt für die Beantwortung dieser Fragen ist wiederum stets, dass der Gesetzgeber die bisherige ertragsteuerliche Behandlung der Personengesellschaft ausdrücklich unberührt lassen wollte und dabei den in einigen Steuergesetzen verwendeten Begriff „Gesamthandsvermögen" steuerspezifisch verstanden wissen wollte, das heißt bei rechtsfähigen Personengesellschaften damit das Vermögen der Gesellschaft in Abgrenzung zum Vermögen der jeweiligen Gesellschafter gemeint sein sollte.[839] Völlig vergessen wurde das Steuerrecht bei den Überlegungen zum MoPeG also nicht[840], die Frage nach ertragsteuerrechtlichen Implikationen verdichtet sich daher eher dahingehend, ob etwaige Wirkungen der legislativen Abkehr der gesellschaftsrechtlichen Gesamthand auch vollständig zu Ende gedacht und alsdann zufriedenstellend über die nachträglich erfolgten Änderungen – namentlich die vorgenannte Änderung in § 39 Abs. 2 Nr. 2 AO – gelöst wurden.

---

839 Begründung RegE MoPeG 01/2021 (Fn. 20), 114 bzw. Begründung RegE MoPeG 03/2021 (Fn. 21), 107.

840 Die Abgeordneten Katja Hessel, Christian Dürr, Frank Schäffler und weitere Abgeordnete und die FDPFraktion richteten sich mit einer Kleinen Anfrage an die Bundesregierung, um zu klären, inwieweit steuerliche Besonderheiten bei der Reform des Personengesellschaftsrecht mitberücksichtigt werden, BT - Drucks. 19/22333 (11.09.2020), 2, abrufbar unter https://t1p.de/j8tiu. In der Antwort der Bundesregierung heißt es, dass die maßgeblichen Auswirkungen der vorgeschlagenen Gesetzesänderungen auch in Bezug auf steuerrechtliche Aspekte geprüft werden würden, BT-Drucks. 19/22853 (25.09.2020), 2, abrufbar unter https://t1p.de/hiqxt.

I. Unentgeltliche Übertragung von Wirtschaftsgütern (Buchwertfortführung)

Eine Vorschrift aus dem Einkommensteuergesetz, die nach dem Wortlaut explizit auf ein Gesamthandsvermögen abstellt, ist § 6 Abs. 5 S. 3 EStG. Die Norm § 6 EStG enthält Regelungen zur Bewertung von Wirtschaftsgütern, die Absätze 4 und 5 betreffen dabei die Übertragung von Einzelwirtschaftsgütern.[841] Der hier relevante Absatz 5 Satz 3 bestimmt, wie ein Wirtschaftsgut beim Transfer zwischen Mitunternehmerschaft und Mitunternehmer im abgebenden und aufnehmenden Betriebsvermögen zu bewerten ist.

So müssen nach § 6 Abs. 5 S. 3 Nr. 1 bis 4 EStG einzelne Wirtschaftsgüter mit dem Buchwert angesetzt werden, sofern diese aus dem Betriebsvermögen des Mitunternehmers in das Gesamthandsvermögen einer Mitunternehmerschaft und umgekehrt gegen Gewährung oder Minderung von Gesellschaftsrechten oder unentgeltlich (Nr. 1), aus dem Sonderbetriebsvermögen eines Mitunternehmers in das Gesamthandsvermögen derselben Mitunternehmerschaft und umgekehrt gegen Gewährung oder Minderung von Gesellschaftsrechten oder unentgeltlich (Nr. 2), aus dem Sonderbetriebsvermögen eines Mitunternehmers in das Gesamthandsvermögen bei einer anderen Mitunternehmerschaft, an der er beteiligt ist, und umgekehrt gegen Gewährung oder Minderung von Gesellschaftsrechten oder unentgeltlich (ebenso Nr. 2) oder sofern sie unentgeltlich aus einem Sonderbetriebsvermögen des Mitunternehmers in das Sonderbetriebsvermögen eines anderen Mitunternehmers bei derselben Mitunternehmerschaft (Nr. 3) übertragen werden und die Besteuerung der stillen Reserven sichergestellt ist, und seit der durch Artikel 3 Nummer 4 Buchstabe a) Doppelbuchstabe cc) des Jahressteuergesetzes 2024[842] eingefügten Nummer 4 auch dann, wenn sie unentgeltlich zwischen den Gesamthandsvermögen verschiedener, identisch beteiligter Mitunternehmerschaften übertragen werden.[843]

---

841 Siehe zur allgemeinen Rechtsentwicklung der Norm *Wendt*, in: Herrmann/Heuer/Raupach, § 6 EStG Rn. 2 (Dokumentstand: 305. Lieferung 8/2021).

842 BGBl. 2024, Teil I, 2024, Nr. 387.

843 § 6 Abs. 5 S. 3 EStG regelt nicht die Übertragungen von Wirtschaftsgütern aus dem Privatvermögen in das Gesamthandsvermögen bzw. umgekehrt (vgl. BMF-Schreiben vom 29.03.2000 – IV C 2 – S 2178 – 4/00 BStBl. I 2000, 462). Für die Übertragung von Wirtschaftsgütern des Privatvermögens des Mitunternehmers in das Gesamthandsvermögen der Mitunternehmerschaft gelten die Grundsätze des BMF-Schreibens

Der Buchwertansatz wird dadurch erreicht, dass auf § 6 Abs. 5 S. 1 EStG verwiesen wird, welcher bestimmt, dass der Wert anzusetzen ist, „der sich nach den Vorschriften über die Gewinnermittlung ergibt". Für den Zeitpunkt der Übertragung ist aus steuerlicher Sicht immer die Zurechnung des wirtschaftlichen Eigentums (§ 39 Absatz 2 Nr. 1 S. 1 AO) maßgeblich.[844]

Sofern § 6 Abs. 5 S. 2 EStG terminologisch vom Gesamthandsvermögen spricht, rekurriert die Norm auf die zivilrechtliche Taxonomie und meint damit das Vermögen einer Gesamthandsgemeinschaft, welches de lege lata durch die gemeinschaftliche Berechtigung der Gesellschafter an den jeweiligen Wirtschaftsgütern gekennzeichnet ist.[845]

Weil das MoPeG diese derzeit gesetzlich angeordnete gesamthänderische Vermögensbindung abschaffte und das Vermögen als eigenes Vermögen der Personengesellschaft definiert wurde, wirft dies mithin die Frage auf, ob die Vorschrift ipso iure hinfällig wird.

Entgegen teilweise bekundeter Besorgnis[846] war dies allerdings ungeachtet der durch das Kreditzweitmarktförderungsgesetz inzwischen erfolgten Anpassung von § 39 Abs. 2 Nr. 2 AO nicht zu befürchten. Denn mit dem verwendeten Begriff „Gesamthandsvermögen" soll bei § 6 Abs. 5 S. 2 EStG das Gesellschaftsvermögen der Personengesellschaft in Abgrenzung zum Sonderbetriebsvermögen der Gesellschafter angesprochen werden, es geht also bloß um die Abgrenzung der Vermögenssphären.[847] Das Gesellschaftsvermögen der Personengesellschaft ist dem bisherigen Gesamthandsvermögen mithin gleichzustellen, was bei der Gesetzesanwendung auch ohne größere Mühe möglich ist.

---

vom 11.07.2011 – IV C 6 – S 2178/09/10001, BStBl. I 2000, 713, vgl. BMF-Schreiben vom 08.12.2011 – IV C 6 – S 2241/10/10002, BStBl. I 2011, 1279, Rn. 13.

844 BMF-Schreiben vom 08.12.2011 – IV C 6 – S 2241/10/10002, BStBl. I 2011, 1279, Rn. 11.

845 *Niehus/Wilke*, in: Herrmann/Heuer/Raupach, § 6 EStG Rn. 1552 (Dokumentstand: 305. Lieferung 8/2021).

846 Vgl. *Heinze*, DStR 2020, 2107, 2108 (Anwendbarkeit „durchaus zweifelhaft").

847 *Mayer/Käshammer*, NWB 2021, 2514, 2518; *Möhlenbrock/Haubner*, FR 2022, 53, 54 („eindeutig"); *Müller*, GmbH-StB 2022, 248, 249 („Leitgedanken"); *Osterloh-Konrad*, in: Zukunftsfragen des Steuerrechts IV, 1, 19 („ganz offensichtlich").

Dem in der Gesetzesbegründung zum MoPeG geäußerten Wunsch zur steuerspezifischen Auslegung des Begriffs des Gesamthandsvermögens[848] kann hier schon aufgrund der Steuerrechtsautonomie und teilweise erfolgten Abkopplung vom zivilrechtlichen Verständnis[849] entsprochen werden. Denn insoweit ist auch hier zu konstatieren, dass eine gesellschaftsrechtliche Änderung, die in der Sache letztlich lediglich eine Neubezeichnung darstellt, keinen steuerlichen Automatismus auslöst.[850] Das gilt umso mehr, wenn man bedenkt, dass für die Anwendung von § 6 Abs. 5 S. 3 EStG bereits im alten Recht und entgegen dem eigentlich klaren Wortlaut ein (zivilrechtliches) Gesamthandsvermögen noch nicht einmal erforderlich ist. Vielmehr wird die Vorschrift auch auf Gesellschaften ohne Gesamthandsvermögen (beispielsweise atypisch stille Gesellschaft oder die mitunternehmerisch tätige Bruchteilsgemeinschaft) angewendet, da diese über ein den jeweiligen Mitunternehmern gemeinschaftlich steuerrechtlich zuzurechnendes Vermögen verfügen.[851]

In diesem Sinne überrascht es nicht, wenn der Bundesfinanzhof dementsprechend auf § 15 Abs. 1 S. 1 Nr. 2 EStG und im Ergebnis auf das Transparenzprinzip, nicht hingegen auf das Gesamthandsprinzip abstellt, das heißt die transparente Besteuerung von Mitunternehmerschaften ist aus

---

848 Begründung RegE MoPeG 01/2021 (Fn. 20), 114 bzw. Begründung RegE MoPeG 03/2021 (Fn. 21), 107.

849 *Möhlenbrock/Haubner*, Fr 2022, 53, 54 („autonomes steuerliches Verständnis von Gesamthand"); *Müller*, GmbH-StB 2022, 248, 249 („zwischenzeitlich vom Zivilrecht abgekoppelt"); *Osterloh-Konrad*, in: Zukunftsfragen des Steuerrechts IV, 1, 19. Vgl. im Übrigen oben Gliederungspunkt Teil 2, Abschnitt 1, A. II. 2. b) bb) (2).

850 Vgl. auch *Osterloh-Konrad*, in: Zukunftsfragen des Steuerrechts IV, 1, 19.

851 Vgl. BMF-Schreiben betr. Zweifelsfragen zur Übertragung und Überführung von einzelnen Wirtschaftsgütern nach § 6 Abs. 5 EStG vom 08.12.2011 – IV C 6 – S 2241/10/10002; DOK 2011/0973858, BStBl. I, 1279, Rn. 9; *Krumm*, in: Kirchhof/Seer, § 15 Rn. 381, *Lipp*, NWB 2014, 1725, 1732; *Möhlenbrock/Haubner*, FR 2022, 53, 54; *Reiß*, BB 2000, 1965, 1966 („Unzutreffende und missverständliche Umschreibung des sachlichen Anwendungsbereiches"); *Stöber*, GmbHR 2022, 967, 971; *M. Wendt*, FR 2002, 53, 58; a.A. *Brandenberg*, DStZ 2002, 551, 555 f.; offengelassen in BFH, Urteil vom 18.06.2015 – IV R 5/12, BStBl. II 2015, 935.

steuersystematischer Perspektive Rechtfertigungsgrund für die angeordnete Buchwertfortführung.[852]

II. Übertragung stiller Reserven bei der Veräußerung bestimmter Anlagegüter

Das Gleiche – kein steuerrechtlicher Automatismus infolge MoPeG – gilt letztlich dann auch für den auch nach dem Inkrafttreten des MoPeG unveränderten § 6b Abs. 10 S. 10 EStG.

Zweck von § 6b EStG ist es, ökonomisch sinnvolle Anpassungsprozesse der Wirtschaft an strukturelle Veränderungen zu fördern, den Veräußerungsverkehr von Grundstücken, Beteiligungen und sonstigen Anlagegütern mit langfristiger Anlagedauer zu beleben, den Unternehmen die Mittel zur Umstrukturierung und Modernisierung ihrer Betriebe zu erhalten und eine Substanzbesteuerung des Anlagevermögens zu verhindern.[853]

Im Allgemeinen gestattet es § 6b EStG (wie auch § 6c EStG) mit gewissen Einschränkungen, durch Anschaffung oder Herstellung eines begünstigten Reinvestitionswirtschaftsguts innerhalb gewisser Fristen die sofortige Besteuerung der bei einer entgeltlichen Veräußerung von bestimmten Wirtschaftsgütern des Anlagevermögens aufgedeckten stillen Reserven zu vermeiden; diese aufgedeckten stillen Reserven müssen von den Anschaffungs- oder Herstellungskosten der begünstigten Reinvestitionsgüter abgezogen werden, sodass § 6b EStG bei Umschichtungen im Anlagevermögen das Realisationsprinzip durchbricht.[854] Weil die stillen Reserven der Besteuerung nicht auf

---

[852] BFH, Urteil vom 07.02.1964 – VI 19/63 U, BStBl. III 1964, 328, 329; vgl. hierzu die überzeugenden Ausführungen von *Stöber*, GmbHR 2022, 967, 971; vgl. auch *Niehus/Wilke*, in: Herrmann/Heuer/Raupach, § 6 EStG Rn. 1552 (Dokumentstand: 305. Lieferung 8/2021).

[853] *Heger*, in: Kirchhof/Söhn/Mellinghoff, § 6b Rn. A1 (Dokumentstand: 288. Lieferung 6/2018) mit dem weiteren Hinweis in Rn. A2 darauf, dass im Falle der Umstrukturierung eines Betriebs und entsprechender Veräußerung von nicht mehr benötigten Anlagegütern vor allem bei langlebigen Wirtschaftsgütern des Anlagevermögens zur Aufdeckung beträchtlicher stiller Reserven kommen kann und die damit verbundene steuerliche Belastung dazu führen kann, dass entsprechende wirtschaftlich sinnvolle Investitionen nicht getätigt werden.

[854] *Eversloh* in: Bordewin/Brandt, § 6b Rn. 15 (Dokumentstand: 387. Lieferung 8/2016); *Schmitz*, in: Lippross/Seibel, § 6b EStG Rn. 1 (Dokumentstand: 118. Lieferung 2/2020).

Dauer entzogen werden, hat die Norm bloß einen (zinslosen) Steuerstundungseffekt; der Abzug wirkt wie eine Sonderabschreibung.[855]

Dabei stellt § 6b EStG, der durch das Steueränderungsgesetz (StÄndG) 1964 in das Einkommensteuergesetz eingeführt wurde[856], aber keine rechtsträgerbezogene bzw. betriebsbezogene, sondern eine personenbezogene Vergünstigung dar, das heißt nicht die Personengesellschaft, sondern nur ihre Gesellschafter können von der Vergünstigung im Wege eines (Bilanzierungs-) Wahlrechts Gebrauch machen.[857]

In den Absätzen 1 bis 9 wird geregelt, wann und wie, mithin unter welchen Voraussetzungen und auf welche Weise die Aufdeckung der stillen Reserven bei der Veräußerung der Anlagegüter Grund und Boden, Aufwuchs auf Grund und Boden mit dem dazugehörigen Grund und Boden, wenn der Aufwuchs zu einem land- und fortwirtschaftlichen Betriebsvermögen gehört und Gebäude und Binnenschiffe vermieden werden kann.[858]

Der Absatz 10 betrifft die Übertragung von stillen Reserven aus der Veräußerung von Anteilen an (sowohl inländischen als auch an ausländischen[859]) Kapitalgesellschaften. Durch die dort enthaltenen zahlreichen Verweise auf die übrigen Vorschriften des § 6b EStG wird gesetzlich sichergestellt, dass sich die Steuervergünstigung eng an den vorherigen Normgrundsätzen ausrichtet. Konkret folgt die Systematik derjenigen des § 6b Abs. 1 bis 7 EStG.[860]

---

855 *Eversloh* in: Bordewin/Brandt, § 6b Rn. 15 (Dokumentstand: 387. Lieferung 8/2016); *Heger*, in: Kirchhof/Söhn/Mellinghoff, § 6b Rn. A4 (Dokumentstand: 288. Lieferung 6/2018; *Schmitz*, in: Lippross/Seibel, §6b EStG Rn. 2 (Dokumentstand: 118. Lieferung 2/2020).

856 Vgl. zur Entstehungsgeschichte der Norm *Eversloh* in: Bordewin/Brandt, § 6b Rn. 1 ff. (Dokumentstand: 387. Lieferung 8/2016).

857 *Eversloh* in: Bordewin/Brandt, § 6b Rn. 15 (Dokumentstand: 387. Lieferung 8/2016); *Schmitz*, in: Lippross/Seibel, § 6b EStG Rn. 3 (Dokumentstand: 118. Lieferung 2/2020) m.w.N.

858 Vgl. für einen Überblick über den Aufbau der Vorschrift die stichpunktartige Darstellung von *Eversloh* in: Bordewin/Brandt, § 6b Rn. 13 (Dokumentstand: 387. Lieferung 8/2016).

859 *Liebl*, in: Kirchhof/Seer, § 6b Rn. 38 m.w.N.

860 Eine Ausnahme besteht bezüglich § 3 Nr. 40 Buchstabe a EStG insofern, als dass die Norm Gewinne, die aus der Veräußerung von Anteilen aus einem Betriebsvermögen einer natürlichen Person stammen, aufgrund des Teileinkünfteverfahrens teilweise steuerfrei stellt, vgl. *Eversloh* in: Bordewin/Brandt, § 6b Rn. 310 (Dokumentstand: 387. Lieferung 8/2016) m.w.N.

§ 6b Abs. 10 S. 10 EStG schränkt die gewährte Steuerbegünstigung dann wieder ein: Stille Reserven betreffend Anteile an Kapitalgesellschaften, die zum Gesamthandsvermögen von Personengesellschaften oder -gemeinschaften zählen, können nur dann übertragen werden bzw. es kann nur dann eine Rücklagenbildung erfolgen, soweit an den Personengesellschaften oder -gemeinschaften keine Körperschaften, Personenvereinigungen oder Vermögensmassen beteiligt sind. Das ist sachgerecht, da im Falle dessen, dass die veräußerten Anteile an einer Kapitalgesellschaft anteilig auf eine an einer Personengesellschaft beteiligte Körperschaft entfallen, ohnehin bereits eine Steuerbefreiung greift (§ 8b Abs. 2, 6 KStG).[861]

Insofern sollen also mitunternehmerische Personengesellschaften oder Gemeinschaften, welche über ein Gesamthandsvermögen verfügen und eben die Voraussetzungen von § 6b Abs. 4 EStG erfüllen und ihren Gewinn nach § 4 Abs. 1 EStG bzw. § 5 EStG ermitteln, von § 6b Abs. 10 S. 10 EStG erfasst sein, wohingegen solche ohne Gesamthandsvermögen (Innengesellschaften) nicht unter die Norm fallen.[862]

Steuerpflichtige im Sinne von § 6b Abs. 10 EStG können jedenfalls keine Körperschaften, Personenvereinigungen oder Vermögensmassen sein, sondern Steuerpflichtige im Sinne der Norm vermögen ausschließlich natürliche Personen zu sein.[863]

Vor diesem Hintergrund und nach dem beschriebenen Zweck der Vorschrift erklärt und ergibt sich, dass der in § 6b Abs 10 EStG verwendete Terminus „Gesamthandsvermögen“ dort eine Ordnungsfunktion übernimmt und sich darin auch erschöpft. Es muss hierdurch festgestellt werden, ob bzw. inwieweit die Begünstigungsvorschrift auf einen Sachverhalt Anwendung zu

---

861 *Eversloh* in: Bordewin/Brandt, § 6b Rn. 335 (Dokumentstand: 387. Lieferung 8/2016); *Liebl*, in: Kirchhof/Seer, § 6b Rn. 42. Vgl. auch *Schießl*, in: Brandis/Heuermann, § 6b EStG Rn. 322 (Werkstand: 164. Lieferung 11/2022) mit dem Hinweis darauf, dass die Einschränkung sachgerecht sei, da bereits die Steuerbefreiung nach § 8b Abs. 2 KStG greife, soweit die veräußerten Anteile an einer Kapitalgesellschaft anteilig auf eine an einer Personengesellschaft beteiligte Körperschaft entfallen (§ 8b Abs. 6 KStG).

862 *Marchal*, in: Herrmann/Heuer/Raupach, § 6b EStG Rn. 168 (Dokumentstand: 298. Lieferung 6/2020); *Müller*, GmbH-StB 2022, 248, 249.

863 *Dißars*, in: Lademann, § 6b Rn. 184 (Stand: 243. Lieferung 1/2019); *Marchal*, in: Herrmann/Heuer/Raupach, § 6b EStG Rn. 158 (Dokumentstand: 298. Lieferung 6/2020); *Schießl*, in: Brandis/Heuermann, § 6b EStG Rn. 39 (Werkstand: 164. Lieferung 11/2022).

finden hat, was letztlich auf die Frage hinausläuft, ob es angesichts bestehender Steuerbefreiungsregeln (§ 8b Abs. 2, 6 KStG) noch der Anwendung der personenbezogenen Vergünstigung gemäß § 6b EStG bedarf und entsprechend die Gesellschafter von dem Bilanzierungswahlrecht Gebrauch machen dürfen.[864]

Daran gemessen kommt es folglich nicht darauf an, ob ein Gesamthandsvermögen vorliegt.[865] Jedenfalls kann auch hier die zivilrechtliche Anpassung an die bereits gelebte Rechtspraxis keine automatische Auswirkung auf die erweiterte Übertragung stiller Reserven haben und behauptet sich vielmehr ein autonomes Begriffsverständnis des Steuerrechts. Durch die Ergänzung in § 39 Abs. 2 Nr. 2 AO wurde diese Deutung zudem gesetzlich verankert.

III. Investitionsabzugsbeträge und Sonderabschreibungen

Auch die Norm § 7g Abs. 7 S. 2 EStG etwa verwendet die Terminologie „Gesamthand", sodass sich auch insoweit wiederum die Frage nach etwaigen Folgewirkungen infolge des MoPeG bzw. nach der Erforderlichkeit der erfolgten Anpassung des § 39 Abs. 2 Nr. 2 AO stellt.

§ 7g EStG – in den letzten Jahrzenten bereits des Öfteren modifiziert[866] – enthält Steuervergünstigungen zur Förderung von kleinen und mittleren Betrieben im Bereich gewerblicher, selbstständiger land- und forstwirtschaftlicher Tätigkeit und sieht dabei mehrere Instrumente zur Verminderung des steuerpflichtigen Gewinns vor.[867] Die Vorschrift soll Liquidität und Eigenkapitalausstattung der vorgenannten Betriebe verbessern, indem diese nach Maßgabe bestimmter Voraussetzungen Sonderabschreibungen in Anspruch nehmen können bzw. eine Ansparabschreibung, also eine

---

864 In diesem Sinne auch *Müller*, GmbH-StB 2022, 248, 249 f. („lediglich eine Zurechnungs- oder Identifikationsfrage zu klären").

865 *Stöber*, GmbHR 2022, 967, 972; zwar nicht ausdrücklich, letztlich aber wohl ebenfalls so zu deuten *Dißars*, in: Lademann, § 6b Rn. 184 (Stand: 243. Lieferung 1/2019); *Liebl*, in: Kirchhof/Seer, § 6b Rn. 42; *T. Carlé/Strahl*, in: Korn EStG, § 6b Rn. 76 (Dokumentstand: 108. Lieferung 4/2018).

866 Vgl. zur Rechtsentwicklung *Brandis*, in: Brandis/Heuermann, § 7g Rn. 2 ff. (Werkstand: 164. Lieferung 11/2022); *B. Grote*, in: Lippross/Seibel, § 7g EStG Rn. 11 ff. (Dokumentstand: 134. Lieferung 10/2022).

867 *Bugge*, in: Kirchhof/Söhn/Mellinghoff, § 7g Rn. A 1 (Dokumentstand: 320. Lieferung 12/2021).

gewinnmindernde Rücklage, bilden können.[868] Dieser Zweck, das heißt vor allem die Erleichterung der Investition konkreter Wirtschaftsgüter, nicht hingegen eine allgemeine Liquiditätsverbesserung, ist bei der Auslegung der Norm zu berücksichtigen.[869]

§ 7g Abs. 1 bis 4 EStG hat dabei den Investitionsabzugsbetrag zum Gegenstand. Die Absätze 1 und 2 ermöglichen das Vorverlagern von Abschreibungspotenzial in ein Wirtschaftsjahr, bevor der Steuerpflichtige das begünstigte Wirtschaftsgut in einem späteren Wirtschaftsjahr anschafft bzw. herstellt; die Absätze 3 und 4 regeln die Konstellation, dass die Investition, für welche der Steuerpflichtige den Abzugsbetrag abgezogen hat, tatsächlich nicht unter die Voraussetzungen der Absätze 1 und 2 zu fassen ist[870] Die beiden Absätze 5 und 6 über Sonderabschreibungen führen sodann zu einem weiteren Vorziehen des Abschreibungspotentials; für das Jahr der Anschaffung bzw. Herstellung sowie für die folgenden vier Wirtschaftsjahre besteht die Möglichkeit, neben den regulären Abschreibungen Sonderabschreibungen von insgesamt 20 % zu berücksichtigen.[871]

Der Absatz 7 stellt Personengesellschaften und Gemeinschaften für die Zwecke der Anwendung von § 7 Abs. 1 bis 6 EStG dann einem Steuerpflichtigen gleich (§ 7g Abs. 7 S. 1 EStG). Nach dessen Satz 2 können vom Gewinn einer Gesamthand oder Gemeinschaft abgezogene Investitionsabzugsbeträge ausschließlich bei Investitionen der Personengesellschaft oder Gemeinschaft nach § 7 Abs. 2 S. 1 EStG gewinnerhöhend hinzugerechnet werden; nach Satz 3 gilt Entsprechendes für vom Sonderbetriebsgewinn eines Mitunternehmers abgezogene Investitionsabzugsbeträge bei Investitionen dieses Mitunternehmers oder seines Rechtsnachfolgers in seinem Sonderbetriebsvermögen. Keine Anschaffung eines begünstigten Wirtschaftsgutes liegt vor, sofern

---

868 *Kaligin*, in: Lademann, § 7g Rn. 1 (Stand: 255 Lieferung 7/2020); vgl. auch BFH, Beschluss vom 14.04.2015 – GrS 2/12, BStBl. II 2015, 1007; BFH, Beschluss vom 15.11.2017 – VI R 44/16, BStBl. II 2019, 466; BFH, Urteil vom 06.08.2019 – VIII R 26/17, BStBl. II 2020, 188.

869 Vgl. BFH, Urteil vom 29.03.2001 – IV R 49/99, BStBl. II 2001, 437; BFH, Urteil vom 20.06.2012 – X R 42/11, BStBl. II 2013, 719; *Pfirrmann*, in: Kirchhof/Seer, § 7g Rn. 1.

870 *Pfirrmann*, in: Kirchhof/Seer, § 7g Rn. 1.

871 Vgl. *Reddig*, in: Herrmann/Heuer/Raupach, § 7g EStG Rn. 1 (Dokumentstand: 307. Lieferung 11/2021).

ein Mitunternehmer ein Wirtschaftsgut von der Personengesellschaft oder Gemeinschaft erwirbt oder die Personengesellschaft oder Gemeinschaft oder ein anderer Mitunternehmer ein Wirtschaftsgut erwirbt, welches zuvor zum Sonderbetriebsvermögen eines Mitunternehmers gehörte.[872]

Unter „Personengesellschaften und Gemeinschaften" sind Mitunternehmerschaften (§ 13 Abs. 7, § 15 Abs. 1 S. 1 Nr. 2, § 18 Abs. 4 S. 2 EStG) zu verstehen und zwar wegen des insoweit zusätzlich aufgenommenem Terminus „Gemeinschaften" auch solche, denen zivilrechtlich keine Gesellschaft zugrunde liegt (z.B. Erben- und Gütergemeinschaft).[873] Gemeinschaften, die keine eigene Gewinnerzielungsabsicht haben, sind jedoch vom Anwendungsbereich ausgeschlossen.[874] Die entsprechenden Personengesellschaften und Gemeinschaften waren bereits nach der alten Fassung von § 7g EStG ohne ausdrückliche Regelung zur Inanspruchnahme der Steuerregelung berechtigt, sodass die Bestimmung an sich daher nur klarstellende Bedeutung hat.[875] Das heißt aber in der Folge, dass wenn die Gesellschaft Begünstigte im Sinne der Norm ist, ein etwaiger Gesellschafterwechsel für deren Anwendbarkeit ohne Relevanz ist.[876]

In Bezug auf mögliche Auswirkungen durch das Inkrafttreten des MoPeG muss hervorgehoben werden, dass der Absatz 7 um die Sätze 2 und 3 erst durch das Jahressteuergesetz 2020[877] erweitert wurde, das heißt der Terminus „Gesamthand" wurde gesetzlich zu einer Zeit eingepflegt, zu denen

---

872 BMF-Schreiben vom 15.06.2022 – IV C 6 – S 2139-b/21/10001 :001, BStBl. I 2022, 945 Rn. 6. Begründet wird das a.a.O. damit, dass in diesen Fällen das Wirtschaftsgut bereits vor der Anschaffung dem Betriebsvermögen der Mitunternehmerschaft zuzurechnen war.

873 Vgl. *Bugge*, in: Kirchhof/Söhn/Mellinghoff, §7g Rn. G2 f. (Dokumentstand: 320. Lieferung 12/2021); *Reddig*, in: Herrmann/Heuer/Raupach, § 7g EStG Rn. 100 (Dokumentstand: 307. Lieferung 11/2021) jeweils m.w.N. Vgl. auch BMF-Schreiben vom 15.06.2022 – IV C 6 – S 2139-b/21/10001 :001, BStBl. I 2022, 945, Rn. 4.

874 *Bugge*, in: Kirchhof/Söhn/Mellinghoff, §7g Rn. G3 (Dokumentstand: 320. Lieferung 12/2021); *Herkens*, EStB 2020, 266, 269; *Rosarius*, DStZ 2017, 402.

875 *Brandis*, in: Brandis//Heuermann, § 7 Rn. 23 (Werkstand: 164. Lieferung 11/2022); *Bartone*, in: Korn EStG, § 7g (a.F.) Rn. 47 (Dokumentstand: 86. Lieferung 4/2015) jeweils m.w.N.

876 *Brandis*, in: Brandis//Heuermann, § 7 Rn. 23 (Werkstand: 164. Lieferung 11/2022) m.w.N.

877 Jahressteuergesetz 2020 (JStG 2020) vom 21.12.2020 – BGBl. I 2020, 3096.

die Diskussionen um ein MoPeG bereits ordentlich Fahrt aufgenommen hatten und sogar der Mauracher Entwurf schon veröffentlicht war.[878] Wirft man einen Blick in die Gesetzesbegründung zum Jahressteuergesetz, so wird klar, dass der Gesetzgeber mit der Änderung von § 7g Abs. 7 EStG einer zwischenzeitlich ergangenen Rechtsprechung des Bundesfinanzhofs entgegenwirken wollte:

Letzterer hatte im Jahr 2017 entschieden, dass von einer begünstigten Investition im Sinne von § 7g EStG auch dann auszugehen sei, sofern bei einer Personengesellschaft der Investitionsabzugsbetrag vom Gesamthandsgewinn und nicht vom Sonderbetriebsgewinn des später investierenden Gesellschafters abgezogen wurde und die geplante Investition später (innerhalb des dreijährigen Investitionszeitraums) von einem der Gesellschafter vorgenommen und dann auch in dessen Sonderbetriebsvermögen aktiviert werde.[879] In dieser Folge konnten auch Steuerpflichtige von der in § 7g EStG enthaltenen Vergünstigung profitieren, die gar nicht investierten.[880]

In Abweichung von dieser Judikatur wollte der Gesetzgeber mit der Gesetzesergänzung sodann sicherstellen, dass die Hinzurechnung von Investitionsabzugsbeträgen nur in dem Vermögensbereich zulässig ist, in welchem der Abzug erfolgt ist, und so die Steuererleichterung auch nur demjenigen gewährt wird, der auch die Investitionen tätigt.[881]

Diese „Korrektur der Rechtsprechung“[882] gerade im zeitlichen Umfeld der Reformüberlegungen zum Personengesellschaftsrecht verdeutlicht auch hier, dass mit dem Begriff „Gesamthand“ lediglich eine Abgrenzung erreicht und sichergestellt werden soll. Dann aber begegnet es keinen Bedenken, wenn auch in § 7g Abs. 7 EStG stattdessen künftig auf das Gesellschaftsvermögen

---

878 Das Schreiben des Bundesfinanzministeriums vom 15.06.2022 betreffend die steuerliche Gewinnermittlung (BMF-Schreiben vom 15.06.2022 – IV C 6 – S 2139-b/21/10001 :001, BStBl. I 2022, 945) äußert sich nicht zur Terminologie bzw. zu möglichen Implikationen durch das MoPeG.

879 BFH, Beschluss vom 15.11.2017 – VI R 44/16, BStBl. II 2019, 466.

880 Vgl. eingehend *Brandis*, in: Brandis/Heuermann, § 7g EStG Rn. 23 (Werkstand: 164. Lieferung 11/2022) m.w.N.

881 Begründung zum Gesetzesentwurf der Bundesregierung eines Jahressteuergesetzes 2020 = BT - Drucks. 19/22850 (25.09.2020), 81, abrufbar unter https://t1p.de/15e1t.

882 *Pfirrmann*, in: Kirchhof/Seer, § 7g Rn. 52.

in Abgrenzung zum Sonderbetriebsvermögen abgestellt wird[883], was durch Auslegung geschehen kann. Dies gilt nunmehr in jedem Fall aufgrund der inzwischen erfolgten Anpassung des § 39 Abs. 2 Nr. 2 AO.

IV. Erstattung der Kapitalertragsteuer

Schließlich soll in ertragsteuerrechtlicher Hinsicht noch ein Blick auf eine Steuererhebungsvorschrift geworfen werden.

Die Vorschrift § 44a EStG sieht die Abstandnahme vom Steuerabzug für Kapitalerträge im Sinne von § 43 Abs. 1 Nr. 1 EStG bei bestimmten Körperschaften vor. § 44b EStG ergänzt diese Norm und hat die Erstattung fälschlicherweise einbehaltener bzw. abgeführte Kapitalertragsteuer zum Gegenstand.[884] Konkret ermöglicht § 44b EStG eine Berücksichtigung materiell-rechtlicher Entlastungstatbestände und entsprechend die Erstattung außerhalb einer Veranlagung, um über diese Verwaltungsvereinfachung zu verhindern, dass eine Veranlagung der Kapitaleinkünfte lediglich zum Zwecke der Erstattung der Kapitalertragsteuer durchgeführt wird.[885] Der Gläubiger der Kapitalerträge kann indes wählen, ob er den Weg der Veranlagung oder der Erstattung geht.[886]

§ 44b Abs. 7 S. 1 EStG wurde durch das Gesetz zur Umsetzung der Amtshilferichtlinie sowie zur Änderung steuerlicher Vorschriften (Amtshilferichtlinie-Umsetzungsgesetz – AmtshilfeRLUmsG) vom 26.06.2013[887] eingefügt und regelt den Umgang mit Kapitalerträgen von Gesamthandsgemeinschaften. Insoweit kommt nämlich, anders als bei Kapitalerträgen, die eine Kapitalgesellschaft im Sinne von § 44a Abs. 7 und 8 EStG erzielt, eine Abstandnahme vom Steuerabzug nicht in Betracht, weil die Erträge erst an die Gemeinschaft (als solche) fließen (Schritt 1) und eine Aufteilung der Erträge auf die

---

883 So auch *Brandis*, in: Brandis/Heuermann, § 7g EStG Rn. 23 (Werkstand: 164. Lieferung 11/2022); *Müller*, GmbH-StB 2022, 248 250.

884 Vgl. für einen Überblick über die Rechtsentwicklung des § 44b EStG *Hartrott*, in: Herrmann/Heuer/Raupach, § 44b EStG Rn. 2 (Dokumentstand: 269. Lieferung 5/2015).

885 *Hartrott*, in: Herrmann/Heuer/Raupach, § 44b EStG Rn. 2 (Dokumentstand: 269. Lieferung 5/2015); *Jachmann-Michel*, in: Brandis/Heuermann, § 44b EStG Rn. 1 (Werkstand: 164. Lieferung 11/2022).

886 *Geurts*, in: Bordewin/Brandt, § 44b Rn. 2 (Dokumentstand: 425. Lieferung 4/2020).

887 BGBl. 2013, Teil I, 1809. Zum Regelungsanlass des Absatzes 7 *Hartrott*, in: Herrmann/Heuer/Raupach, EStG/KStG, § 44b Rn. 55 (Dokumentstand: 269. Lieferung 5/2015).

Mitglieder der Gesamthandsgemeinschaft dann im Rahmen der gesonderten und einheitlichen Gewinnfeststellung erfolgt (Schritt 2).[888]

Sind also etwa an einer GbR Personen im Sinne von § 44a Abs. 7 oder Abs. 8 EStG beteiligt, kann die GbR für diese Gesellschafter die Erstattung der Kapitalertragsteuer bei dem für die gesonderte Feststellung ihrer Einkünfte zuständigen Finanzamt beantragen (in Bezug auf § 44a Abs. 8 EStG gemäß dieser Vorschrift beschränkt auf drei Fünftel).[889] Vor der Gesetzesänderung infolge des AmtshilfeRLUmsG war entsprechend § 45b EStG a.F. ein Erstattungsverfahren (Sammelanträge auf volle oder teilweise Erstattung) beim Bundeszentralamt für Steuern erforderlich.

Auch wenn der Absatz 7 ausdrücklich den Terminus „Gesamthandsgemeinschaft" nutzt, führte das MoPeG auch dort nicht zu einer Rechtsänderung und wird die Vorschrift, die im Übrigen verfassungskonform ist[890], nicht um ihren Anwendungsbereich beschnitten. Antragsteller im Sinne der Norm können und sollen nur Gesamthandsgemeinschaften sein, das heißt neben den Personengesellschaften wie GbR oder OHG etwa auch die Erbengemeinschaft. Das wird trotz der Änderungen des MoPeG beibehalten werden können. Wirft man nämlich einen Blick auf einen älteren Vorschlag einer Gesetzesfassung des § 45b EStG, so wurde in jenem Vorschlag eines danach neu einzufügenden Absatzes 2a zunächst noch der Begriff „Personenzusammenschlüsse" verwendet.[891] Dieser Begriff war bzw. ist indes extensiv,

---

888 *Bleschick*, in: Kirchhof/Seer, § 44b Rn. 4. Wären die Mitglieder also selbst Gläubiger, könnte entsprechend eine Abstandnahme erfolgen, vgl. BT-Drucks. 17/10000 (19.06.2012), 58, abrufbar unter https://t1p.de/wfqw6.

889 Insoweit liegen den Feststellungs-Finanzämtern die für die mittels Antrags begehrte Erstattung erforderlichen Unterlagen zur Prüfung auch schon vor, *Bleschick*, in: Kirchhof/Seer, § 44b Rn. 4; *Hartrott*, in: Herrmann/Heuer/Raupach, § 44b EStG Rn. 55 (Dokumentstand: 269. Lieferung 5/2015).

890 *Hartrott*, in: Herrmann/Heuer/Raupach, § 44b EStG Rn. 3 (Dokumentstand: 269. Lieferung 5/2015); *Mann*, in: BeckOK EStG, § 44b Rn. 5 (Stand: 01.03.2023).

891 Der Vorschlag lautete „Sammelanträge auf volle oder hälftige Erstattung können auch Personenzusammenschlüsse für ihre Mitglieder im Sinne von § 44a Abs. 7 und 8 stellen. Absatz 1 ist entsprechend anzuwenden", vgl. Gesetzesentwurf der Bundesregierung für ein Gesetz zur Umsetzung von EU-Richtlinien in nationales Steuerrecht und zur Änderung weiterer Vorschriften (Richtlinien-Umsetzungsgesetz – EURLUmsG), BTDrucks 15/3677 (06.09.2004), 7, abrufbar unter https://t1p.de/jrgkp.

und im Ertragsteuerrecht wären damit deshalb auch Körperschaften erfasst, was der Gesetzgeber jedoch nicht wollte und sodann zum Anlass nahm, den Begriff entsprechend durch „Gesamthandsgemeinschaften" auszuwechseln.[892] Das verdeutlicht geradezu, dass der Gesetzgeber wieder ein steuerrechtlich autonomes Verständnis von der Gesamthand zu Grunde gelegt hat und (auch) rechtsfähige Personengesellschaften seit Inkrafttreten des MoPeG weiterhin von der Vorschrift § 44b Abs. 7 EStG erfasst sind bzw. von ihr Gebrauch machen können. Auch insoweit hätte es der Ergänzung des § 39 Abs. 2 Nr. 2 AO nicht bedurft.

C. Zwischenergebnis im Hinblick auf das Ertragsteuerrecht

In Bezug auf das Ertragsteuerrecht sind ungewollte Rechtsreflexe nicht zu befürchten. Der Gesetzgeber wollte mit dem Personengesellschaftsmodernisierungsgesetz keine simultane Änderung des Steuerrechts herbeiführen und eine solche hat er auch nicht ohne Weiteres bewirkt. Die geltenden Regelungen und Besteuerungsprinzipien bleiben auch weiterhin anwendbar, insbesondere darf an der dualistischen Unternehmensbesteuerung festgehalten werden.

I. Fazit im Hinblick auf die dualistische Unternehmensbesteuerung

Die ertragsteuerrechtliche Erfassung von Unternehmen ist in Deutschland seit den reichseinheitlichen Gesetzen 1920 von einem Dualismus geprägt. Während Kapitalgesellschaften als Körperschaften dem Trennungsprinzip unterliegen, gilt für Personengesellschaften das Transparenzprinzip.

Der Gesetzgeber knüpft hinsichtlich der Ertragbesteuerung formal an die Rechtsform an. Hieraus ergeben sich Unterschiede in der laufenden Besteuerung, das heißt Unternehmen werden in Abhängigkeit von ihrer

---

[892] Beschlussfassung und Bericht des Finanzausschusses zu dem Gesetzesentwurf der Bundesregierung für ein EURLUmsG = BT-Drucks 15/4050 (27.10.2004), 57 („ist zu weit […] wird daher ersetzt durch den Begriff »Gesamthandsgemeinschaften«"), abrufbar unter https://t1p.de/uidwg; vgl. auch *Mann*, in: BeckOK EStG, § 44b Rn. 33a (Stand: 01.03.2023); *Müller*, GmbH-StB 2022, 248, 250.

Rechtsform unterschiedlich behandelt. Dieses Steuersystem hat sich in den vergangenen Jahrzenten aber durchaus bewährt und scheint grundsätzlich auch in sich stimmig. Mit der 2008 eingeführten Thesaurierungsbegünstigung (§ 34a EStG) hat der Gesetzgeber einen wichtigen, wenngleich letztlich trotzdem unzureichenden Schritt unternommen, um die bestehenden Belastungsunterschiede anzugleichen und für Rechtsformneutralität zu sorgen.

Seit Bestehen dieses dualistischen Steuersystems wird darüber debattiert, ob es ein verfassungsrechtliches Gebot der rechtsformneutralen Besteuerung gibt und ob in dieser Konsequenz das tradierte Nebeneinander von Trennungs- und Transparenzprinzip bei der Besteuerung von Körperschaften und Personenunternehmen aufzugeben ist. Rechtsformneutralität bei der Besteuerung ist allerdings in erster Linie ein ökonomisches Postulat, sodass ihm deshalb keine unmittelbare verfassungsrechtliche Relevanz zukommt. Das Bundesverfassungsgericht hat in einer oft kritisierten, im Ergebnis letztlich aber nicht zu beanstandenden Weise auch im Übrigen ein Verfassungsgebot der Rechtsformneutralität abgelehnt.

Die entsprechende Debatte hat mit dem Personengesellschaftsmodernisierungsgesetz und dem KöMoG wieder an Fahrt aufgenommen. Das KöMoG, das für bestimmte Personengesellschaften eine Option zur steuerrechtlichen Behandlung wie eine Kapitalgesellschaft einführt, vermag diesen alten Streit allerdings nicht zu entschärfen, weil insoweit große Zweifel an der Verfassungsmäßigkeit des KöMoG bestehen.

Wenngleich die Einräumung eines Wahlrechts hinsichtlich einer Behandlung nach dem Trennungs- bzw. Transparenzprinzip zur Einebnung der Belastungsunterschiede der rechtsfähigen Verbände grundsätzlich taugen mag, so hat der Gesetzgeber mit dem KöMoG eine unter verfassungsrechtlichen Gesichtspunkten fragwürdige und letztlich abzulehnende Einschränkung des persönlichen Anwendungsbereichs vorgenommen. Es überzeugt nicht, dass etwa die GbR vom Kreis der Optionsberechtigten zunächst vollumfänglich ausgeklammert wurde und sie lediglich über den faktischen Zwang zum Formwechsel in den Genuss einer Besteuerung wie eine Kapitalgesellschaft kommt. Dass der Gesetzgeber insoweit mit Blick auf die erfolgten Anpassungen durch das MoPeG eine Neubewertung ankündigte, ändert daran angesichts der geringen materiellrechtlichen Wirkungen des Personengesellschaftsrechts nichts, die GbR hätte also bereits einbezogen werden müssen. Dass infolge der durch Artikel 18 Wachstumschancengesetz erfolgten Änderung von § 1a KStG lediglich die eingetragene GbR in den Kreis der Optionsberechtigten aufgenommen wurde, ist zwar ein Schritt in die richtige Richtung, führt aber nicht zur Ausräumung der Zweifel an der Verfassungsmäßigkeit des Gesetzes.

Sinnvollerweise und mit Blick auf Art. 3 Abs. 1 GG wohl auch richtigerweise hätten neben der größeren Erweiterung des persönlichen Anwendungsbereichs auch Optionsrechte in gegenteiliger Hinsicht (das heißt zur Behandlung nach dem Transparenzprinzip) eingeführt werden sollen.

Auch weil also das KöMoG die zweifellos nicht bestehende Rechtsformneutralität nicht herbeiführt, ist dem gesellschaftsrechtlich verwurzelten MoPeG auch in der Rechtsmaterie Steuerrecht eine Bedeutung zuzuschreiben, und das, obwohl der Gesetzgeber mit dem MoPeG ganz bewusst gar keine (ertrag)steuerlichen Implikationen herbeiführen wollte. Auf einfachgesetzlicher Ebene ergeben sich unabhängig von der Beibehaltung der gesellschaftsrechtlichen Dichotomie von rechtsfähiger Personengesellschaft und juristischer Person denn auch keine Folgewirkungen, denn das Steuerrecht regelt das Transparenzprinzip in § 15 Abs. 1 S. 1 Nr. 2 EStG autonom, ist also vom Gesellschaftsrecht insoweit emanzipiert.

Das Bundesverfassungsgericht hat im Ertragsteuerrecht die Entscheidung des Gesetzgebers, bei der Unternehmensbesteuerung eine formelle Betrachtung anzustellen, auch unter steuerverfassungsrechtlichen Gesichtspunkten gebilligt. Diese Haltung vermag entgegen der breiten Kritik an den Worten aus Karlsruhe zu überzeugen. Allerdings muss die Begründung der Richter in einem Gesamtkontext gesehen werden, das heißt der beanstandende Begriff der Vermögensabschirmung darf nicht auf das Gesamthandsprinzip bzw. die ehemals formal bestehende Vermögenszuordnung zu den Gesellschaftern (§ 718 BGB a.F.) reduziert werden, denn das vermögensrechtliche Element des Gesamthandsprinzips taugte schon im alten Recht nicht als Rechtfertigungsgrund.

Das Stichwort der Vermögensabschirmung überzeugt mithin dann nicht, sofern es auf eine harte Grenze zwischen Kapital- und Personengesellschaften bezogen wird. Vielmehr muss zur Rechtfertigung des ertragsteuerrechtlichen Dualismus auf real bestehende wirtschaftliche Differenzen von Personengesellschaften und Körperschaften abgestellt werden; diese Differenzen sind es dann jedoch, die unter Berücksichtigung der gesetzgeberischen Befugnis zur

Typisierung eine unterschiedliche Erfassung dieser Entitäten rechtfertigen können.

Sofern insoweit auch mit der Begründung des BVerfG in formaler Hinsicht auf die Rechtsform abgestellt wird, ist das indes letztlich gleichbedeutend, weil sich die maßgeblichen Strukturmerkmale in eben den Rechtsformen niederschlagen. Jene Strukturmerkmale wurden mit dem MoPeG beibehalten und zum Teil erstmals kodifiziert. Vor allem auch der Grundsatz der persönlichen, unmittelbaren und unbeschränkten Haftung der Gesellschafter einer Personengesellschaft sorgt für eine Verknüpfung von Gesellschafts- und Gesellschaftervermögen und sichert letztlich die Leistungsfähigkeit nach außen hin ab, hat deshalb auch eine gewisse vermögensrechtliche Relevanz. Die Heranziehung der wirtschaftlichen, sich in der Rechtsform abbildenden Differenzen ist verfassungsrechtlich nicht zu beanstanden und der einkommensteuerlichen Einkommensbegriff ist insoweit anzupassen bzw. als relevanter Bezugspunkt zu erweitern, weil aufgrund der unterschiedlichen, in der Rechtsform ausgedrückten Wesensmerkmale ein Unternehmen mit an sich gleichen Kennziffern wirtschaftlich doch ungleich bewertet werden kann.

Nach alledem kann damit festgehalten werden, dass das gesellschaftsrechtliche Resultat, also die Beibehaltung des begrifflichen Kanons und die Irrelevanz der mit der Reform der Personengesellschaften verbundenen Loslösung vom Gesamthandsprinzip, letztlich auch für die Frage nach der Auswirkung auf die ertragsteuerliche Behandlung der Personengesellschaft gelten kann und gelten sollte.

Mit einer Änderung der Rechtsprechung seitens des BVerfG ist, sollte es seine bisherige Linie (stets ging es mit § 32c EStG a.F. und § 8b Abs. 5 KStG ja nur um einzelne Normen, das heißt von einer tatsächlichen Grundsatzentscheidung kann nicht gesprochen werden) fortführen, daher nicht zu rechnen. Vielmehr stünde es dem Verfassungsgericht frei, die mit dem MoPeG fortbestehenden und höchstens dogmatisch auf andere Grundlage gestellten Rechtscharakteristika der Kapitalgesellschaft gegenüberzustellen und dadurch auch weiterhin zu dem Ergebnis zu gelangen, dass die sich in der Rechtsform manifestierenden wirtschaftlichen Besonderheiten den ertragsteuerrechtlichen Dualismus der Unternehmensbesteuerung verfassungsrechtlich rechtfertigen; die formelle Betrachtungsweise im Ertragsteuerrecht überzeugt also auch im neuen Recht.

II. Fazit im Hinblick auf das sonstige Ertragsteuerrecht

Auch im Hinblick auf weitere Vorschriften des Ertragsteuerrechts war mit dem MoPeG eine unmittelbare Folgewirkung nicht verbunden. Die Vorschriften über die unentgeltliche Übertragung von Wirtschaftsgütern (§ 6 Abs. 5 S. 3 EStG), hinsichtlich Übertragung stiller Reserven bei der Veräußerung bestimmter Anlagegüter (§ 6b Abs. 10 S. 10 EStG), über die Investitionsabzugsbeträge und Sonderabschreibungen (§ 7g Abs. 7 S. 2 EStG) sowie über die Erstattung der Kapitalertragsteuer (§ 44b Abs. 7 S. 1 EStG) werden nicht ihres Anwendungsbereichs beraubt. Es ist ungeachtet des inzwischen angepassten Wortlauts von § 39 Abs. 2 Nr. 2 AO a.F. unschädlich, dass diese Normen explizit von der Gesamthand oder einer Gesamthandsgemeinschaft bzw. von einem Gesamthandsvermögen sprechen, weil mit den verwendeten Termini jeweils nur eine Abgrenzung erreicht werden soll.

Bei der Buchwertfortführung geht es dabei lediglich um die Abgrenzung der Vermögenssphären und schon nach bisherigem Recht ist entgegen dem Wortlaut ein Gesamthandsvermögen für die Anwendung von § 6 Abs. 5 S. 3 EStG nicht einmal erforderlich, wie etwa die die mitunternehmerisch tätige Bruchteilsgemeinschaft demonstriert. Es kommt für die Buchwertfortführung maßgeblich auf das Transparenzprinzip an, welches wiederum seinerseits trotz Inkrafttreten des MoPeG aufrechterhalten werden kann.

Selbiges gilt im Hinblick auf die erweiterte Übertragung stiller Reserven. Die in § 6b Abs. 10 S. 10 EStG enthaltene Einschränkung der personenbezogenen Steuerbegünstigung in Bezug auf die Übertragung stiller Reserven dahingehend, dass an den Personengesellschaften oder -gemeinschaften keine Körperschaften, Personenvereinigungen oder Vermögensmassen beteiligt sein dürfen, ist aufgrund der bestehenden Steuerbefreiungsregelung nach § 8b Abs. 2, 6 KStG sachgerecht. Steuerpflichtige im Sinne von § 6b Abs. 10 EStG können nur natürliche Personen sein. Insofern die Norm in Satz 10 von einem Gesamthandsvermögen spricht, dient dies einzig der Abgrenzung und somit zur Prüfung, ob die in Rede stehenden natürlichen Personen das normierte Bilanzierungswahlrecht ausüben können. Es kommt also auch hier letztlich auf das durch das MoPeG unveränderte Transparenzprinzip und damit nicht auf ein Gesamthandsvermögen an.

Zudem wurde die sich mit Investitionsabzugsbeträgen und Sonderabschreibungen befassende Norm des § 7g Abs. 7 S. 2 EStG, obwohl sie von der „Gesamthand" spricht, mit Inkrafttreten der Reform des Personengesellschaftsrechts nicht inhaltsleer, sondern bleibt über die ohne weiteres mögliche Auslegung in ihrem Anwendungsbereich unverändert. Denn der besagte Satz 2 wurde zusammen mit dem Satz 3 erst mit dem Jahressteuergesetz 2020 eingeführt, mithin zu einer Zeit, in dem gesellschaftsrechtliche Reformüberlegungen weit fortgeschritten waren und dem Gesetzgeber gesetzliche Unstimmigkeiten etwa im Recht der Urfigur der Personengesellschaften hinreichend bekannt waren. An der dennoch so erfolgten Anpassung des Einkommensteuergesetzes wird die zulässige Abkopplung vom zivilrechtlichen Verständnis und die hiermit verbundene steuerrechtlich-autonome Begriffsausdeutung besonders deutlich. In der Sache soll die „Gesamthand" auch im Rahmen von § 7g Abs. 7 S. 2 EStG der Abgrenzung dienen (konkret der Abgrenzung von Gesellschafts- und Sonderbetriebsvermögen), weil der Gesetzgeber mit der Regelung nur den Rechtswirkungen einer zwischenzeitlich ergangenen Rechtsprechung den Riegel vorschieben wollte.

Und auch die Regelung § 44b Abs. 7 S. 1 EStG hinsichtlich der Erstattung der Kapitalertragsteuer bleibt trotz der Änderungen durch das MoPeG anwendbar. Dass die Norm von einer Gesamthandsgemeinschaft spricht, ist unschädlich. Aus dem Telos und der Historie folgt, dass der Gesetzgeber 2013 bei Einführung dieser Norm mit dem Begriff der Gesamthandsgemeinschaft eine Abgrenzung sicherstellen wollte, denn ursprünglich sah der Gesetzesentwurf noch den deutlich weiter gefassten Terminus „Personenzusammenschluss" vor, der dann auch Körperschaften erfasst hätte. Dies war jedoch nicht gewollt, da bei Kapitalerträgen, die eine Kapitalgesellschaft im Sinne von § 44a Abs. 7 und 8 EStG erzielt, regulär eine Abstandnahme vom Steuerabzug möglich ist und eine Aufteilung der Erträge auf die einzelnen Beteiligten im Rahmen eines gesonderten Gewinnfeststellungsverfahrens nicht erforderlich ist.

Schließlich sind auch im Hinblick auf die allgemeine Vorschrift des § 39 Abs. 2 Nr. 2 AO a.F. Folgewirkungen zu verneinen gewesen und wäre diese Vorschrift auch bei fortbestehendem Untätigbleiben des Gesetzgebers weiterhin auf vermögensverwaltende Personengesellschaften anwendbar gewesen. Das folgte zwar nicht unmittelbar aus dem Wortlaut, jedoch ergibt sich aus dem Telos der Norm und der in ihr zum Ausdruck kommenden wirtschaftlichen Betrachtungsweise, dass die (gegenüber § 15 Abs. 1 S. 1 Nr. 2 EStG subsidiäre) Bruchteilsfiktion und Zurechnung von gedachten Bruchteilsberechtigungen an die Gesellschafter ertragsteuerlich dann im Sinne einer

Erforderlichkeit vorzunehmen ist, sofern die Gesellschaft nicht selbstständig steuerpflichtig ist und das Vermögen der Gesellschafter nicht bereits als Bruchteilseigentum zu qualifizieren ist, was beides insoweit auch nach Inkrafttreten des MoPeG weiterhin der Fall ist. Die vom Gesetzgeber vorgenommene Ergänzung des Gesetzestexts war daher für das Ertragsteuerrecht optional; ob die Umsetzung überzeugt, wird unten in Abschnitt 3 angesprochen.

Abschnitt 2: Auswahl weiterer steuerrechtlicher Vorschriften

Zu klären soll schließlich noch sein, inwieweit das MoPeG sich auf die Grunderwerb- und die Erbschaft- und Schenkungsteuer auswirkt. Steuerliche Besonderheiten gibt es aufgrund der gesellschafts- und auch steuerrechtlichen Transparenz dabei vor allem im Bereich der Grunderwerbsteuer. Hier stellt sich die Frage nach möglichen Auswirkungen im Hinblick auf § 1 Abs. 2 S. 7 GrEStG, vor allem aber auch mit Blick auf §§ 5 und 6 GrEStG, wobei auch § 7 Abs. 2 und 3 sowie § 19 Abs. 2 Nr. 4 GrEStG betrachtet werden müssen. Je enger das Gesetz an das Gesamthandsprinzip anknüpft, desto gefährlicher erscheint eine Abkehr von demselben. Der Gesetzgeber hat hier mit dem Kreditzweitmarktförderungsgesetz reagiert und eine auf drei Jahre befristete Fiktionsregelung in § 24 GrEStG geschaffen.[893] [Auch im Erbschaft- und Schenkungsteuerrecht ist aber kurz darauf einzugehen, ob die Aufgabe des Gesamthandsprinzips im Gesellschaftsrecht ein Neuverständnis bestimmter Prinzipien bedingt. Denn auch bei dieser Steuerart geht das Gesetz einen anderen Weg als das Zivilrecht und nimmt die Rechtsprechung in dieser Konsequenz mitunter eine steuerrechtsspezifische Prüfung vor. Auch hier wurde der Gesetzgeber jedoch im Nachgang zur Verkündung des MoPeG aktiv. Wiederum infolge des Kreditzweitmarktförderungsgesetz wurde in § 2a ErbStG eine weitere Fiktionsregelung geschaffen[894], was auch hier die Frage aufwirft, ob darin eine erkannte und überzeugend gelöste Notwendigkeit oder bloß eine vorsorgliche Klarstellung zu erblicken ist.

---

893 Dazu etwa *Fuhrmann*, kösdi 2024, 23598, 23600 f, *Wälzholz*, DNotZ 2024, 324 ff.
894 Vgl. etwa *Reich/Hermann*, ZEV 2024, 13 ff.

I. Grunderwerbsteuerrecht

Die Grunderwerbsteuer als reine Rechtsverkehrsteuer und Sonderumsatzsteuer für Grundstücke (§ 2 Abs. 1 S. 1 GrEStG)[895] besteuert zuvorderst Grundstücksumsätze, wobei ein wirtschaftlicher Umsatz nicht zwingend vorausgesetzt wird.[896]

Das Gesetz hält in § 1 GrEStG einen Katalog von Vorgängen vor, die der Grunderwerbsteuer unterliegen sollen und auf den unmittelbaren oder mittelbaren Erwerb von inländischen Grundstücken gerichtet sind. Insofern soll der Erwerb der wirtschaftlichen Verfügungsmacht über Grundstücke von der Grunderwerbsteuer erfasst werden, wobei der Tatbestandskatalog trotz mehrmaliger Erweiterung keineswegs lückenlos ist.[897]

Bei den auf den Grundstückswechsel zwischen zwei Rechtsträgern abzielenden Erwerbsvorgängen kann es sich sowohl um zivilrechtliche (§ 1 Abs. 1 Nr. 1 GrEStG: Kaufvertrag im Sinne von § 433 BGB) als auch um öffentlich-rechtliche Vorgänge (§ 1 Abs. 1 Nr. 4 GrEStG: Meistgebot nach ZVG) handeln.[898] Bei jedem dieser Grundstücke handelt es sich mithin um einen Grunderwerbsteuerfall, ist also die Gesetzessystematik[899] jeweils gesondert

---

895 Grundstücksumsätze sind von der allgemeinen Umsatzsteuer befreit (§ 4 Nr. 9a UStG). Ein Unternehmer kann jedoch über eine Erklärung im notariellen Grundstückskaufvertrag zur Umsatzsteuer optieren und somit auf die Steuerbefreiung verzichten, sofern die Grundstücksveräußerung an einen anderen Unternehmer für dessen Unternehmer ausgeführt wird (§ 9 Abs. 1 UStG).

896 *Drees/Nienhaus/Böing/Behrens*, in: Behrens/Wachter, § 1 Rn. 1; *Pelka/Hettler*, in: Beck'sches StB-Handbuch 2021/22, Kapitel G Rn. 366.

897 *Pelka/Hettler*, in: Beck'sches StB-Handbuch 2021/22, Kapitel G Rn. 367, dort auch weiterführend zu neuerlichen Änderungen und der gesetzlichen Verschärfung im Hinblick auf Share Deals.

898 Vgl. *Drees/Nienhaus/Böing/Behrens*, in: Behrens/Wachter, § 1 Rn. 1.

899 In diesem Zusammenhang ist darauf hinzuweisen, dass mitunter im Hinblick auf die erfassten Erwerbsvorgänge ein Vorrang anderer Steuerarten zu beachten ist. So gehen etwa Erbschaftsteuer und Schenkungsteuer bei einem Grundstückserwerb von Todes wegen bzw. Schenkung unter Lebenden vor, unterliegen diese also nicht der Grunderwerbsteuer (§ 3 Nr. 2 GrEStG). Im Falle von Schenkungen unter Auflage oder einer gemischten Schenkung entsteht Grunderwerbsteuer für den entgeltlichen und nach § 3 Nr. 2 S. 2 GrEStG abziehbaren Teil, vgl. insoweit zur verfassungskonformen Auslegung bei belastet erworbenem Vermögen BVerfG, Beschluss vom 15.05.1984 – 1 BvR 464, 605/81, 427, 440/82, BVerfGE 67, 71; BFH, Urteil vom 29.01.1992 – II R 41/89, BStBl. II 1992, 420 sowie BFH, Urteil vom 20.11.2013 – II R 38/12, BStBl. II 2014, 479.

anzuwenden und eine Zusammenfassung zu einem einheitlichen Erwerb nicht gestattet.[900]

Da der Grunderwerbsteuer grundsätzlich alle auf inländische Grundstücke bezogene Rechtsträgerwechsel unterliegen, kann Rechtsträgerin und daher auch Steuerschuldnerin im Sinne von § 13 Nr. 1 GrEStG auch eine Personengesellschaft sein, soweit sie an einem Erwerbsvorgang beteiligt ist.[901] Das hat zur Folge, dass die im Ertragsteuerrecht anzustellende Unterscheidung zwischen Mitunternehmerschaft und vermögensverwaltender Personengesellschaft im Grunderwerbsteuerrecht unterbleibt, indes der skizzierten Abstellung auf die Mehrheit (der Gesellschafter) bzw. die Einheit (der Gesellschaft) auch im Grunderwerbsteuerrecht eine Relevanz zukommt, denn insoweit werden einerseits auch Erwerbsvorgänge zwischen einer Personengesellschaft bzw. Gesamthand und den an ihr Beteiligten und andererseits auch Erwerbsvorgänge zwischen Personengesellschaften bzw. Gesamthandsgemeinschaften untereinander erfasst.[902]

1. Änderungen im Gesellschafterbestand einer Gesellschaft

Gehört zum Vermögen einer Personengesellschaft ein inländisches Grundstück und ändert sich innerhalb von zehn Jahren der Gesellschafterbestand unmittelbar oder mittelbar dergestalt, dass mindestens 90 % der Anteile am Gesellschaftsvermögen auf neue Gesellschafter übergehen, so unterliegt dieser Übergang der Grunderwerbsteuer und wird dies nach § 1 Abs. 2a S. 1 GrEStG fiktiv als ein auf die Übereignung eines Grundstücks auf eine neue Personengesellschaft gerichtetes Rechtsgeschäft behandelt.[903] Aufgrund des klaren

---

900 Vgl. BFH, Urteil vom 22.09.2004 – II R 45/02, BFH/NV 2005, 1137; BFH, Beschluss vom 02.03.2011 – II R 23/10, BStBl. II 2011, 932 (mit Vorlagebeschluss an das Bundesverfassungsgericht – BVerfG, Beschluss vom 23.06.2015 – 1 BvL 13, 14/11, BVerfGE 139, 285 = BStBl. II 2015, 871); BFH, Urteil vom 15.12.2010 – II R 45/08, BStBl. II 2012, 292; BFH, Urteil vom 29.10.1986 – II R 59/85, BStBl. II 1987, 133; BFH, Urteil vom 28.04.1970 – II R 119/65, BStBl. II 1970, 670; *Drees/Nienhaus/Böing/Behrens*, in: Behrens/Wachter, § 1 Rn. 1 ff.

901 Vgl. BFH, Urteil vom 23.11.2011 – II R 64/09, BStBl. II 2012, 355; BFH, Urteil vom 24.04.2013 – II R 17/10, BStBl. II 2013, 833.

902 Vgl. *Lüdicke*, in: Lüdicke/Sisterma, § 1 Rn. 99; *Stenert*, in: Westermann/Wertenbruch, Teil II, § 1 Rn. 88 (Dokumentstand: 81. Lieferung 9/2021).

903 Vgl. vor allem, aber nicht nur aufgrund des seitens des Bundesfinanzhofs und der Finanzverwaltung vorgenommenen Erstreckung des Anwendungsbereichs auf alle

Wortlauts („neue Gesellschafter") sind mithin Anteilsverschiebungen, die sich innerhalb der Altgesellschafter vollziehen, nicht steuerbar.[904]

Erklärter Zweck der Vorschrift des § 1 Abs. 2a GrEStG, mit welcher der Gesetzgeber nach Ansicht des Bundesfinanzhofs einen „gänzlich neuen Besteuerungstatbestand geschaffen"[905] habe, ist die Missbrauchsverhinderung.[906] Das wiederum hängt mit der gesellschaftsrechtlichen Konsequenz des Wesens der Personengesellschaft zusammen. Denn die Personengesellschaft, die aufgrund ihrer rechtlichen Natur mit ihrem Gesellschafterkreis identisch ist, verliert in zivil- bzw. gesellschaftsrechtlicher Hinsicht ihre Identität nicht, sofern einzelne oder sämtliche Gesellschafter ausgetauscht werden.[907]

In der Folge büßt die Personengesellschaft auch nicht ihre Eigenschaft als Steuerschuldnerin (§ 13 Nr. 1 GrEStG) ein, sondern bleibt sie in ihrer jeweiligen Zusammensetzung selbstständige Rechtsträgerin im Sinne des Grunderwerbsteuerrechts. Die frühere Rechtsprechung des Bundesfinanzhofs, wonach Grunderwerbsteuer gemäß § 1 Abs. 1 Nr. 1 GrEStG in Verbindung mit § 42 AO anfiel, wenn in zeitlichem und sachlichem Zusammenhang alle Gesellschafter einer lediglich grundbesitzenden Personengesellschaften wechselten[908], konnte leicht im Sinne einer missbräuchlichen Vermeidung der Steuer umgangen werden, indem ein geringer Anteil zurückbehalten wurde oder aber einer der Gesellschafter nur formal in der Personengesellschaft verblieb.[909]

Personengesellschaften mit Grundbesitz die kritischen Ausführungen zum Sinn und zur Verfassungsmäßigkeit von § 1 Abs. 2 GrEStG von *Drees/Nienhaus/Böing/Behrens*, in: Behrens/Wachter, § 1 Rn. 309 m.w.N.

904 BFH, Urteil vom 08.11.2000 – II R 64/98, BStBl. II 2001, 422; *Zöllner*, in: Lippross/Seibel, § 1 GrEStG Rn. 71.

905 BFH, Beschluss vom 11.09.2002 – II B 113/02, BStBl. II 2002, 777, 778.

906 Vgl. Gesetzesbegründung zum Entwurf eines Gesetzes zur Änderung des Grunderwerbsteuergesetzes, BTDrucks. 13/6151 (23.09.2019), 11 bzw. 16 („Möglichkeit der missbräuchlichen Steuervermeidung"), abrufbar unter https://t1p.de/8stgf.

907 Vgl. BGH, Urteil vom 08.11.1965 – II ZR 223/64, BGHZ 44, 229; BFH, Urteil vom 12.12.1996 – II R 61/93, BStBl. II 1997, 299; *Drees/Nienhaus/Böing/Behrens*, in: Behrens/Wachter, § 1 Rn. 299.

908 Vgl. etwa BFH, Urteil vom 04.12.1991 – II R 18/89, BFH/NV 1992, 338; BFH, Urteil vom 26.07.1995 – II R 68/92, BStBl. II 1995, 736 jeweils m.w.N.

909 Vgl. *Drees/Nienhaus/Böing/Behrens*, in: Behrens/Wachter, § 1 Rn. 299, 307.

Nach § 1 Abs. 2a S. 7 GrEStG ist im Falle dessen, dass die Personengesellschaft vor dem Wechsel des Gesellschafterbestandes ein Grundstück von einem Gesellschafter oder von einer anderen Gesamthand erworben hat, auf die nach § 8 Abs. 2 S. 1 Nr. 3 GrEStG ermittelte Bemessungsgrundlage die Bemessungsgrundlage für den Erwerbsvorgang, für den auf Grund des § 5 Abs. 3 GrEStG oder des § 6 Abs. 3 S. 2 GrEStG die Steuervergünstigung zu versagen ist, mit dem entsprechenden Betrag anzurechnen. Diese Anrechnungsregel für den Zeitpunkt des Erwerbs eines Grundstücks der Personengesellschaft von einem der Gesellschafter vor Wechsel des Gesellschafterkreises bei Nichtvorliegen der §§ 5, 6 GrEStG soll eine Doppelbesteuerung verhindern.[910]

Mit der Ratio der Verhinderung von bei Personengesellschaften bzw. Gesamthandsgemeinschaften ansonsten bestehenden steuerrechtlich günstigen Gestaltungsmöglichkeiten[911] ist dann auch der Blick auf potentielle Änderungen der Normanwendung infolge des MoPeG zu richten. Weil der Wortlaut in § 1 Abs. 2a S. 7 GrEStG jedoch letztlich bereits die Personengesellschaft mit der Gesamthand gleichstellt[912] und § 1 Abs. 2a GrEStG im Übrigen nicht auf die Gesamthand, sondern auf Personengesellschaften abstellt, bleibt die reformbedingte zivilrechtliche Begriffsanpassung auch hier ohne praktische Auswirkung.

Denn auch wenn man mit denjenigen Stimmen, welche etwa die GbR weiterhin als Gesamthand begreifen wollen, die Abschaffung des Gesamthandsprinzips als folgenschwer bewertet oder aber alternativ die GbR und die auf ihr aufbauenden Entitäten weiterhin mit dem Attribut Gesamthand in Verbindung setzen möchte, so schließen diese Sichtweisen die Einordnung als Personengesellschaft keineswegs aus und ist der Normbereich deshalb

---

910 *Müller*, GmbH-StB 2022, 248, 249 m.w.N.

911 Vgl. auch *Heinze*, DStR 2020, 2107, 2109 („einzige grunderwerbsteuerliche »Vorteil« einer Kapitalgesellschaft liegt derzeit noch darin, dass ein Steuertatbestand nach § 1 Abs. 2a GrEStG (Gesellschafterwechsel) nur bei Personengesellschaften in Betracht kommt").

912 So auch *Möhlenbrock/Haubner*, FR 2022, 53, 55 (dort Fn. 24); *Müller*, GmbH-StB 2022, 248, 251.

nicht plötzlich verkürzt. Personengesellschaft ist so gesehen der nicht einschränkende Oberbegriff.[913]

Umgekehrt kann man, sofern man sich mit der Vorstellung des Gesetzgebers von der gesellschaftsrechtlichen Gesamthand trennt, die GbR und die übrigen Gebilde ohne Weiteres unter die in § 1 Abs. 2a GrEStG bezeichnete Personengesellschaft fassen. Ob und inwieweit dann die zusätzliche Erwähnung der Gesamthand noch Relevanz hat, kann an dieser Stelle dahinstehen. Mithin braucht es im Rahmen von § 1 Abs. 2 GrEStG nicht einmal einer anderen Leseart oder gar der erwähnten Interpretation des Gesetzgebers[914], kommt die letztliche Irrelevanz der Regelungen des MoPeG in Bezug auf § 1 Abs. 2a GrEStG deutlich zum Ausdruck.

2. Vergünstigungsvorschriften

a) §§ 5 und 6 GrEStG

Folgewirkungen bei den Vergünstigungsvorschriften der §§ 5 und 6 GrEStG sind dagegen weniger leicht auszuschließen bzw. zu verneinen. Im Gegenteil werden gerade bei diesen als „Zurechnungsregeln besonderer Art“[915] zu verstehenden Vorschriften aufgrund der mit Inkrafttreten des MoPeG verbundenen Aufgabe des Gesamthandsprinzips entsprechende Probleme gesehen, sodass eine grundlegende Änderung unumgänglich scheine. Entsprechend groß war die Diskussion, bevor der Steuergesetzgeber dann doch noch mit dem Kreditzweitmarktförderungsgesetz eine (befristete) Fiktionsregelung in § 24 GrEStG schuf.[916]

„Spätestens ab diesem Zeitpunkt gibt es keine Rechtfertigung für eine Steuervergünstigung bei der Übertragung von Grundstücken zwischen Gesellschaftern und der Personengesellschaft, an der sie beteiligt sind“[917], äußerte etwa Richter am Bundesfinanzhof *Matthias Loose* im Rahmen einer

---

913 So auch *Heinze*, DStR 2020, 2107 („Personengesellschaften bleiben auch nach dem Mauracher Entwurf noch solche“).

914 Begründung RegE MoPeG 01/2021 (Fn. 20), 114 bzw. Begründung RegE MoPeG 03/2021 (Fn. 21), 107.

915 *Viskorf*, in: Viskorf, § 5 Rn. 2.

916 Vgl. zur Problematik eingehend *Desens*, GmbHR 2023, 772, 774 ff. m.w.N.; *Röder*, DStR 2023, 1085, 1092 f.

917 *Loose*, in: jurisPR-SteuerR 42/2022 Anm. 1.

Anmerkung zu einem Urteil des BFH aus Januar 2022.[918] Auch etwa *Stefan Heinze*, der sich in einem recht prominenten Aufsatz bereits im Stadium der Veröffentlichung des Mauracher Entwurfs mit steuerrechtlichen Auswirkungen des MoPeG befasste[919], sah Gefahren gerade im Grunderwerbsteuerrecht.[920]

Und in der Tat schienen hier Folgewirkungen einzutreten, jedenfalls prima facie: Die §§ 5 und 6 GrEStG[921] sehen Steuerbefreiungen vor für Rechtsvorgänge, die sich auf den Übergang eines Grundstücks zwischen einer Gesamthand und den an ihr beteiligten Gesamthändern bzw. inter alia auf den Übergang eines Grundstücks zwischen den Gesamthändern und der Gesamthand oder auch zwischen zwei Gesamthandsgemeinschaften untereinander beziehen.

So bestimmt etwa § 5 Abs. 1 S. 1 GrEStG, dass wenn ein Grundstück von mehreren Miteigentümern auf eine Gesamthand übergeht, keine Grunderwerbsteuer erhoben wird, soweit der Anteil des einzelnen am Vermögen der Gesamthand Beteiligten seinem Bruchteil am Grundstück entspricht. Nach § 5 Abs. 2 S. 1 GrEStG wird entsprechend im Falle des Übergangs eines Grundstücks von einem Alleineigentümer auf eine Gesamthand die Grunderwerbsteuer in der Höhe des Anteils nicht erhoben, zu dem der Veräußerer am Vermögen der Gesamthand beteiligt ist. Einen inhaltlich ähnelnden Regelungsgehalt haben dann § 6 Abs. 1 GrEStG (Übergang von einer Gesamthand in das Miteigentum mehrerer Gesamthänder), § 6 Abs. 2 GrEStG (Übergang

---

918 BFH, Urteil vom 12.01.2022 – II R 16/20, BFHE 276, 230. Inhaltlich ging es darin um die Frage, ob ein Anteil am Vermögen der Gesamthand im Sinne von § 6 GrEStG bei Treuhandverhältnissen dem Treuhänder oder dem Treugeber zuzurechnen ist.

919 *Heinze*, DStR 2020, 2107 ff.

920 *Heinze*, DStR 2020, 2107, 2108 f. sowie resümierend auf 2110 („steht die Anwendbarkeit der §§ 5, 6 GrEStG […] ernstlich in Zweifel"). Vgl. auch *Behrens/Seemaier*, DStR 2021, 1673, 1674 („in ihrer derzeitigen Fassung nicht mehr auf Personengesellschaften anwendbar"); *Behrens/Seemaier*, DStR 2021, 644, 649 f.; vgl. auch *Hubert/Stokes*, StuB 2021, 637, 642 („wird zu erheblichen Auslegungsproblemen führen. Im Worstcase könnte deren Anwendbarkeit sogar komplett ausgehebelt werden"); auch *Sergej Müller* etwa sieht ein „hohes Risiko, dass die Vorschriften der §§ 5, 6 GrEStG künftig keine Anwendung mehr finden", *Müller*, GmbH-StB 2022, 248, 251.

921 Vgl. hinsichtlich der Gesetzesänderung der §§ 5, 6 Abs. 3 GrEStG durch das KöMoG bzw. StAbwG (Einschränkung des Anwendungsbereichs insbesondere für nach § 1a KStG zur Körperschaftsteuer optierende Gesellschaften) die Ausführungen von *Behrens/Seemaier*, DStR 2021, 1673 ff.

von einer Gesamthand in das Alleineigentum eines Gesamthänders) und § 6 Abs. 3 GrEStG (Übergang von einer Gesamthand auf eine andere).

Die steuerlichen Privilegierungsvorschriften finden auch Anwendung, wenn das betreffende Grundstück anlässlich der Begründung auf eine Gesamthand übertragen wird oder anlässlich ihrer Auflösung auf den Gesamthänder.[922] Bei entsprechenden Erwerbsvorgängen von Kapitalgesellschaften als juristische Personen sind sie hingegen nicht anwendbar.[923]

Der Bundesfinanzhof stellte zur diesbezüglichen Begründung auf die eine mit der Gesamthand verbundene unmittelbare dingliche Mitberechtigung der Gesamthänder am Gesellschaftsvermögen und damit am Grundstück ab.[924] Diese würde es gegen die bloße mittelbare Teilhabe der Gesellschafter der Kapitalgesellschaft an Wertveränderungen der Gesellschaftsgrundstücke über ihre allgemeine Beteiligung an den Erträgen der Gesellschaft rechtfertigen, die Kapitalgesellschaften in den Steuervergünstigungen nach §§ 5 und 6 GrEStG nicht zu berücksichtigen.[925] Der Bundesfinanzhof hat seine Rechtsprechung bezogen auf die dingliche Mitberechtigung 2022 ausdrücklich aufgegeben.[926] Dennoch zwingt das nicht dazu, Kapitalgesellschaften künftig in den Anwendungsbereich der §§ 5, 6 GrEStG einzubeziehen oder aber diese Normen für die Personengesellschaften wegfallen zu lassen.

Anlässlich der mit dem MoPeG unzweifelhaft erfolgten Zurechnung des Gesellschaftsvermögen alleine zur Gesellschaft und der Entkoppelung von der gesamthänderischen Verbundenheit schien eine weitere Anwendung von §§ 5 und 6 GrEStG tatsächlich ausgeschlossen. Dennoch aber sprechen letztlich die besseren Gründe dafür, dass die erfolgte Reform des Personengesellschaftsrechts trotz dieses insoweit deutlichen Wortlauts allein nicht dazu führten, dass die GbR und die auf sie aufbauenden Gesellschaften die Steuervergünstigungen nicht mehr in Anspruch nehmen können.

Denn zum einen taugten die zivil- bzw. gesellschaftsrechtlich geprägten Argumente schon im früheren Recht kaum und zum anderen – und darauf

---

922 *Viskorf*, in: Viskorf, § 5 Rn. 2.

923 Statt aller *Schley*, in: Behrens/Wachter, § 5 Rn. 24 f. m.w.N.

924 Vgl. BFH, Urteil vom 29.02.2012 – II R 57/09, BStBl. II 2012, 917 Rn. 22; BFH, Urteil vom 25.09.2013 – II R 2/12, BStBl. II 2014, 329 Rn. 14; siehe auch BFH, Beschluss vom 08.08.2000 – II B 134/99, BFH/NV 2001, 66.

925 BFH, Urteil vom 25.09.2013 – II R 2/12, BStBl. II 2014, 329 Rn. 15 m.w.N.

926 BFH, Urteil vom 12.01.2022 – II R 4/20, BStBl. II 2022, 521 Rn. 18.

kommt es an – liegt den Zurechnungsvorschriften eine wirtschaftliche Betrachtung zugrunde, an deren Ausgangslage das MoPeG nicht rüttelt und die deshalb weiterhin als rechtspolitische, die künftige Struktur der Personengesellschaften dann wohl auch als verfassungsrechtliche Rechtfertigung herangezogen werden kann.

aa) Zivil- bzw. gesellschaftsrechtliche Prägung

Nach zivil- bzw. gesellschaftsrechtlichen Grundsätzen sind bei der GbR und den übrigen Personengesellschaften zwei Ebenen zu unterscheiden, nämlich die Gesellschaftsebene und die Gesellschafterebene. Konsequenterweise gibt es daher zum einen das Gesellschaftsvermögen und zum anderen das davon zu trennende Vermögen der jeweiligen Gesellschafter. Insoweit kommt es nicht darauf an, wem das Gesellschaftsvermögen („Sondervermögen") zusteht, also der Gesellschaft als solcher (gleichbedeutend aufgrund der Identität: den Gesellschaftern in ihrer gesamthänderischen Verbundenheit) oder aber den einzelnen Gesellschaftern in Gestalt einer nicht nur wertmäßigen, sondern einer unmittelbaren dinglichen Mitberechtigung.

An dem Bestehen und der notwendigen Trennung dieser beiden Vermögensebenen änderte das MoPeG nichts. Nach bisherigem Recht und auch heute ist ein Grundstücksübergang zwischen einer Gesellschaft und einem an ihr beteiligten Gesellschafter als ein Vorgang zu betrachten, der zwischen zwei verschiedenen Vermögen und damit zwei unterschiedlichen Rechtsträgern stattfindet.[927] Das ist im Grunderwerbsteuerrecht als ein grundsätzlich dem § 1 Abs. 1 GrEStG unterliegender steuerpflichtiger Erwerbsvorgang zu sehen, denn die rechtsfähige Personengesellschaft ist eben auf dem Gebiet des Grunderwerbsteuerrechts Steuerschuldnerin im Sinne von § 13 Nr. 1 GrEStG.[928] In dieser Konsequenz stellt die durch §§ 5 und 6 GrEStG erfolgende Zuweisung ideeller Bruchstücke an die Gesellschafter eine Durchbrechung der zivil- bzw. gesellschafsrechtlichen Dogmatik dar.[929] Dass das Steuerrecht aber auch auf dem Gebiet der Grunderwerbsteuer nicht maßgeblich vom Zivilrecht abhängig ist, eine vollumfängliche Kongruenz mit

---

[927] Vgl. *Viskorf*, in: Viskorf, § 5 Rn. 3.

[928] Vgl. bereits Fn. 901.

[929] Vgl. *Stöber*, GmbHR 2022, 967, 973 („besondere grunderwerbsteuerrechtliche Transparenzvorschriften"); *Viskorf*, in: Viskorf, § 5 Rn. 3 („Systembruch").

dem Zivilrecht mithin nicht besteht, lässt sich zudem bereits an dem für die Steuer prägenden Grundstücksbegriff erkennen, dessen zivilrechtliche Charakterisierung § 2 GrEStG nur als Ausgangspunkt übernimmt.[930]

Deshalb hat die erfolgte Abschaffung der letztlich rein formal bestandenen Zurechnung des Gesellschaftsvermögen zu den Gesellschaftern keine Auswirkung, sondern stellt sich vielmehr „bloß" in rechtspolitischer Sicht die nicht weniger wichtige Frage, ob die bisherige Beschränkung des Anwendungsbereichs der Vergünstigungen auf die Gesamthand, das heißt die Ausklammerung der Kapitalgesellschaft, weiterhin überzeugt.[931]

bb) Wirtschaftliche Betrachtung

Der den Zurechnungsvorschriften der §§ 5 und 6 GrEStG zu Grunde liegende Betrachtungswinkel ist wirtschaftlicher Art und ändert sich nicht mit dem MoPeG.

Nach den grunderwerbsteuerrechtlichen Nichterhebungsvorschriften wird unter Ausklammerung der zivil- bzw. gesellschaftsrechtlichen und der das Grunderwerbsteuerrecht prägenden Dogmatik (Erwerbsvorgänge zwischen zwei getrennten Vermögen bzw. in dieser Konsequenz Rechtsträgern unterliegen der Grunderwerbsteuer) berücksichtigt, dass etwa der veräußernde Gesellschafter letztlich am Grundstück bzw. dessen Wert beteiligt bleibt.[932] Wie sich aus § 5 GrEStG ergibt, ist nicht die nach dem Gesetz bestimmte Gesamthandsberechtigung, sondern Art und Umfang der Beteiligung des Gesamthänders an den Wertveränderungen für den Umfang der Steuervergünstigung ausschlaggebend.[933]

Diese deshalb wirtschaftliche Betrachtung kommt, da die §§ 5 und 6 (sowie § 7) GrEStG weitestgehend dem Wortlaut des Grunderwerbsteuergesetzes

---

930 Vgl. zur fehlenden Deckungsgleichheit des Grundstücksbegriffs die weiterführenden Ausführungen von *Drüen*, Ubg 2018, 673, 675 m.w.N.

931 *Arbeitskreis Bilanzrecht Hochschullehrer Rechtswissenschaft*, ZIP 2021, Beilage zu Heft 2, 3, 7; vgl. dazu auch *Drüen*, UbG 2019, 65, 75; deutlich im Kontext des MoPeG insoweit das Fazit von *Mayer/Käshammer*, NWB 2021, 2514, 2524 („langfristig gesehen eine erweiterte, rechtsformübergreifende Geltung der Steuerbegünstigungsnormen der §§ 5, 6 und 7 GrEStG auch für Kapitalgesellschaften erstrebenswert").

932 BFH, Urteil vom 16.01.1991 – II R 78/88, BStBl. II 1991, 376.

933 Vgl. *Viskorf*, in: Viskorf, § 5 Rn. 4 (dort auch mit Anwendungsbeispielen).

aus 1940 entsprechen[934], bereits in der historischen Gesetzesbegründung zum Ausdruck.[935] Auch wenn somit die unmittelbare dingliche Berechtigung der einzelnen Gesellschafter am Gesellschaftsvermögen wegfiel[936], welche ohnehin nach der gesellschaftsrechtlichen Sichtweise vor dem MoPeG mit der Vorstellung der rechtsfähigen Personengesellschaft nicht in Einklang zu bringen war, bestehen die Hintergründe bzw. Wurzeln für die wirtschaftlichen Gesichtspunkte weiterhin fort. Denn wie bisher kann grunderwerbsteuerlich berücksichtigt werden, dass das Gesellschaftsvermögen den Gesellschaftern anteilig und damit letztlich wirtschaftlich zusteht, sodass bei Erhebung der Steuer der jeweilige Wertanteil bedacht wird.[937] Schon eine steuerrechtlich-autonome Auslegung des Begriffs der Gesamthand erlaubt es, die §§ 5 und 6 GrEStG auch post-MoPeG auf die Personengesellschaften anzuwenden.[938]

---

934 *Drüen*, Ubg 2018, 673, 675.

935 So heißt es in der Begründung zum Grunderwerbsteuergesetz, RStBl. 1940 vom 05.04.1940, 387 auf den Seiten 398 bis 400 hinsichtlich § 5 GrEStG: „Schon das Grunderwerbsteuergesetz von 1919 ging aber davon aus, daß die Erhebung der vollen Steuer bei diesen Rechtsvorgängen für die Betroffenen eine Härte darstelle. [...] Das neue Gesetz berücksichtigt solche wirtschaftlichen Gesichtspunkte in stärkerem Umfang als das bisherige Gesetz. § 5 und 6 sehen deshalb vor, dass für die Umwandlung von Bruchteilseigentum in Gesamthandeigentum und ebenso für die Umwandlung von Gesamthandeigentum in Bruchteilseigentum keine Steuer zu erheben ist, wenn die Beteiligten nach der Umwandlung im gleichen Verhältnis am Grundstück berechtigt sind wie vorher. Die Steuer ist nur insoweit zu erheben, als bei der Rechtsänderung ein Teilnehmer einen höheren Anteil erhält als seiner bisherigen Beteiligung entspricht." Sowie hinsichtlich § 7 GrEStG: „Das neue Gesetz vermeidet diese Schwierigkeiten dadurch, daß es die Umwandlung von Bruchteilseigentum in Flächeneigentum steuerlich in ähnlicher Weise begünstigt wie die Umwandlung von Gesamthandeigentum in Bruchteilseigentum".

936 Der Bundesfinanzhof hat dies im Jahr 2022 dann auch erkannt und seine Rechtsprechung geändert, vgl. BFH, Urteil vom 12.01.2022 – II R 4/20, BStBl. II 2022, 521 Rn. 18.

937 Vgl. BFH, Urteil vom 24.09.1985 – II R 65/83, BStBl. II 1985, 714; *Viskorf*, in: Viskorf, § 5 Rn. 4.

938 *Osterloh-Konrad*, in: Zukunftsfragen des Steuerrechts IV, 1, 19 führt zudem überzeugend an, dass infolge des MoPeG hinsichtlich der §§ 5 und 6 GrEStG auch eine nachträglich entstandene planwidrige Regelungslücke festgestellt werden könne, also der Weg für eine Analogie offenstehe. Weil nach hiesiger Ansicht jedoch aufgrund der zu berücksichtigenden wirtschaftlichen Gesichtspunkte bereits eine

cc) Folgerung: Keine Zwangswirkung

Folgt man dieser Sicht, so bleibt indes anzureißen, ob das MoPeG die verfassungsrechtliche Problematik der Ausklammerung der Kapitalgesellschaften von den vorbezeichneten Vergünstigungsnormen verschärft. Das Gesamthandsprinzip mit seiner vermögensmäßigen Prägung kann nicht (mehr) zur sachlichen Rechtfertigung der Ungleichbehandlung herangezogen werden. Gleichwohl steht letztlich wie auch beim ertragsteuerrechtlichen Dualismus der Einkommensbesteuerung nicht zu befürchten, dass sich im Grunderwerbsteuerrecht die verfassungsrechtliche Perspektive in der Weise ändert, dass eine rechtfertigende Begründung für die vom Gesetzgeber gewollte steuerliche Differenzierung nicht erfolgen kann.

Trotz des Umstands, dass die Personengesellschaft auf dem Gebiet des Grunderwerbsteuerrechts bereits als Steuersubjekt und Rechtsträger nach § 13 Nr. 1 GrEStG anerkannt ist, bestehen in zivil- bzw. gesellschaftsrechtlicher Sicht weiterhin durchgreifende Unterschiede zur Kapitalgesellschaft als juristische Person. Selbst wenn das Gesamthandsprinzip aufgegeben wurde und das Vermögen auch nun gesetzlich ausdrücklich der Gesellschaft zusteht, also verselbstständigt ist, so ist die rechtsfähige Personengesellschaft aufgrund der bestehenden Identität zu ihrem Gesellschafterkreis eben nicht in der Weise verselbstständigt, wie es die Gesellschafter einer Kapitalgesellschaft sind, und wurden die die Personengesellschaften prägenden Strukturmerkmale beibehalten bzw. in Teilen sogar erstmals ausdrücklich kodifiziert.[939]

Heruntergebrochen gilt deshalb, dass die reine zivilrechtliche Glattziehung eines vom gelebten Recht entfremdeten gesetzlichen Rahmens keine unmittelbare Folgewirkung in dem zwar an die zivilrechtlichen Maßstäbe anknüpfenden, sich indes davon emanzipiert habenden Grunderwerbsteuersystems hat. Unterstrichen wird dies durch die Sonderrolle der durch wirtschaftliche Gesichtspunkte geprägten Zurechnungsvorschriften, die im alten Recht die Durchbrechung des Zusammenspiels von zivilrechtlicher Dogmatik und den

---

steuerrechtsautonome Auslegung möglich ist, bedarf es der Rechtsfigur der Analogie nicht, um zur Beibehaltung der Vergünstigungsvorschriften zu gelangen.

939 Die Identität als dogmatische Rechtfertigung speziell im Kontext der §§ 5 und 6 GrEStG betonend auch *Stöber*, GmbHR 2022, 967, 973 („mit ihren Gesellschaftern identisch“).

Grundsätzen der Grunderwerbsteuerrechts normieren und die dies auch de lege lata vermögen.

Der inzwischen durch das Kreditzweitmarktförderungsgesetz eingefügten befristeten Fiktionsregelung in § 24 GrEStG, wonach rechtsfähige Personengesellschaften für Zwecke der Grunderwerbsteuer als Gesamthand und deren Vermögen als Gesamthandsvermögen gelten, hätte es daher nicht zwingend bedurft.

b) § 7 GrEStG

Auch § 7 GrEStG stellt eine Vergünstigungsvorschrift für die Gesamthandsgemeinschaften dar, benennt diese also ausdrücklich. Anders als die §§ 5 und 6 GrEStG zielt die Norm auf die Umwandlung von gemeinschaftlichem Eigentum in Flächeneigentum ab, also auf die Aufteilung eines Grundstücks zwischen Personen, in deren Mit- bzw. Gesamthandseigentum das Grundstück fällt.

So wird etwa nach § 7 Abs. 2 S. 1 GrEStG in dem Fall, dass ein der Gesamthand gehörendes Grundstück von den Gesamthändern flächenweise geteilt wird, die Grunderwerbsteuer nicht erhoben, soweit der Wert des Teilgrundstücks, das der einzelne Erwerber erhält, seiner anteiligen Beteiligung an der Gesamthand entspricht.

Letztlich ist die Vorschrift in ihrem Zweck mit den §§ 5 und 6 GrEStG aber vergleichbar (keine Erhebung der Steuer, wenn sich nur die Rechtsnatur, nicht jedoch Umfang der Berechtigung am Grundstück ändert), wird der Gesamthand hier also die gleiche Bedeutung zugemessen.[940] Deshalb ist auch für § 7 GrEStG ein Automatismus in Bezug auf den künftigen Anwendungsbereich und Sinngehalt durch die Reform des Personengesellschaftsrechts zu verneinen. Spiegelbildlich war die Einfügung des § 24 GrEStG auch hier nicht erforderlich.

c) Anzeigepflicht der Beteiligten

Mit diesem Blickwinkel ergeben sich auch keine Folgeänderungen für die Anzeigepflicht.[941] Nach § 19 Abs. 2 Nr. 4 i.V.m. Abs. 1 GrEStG müssen Steuer-

---

940 *Müller*, GmbH-StB 2022, 248, 252; *Viskorf*, in: Viskorf, § 7 Rn. 11, 38 f.

941 Sofern man der Ansicht folgt, die eine Gefahr für den Anwendungsbereich von §§ 5 und 6 GrEStG infolge des MoPeG sieht, so ist diese Gefahr parallel auch für die

schuldner Anzeige erstatten über Änderungen im Gesellschafterbestand einer Gesamthand bei Gewährung der Steuervergünstigung nach § 5 Abs. 1 und 2 GrEStG oder § 6 Abs. 3 i.V.m. § 6 Abs. 1 GrEStG. Sofern man jedoch hinsichtlich der Vergünstigungsvorschriften Auswirkungen auf deren Tatbestand verneint, ist es auch nur konsequent, solche korrespondierend in Bezug auf § 19 GrEStG abzulehnen. Die Schaffung der befristeten Fiktionsregelung in § 24 GrEStG war nicht erforderlich.

II. Erbschaft- und Schenkungsteuerrecht

Schließlich soll noch auf dem Gebiet des Erbschaft- und Schenkungsteuerrechts die Frage angegangen werden, ob hier mit Blick auf das MoPeG „gesetzgeberischer Nachbesserungsbedarf"[942] bestand. Der Gesetzgeber hat zwischenzeitlich durch Artikel 28 des Kreditzweitmarktförderungsgesetzes zum 01.01.2024 einen neuen § 2a ErbStG eingefügt, kraft dessen Satz 1 rechtsfähige Personengesellschaften – im Sinne der zeitgleich eingeführten Legaldefinition der Personenvereinigungen in § 14a AO – für Zwecke der Erbschaft- und Schenkungsteuer als Gesamthand und deren Vermögen als Gesamthandsvermögen gelten. Zudem hat er etwa in § 10 Abs. 1 S. 4 ErbStG die Wörter „Personengesellschaft oder einer anderen Gesamthandsgemeinschaft" durch das Wort „Personenvereinigung" ersetzt, um dem gesetzlichen Begriffsverständnis des § 14a AO zu entsprechen.

1. Schenker bzw. Erwerber

Aus §§ 2 Abs. 1 Nr. 1 S. 1 i.V.m. 1 Abs. 1 Nr. 1 bis 3 ErbStG ergibt sich zunächst, dass erbschaft- und schenkungssteuerpflichtig Erwerbe von Todes wegen, Schenkungen unter Lebenden oder Zweckzuwendungen, sofern der Erblasser zu der Zeit seines Todes bzw. der Schenker zu der Zeit der Ausführung

---

Anzeigepflicht virulent und teilt die Vorschrift letztlich das post-MoPeG-Schicksal der vorbezeichneten Vergünstigungsvorschriften, vgl. insoweit *Müller*, GmbH-StB 2022, 248, 252 („perspektivisch ins Leere").

942 Dies bejahend von *Oertzen/Reich*, ZEV 2021, 215. Vgl. auch *Rohde*, NZG 2021, 1491, wonach die Auffassung, dass die Abkehr vom Gesamthandsprinzip keine unmittelbaren Auswirkungen auf das Steuerrecht habe, „jedenfalls für das Schenkungsteuerrecht nicht schlüssig" sei. Nach *Wachter*, GmbHR 2020, 1041, 1054 würden mit der Reform des Personengesellschaftsrecht steuerrechtliche Fragen im Zusammenhang mit der Schenkungsteuer bei disquotalen Einlagen „erneut auf den Prüfstand kommen".

der Schenkung oder aber der Erwerber zu der Zeit der Steuerentstehung (§ 9 ErbStG) Inländer (§ 2 Abs. 1 Nr. 1 S. 2 ErbStG) ist.

Die Personengesellschaft jedoch kann, zumindest nach derzeitiger Rechtsprechung[943], trotz der Entscheidung und Bedeutung von ARGE Weißes Ross[944] kein Schenker oder Erwerber in diesem Sinne sein, denn der Bundesfinanzhof stellt auf eine eigenständige schenkungsteuerrechtliche Prüfung ab und sieht die „Gesamthänder" vermögensmäßig als bereichert an.[945] Bereits daran wird deutlich, dass das Steuerrecht losgelöst von der reinen zivilrechtlichen Dogmatik – zivilrechtlich ist die Gesellschaft etwa Empfänger der Zuwendung und damit Beschenkte – eine eigene Beurteilung vornimmt und keine strenge Homogenität besteht. Die Personengesellschaft ist vielmehr auch im Erbschaftsteuerrecht transparent und findet die Besteuerung mithin auf Gesellschafterebene statt.[946]

Erkennt man aber die Nähe zum Ertragsteuerrecht bzw. sieht man die Erbschaft- und Schenkungsteuer als Einkommensteuern im weiteren Sinne[947], so kann wie bei der Einkommensteuer auch weiterhin, das heißt trotz MoPeG, auf die einzelnen Gesellschafter abgestellt werden. Denn lässt sich das Transparenzprinzip und letztlich der ertragsteuerrechtliche Dualismus der Unternehmensbesteuerung auch heute aufgrund fortbestehender Strukturunterschiede von Personengesellschaft und Kapitalgesellschaft rechtfertigen,

---

943 BFH, Urteil vom 30.08.2017 – II R 46/15, BStBl. II 2019, 38; BFH, Urteil vom 22.02.2017 – II R 52/14, BStBl. II 2017, 653. Die Rechtsprechung ist in den letzten Jahrzehnten indes von einigen markanten Umschwüngen gekennzeichnet, vgl. die prägnante Darstellung von *M. Fischer*, in: FS Crezelius, 117, 123 f.; *Osterloh-Konrad*, in: Zukunftsfragen des Steuerrechts IV, 1, 20 f. Siehe einführend zur Stellung der Personengesellschaft im System der Erbschaft- und Schenkungsteuer auch *Stenert*, in: Westermann/Wertenbruch, Teil II, § 1 Rn. 82 ff. (Dokumentstand: 81. Lieferung 9/2021).

944 BGH, Urteil vom 29.01.2001 – II ZR 331/00, BGHZ 146, 341, vgl. hierzu die Ausführungen unter Gliederungspunkt Teil 1, A. II. 4.

945 BFH, Urteil vom 14.09.1994 – II R 95/92, BStBl. II 1995, 81; BFH, Urteil vom 05.02.2020 – II R 9/17, BStBl. II 2020, 658 (jeweils Gesamthänder als Beschenkter anzusehen); BFH, Urteil vom 15.07.1998 – II R 82/96, BStBl. II 1998, 630; BFH, Urteil vom 30.08.2017 – II R 46/15, BStBl. II 2019, 38 (jeweils Gesamthänder als Schenker anzusehen). Vgl. insoweit auch die Rechtsprechung des II. Senats des BFH mit späterem (prognostischen) Blick auf das MoPeG analysierend *Rohde*, NZG 2021, 1491 ff.

946 *Bachem*, DStR 2022, 725, 727; *von Oertzen/Reich*, ZEV 2021, 215, 217.

947 *Friz*, Erbschaft- und Schenkungsteuer, 46; *Seer*, in: Tipke/Lang, Rn. 15.2 f. (auch zu den Unterschieden) bzw. Rn. 15.38.

kann das Transparenzprinzip auch weiterhin im Erbschaftsteuerrecht in Anwendung gebracht und als Legitimationsbasis verwendet werden.[948] Folglich fallen die GbR und die übrigen Personengesellschaften auch weiterhin nicht unter den Begriff der „Personenvereinigungen" im Sinne von § 2 Abs. 1 Nr. 1 S. 2 Buchstabe d ErbStG.

Daran hat sich prinzipiell nichts geändert – selbst dann nicht, wenn man entgegen der hier vertretenen Auffassung annehmen würde, dass das MoPeG wegen strenger Wortlautauslegung zu einer unmittelbaren Folgewirkung hinsichtlich § 39 Abs. 2 Nr. 2 AO a.F. geführt hätte[949] und bzw. oder der Gesetzgeber hinsichtlich des Erbschaftsteuer- und Schenkungsteuergesetzes untätig geblieben wäre. Denn nach § 10 Abs. 1 S. 4 ErbStG a.F. galt der unmittelbare oder mittelbare Erwerb einer Beteiligung an einer Personengesellschaft oder einer anderen Gesamthandsgemeinschaft, die nicht unter § 97 Abs. 1 S. 1 Nr. 5 BewG fällt, als Erwerb der anteiligen Wirtschaftsgüter[950], das heißt es wurde im Erbschaftsteuer- und Schenkungsteuergesetz bereits ausdrücklich (auch) auf die „Personengesellschaft" rekurriert.[951] Eine klare Notwendigkeit im Hinblick auf ein Tätigwerden des Steuergesetzgebers bestand somit nicht.

---

948 Die Argumentation grundsätzlich teilend, freilich aufgrund der Ablehnung künftiger Rechtfertigung für das Transparenzprinzip zum gegenteiligen Ergebnis kommend *Bachem*, DStR 2022, 725, 727; *Rohde*, NZG 2021, 1491, 1495 (der einkommensteuerrechtlichen Transparenz fehle infolge Vermögensträgerschaft die dogmatische Grundlage).

949 Vgl. Gliederungspunkt Teil 2, Abschnitt 1, A. II. 2. b) dd).

950 So zitiert auch die Finanzverwaltung beide Vorschriften zusammen, vgl. ErbStR R E 10.4, BRDrucks. 387/19, 29 (21.08.2019), abrufbar unter https://t1p.de/1m6di: „Den Gesellschaftern sind die einzelnen Wirtschaftsgüter und sonstigen Besitzposten des Gesamthandsvermögens und die Gesellschaftsschulden anteilig als Bruchteilseigentum zuzurechnen (§ 10 Absatz 1 Satz 4 ErbStG, § 39 Absatz 2 Nr. 2 AO)". Der Sinn des § 10 Abs. 1 S. 4 ErbStG ist, wie sich aus der gleichen Stelle der Erbschaftsteuer-Richtlinie ergibt, eine Zurechnung als Bruchteilseigentum, wobei die Besitzposten und Gesellschaftsschulden nicht zu einer wirtschaftlichen Einheit zusammengefasst werden.

951 So auch *Möhlenbrock/Haubner*, FR 2022, 53, 55; *Müller*, GmbH-StB 2022, 248, 252; *von Oertzen/Reich*, ZEV 2021, 215, 217 (werde „voraussichtlich in der Praxis zu keinen Komplikationen kommen").

2. Disquotale Einlage

Auch mit Blick auf die konkret gesehenen Probleme bei einer disquotalen Einlage eines Personengesellschafters[952] dürfte Entwarnung in Bezug auf unbeabsichtigte Änderungen des Steuerrechts angezeigt gewesen sein. Sofern der Gesellschaft von einem ihrer Gesellschafter ein Vermögenswert zugewandt wird und dieser Vermögenswert den aufgrund der Gesellschafterbeteiligung geschuldeten Anteil übersteigt, wird von der überwiegenden Ansicht eine freigebige Zuwendung nach § 7 Abs. 1 Nr. 1 ErbStG abgelehnt, sofern der Blick auf die Gesellschaft gerichtet wird.[953] In Bezug auf die Gesellschafter hingegen hat der Bundesfinanzhof im Jahr 2020 bei Personengesellschaften[954] eine freigebige Zuwendung durch Erhöhung des Wertes ihrer Beteiligung bejaht, da die Gesamthänder bereichert seien.[955]

Die mit dem MoPeG erfolgte Abkehr der gesamthänderischen Vermögenszuordnung führt aber nicht gezwungenermaßen dazu, dass die Personengesellschaft selbst Bereicherte im Sinne von § 7 Abs. 1 Nr. 1 ErbStG sein würde[956] bzw. dass die Auffassung des Bundesfinanzhofs „nicht mehr haltbar"[957] wäre. Zum einen ist zu beachten, dass der BFH – wohlgemerkt im Jahre 2020 – sehr wohl um die zivilrechtliche Dogmatik, das heißt Rechtsfähigkeit der Personengesellschaft und ihre Qualifikation als Beschenkte, wusste.[958] Das

---

952 Vgl. etwa *Bachem*, DStR 2022,725, 727 ff.; *Rohde*, NZG 2021, 1491, 1494 f., wonach die disquotale Einlage in eine Personengesellschaft letztlich wie die disquotale Einlage in eine Kapitalgesellschaft zu behandeln sein soll.

953 Das gilt unabhängig davon, ob es um eine Personen- oder Kapitalgesellschaft geht, vgl. stellvertretend *Hannes/Holtz*, in: Meincke/Hannes/Holtz, § 7 Rn. 76 m.w.N.; BFH, Urteil vom 20.01.2016 – II R 40/14, BStBl. II 2018, 284; BFH, Urteil vom 17.10.2007 – II R 63/05, BStBl. II 2008, 381.

954 In Bezug auf Kapitalgesellschaften hat BFH, Urteil vom 09.12.2009 – II R 28/08, BStBl. II 2010, 566 den Gesetzgeber zur Schaffung des § 7 Abs. 8 ErbStG veranlasst.

955 BFH, Urteil vom 05.02.2020 – II R 9/17, BStBl. II 2020, 658, vgl. schon Fn. 945.

956 *Rohde*, NZG 2021, 1491, 1495. Vgl. auch zuvor schon *Wachter*, GmbHR 2020, 1041, 1045 („erscheint in mehrfacher Hinsicht problematisch").

957 *Bachem*, DStR 2022, 725, 728.

958 So heißt es in den Entscheidungsgründen bei BFH, Urteil vom 05.02.2020, II R 9/17, BStBl. II 2020, 658 auszugsweise in den Rn. 14, 17, 18 und 19: „Insoweit entspricht der Bedachte i.S. des Schenkungsteuerrechts (der Gesamthänder) nicht dem Beschenkten i.S. des Zivilrechts (Gesamthandsgemeinschaft)" (Rn. 14). [...] „Entgegen der Auffassung der Klägerin steht die neuere Rechtsprechung des Bundesgerichtshofs (BGH) zur Teilrechtsfähigkeit einer (Außen-)GbR nicht der schenkungsteuerrechtlichen

hindert jedoch die Vornahme einer eigenständigen schenkungsteuerrechtlichen Prüfung nicht, bleiben die angeführten Rechtfertigungsgründe doch unverändert.

Überdies stellt der BFH fest, dass die „Gesellschafter als Gesamthänder vermögensmäßig als bereichert i.S. der §§ 7 Abs. 1 Nr. 1, 10 Abs. 1 ErbStG anzusehen" seien. Das Gericht zitierte also bewusst auch den § 10 Abs. 1 ErbStG a.F., welcher wie erwähnt explizit die Personengesellschaft benannte (während die neue Gesetzesfassung die Personenvereinigung adressiert). Auch das mag als Argument dafür herangezogen werden, dass in der Praxis eher nicht mit einem plötzlichen Umschwung bisheriger Steuerprinzipien zu rechnen gewesen wäre. Letztlich bleibt das Fehlen einer dem etablierten § 7 Abs. 8 ErbStG vergleichbaren Vorschrift für Personengesellschaften ein steuerpolitisches Problem, welches sicherlich zeitnah wieder auf die Agenda gebracht werden wird.[959]

3. Steuerbefreiungen und begünstigtes Vermögen

Schließlich lässt sich auch im Hinblick auf die Vorschriften der Steuerbefreiungen in § 13 Abs. 1 Nr. 2 und Nr. 4 ErbStG, § 13 Abs. 1 Nr. 4a ErbStG sowie § 13b Abs. 1 Nr. 2 und § 13b Abs. 4 Nr. 1 S. 2 Buchstabe d ErbStG konstatieren, dass es auch ohne das inzwischen erfolgte gesetzgeberische Tätigwerden zu keinen Änderungen durch die zivilrechtliche Reform gekommen wäre.

a) § 13 Abs. 1 Nr. 2 und Nr. 4 ErbStG

Nach § 13 Abs. 1 Nr. 2 bzw. Nr. 4 ErbStG sind bestimmte Erwerbsvorgänge von der Schenkungsteuer befreit. Nicht ganz unumstritten ist, ob dies auch

---

Einordnung entgegen" (Rn. 17). […] „Sie ist ein eigenständiges Zuordnungssubjekt, das rechtsfähig ist und grundsätzlich am Rechtsverkehr teilnehmen kann." (Rn. 18). […] „Trägerin des Gesellschaftsvermögens ist nunmehr die GbR, und nicht mehr die Gesellschafter in ihrer gesamthänderischen Verbundenheit" (Rn. 19).

959 *Bachem*, DStR 2022, 725, 728 spricht sich bereits für eine analoge Anwendung der Vorschrift in Bezug auf Personengesellschaften aus, *Wachter* GmbHR 2020, 1041, 1042 hingegen erklärt mit Deutlichkeit, dass eine solche Analogie nicht in Betracht komme; *von Oertzen/Reich*, ZEV 2021, 215, 217 weisen darauf hin, dass § 10 Abs. 1 S. 4 ErbStG nicht etwa für die GmbH & Co. KG im Sinne von § 15 Abs. 3 Nr. 2 EStG gelte, welche § 97 Abs. 1 S. 1 Nr. 5 BewG unterfalle, sodass eine gesetzliche Überarbeitung auch dem fiskalischen Interesse diene.

dann gilt, sofern der entsprechende Vermögensgegenstand über eine vermögensverwaltende Personengesellschaft gehalten wird, also bloß der Anteil an der Gesellschaft übertragen wird.[960] An der Ausgangslage der Diskussion hat sich indes mit dem MoPeG nichts geändert, denn auch im alten Recht gehörten die Vermögensgegenstände bereits der Gesellschaft.

b) § 13 Abs. 1 Nr. 4a ErbStG

Ebenfalls nicht ganz einhellig beurteilt wird die Frage, ob die Steuerbefreiung in § 13 Abs. 1 Nr. 4 ErbStG, die jedenfalls greift bei Zuwendungen unter Lebenden, mit denen ein Ehegatte dem anderen Ehegatten Eigentum oder Miteigentum an einem Grundstück mit Familienheim verschafft, auch auf die Konstellation zu erstrecken ist, dass „nur" der Anteil an der ein solches Grundstück haltenden Personengesellschaft übertragen wird.[961] Das MoPeG hat hier die Diskussionsgrundlage aber nicht verändert. Die Transparenz der Personengesellschaft durchzieht auch das Erbschaftsteuerrecht, sodass es sich bei der beschriebenen mittelbaren Übertragung unabhängig von der zivilrechtlichen Dogmatik (Zuwendung ist der Gesellschaftsanteil) um einen Anteil am Familienheim handelt. Diese Transparenz bleibt trotz der Reform des Personengesellschaftsrechts bestehen, insbesondere wäre auch § 39 Abs. 2 Nr. 2 AO a.F. schon ohne die inzwischen erfolgte Präzisierung in seiner alten Fassung anwendbar geblieben. Auch heute überzeugt daher die Anwendbarkeit von § 13 Abs. 1 Nr. 4 ErbStG auf Fälle entsprechender Anteilsübertragung.[962]

---

960 Von der wohl überwiegenden Ansicht wird das mit Blick auf § 10 Abs. 1 S. 4 ErbStG bzw. § 39 Abs. 2 Nr. 2 AO für § 13 Abs. 1 Nr. 4 ErbStG sowie dann auch für § 13 Abs. 1 Nr. 2 ErbStG bejaht, vgl. *von Oertzen/Reich*, ZEV 2021, 215, 218 m.w.N. in Fn. 37 und 38.

961 Vgl. *Curdt*, in: Kapp/Ebeling, § 13 Rn. 38_1 (Dokumentstand: 94. Lieferung 11/2022); *Hannes/Holtz*, in: Meincke/Hannes/Holtz, § 13 Rn. 29; *Reimann*, ZEV 2010, 174, 176; *Schienke-Ohletz*, in: von Oertzen/Loose, § 13 ErbStG Rn. 33 (auch mit dem zutreffenden Hinweis, dass es bei § 13 Abs. 1 Nr. 4a bis 5c ErbStG an dem Tatbestandsmerkmal der „Unmittelbarkeit" wie bei § 13b Abs. 1 Nr. 3 ErbStG fehle, sodass bei § 13b Abs. 1 Nr. 3 ErbStG die mittelbare Beteiligung für eine Begünstigung nicht qualifiziere); *Wachter*, ZEV 2014, 191.

962 Siehe auch *Stöber*, GmbHR 2022, 967, 973, der überdies auf die Identität der Personengesellschaft mit ihren Gesellschaftern als dogmatischen Rechtfertigungsgrund abstellt. Interdependenzen verneinend auch etwa *Möhlenbrock/Haubner*, FR

c) § 13b Abs. 1 Nr. 2 ErbStG

Das MoPeG rüttelt auch nicht an der gewohnten Anwendbarkeit des § 13b Abs. 1 Nr. 2 ErbStG. Hiernach gehört zum begünstigungsfähigen Vermögen auch inländisches Betriebsvermögen (§§ 95 bis 97 Abs. 1 S. 1 BewG). Aus § 97 Abs. 1 Nr. 5 BewG ergibt sich dann, dass zum begünstigungsfähigen Vermögen der Anteil an einer Personengesellschaft zählt, sofern es sich um eine Mitunternehmerschaft nach § 15 Abs. 1 S. 1 Nr. 2 EStG handelt. Überdies verfügt die Personengesellschaft nach dem Bewertungsgesetz auch bereits über ein eigenes Vermögen. Denn nach § 97 Abs. 1a Nr. 1a BewG ist der nach § 109 Abs. 2 BewG ermittelte „gemeine Wert des der Personengesellschaft gehörenden Betriebsvermögens (Gesamthandsvermögen)" nach bestimmten Vorgaben aufzuteilen. Diese gesetzeseigene Legaldefinition wird sich von der mit dem MoPeG verbundenen Loslösung des Zivilrechts vom in diesem Rechtsgebiet ohnehin bereits widersprüchlichen Terminus unbeeindruckt zeigen.

d) § 13b Abs. 4 Nr. 1 S. 2 Buchstabe d ErbStG

Schließlich ist auch hinsichtlich § 13 Abs. 4 Nr. 1 S. 2 Buchstabe d ErbStG davon auszugehen, dass die Reform des Personengesellschaftsrecht nicht zu einer Sinnänderung führt. Die Vorschrift bestimmt, dass eine Nutzungsüberlassung an Dritte und damit ein Verwaltungsvermögen (§ 13 Abs. 4 Nr. 1 S. 1 ErbStG) unter anderem dann nicht vorliegt, sofern überlassene Grundstücke zum „gesamthänderisch gebundenen Betriebsvermögen einer Personengesellschaft" gehören und der Hauptzweck des Betriebs in der Vermietung von Wohnungen besteht. Das Erbschaft- und Schenkungsteuergesetz verlangt durch die zitierte Passage also ein Betriebsvermögen, das steuerlich anzuerkennen ist, wobei eine Abgrenzung zum nicht begünstigten Sonderbetriebsvermögen eines Gesellschafters vorgenommen werden soll.[963] Diese

2022, 53, 55. Dagegen führt *Heinze*, DStR 2020, 2107, 2109 mit Blick auf BFH, Urteil vom 11.06.2013 – II R 4/12, BStBl. II 2013, 742 aus, dass der Fortbestand der Erwägung „gefährdet" erscheine, insbesondere auch angesichts eines von ihm gesehenen Risikos der fortwährenden Anwendbarkeit von § 39 Abs. 2 Nr. 2 AO.

963 Vgl. *Jülicher*, in: Troll/Gebel/Jülicher/Gottschalk, § 13b Rn. 291 (Werkstand: 64. EL 02/2022); *Müller*, GmbH-StB 2022, 248, 253 m.w.N.

reine Trennungsfunktion aber wird mit dem MoPeG in materieller Hinsicht nicht berührt.

III. Fazit im Hinblick auf weitere steuerrechtliche Vorschriften

Auch auf dem Gebiet des Grunderwerbsteuerrechts sowie dem Erbschaft- und Schenkungsteuerrechts bewirkte das MoPeG keine Umwälzung bisheriger Rechtsgrundsätze. Auch wenn das Gesetz gerade hier nochmal deutlicher enger an das Gesamthandsprinzip anzuknüpfen scheint, ist deren Verabschiedung nach der hier vertretenen Auffassung dennoch ohne praktische Konsequenz.

Größere Probleme der Auswirkungen der Personengesellschaftsrechtsmodernisierung wurden vor allem im Hinblick auf das Grunderwerbsteuerrecht gesehen. Die Bedenken waren dabei vor allem auf die Vergünstigungsvorschriften der §§ 5 und 6 GrEStG bezogen. Sie sind im Grundsatz nachvollziehbar, am Ende allerdings aufgrund der Autonomie des Steuerrechts und des Sinns und Zwecks der Steuernormen unbegründet.

Personengesellschaften können, da die Grunderwerbsteuer eine Verkehrsteuer ist, auch Rechtsträgerin und damit auch Steuerschuldnerin sein (§ 13 Nr. 1 GrEStG). Das gilt bereits nach früherer Rechtslage und hat sich mit dem MoPeG nicht verändert. Insofern wird die Anwendbarkeit von § 1 Abs. 2a GrEStG nicht in Frage gestellt, denn zum einen wird dort auf bereits auf die Personengesellschaft abgestellt und zum anderen stellt der Wortlaut von § 1 Abs. 2a S. 7 GrEStG die Personengesellschaft gerade mit der Gesamthand gleich. Selbst wenn Personengesellschaften also die Qualifikation „Gesamthand“ verlieren, bleibt jedenfalls der Oberbegriff „Personengesellschaft“ als Bezugspunkt erhalten.

Die besonderen Zurechnungsregeln in §§ 5 und 6 GrEStG zwingen gleichfalls nicht zu einem Umdenken. Vielmehr können die darin normierten Steuerbefreiungen künftig auch trotz des darin erfolgten Abstellens auf die Gesamthand greifen. Lange stellte der Bundesfinanzhof bezüglich der Privilegierung gegenüber Kapitalgesellschaften auf die dingliche Mitberechtigung der Gesamthänder am Gesellschaftsvermögen ab. Im Jahr 2022 kehrte er davon ab, dennoch ist eine Einbeziehung von Kapitalgesellschaften in den Anwendungsbereich der §§ 5, 6 GrEStG nicht zwingend geboten bzw. ist er für die Personengesellschaften ungeachtet eines inzwischen erfolgten gesetzgeberischen Tätigwerdens weiterhin anwendbar. Denn auch wenn der

Wortlaut der §§ 5 und 6 GrEStG nahelegt, dass die Aufgabe des Gesamthandsprinzips bzw. der gesamthänderischen Vermögensbindung zur Unanwendbarkeit der Norm auf die reformierte Personengesellschaft führt, führt die den Zurechnungsregeln innewohnende wirtschaftliche Betrachtungsweise zu einer Beibehaltung des vormaligen status quo der Rechtsanwendung. Nicht nur, dass sich die ursprünglichen zivilrechtlichen Argumente ohnehin kaum zur Rechtfertigung anboten (insoweit bewirkt das MoPeG letztlich nur eine Klarstellung), kann aufgrund der letztlich kaum veränderten gesellschaftsrechtlichen Struktur der Personengesellschaft der Telos der grunderwerbsteuerrechtlichen Nichterhebungsvorschriften erfüllt werden. Die Identität der Gesellschaft mit ihren Gesellschaftern rechtfertigt es, weiterhin die anteilige und letztlich wirtschaftliche Beteiligung der Gesellschafter am Vermögen zu berücksichtigen. § 7 GrEStG misst der Gesamthand die gleiche Bedeutung zu, daher gilt das zu § 5 und 6 GrEStG Gesagte entsprechend. Und auch für die Anzeigepflicht der Beteiligten (§ 19 Abs. 2 Nr. 4 i.V.m. Abs. 1 GrEStG) ergeben sich in der Folge keine Änderungen. Der nach Artikel 30 i.V.m. Artikel 36 Abs. 5 Kreditzweitmarktförderungsgesetz für drei Jahre befristeten Einfügung des § 24 GrEStG, der Personengellschaften für Zwecke der Grunderwerbsteuer als Gesamthand fingiert, hätte es zur Sicherung des Status quo nicht bedurft.

In Bezug auf das Erbschaft- und Schenkungsteuerrecht sind steuerrechtliche Implikationen durch das MoPeG ebenfalls zu verneinen. Schon de lege abrogata bestand auf diesem Gebiet eine Eigenständigkeit gegenüber dem Zivilrecht, wurde und wird doch die Personengesellschaft trotz der zivilrechtlichen Dogmatik weder als Schenker noch als Erwerber angesehen. Die insofern auch im Erbschaft- und Schenkungsteuerrecht bestehende Transparenz der Personengesellschaft hätte wie im Ertragsteuerrecht aufrechterhalten werden können, zumal man ohnehin ausdrücklich (neben der Gesamthand auch) auf die Personengesellschaft abstellen konnte (vgl. § 10 Abs. 1 S. 4 ErbStG a.F.). Deshalb hatte sich auch im Hinblick auf den Problemkreis der disquotalen Einlage die Sichtweise nicht darauf zu verengen, dass die Personengesellschaft selbst Bereicherte im Sinne von § 7 Abs. 1 Nr. 1 ErbStG wäre.

Im Übrigen bleiben aufgrund der bisherigen Transparenz auch die Vorschriften bezüglich Steuerbefreiungen und begünstigtem Vermögen in §§ 13 und 13b ErbStG weiterhin anwendbar, sofern man sie im alten Recht für anwendbar erklärt. Die zivilrechtliche Klarstellung der Vermögenszuordnung zur Gesellschaft ändert die diesbezügliche Diskussionsgrundlage nicht. Insbesondere wird sich die hier mitunter relevante Definition und die ihr zukommende Funktion des Betriebsvermögens in § 97 Abs. 1 Nr. 1 BewG weiterhin behaupten können. Die vom Gesetzgeber mit Einfügung des § 2a ErbStG zum 01.01.2024 wiederum eingefügte Fiktionsregelung in Bezug auf rechtsfähige Personengesellschaften als Gesamthand und in Bezug auf deren Vermögen als Gesamthandsvermögen war daher rechtlich nicht erforderlich.

Abschnitt 3: Zwischenergebnis: Sinnhaftigkeit der zwischenzeitlich vorgenommenen Gesetzesanpassung

Die Gesetzesbegründung zum MoPeG enthielt nur spärliche Aussagen zum Steuerrecht; lediglich im Hinblick auf das Ertragsteuerrecht wurde die Intention der Beibehaltung geltender Steuergrundsätze bekundet. Es liegt nahe, dass nach dem Wunsch der Legislative auch etwa das Grunderwerbsteuerrecht oder das Erbschaft- und Schenkungsteuerrecht unangetastet bleiben sollte. Eine unmittelbare Anpassung steuerrechtlicher Vorschriften war mit dem MoPeG jedoch nicht vorgesehen. Nach hiesiger Ansicht hat die Reform des Personengesellschaftsrecht indes tatsächlich auch keine Umwälzung des Ertragsteuerrechts bewirkt und ergaben sich auch im Hinblick auf die grunderwerbsteuerrechtliche bzw. erbschaft- und schenkungsteuerrechtliche Behandlung der Personengesellschaft keine reflexartigen Änderungen. Allerdings schien in diesen Rechtsdisziplinen ein Ruf nach einer zumindest klarstellenden Regelung zum Teil nachvollziehbarer als bei den untersuchten ertragsteuerrechtlichen Vorschriften, da hier stärker auf das Gesamthandsprinzip Bezug genommen wird.

Somit stellte sich die Frage, ob bis zum Inkrafttreten des MoPeG etwa eine gesetzliche Klarstellung dahingehend erfolgen sollte, dass mit der Modernisierung des Personengesellschaftsrechts insoweit keine Änderungen des Steuerrechts einhergehen.[964] Denn die in der Gesetzesbegründung bekundete subjektive Absicht der am Gesetzgebungsverfahren beteiligten Organe entfaltet jedenfalls keine Bindungswirkung für die Finanzgerichte, und es kommt

964 Vgl. diesbezüglich auch oben Fn. 756.

vielmehr auf den in einer Gesetzesvorschrift zum Ausdruck kommenden objektivierten Willen des Gesetzgebers an.[965] Es wäre keineswegs als sicher zu prognostizieren, dass die Finanzverwaltung im Falle einer Abstinenz gesetzlicher Klarstellungen die bisherigen Grundsätze weiterhin angewandt hätte bzw. die Gerichte bei der Beurteilung steuerrechtlicher Sachverhalte etwa „Gesamthandsvermögen" schlichtweg steuerautonom als „Gesellschaftsvermögen" ausgelegt hätten, wenngleich gute Gründe dafür sprechen, dass dies so erfolgt wäre. Vollumfängliche Sicherheit konnte hier, möchte man diese erreichen, nur der Gesetzgeber bringen.

Auch ein Abstellen auf § 97 Abs. 1a Nr. 1 BewG allein dürfte diese Sicherheit nämlich nicht geschaffen haben. Zwar wird darin das Gesamthandsvermögen als das der Personengesellschaft zustehende Betriebsvermögen definiert und deshalb eine Abgrenzung zum Sonderbetriebsvermögen der einzelnen Gesellschafter geschaffen. Fraglich erschiene aber, ob man tatsächlich hinsichtlich der für die Besteuerung von Personengesellschaften letztlich dann doch so wichtigen Grundsatzterminologie auf das Bewertungsgesetz rekurrieren könnte.

Für ein Aktivwerden der Legislative sprachen zudem potentielle Auswirkungen aufgrund zukünftiger Gesetzesanpassungen. Trotz vorbeschriebener Deutungsmöglichkeit hätten sich im Laufe der fortschreitenden Zeit unvorhergesehene Unklarheiten auftun können. Sofern nämlich künftig eine steuerrechtliche Vorschrift einer Änderung zugeführt werden würde und diese Vorschrift ihrerseits auf eine den Begriff „Gesamthand" bzw. den Ausdruck „Gesamthandsvermögen" enthaltende Norm verweisen würde, hätte der Verweis mitunter nicht mehr zutreffend sein und zugleich die Frage nach sich ziehen können, was der Gesetzgeber genau im Sinne hatte, soweit auf eine Norm Bezug genommen wird, in welcher das darin so bezeichnete Gesamthandsvermögen hinsichtlich der Personengesellschaften nicht mehr existiert.

Der Gesetzgeber ist dem mit dem Kreditzweitmarktförderungsgesetz nachgekommen, indem er gewisse „Schönheitsreparaturen"[966] vorgenommen hat. Im Ertragsteuerrecht wurde neben einer Einfügung eines neuen § 14a AO zur

---

965 Vgl. schon Fn. 567 und die pointierte Darstellung von *Mayer/Käshammer*, NWB 2021, 2514, 2517 f.

966 *Zeising*, BB 2024, 525.

Legaldefintion der Personenvereinigungen vor allem § 39 Abs. 2 Nr. 2 AO a.F. durch eine Fiktionsregelung ergänzt, wonach rechtsfähige Personengesellschaften für Zwecke der Ertragsbesteuerung als Gesamthand und deren Vermögen als Gesamthandsvermögen gelten. Spiegelbildliches wurde für das Erbschaft- und Schenkungsteuerrecht in § 2a ErbStG vollzogen. Für das Grunderwerbsteuerrecht wurde zur Sicherung des Status quo eine Fiktionsregelung aufgenommen, wenngleich die Einfügung dieses § 24 GrEStG wegen Artikel 30 i.V.m. Artikel 36 Abs. 5 Kreditzweitmarktförderungsgesetz nur auf drei Jahre bis Ende 2026 befristet ist. Diese Sonderbehandlung hängt mit den diesbezüglichen Reformüberlegungen zusammen.

Alternativ zu den vorbeschriebenen vor die Klammer gezogenen Fiktionsregelungen in §§ 39 Abs. 2 Nr. 2 S. 2 AO, 2a ErbStG und 24 GrEStG wäre es denkbar gewesen, in allen Vorschriften innerhalb der jeweiligen Steuergesetze die u.U. teils unzutreffenden oder jedenfalls unglücklichen Begriffe der „Gesamthand" oder „Gesamthandsvermögen" durchweg zu tilgen und durch weniger problematische (da umfassendere) Termini wie Personengesellschaft und Gesellschaftsvermögen zu substituieren bzw. schlicht die Bezeichnung „Personengesellschaft" an die Seite der Gesamthandsgemeinschaft zu stellen.

Was spricht für, was spricht gegen diese zwar optionalen, jedoch in jedem Fall der Rechtssicherheit dienenden Alternativen von Generalnormen einerseits und Anpassung sämtlicher die Terminologie verwendenden Normen andererseits? Hat der Gesetzgeber überzeugend gehandelt?

I. Minimalinvasiver Akt

Der beschrittene Weg der Schaffung von klarstellenden Generalnormen[967] stellt einen minimalinvasiven Eingriff dar, war an sich also recht schnell erledigt. Nicht nur der besagte Passus in der Gesetzesbegründung zu (ertrag) steuerrechtlichen Konsequenzen wurde zu geltendem Gesetz angehoben, auch das noch kritischer erscheinende Grunderwerbsteuerrecht sowie das Erbschaft- und Schenkungsteuergesetz wurde jeweils bedacht. Dadurch wurde die Furcht vor einer abweichenden Beurteilung der Finanzgerichte grundsätzlich getilgt.

---

[967] Vgl. auch Stellungnahme der Bundessteuerberaterkammer vom 16.12.2020 zum MoPeG-Referentenentwurf, 6 („Gelenknorm"), abrufbar unter https://t1p.de/9zglv.

Hinsichtlich der Frage des bestmöglichen Regelungsstandorts ist der Gesetzgeber beim Ertragsteuerrecht den naheliegendsten Weg gegangen, die entsprechende Klarstellung in der Abgabenordnung anzusiedeln. Es liegt auf der Hand, dass sich § 39 Abs. 2 AO (trotz des insoweit für Mitunternehmerschaften teils spezielleren § 15 Abs. 1 S. 1 Nr. 2 EStG[968]) für dieses Vorhaben eignete. Es überzeugt daher durchaus, die vormalige Nr. 2 lediglich um die Aussage zu ergänzen, dass rechtsfähige Personengesellschaften für Zwecke der Ertragsbesteuerung als Gesamthand und deren Vermögen als Gesamthandsvermögen gelten.

Dieser Ansatz hatte sich zudem schon früh angedeutet. Das Bundesministerium der Finanzen hat Ende Februar 2023 einen nicht offiziell veröffentlichten ersten Diskussionsentwurf für ein Gesetz zur Anpassung der Abgabenordnung und anderer Steuergesetze an die Modernisierung des Personengesellschaftsrechts (MoPeG-Steueranpassungsgesetz) vorgelegt, welches im Wesentlichen gleich dem MoPeG am 01.01.2024 in Kraft treten sollte. Das vorgeschlagene Gesetz enthielt elf Artikel und hatte schwerpunktmäßig die Änderung der Abgabenordnung und der Finanzgerichtsordnung zum Gegenstand. Daneben wurden minimal das Körperschaftsteuergesetz adressiert und zudem kleine Ausbesserungen des Personengesellschaftsmodernisierungsgesetzes selbst vorgenommen, die vor allem auf redaktionellen Missgeschicken bzw. Unrichtigkeiten beruhen. Kernstück des Diskussionsentwurfs war jedoch die Änderung des vormaligen § 39 Abs. 2 Nr. 2 AO, wobei der Vorschlag unverändert übernommen und nun zum geltenden Gesetzeswortlaut erhoben wurde:

> „Wirtschaftsgüter, die mehreren zur gesamten Hand oder einer rechtsfähigen Personengesellschaft zustehen, werden den Beteiligten oder Gesellschaftern anteilig zugerechnet, soweit eine getrennte Zurechnung für die Besteuerung erforderlich ist. Rechtsfähige Personengesellschaften gelten für Zwecke der Ertragsbesteuerung als Gesamthand und deren Vermögen als Gesamthandsvermögen."

Durch die bloß klarstellende Fiktionsregelung[969] verdeutlicht sich die zuletzt im MoPeG-Gesetzgebungsverfahren bekundete Auffassung, das

[968] *Möhlenbrock/Haubner*, FR 2022, 53, 54 (dort Fn 15).

[969] Vgl. zur Deutung und Leseart des bisherigen § 39 Abs. 2 Nr. 2 AO im neuen Recht oben Gliederungspunkt Teil 2. Abschnitt 1. A. II. 2. b) dd).

Ertragsteuerrecht durch die Reform des Personengesellschaftsrechts unangetastet und es insbesondere bei dem Dualismus von Trennungs- und Transparenzprinzip belassen zu wollen.[970]

Das Grunderwerbsteuer- sowie das Erbschaft- und Schenkungsteuerrecht wurde in dem Diskussionsentwurf für ein MoPeG-Steueranpassungsgesetz seinerzeit noch nicht bedacht. Die indessen dann im Gesetzgebungsverfahren zum Wachstumschancengesetz eingebrachten Vorschläge wurden infolge ihrer Auslagerung in das Kreditzweitmarktförderungsgesetz aber doch noch zeitgleich zum 01.01.2024 gesetzlich umgesetzt. Mithin traten die überwiegenden Teile das MoPeG simultan mit den durch das Kreditzweitmarktförderungsgesetz bestimmten parallelen Anpassungen von § 39 Abs. 2 Nr. 2 AO, § 2a ErbStG und § 24 GrEStG in Kraft.

II. Vermeidung unnötigen Aufwands?

Vor dem Hintergrund, dass der Gesetzgeber mit der Schaffung der Generalnormen somit mit geringem Aufwand für Rechtssicherheit sorgen konnte, stellt sich die Frage, ob überhaupt bzw. warum der mühsamere Weg einer vollständigen Abänderung aller Normen, die eine mit den Regelungen des MoPeG undeutliche oder ungünstige Taxonomie aufweisen und deshalb ihre fortwährende Anwendbarkeit zum Teil in Abrede gestellt wurde, hätte in Erwägung gezogen werden sollen.

Denn insbesondere wäre zwingend sicherzustellen gewesen, dass bei einem solchen Bereinigungsakt auch tatsächlich alle Vorschriften erfasst worden wären, diese also auch zuvor erschöpfend ausfindig gemacht und bewertet worden wären. Hätte der Gesetzgeber bei einer Norm unbeabsichtigt keine Anpassung des Wortlauts vorgenommen, wären unmittelbare Auslegungsfragen die Folge gewesen; es hätte dann grundsätzlich viel dafür gesprochen, dass der Gesetzgeber aufgrund des Unterlassens einer Anpassung an den Regelungsgehalt des MoPeG in der jeweiligen betroffenen und unveränderten Norm weiterhin die Gesamthand oder das Gesamthandsvermögen auch tatsächlich hätte adressieren wollen, sodass die rechtsfähigen Personengesellschaften grundsätzlich und anders als zur derzeitigen Rechtslage plötzlich von der unangetasteten Norm nicht mehr erfasst gewesen worden

970 Vgl. Begründung RegE MoPeG 01/2021 (Fn. 20), 114 bzw. Begründung RegE MoPeG 03/2021 (Fn. 21), 107.

wären. Das Beruhigungsargument dahingehend, dass die Finanzgerichte vermutlich wohl eine steuerrechtsautonome Auslegung vornehmen würde, dürfte ins Leere führen, wenn der Gesetzgeber gerade andere Vorschriften des Steuerrechts begrifflich ausgebessert hätte. Freilich dürfte noch Raum bestehen für die am gesellschaftsrechtlichen Gesamthandsprinzip bzw. für die Vorstellung der Personengesellschaft als Gesamthand festhaltende Ansicht und Begriffsdeutung. Ob sich das in der Finanzgerichtsbarkeit durchsetzen würde, ist aber anzuzweifeln.

III. Rechtssicherheit versus Zeitaufwand

Auch wenn daher die erwähnte Hürde einer vollständigen Erfassung aller zu ändernden Vorschriften nicht niedrig scheint, darf nicht vergessen werden, dass sich durchaus auch bei dem vom Gesetzgeber gewählten vor die Klammer gezogenen begrifflichen Leitverständnis rechtliche Schwierigkeiten auftun können.

So führt der vom Gesetzgeber beschrittene Weg dazu, dass jeweils antiquarisch an einer Taxonomie festgehalten wird, ohne dass für ein solches Festhalten eine echte Notwendigkeit besteht. Zudem scheint es auch fragwürdig, trotz der Autonomie des Steuerrechts insoweit durch Nichtänderung des Wortlauts dann Begriffe im Normtext zu belassen, die klassischerweise mit dem Zivilrecht verbunden waren und dann für diese Rechtsdisziplin infolge einer groß angelegten Reform von den Personengesellschaften abgenabelt wurden. Das sorgt nicht nur für unnötige Verwirrung aufgrund der in den isolierten Steuergesetzen weiterhin erfolgenden Verlinkung der Personengesellschaften mit der Gesamthand, sondern stört geradezu die im Gesellschaftsrecht gewollte Besinnung auf das Gesamthandsprinzip als sachenrechtliches Rechtsinstitut und die entsprechende Subsumtion unter den Begriff (nur) der weiterhin anerkannten Gesamthandsgemeinschaften, das heißt der Ehegatten-Gütergemeinschaft und der Erbengemeinschaft (vgl. Gliederungspunkt Teil 1, B. II. 2. b)).

Selbsterklärend sollten bei legislativer Nachbesserung -- andere mit dem MoPeG verbundene Begriffsänderungen angegangen werden. Das ist überzeugend geschehen. So wurde etwa der in § 1 Abs. 1 Nr. 5 KStG a.F. aufgeführte nichtrechtsfähige Verein seit Inkrafttreten des MoPeG als Verein ohne Rechtspersönlichkeit bezeichnet (Art. 1 Nr. 2 MoPeG). Dies adressierte denn auch bereits der vom Bundesministerium der Finanzen vorgelegte

Diskussionsentwurf für ein MoPeG-Steueranpassungsgesetz und wurde die Vorschrift durch das Kreditzweitmarktförderungsgesetz ausgebessert. Nutzt man ein Begleitgesetz aber dazu, entsprechend im Gesetzestext begrifflich nachzuschärfen, so spricht dies eher gegen eine Schaffung von bloßen Generalnormen. Näher liegt ein Rundumschlag, mithin eine vollumfängliche Begutachtung und Anpassung sämtlicher Steuerrechtsvorschriften. Letztlich hätte sich auch hier der Aufwand in Grenzen gehalten. Diesem Weg gebührt deshalb der Vorzug.

Weil indes der Gesetzgeber an der schon im Februar 2023 im vorgelegten Diskussionsentwurf geplanten Lösung durch Änderung des § 39 Abs. 2 Nr. 2 AO und der später vorgeschlagenen Anpassung von § 2a ErbStG und § 24 GrEStG festgehalten hat, mag sich noch die Frage auftun, ob es damit sein Bewenden haben kann. Die Antwort hierauf hängt wiederum vom Betrachtungswinkel ab. Nach hier vertretener Auffassung bedurfte es im Kontext des MoPeG schon gar keines Tätigwerdens des Gesetzgebers auf dem Gebiet des Steuerrechts, da die Reform des Personengesellschaftsrechts zu keinen Änderungen führte. Soweit jedoch vollends für Rechtssicherheit gesorgt werden sollte, so genügte die zunächst nur vorgeschlagene Änderung in der Abgabenordnung nicht. Natürlich hätte man § 39 Abs. 2 Nr. 2 AO n.F. durchaus bemühen können, um auch andere Vorschriften auszulegen oder auf das Gesamthandsvermögen Bezug nehmende Verwaltungsanweisungen weiterhin zur Anwendung zu bringen. Doch weil die Begriffe Gesamthand, Gesamthandsprinzip und Gesamthandsvermögen auch im neuen Recht mit Blick auf die Erben- oder Gütergemeinschaft eine Daseinsberechtigung haben und nicht vollends antiquiert sind, verbliebe außerhalb des Ertragsteuerrechts eine gewisse Rechtsunsicherheit. Diese ist nach hier vertretener Ansicht zwar ebenfalls unbegründet. Möchte man diese aber beseitigen und sicherstellen, dass das MoPeG vor allem auch etwa das Grunderwerbsteuerrecht sowie Erbschaft- und Schenkungsteuerrecht unangetastet lässt, so bedurfte es auch auf diesen Gebieten der Klarstellungen.

Zusammenfassung der gefundenen Ergebnisse und Ausblick

A. Gesellschaftsrecht

Das Gesetz zur Modernisierung des Personengesellschaftsrechts hat sich zum Ziel gesetzt, das geschriebene Recht mit der gelebten Rechtspraxis wieder zu versöhnen. Hierzu wurden über einhundert Gesetze angepasst und insbesondere das Recht der Gesellschaft bürgerlichen Rechts, welches seit deren Schaffung im BGB Niederschlag findet, einer Neuordnung unterzogen. Eine Totalrevision war mit der Reform jedoch nicht verbunden. In vielen Teilen führte das MoPeG nur zu einer Kodifikation dessen, was ohnehin schon durch Richterrecht anerkannt und entsprechend gelebte Praxis war. Dennoch lässt sich sagen, dass das Gesetz, welches vor allem und ganz maßgeblich auf den Mauracher Entwurf zurückgeht, in dogmatischer Hinsicht zu überzeugen vermag.

Die im Rahmen der Abschlusstagung auf Schloss Maurach am Bodensee zusammengetretene Expertenkommission hat in bemerkenswert kurzer Zeit eine Vielzahl von Streitpunkten und Problematiken aufgespürt und zufriedenstellend gelöst. Dem Gesetzgeber wurde es hierdurch im weiteren Gesetzgebungsverfahren leicht gemacht. Durch konstruktive Beiträge und Diskussionen unter großer Beteiligung der Wissenschaft und Praxis wurde der Mauracher Entwurf entsprechend weiter nuanciert, ehe die getroffenen Regelungen in Form des MoPeG nahezu ausnahmslos 2024 in Kraft getreten sind.

Ein Kernanliegen des Mantelgesetzes war es, die seit über 20 Jahren durch die BGH-Entscheidung ARGE Weißes Ross anerkannte Rechtsfähigkeit der GbR ins Gesetz zu überführen. Der seit Schaffung des BGB weitgehend unveränderte Normenbestand der §§ 705 ff. BGB a.F. gab diese Rechtsfähigkeit nämlich bestenfalls unbefriedigend wieder. Eng mit der Rechtsfähigkeit verbunden ist die Problematik einer widerspruchsfreien Zuordnung des Gesellschaftsvermögens.

Mit den Personengesellschaften und insbesondere mit der GbR als deren Urform wurde seit jeher die Geltung des Gesamthandsprinzips in Verbindung gebracht. Das Gesamthandsprinzip fand seine normative Grundlage vor allem in §§ 718, 719 und 738 BGB a.F. Nach der tradierten Vorstellung und Interpretation sollten die Geltung des Gesamthandsprinzips und die vorgenannten Normen eine Vermögensträgerschaft der Gesellschafter in ihrer gesamthänderischen Verbundenheit begründen. Diese Auffassung hat sich seit den 1970er Jahren durch die Arbeiten von *Werner Flume* auf dem Rückzug befunden.

Mit der erwähnten Entscheidung ARGE Weißes Ross hat der II. Zivilsenat des BGH sodann die Rechtsfähigkeit der BGB-Außengesellschaft und insbesondere unisono mit *Johannes Wertenbruch* auch ihre Parteifähigkeit anerkannt. Dieses Urteil führte unweigerlich dazu, dass auch das Gesellschaftsvermögen unmittelbar der Gesellschaft als solcher zugeordnet wurde; die jeweiligen Gesellschafter hatten also keinerlei dingliche Berechtigung an dem Vermögen. Die drei eingangs des vorherigen Absatzes genannten Normen, die das Gesamthandsprinzip charakterisieren sollten, waren seither weitestgehend funktionslos und bedurften im alten Recht einer anderen, das heißt vom eigentlichen Wortsinn abweichenden Lesart. Dennoch aber blieben sie bis zum Inkrafttreten des MoPeG unverändert fortbestehen, ließen also weiterhin Raum für verschiedene Deutungen in Bezug auf die richtige Vermögenszuordnung bei den Personengesellschaften, vor allem aber für ein divergierendes Verständnis von dem Terminus bzw. Charakteristikum Gesamthand.

Der Gesetzgeber hatte sich mit dem MoPeG nun dazu entschieden, diese Normen aufzugeben (§§ 718, 719 BGB a.F.) bzw. zu modifizieren (§ 738 BGB a.F.) und neben der Festschreibung der Rechtsfähigkeit auch die Vermögenszuordnung zur Gesellschaft unmittelbar zu regeln. Mit den Vorschriften wollte er das Gesamthandsprinzip aufgeben. Weil diese Vermögenszuordnung zur Gesellschaft im alten Recht zwingend war, war die Gesetzesbegründung zur Verabschiedung des Gesamthandsprinzips insofern gut nachvollziehbar und auch überzeugend und wirkte die gesetzgeberische

Entscheidung letztlich geboten. Der Begriff der Gesamthand bzw. derjenige des Gesamthandsprinzips unterliegt bereits zivilrechtlich keinen unzweifelhaften Merkmalen und war deswegen ohnehin nur unscharf konturiert. Der Grund dafür, dass die erklärte Loslösung vom Gesamthandsprinzip dennoch für gewisse Aufruhr im Gesellschaftsrecht gesorgt hatte, liegt an eben der Ambiguität des Begriffs. Sofern man der Auffassung ist, dass mit dem Gesamthandsprinzip weitere, über das Element der Vermögenszuordnung hinausgehende Charakteristika einhergehen, also der Begriff geradezu als ein Oberbegriff verwendet wird, wird man konstatieren müssen, dass die GbR und die übrigen Personengesellschaften auch heute noch Gesamthandsgesellschaften sind bzw. durch das Gesamthandsprinzip gekennzeichnet werden. Denn viele der traditionell mit diesem Rechtsprinzip verbundenen Merkmale, etwa die Selbstorganschaft, der Grundsatz der persönlichen Haftung, das Verbot des Erwerbs eigener Anteile oder das Verbot der Ein-Personen-Personengesellschaft, wurden vom Gesetzgeber beibehalten bzw. teilweise auch erstmals ausdrücklich kodifiziert.

Man könnte deshalb also der Auffassung sein, dass das gesellschaftsrechtliche Gesamthandsprinzip weiter fortbesteht und sich nur des vermögensrechtlichen Elements entledigt hätte. Überzeugend ist das allerdings nicht. Die beispielhaft genannten Merkmale können vom Gesetzgeber als jeweilige Wertentscheidungen verstanden werden oder direkt auf das Element des konstitutiven Schuldverhältnisses zwischen den Gesellschaftern gestützt werden, ein zusätzlicher Oberbegriff „Gesamthand“ ist aufgrund der bereits vorhandenen Terminologie der (rechtsfähigen) Personengesellschaft obsolet. Im Ergebnis scheint es auch mangels tatsächlicher Vorteile dieser an der tradierten Sichtweise orientierten Betrachtung überzeugender, wenn man den Wunsch der Legislative annimmt und sich von der Vorstellung einer gesamthänderisch gebundenen BGB-Außengesellschaft bzw. der gesellschaftsrechtlichen Gesamthand verabschiedet.

Weil der Gesetzgeber mit dem MoPeG in der Sache eher wenig änderte und eben die allermeisten bekannten Strukturmerkmale beibehielt, erfuhr die jetzige Personengesellschaft infolge der Reform auch keine Wesensänderung, sondern wurden ihre Charakteristika teilweise höchstens dogmatisch auf eine andere Grundlage gestellt. Die materiellrechtliche Beständigkeit führt deshalb dazu, dass die herkömmliche Dichotomie von rechtsfähiger Personengesellschaft (nicht bzw. nicht mehr: Gesamthand) und juristischer Person heute weiterhin überzeugt und an ihr festzuhalten ist. Seit Inkrafttreten des MoPeG unterscheidet sich die rechtsfähige Personengesellschaft weiterhin wesentlich von der juristischen Person, weil sie wie bisher entscheidend von ihren Gesellschaftern geprägt und von ihnen abhängig ist, folglich nicht wie eine juristische Person nach innen verselbstständigt ist. Der GbR und den auf sie aufbauenden Gesellschaftsformen kommt auch im neuen Recht keine Rechtspersönlichkeit zu.

B. Steuerrecht

Mit dem Personengesellschaftsmodernisierungsgesetz stellt sich die Frage, ob die zivilrechtlichen Anpassungen auch steuerrechtliche Wirkungen haben. Unter den zahlreichen Vorschriften, die durch dieses Mantelgesetz geändert wurden, findet sich keine steuerrechtliche Vorschrift. Gleichwohl wurde das Bundesministerium für Finanzen beteiligt und heißt es in der Gesetzesbegründung zum MoPeG zumindest, dass ertragsteuerliche Wirkungen nicht beabsichtigt seien. Da jedoch einige Normen dieser Rechtsdisziplin an die Gesamthand bzw. ein Gesamthandsvermögen anknüpfen, dauerte es nicht lange, bis einige Stimmen in der Wissenschaft Bedenken und Besorgnis kundtaten und insbesondere das System der bestehenden Unternehmensbesteuerung gefährdet sahen. Entgegen dieser Auffassungen blieb die ertragsteuerliche Behandlung der Personengesellschaft sowie auch das Grunderwerbsteuerrecht und das Erbschaft- und Schenkungsteuerrecht durch das MoPeG als solches jedoch unverändert. Automatische bzw. zwingende Umstellungen wären auch dann nicht eingetreten, wenn der Gesetzgeber auf dem Gebiet des Steuerrechts vollständig untätig geblieben wäre. Die später erfolgten klarstellenden Gesetzesänderungen wirken daher in erster Linie deklaratorisch und dienen der Rechtssicherheit.

In Bezug auf den herkömmlichen Dualismus der ertragsteuerrechtlichen Behandlung der Kapitalgesellschaften als Körperschaften nach dem Trennungsprinzip und der Personengesellschaften nach dem Transparenzprinzip ist der Gesetzgeber auch nach der Reform des Personengesellschaftsrechts noch immer frei darin, mangels verfassungsrechtlichen Gebotes einer rechtsformneutralen Besteuerung ertragsteuerrechtlich formal an die Rechtsform anzuknüpfen.

Zwar eignet sich das das MoPeG flankierende KöMoG schon aufgrund größerer Zweifel an dessen Verfassungsmäßigkeit nicht, die fehlende Rechtsformneutralität auszugleichen, doch rechtfertigen die beibehaltenen Strukturmerkmale der Personengesellschaft es weiterhin, ertragsteuerrechtlich durch die Personengesellschaft „hindurchzublicken“ und das Transparenzprinzip zur Anwendung zu bringen.

Einfachgesetzlich kommt es dabei unabhängig von der Frage der Aufrechterhaltung der gesellschaftsrechtlichen Dichotomie von Gesamthand bzw. rechtsfähiger Personengesellschaft und juristischer Person schon deshalb zu keinen Änderungen, weil das Steuerrecht das Transparenzprinzip autonom zum Ausdruck bringt und auch ein eigenständiges Verständnis von der Gesamthand entwickelt hat, sich also vom Zivilrecht entkoppelt hat. Ein etwaiger Vorrang der zivilrechtlichen Rechtsordnung ist abzulehnen.

Auch in verfassungsrechtlicher Sicht bleibt es möglich, am bewährten System festzuhalten. Die prominenten Entscheidungen des Bundesverfassungsgerichts zur verfassungsrechtlichen Rechtfertigung aus 2006 bzw. 2017, die im Rahmen der Reformüberlegungen für eine andere, kritische Beurteilung der vorgenannten These herangezogen werden, nennen als Begründung zur Verfassungsmäßigkeit zwar kurzerhand das Gesamthandsprinzip, da sie vor allem auf die Vermögensabschirmung rekurrieren. Sie stellen jedoch letztlich ebenfalls auf die dahinterstehenden Strukturmerkmale der Personengesellschaft und deren Unterschiede zur juristischen Person ab. Eben diese bleiben aber, wie beschrieben, erhalten.

Auch im Hinblick auf weitere ertragsteuerrechtliche Vorschriften wie § 6 Abs. 5 S. 3 EStG, § 6b Abs. 10 S. 10 EStG, § 7g Abs. 7 S. 2 EStG oder § 44b Abs. 7 S. 1 EStG kommt es infolge des MoPeG zu keinen Veränderungen. Diese sprechen begrifflich zwar von der „Gesamthand“ bzw. von einem „Gesamthandsvermögen“, doch haben diese Ausdrücke in den Normen jeweils den Zweck, insoweit als Abgrenzung zu dienen. Sie können ohne Weiteres durch „(rechtsfähige) „Personengesellschaft“) bzw. „Gesellschaftsvermögen“ ersetzt werden, wobei dies auch angesichts des gesetzgeberischen Motivs bereits durch eine Auslegung erfolgen kann. Das gilt auch für die Bruchteilsfiktion gemäß der allgemeinen und wichtigen Vorschrift § 39 Abs. 2 Nr. 2 AO a.F., und zwar schon aufgrund der dort niedergelegten wirtschaftlichen Betrachtungsweise. Die zum 01.01.2024 erfolgte Ergänzung des alten

§ 39 Abs. 2 Nr. 2 AO, wonach nun rechtsfähige Personengesellschaften für Zwecke der Ertragsbesteuerung als Gesamthand und deren Vermögen als Gesamthandsvermögen gelten, bestätigt und verankert einfachgesetzlich schlicht die zuvor bereits tragfähige Auslegung.

Schließlich ergaben sich auch im Hinblick auf das Grunderwerbsteuerrecht und das Erbschaft- bzw. Schenkungsteuerrecht keine unmittelbaren Folgewirken und bleiben die geltenden Regelungen und Besteuerungsprinzipien weiterhin anwendbar.

Für das Grunderwerbsteuerrecht wurden zwar gerade für die Vergünstigungsschriften der §§ 5 und 6 GrEStG entsprechende Gefahren gesehen. Das ist zwar nachvollziehbar, jedoch unbegründet, sofern man, was vorzugswürdig scheint, entscheidend auf die bereits in der historischen Gesetzesbegründung zum Ausdruck kommende wirtschaftliche Betrachtungsweise abstellt, die das Wesen der spezifischen Transparenzvorschriften entscheidend prägt. Die Normen korrigierten also bereits im alten Recht eine zivilrechtliche Folgerung und vermögen dies dann auch weiterhin im nun reformierten Personengesellschaftsrecht. Bleiben die §§ 5 und 6 GrEStG mithin anwendbar, so ist gleichwohl in rechtspolitischer Hinsicht die Frage virulent, ob insoweit nicht auch eine Einbeziehung der Kapitalgesellschaften geboten ist, das geltende System und die Anwendbarkeit der Nichterhebungsvorschriften vor diesem Hintergrund also letztlich dennoch einer Änderung zugeführt werden.

Das Erbschaft- und Schenkungsteuerrecht war schon zuvor von dem Zivilrecht entkoppelt, folgt also schon im alten Recht nicht der Dogmatik des zivilrechtlichen Schenkungsrechts. Vielmehr bestand trotz der seit über 20 Jahre höchstrichterlich anerkannten Rechtsfähigkeit der Außengesellschaft und der Folge der Bejahung ihrer möglichen Qualifikation als Schenker bzw. Erwerber eine steuerrechtliche Transparenz. Diese Transparenz, an der das MoPeG letztlich nicht rüttelt, sichert auch im neuen Recht die Anwendbarkeit der Rechtsgrundsätze bei disquotalen Einlagen und zwingt die Reform daher jedenfalls in diesem Zusammenhang nicht ohne Weiteres dazu, dass die Kapitalgesellschaften den Personengesellschaften gleichzustellen sind. Soweit der Bundesfinanzhof erst vor kurzem seine Auffassung in Bezug auf die dingliche Berechtigung der Gesamthänder aufgegeben hat, begründet auch das aufgrund des weitgehend unveränderten Wesens der Personengesellschaft nicht zwingend das Gebot eines rechtspolitischen Umdenkens, darf auf dem Gebiet des Erbschaft- und Schenkungsteuerrechts also weiterhin eine eigenständige steuerrechtliche Prüfung erfolgen. Auch die dogmatische Diskussionsgrundlage für die Vorschriften §§ 13 und 13b ErbStG hat sich nicht wesentlich verändert, finden die Vorschriften in den diskutierten Anwendungsfällen richtigerweise also weiterhin Anwendung.

Im Ergebnis bedeutet das, dass auf dem Gebiet des Steuerrechts eine gesetzliche Klarstellung mittels einer Art Reparaturgesetz nicht zwingend erforderlich war. Gleichwohl schadet es auf der anderen Seite keineswegs, dass der Gesetzgeber im Einklang mit vielen Stimmen der Literatur doch noch aktiv wurde und eine Klarstellung vornahm. Dadurch wurde die nicht gänzlich zu nivellierende, wenngleich nach hier vertretener Auffassung aber doch überschaubare Rechtsunsicherheit beseitigt.

Die in der Gesetzesbegründung des MoPeG geäußerte Intention der Beibehaltung der geltenden Steuergrundsätze wurde durch eine Anpassung von § 39 Abs. 2 AO a.F. als Scharniernorm vorgenommen. Im Wege eines minimalinvasiven Ansatzes wurde die Autonomie des Steuerrechts in Bezug auf die tradierte Begriffstaxonomie hervorgehoben, indem gesetzlich verankert wurde, dass die Begriffe „Gesamthand“ bzw. „Gesamthandsvermögen“ als „Gesellschaft“ bzw. „Gesellschaftsvermögen“ zu lesen sind, dass also die Personengesellschaft weiter unter die entsprechenden Vorschriften fällt. Diese Fiktionsregelung entstammte dem bereits Ende Februar 2023 vom Bundesministerium der Finanzen vorgelegten ersten Diskussionsentwurf für ein MoPeG-Steueranpassungsgesetz Weitergehende Ausführungen, etwa im Hinblick auf das Grunderwerbsteuerrecht oder das Erbschaft- und Schenkungsteuerrecht, enthielt der Diskussionsentwurf hingegen nicht, obwohl er mit seinen insgesamt elf Artikeln durchaus auch andere Reformfolgen umsetzt und sogar redaktionelle Anpassungen des MoPeG selbst vorsah. Mit dem Kreditzweitmarktförderungsgesetz ist der Gesetzgeber sodann darüber hinausgegangen und hat korrespondierende Fiktionen für das Erbschaft- und Schenkungsteuerrecht sowie – im Hinblick auf ohnehin laufende Reformüberlegungen bewusst nur für drei Jahre befristet – für das Grunderwerbsteuerrecht eingefügt.

Der vom Gesetzgeber gewählte Weg überzeugt jedoch trotz minimalen Aufwands angesichts nicht gegebener Notwendigkeit einer dogmatischen Verkomplizierung nicht. Sinnvoller war und erscheint es weiterhin, sich zugunsten der Rechtssicherheit und -klarheit die ebenfalls im Aufwand beschränkte Mühe zu machen und sämtliche explizit die Gesamthand bzw. das Gesamthandsvermögen thematisierenden bzw. tatbestandlich voraussetzenden Vorschriften zu ändern, also die Begriffe entweder im Gesetzestext ersetzend zu tilgen beziehungsweise sie – wo erforderlich – unter Beibehaltung der Termini durch den Zusatz „oder Personengesellschaft“ bzw. „oder Gesellschaftsvermögen einer Personengesellschaft“ zu ergänzen und so die Beibehaltung des jeweiligen Regelungsgehalts sicherzustellen. Für diese Aufgabe hätte der Gesetzgeber mit Blick auf das um ein Jahr verschobene Datum des überwiegenden Inkrafttretens des MoPeG erst 2024 eigentlich ausreichend Zeit gehabt, doch ist ihm die nachträgliche Reaktion natürlich ebenso anheimgestellt wie auch auf der Hand liegt, dass dies den sich ohnehin intensivierenden Diskurs um die Zukunft des Unternehmensteuerrechts trotzdem nicht zur Ruhe bringen wird.

Literaturverzeichnis

Adrian, Gerrit/Fey, Julian	Gesetz zur Modernisierung des Körperschaftsteuerrechts – Der Gesetzentwurf im Überblick, StuB 2021, S. 309–316
Altmeppen, Holger	Persönliche Haftung der Gesellschafter einer „GbR mbH" – Anmerkung zu BGH, Urt. v. 27.09.1999 – II ZR 371/98, ZIP 1999, S. 1758–1760
Altmeppen, Holger	Kritischer Zwischenruf zum „Mauracher Entwurf", NZG 2020, S. 822–823
Altmeppen, Holger	Mängel und Widersprüche des Regierungsentwurfs zum MoPeG am Beispiel des Ausschlusses eines Gesellschafters und der Entziehung der Geschäftsführungsbefugnis, ZIP 2021, S. 213–219
Altmeppen, Holger	Gesetz betreffend die Gesellschaften mit beschränkter Haftung: GmbHG-Kommentar, begr. v. Günther H. Roth, 11. Aufl., München 2023 (zitiert: *Bearbeiter*, in: Altmeppen-GmbHG)
Arbeitskreis Bilanzrecht Hochschullehrer Rechtswissenschaft	Die geplante Reform des Personengesellschaftsrechts: Gesellschaftsrechtliche Grundfragen und steuerliche Implikationen, ZIP 2021, Beilage zu Heft 2, S. 3–26

Armbrüster, Christian	Die Entwicklung der Rechtsfähigkeit der GbR seit „ARGE Weißes Ross“, ZGR 2013, S. 336–391
Bachem, Eberhard	Das Ende des Gesamthandsprinzips durch das MoPeG und die Auswirkungen im Steuerrecht, DStR 2022, S. 725–729
Bachmann, Gregor	Was ist eine „rechtsfähige Personengesellschaft“? – Ein Rätsel und seine Lösung, in: Festschrift für Karsten Schmidt zum 80. Geburtstag – Band I, hrsg. v. Katharina Boele-Woelki, Florian Faust, Matthias Jacobs, Thilo Kuntz, Anne Röthel, Karsten Thorn und Birgit Weitemeyer, München 2019, S. 49–64 (zitiert: *Bachmann*, in: FS K. Schmidt)
Bachmann, Gregor	Zum Entwurf eines Gesetzes zur Modernisierung des Personengesellschaftsrechts (MoPeG), NZG 2020, S. 612–619
Bachmann, Gregor	Das Gesetz zur Modernisierung des Personengesellschaftsrechts, NJW 2021, S. 3073–3078
Bachmann, Gregor	Die folgenlose Beseitigung der rechtsfähigen Gesamthand durch das MoPeG, FR 2022, S. 709–712
Bachmayer, Christian	Die BGH-Rechtsprechung zur Rechtsfähigkeit der GbR – ein Irrweg Weshalb und Wie der Gesetzgeber korrigierend eingreifen sollte, BWNotZ 2009, S. 122–143
Bachmayer, Christian	Abschied von der Gesamthand im Gesellschaftsrecht? – Mögliche Konsequenzen aus der BGH-Rechtsprechung zur Rechtsfähigkeit der GbR, NotBZ 2010, S. 161–172

Bälz, Ulrich Organisationsvertrag und Gesamthand – Zur Abgrenzung von Außen- und Innengesellschaften, in: Festschrift für Wolfgang Zöllner zum 70. Geburtstag, Band 1, hrsg. v. Manfred Lieb, Ulrich Noack und Harm Peter Westermann, Köln u.a. 1998, S. 35–64 (zitiert: *Bälz*, in: FS Zöllner)

Bareis, Peter/Siegel, Theodor Probleme des Einkommensteuer-Vorschlags der Stiftung Marktwirtschaft, DB 2006, S. 748–752

Bary, Christiane von Die Einpersonengesamthand, AcP 220 (2020), S. 343–376

Beck-online. GROSSKOMMENTAR BGB Hrsg. v. Beate Gsell, Wolfgang Krüger, Stephan Lorenz, Christoph Reymann, München 2023 (zitiert: *Bearbeiter*, in: BeckOGK BGB)

Beck-online. GROSSKOMMENTAR HGB Hrsg. v. Martin Henssler, Carsten Herresthal, Marian Paschke, München 2023 (zitiert: *Bearbeiter*, in: BeckOGK HGB)

Beck'scher Online-Kommentar BGB Hrsg. v. Wolfgang Hau, Roman Poseck, 65. Edition, München 2023 (zitiert: *Bearbeiter*, in: BeckOK BGB)

Beck'scher Online-Kommentar EStG Hrsg. v. Gregor Kirchhof, Egmont Kulosa, Eckart Ratschow, 15. Edition, München 2023 (zitiert: *Bearbeiter*, in: BeckOK EStG)

Beck'sches Steuerberater-Handbuch 2021/2022 Hrsg. v. Jürgen Pelka, Karl Petersen, 18. Aufl., München 2021 (zitiert: *Bearbeiter*, in: Beck'sches StB-Handbuch 2021/22)

Behrens, Stefan/Seemaier/Marcel Aufgabe der Pro-Kopf-Betrachtung bei der Anteilsvereinigung iSv § 1 Abs. 3 GrEStG, DStR 2021, S. 644–650

Behrens, Stefan/Seemaier/Marcel Änderung der §§ 5, 6 Abs. 3 GrEStG durch das KöMoG und das StAbwG, DStR 2021, S. 1673–1679

Behrens, Stefan/Wachter, Thomas	GrEStG Kommentar, 2. Aufl., Köln 2022 (zitiert: *Bearbeiter*, in: Behrens/Wachter)
Bergmann, Alfred	Der Mauracher Gesetzentwurf der Expertenkommission für die Modernisierung des Personengesellschaftsrechts, DB 2020, S. 994–998
Bergmann, Andreas	Die fremdorganschaftlich verfasste, offene Handelsgesellschaft, Kommanditgesellschaft und BGB-Gesellschaft als Problem des allgemeinen Verbandsrechts – Ein Beitrag zur Überwindung des Dualismus von Personengesellschaften und Körperschaften, Berlin 2002 (zitiert: *A. Bergmann*, Die fremdorganschaftlich verfasste offene Handelsgesellschaft)
Bestelmeyer, Horst	Die erwerbende GbR im Grundstücksrecht: Ein Machtwort des BGH contra legem?, ZIP 2011, S. 1389–1399
Beuthien, Volker	Systemfragen des Handelsrechts – Gibt es Personenvorgesellschaften? – Ausschließlich Kaufleute kraft Eintragung? – OHG und KG als juristische Personen? – Besonderer Gesamthandbegriff) im Gesellschaftsrecht?, in: Festgabe Zivilrechtslehrer 1934/1935, hrsg. v. Walther Hadding, Berlin u.a. 1999, S. 39–58 (zitiert: *Beuthien*, in: FG Zivilrechtslehrer 1934/1935)
Beuthien, Volker	Zur Begriffsverwirrung im deutschen Gesellschaftsrecht, JZ 2003, S. 715–722
Beuthien, Volker	Zur Systemvergessenheit im deutschen Gesellschaftsrecht, JZ 2003, S. 969–978
Beuthien, Volker	Zur Grundlagenungewissheit des deutschen Gesellschaftsrechts, NJW 2005, S. 855–860

Beuthien, Volker Ist die Innengesellschaft nicht rechtsfähig?, NZG 2011, S. 161–165

Beuthien, Volker Was hat die „rechtsfähige Personengesellschaft“ Neues gebracht? – Zur Entzauberung der Gruppenlehre, NZG 2011, S. 481–520

Beuthien, Volker Setzt die Rechtsfähigkeit der GbR besondere Organisationselemente voraus? – Vergleich mit der juristischen Person, ZIP 2011, S. 1589–1595

Beuthien, Volker Darf die Innengesellschaft kein Vermögen bilden?, NZG 2017, S. 201–205

Beuthien, Volker Gibt es doch noch die herkömmliche GbR, noch dazu auf vielerlei Art? – Zum Verhältnis von Gesamthand, Bruchteilsgemeinschaft und Rechtsfähigkeit, NZG 2019, S. 41–45

Beuthien, Volker Die Gesamthand – was ist das eigentlich? – Die kühle Antwort des BGB, ZGR 2019, S. 664–701

Beuthien, Volker/Ernst, Astrid Die Gesellschaft bürgerlichen Rechts als Mitglied einer eingetragenen Genossenschaft, ZHR 156 (1992), S. 227–247

Bippus, Birgit Elsa Raus aus der Einkommensteuer, rein in die Körperschaftsteuer – Chancen und Risiken des körperschaftsteuerrechtlichen Optionsmodells für Einzel- und Mitunternehmer, DStZ 2000, S. 541–551

Birk, Dieter Steuergerechtigkeit und Transfergerechtigkeit – Zum Problem der Einwirkungen der Transferleistungen auf die gerechte Steuerverteilung, ZRP 1979, S. 221–227

Birk, Dieter — Das Leistungsfähigkeitsprinzip als Maßstab der Steuernormen – ein Beitrag zu den Grundfragen des Verhältnisses Steuerrecht und Verfassungsrecht, Köln 1983 (zitiert: *Birk*, Leistungsfähigkeitsprinzip als Maßstab der Steuernormen)

Birk, Dieter — Das Leistungsfähigkeitsprinzip in der Unternehmenssteuerreform, StuW 2000, S. 328–336

Birk, Dieter — Verfassungsfragen im Steuerrecht – Eine Zwischenbilanz nach den jüngsten Entscheidungen des BFH und des BVerfG, DStR 2009, S. 877–882

Birk, Dieter/Desens, Marc/Tappe, Henning — Steuerrecht, 25. Aufl., Heidelberg 2022 (zitiert: *Birk/Desens/Tappe*, SteuerR)

Bitter, Georg — Karsten Schmidt – Landschaftsbildner des Rechts, in: Deutschsprachige Zivilrechtslehrer des 20. Jahrhunderts in Berichten ihrer Schüler – Eine Ideengeschichte in Einzeldarstellungen – Band 2, hrsg. v. Stefan Grundmann und Karl Riesenhuber, Berlin u.a. 2011, S. 161–184 (zitiert: *Bitter*, in: Deutschsprachige Zivilrechtslehrer des 20. Jahrhunderts)

Bitter, Georg/Heim, Sebastian — Gesellschaftsrecht, 6. Aufl., München 2022 (zitiert: *Bitter/Heim*, GesR)

Bochmann, Christian/Bron, Jan — Die nächste Stufe der Modernisierung des Personengesellschaftsrechts: Vom MoPeG zum KöMoG, NZG 2021, S. 613–620

Boles, Ernest P/Walz, Rainer W — Kriterien der Körperschaftsteuersubjektivität im Vergleich von deutschem und US-amerikanischem Recht, GmbHR 1986, S. 435–442

Bordewin, Arno (Begr.)/ *Brandt/Jürgen* (Fortf.)/ *Bode, Walter* — Einkommensteuergesetz – Kommentar, 450. Lieferung, Heidelberg 2022 (zitiert: *Bearbeiter*, in: Bordewin/Brandt)

Bott, Harald/Walter, Wolfgang — Körperschaftsteuergesetz, 165. Lieferung, Bonn 2022 (zitiert: *Bearbeiter*, in: Bott/Walter)

Boujong, Karlheinz/ Ebenroth, Carsten Thomas/ Joost, Detlev (Begr.) — Handelsgesetzbuch – Band 1: §§ 1–342e, hrsg. v. Detlev Joost, Lutz Strohn, 4. Aufl., München 2020 (zitiert: *Bearbeiter*, in: EBJS HGB)

Brand, Christian — Untreue und Bankrott in der KG und GmbH & Co KG – Zugleich ein Beitrag zum Gesamthandsprinzip, Berlin 2010 (zitiert: *Brand*, Untreue und Bankrott)

Brandenberg, Hermann Bernwart — Personengesellschaftsbesteuerung nach dem Unternehmensteuerfortentwicklungsgesetz, DStZ 2002, 511–518

Brandenberg, Hermann Bernwart — Besteuerung der Personengesellschaften – unpraktikabel und realitätsfremd? – Plädoyer für die Beibehaltung der Rechtslage, FR 2010, S. 731–736

Breinersdorfer, Stefan — Abzugsverbote und objektives Nettoprinzip – Neue Tendenzen in der verfassungsgerichtlichen Kontrolle des Gesetzgebers, DStR 2010, S. 2492–2497

Britz, Gabriele — Der allgemeine Gleichheitssatz in der Rechtsprechung des BVerfG – Anforderungen an die Rechtfertigung von Ungleichbehandlungen durch Gesetz, NJW 2014, S. 346–351

Brönner, Herbert — Die Besteuerung der Gesellschaften, des Gesellschafterwechsels und der Umwandlungen, 18. Aufl., Stutgart 2007 (zitiert: *Brönner*, Besteuerung der Gesellschaften)

Brühl, Manuel/Weiss, Martin	„Check the box" from good old Germany – Die Option zur Besteuerung als Körperschaft nach dem Entwurf des KöMoG, DStR 2021, S. 889–897
Brühl, Manuel/Weiss, Martin	Keine Besteuerungsschaukel! – Die Rückoption zur transparenten –Besteuerung nach dem Entwurf des KöMoG, DStR 2021, S. 945–954
Brühl, Manuel/Weiss, Martin	Die Option zur Körperschaftsbesteuerung nach der endgültigen Fassung des KöMoG, DStR 2021, S. 1617–1623
Canaris, Claus-Wilhelm	Die Übertragung des Regelungsmodells der §§ 125–130 HGB auf die Gesellschaft bürgerlichen Rechts als unzulässige Rechtsfortbildung contra legem, ZGR 2004, S. 69–125
Claußen, Ramona/Pieronczyk, Marc-Christian	Das Beschlussmängelrecht in der eingetragenen Gesellschaft bürgerlichen Rechts – Ein Plädoyer für die Erstreckung des Anfechtungsmodells auf die „eGbR", NZG 2021, S. 620–628
Cordes, Albrecht	Die Gesellschaft bürgerlichen Rechts auf dem Weg zur juristischen Person?, JZ 53 (1998), S. 545–552
Cordes, Martin/Glatthar, Marc	Update Thesaurierungsbegünstigung (§ 34a EStG) und Option zur Körperschaftsteuer nach Verabschiedung des Wachstumschancengesetzes, FR 2024, S. 401–405
Das Recht der OHG	Kommentierung der §§ 105 bis 160 HGB, hrsg. v. Mathias Habersack, Carsten Schäfer, 2. Aufl., Berlin 2019 (zitiert: *Bearbeiter*, in: Recht der OHG)

Dauner-Lieb, Barbara Das Ende der BGB-Gesellschaft mit beschränkter Haftung – was nun?, DStR 1999, S. 1992–1998

Dauner-Lieb, Barbara Ein neues Fundament für die BGB-Gesellschaft, DStR 2001, S. 356–361

Denga, Michael Zur Definition der Außen-GbR, ZfPW 2021, S. 73–104

Derleder, Peter Die Aufgabe der monistischen Struktur der Gesellschaft bürgerlichen Rechts durch Verleihung der Rechtsfähigkeit, BB 2001, S. 2485–2493

Desens, Marc Die Verwirklichung des Leistungsfähigkeitsprinzips als Maßstab der Steuernormen in der Rechtsprechung des BVerfG, StuW 2016, S. 240–255

Desens, Marc Was wird aus der Grunderwerbsteuer, wenn die Personengesellschaft keine Gesamthand mehr ist? Zur unionsrechts- und verfassungskonformen Verhinderung unerwünschter MoPeG-Folgewirkungen bei §§ 5, 6, 7 Abs 2 und 3 GrEStG, GmbHR 2023, S. 772–785

Dieckmann, Andreas Gesamthand und juristische Person, Tübingen 2019 (zitiert: *Dieckmann*, Gesamthand und juristische Person)

Ditz, Xaver/Kausch, Alina/Leucht, Nils Wesentliche Änderungen durch das Wachstumschancengesetz, DB 2024, S.1230–1235

Dötsch, Franz Mitunternehmer und Mitunternehmerschaft, in: Die Personengesellschaft im Steuerrecht – Gedächtnissymposion für Brigitte Knobbe-Keuk, hrsg. v. Franz Dötsch, Andreas Herlinghaus, Rainer Hüttemann, Jürgen Lüdicke und Wolfgang Schön, Köln 2012, S. 7–38 (zitiert: *Dötsch*, in: GS Knobbe-Keuk)

Drescher, Ingo — Beschlussmängelrecht, in: ZGR Sonderheft 23: Modernisierung des Personengesellschaftsrechts – Der Mauracher Entwurf in der Fachdiskussion 2021, S. 115–136

Drüen, Klaus-Dieter — Rechtsformneutralität der Unternehmensbesteuerung als verfassungsrechtlicher Imperativ?, GmbHR 2008, S. 393–403

Drüen, Klaus-Dieter — Das Unternehmenssteuerrecht unter verfassungsgerichtlicher Kontrolle – Zur Gestaltungsfreiheit des Steuergesetzgebers zwischen Folgerichtigkeit und Systemwechsel, Ubg 2009, S. 23–29

Drüen, Klaus-Dieter — Entwicklungslinien und Zukunftsfragen des Unternehmenssteuerrechts, in: 100 Jahre Steuerrechtsprechung in Deutschland 1918–2018 – Festschrift für den Bundesfinanzhof: Band 1, hrsg. v. Klaus-Dieter Drüen, Johanna Hey und Rudolf Mellinghoff, Köln 2018, S. 1317–1348 (zitiert: *Drüen*, in: FS BFH)

Drüen, Klaus-Dieter — Verfassungsfragen bei der Reform der Grunderwerbsteuer, Ubg 2019, S. 65–84

Eckhoff, Rolf — Rechtsanwendungsgleichheit im Steuerrecht – Die Verantwortung des Gesetzgebers für einen gleichmäßigen Vollzug des Einkommensteuerrechts, Köln 1999 (zitiert: *Eckhoff*, Rechtsanwendungsgleichheit)

Eckhoff, Rolf — „Steuergerechtigkeit“ als verfassungsrechtliches und als steuerpolitisches Argument, StuW 2016, S. 207–225

Ehlers, Dirk — Die Lehre von der Teilrechtsfähigkeit juristischer Personen des öffentlichen Rechts und die Ultra-vires-Doktrin des öffentlichen Rechts, in: Münsterische Beiträge zur Rechtswissenschaft, Band 130, hrsg. v. Hans-Uwe Erichsen, Helmut Kollhosser und Jürgen Welp, Berlin 2000, S. (zitiert: *Ehlers*, in: Münsterische Beiträge zur Rechtswissenschaft, Band 130)

Eichberger, Michael — Der Gleichheitssatz im Steuerrecht, in: 100 Jahre Steuerrechtsprechung in Deutschland 1918–2018 – Festschrift für den Bundesfinanzhof: Band 1, hrsg. v. Klaus-Dieter Drüen, Johanna Hey und Rudolf Mellinghoff, Köln 2018, S. 501–518 (zitiert: *Eichberger*, in: FS BFH)

Eisenhardt, Ulrich/ Wackerbarth, Ulrich — Gesellschaftsrecht II – Recht der Kapitalgesellschaften – Mit Bezügen zum Bilanz-, Insolvenz- und Kapitalmarktrecht, 2. Aufl., Heidelberg 2018 (zitiert: *Eisenhardt/ Wackerbarth*, GesR II)

Eisenhardt, Ulrich/ Wackerbarth, Ulrich — Gesellschaftsrecht I – Recht der Personengesellschaften – Mit Grundzügen des GmbH- und des Aktienrechts, 17. Aufl., Heidelberg 2022 (zitiert: *Eisenhardt/ Wackerbarth*, GesR I)

Elsing, Siegfried H. — BGB-Gesellschaft als Kommanditistin einer KG, BB 2001, S. 2338–2339

Elsing, Siegfried H. — Alles entschieden bei der Gesellschaft bürgerlichen Rechts? Die Rechtsprechung zwischen Mosaik- und Meilensteinen, BB 2003, S. 909–915

Erman, Walter (Begr.) BGB – Handkommentar mit AGG, EGBGB (Auszug), ErbbauRG, LPartG, ProdHaftG, VBVG, VersAusglG und WEG, hrsg. v. Harm Peter Westermann, Barbara Grunewald, Georg Maier-Reimer, 17. Aufl., Köln 2023 (zitiert: *Bearbeiter*, in: Erman BGB)

Escher-Weingart, Christina Die Rechtsfähigkeit der Personengesellschaft nach dem MoPeG – Was ist das eigentlich?, WM 2022, S. 2297–2306

Fabricius, Fritz Relativität der Rechtsfähigkeit – ein Beitrag zur Theorie und Praxis des privaten Personenrechts, München 1963 (zitiert: *Fabricius*, Relativität der Rechtsfähigkeit)

Fischer, Michael Gesamthandgesellschaft, juristische Person und das Steuerrecht, in: Zivilrechtliches Ordnungsgefüge und Steuerrecht – Festschrift für Georg Crezelius zum 70. Geburtstag, hrsg. v. Michael Fischer, Reinhard Geck und Wilhelm Haarmann, Köln 2018, S. 117–136 (zitiert: *M. Fischer*, in: FS Crezelius)

Fischer, Peter Altersvorsorge und Altersbezüge, in: Besteuerung von Einkommen, hrsg. v. Iris Ebling im Auftrag der Deutschen Steuerjuristischen Gesellschaft, Köln 2001, S. 463–506 (zitiert: *P. Fischer*, in: DStJG 24 (2001))

Fleischer, Holger Idiosynkrasien im deutschen Personengesellschaftsrecht: Allmähliche Erosion oder erfolgreiche Exportartikel?, NZG 2020, S. 601–611

Fleischer, Holger Leitbildwandel im Recht der BGB-Gesellschaft – Ein erster Rundgang durch den Mauracher Entwurf zur Modernisierung des Personengesellschaftsrechts, DB 2020, S. 1107–1114

Fleischer, Holger	Annäherungen an den Mauracher Entwurf für ein Gesetz zur Modernisierung des Personengesellschaftsrechts, in: ZGR Sonderheft 23: Modernisierung des Personengesellschaftsrechts – Der Mauracher Entwurf in der Fachdiskussion 2021, S. 1–28
Fleischer, Holger	Ein Rundflug über das OHG-Recht im Regierungsentwurf eines Gesetzes zur Modernisierung des Personengesellschaftsrechts, BB 2021, S. 386–392
Fleischer, Holger	Ein Rundgang durch den Regierungsentwurf eines Gesetzes zur Modernisierung des Personengesellschaftsrechts, DStR 2021, S. 430–439
Fleischer, Holger	Zur Rechtsnatur der OHG und ihres Gesellschaftsvertrags, NZG 2021, S. 949–956
Fleischer, Holger	Personengesellschaften im Rechtsvergleich, München 2021 (zitiert: *Bearbeiter*, in: Fleischer PersGesRV-HdB)
Fleischer, Holger/Cools, Sofie	Internationale Trajektorien und Trends im Recht der Personengesellschaften, ZGR 2019, S. 463–506
Flume, Werner	Gesellschaft und Gesamthand, ZHR 136 (1972), S. 177–207
Flume, Werner	Schuld und Haftung bei der Gesellschaft des Bürgerlichen Rechts, in: Festschrift für Harry Westermann zum 65. Geburtstag, hrsg. v. Wolfgang Hefermehl, Rudolf Gmür und Hans Brox, Karlsruhe 1974, S. 119–144 (zitiert: *Flume*, in: FS Westermann)

Flume, Werner Allgemeiner Teil des Bürgerlichen Rechts – Erster Band/Erster Teil: Die Personengesellschaft, Berlin u.a. 1977 (zitiert: *Flume*, Die Personengesellschaft)

Flume, Werner Allgemeiner Teil des Bürgerlichen Rechts – Erster Band/Zweiter Teil: Die juristische Person, Berlin u.a. 1983 (zitiert: *Flume*, Die juristische Person)

Flume, Werner Körperschaftliche juristische Person und Personenverband, in: Festschrift für Gerhard Kegel zum 75. Geburtstag 26. Juni 1987, hrsg. v. Hans-Joachim Musielak und Klaus Schurig, Stuttgart u.a. 1987, S. 147–162 (zitiert: *Flume*, in: FS Kegel)

Flume, Werner Vom Beruf unserer Zeit für Gesetzgebung – Die Änderungen des BGB durch das Fernabsatzgesetz, ZIP 2000, S. 1427–1430

Frieauf, Karl Heinrich Verfassungsrechtliche Anforderungen an die Gesetzgebung über die Steuern vom Einkommen und vom Ertrag, in: Steuerrecht und Verfassungsrecht, hrsg. v. Karl Heinrich Frieauf im Auftrag der Deutschen Steuerjuristischen Gesellschaft, Köln 1989, S. 3–32 (zitiert: *Frieauf*, in: DStJG 12 (1989))

Friz, Fabian Das Verhältnis der Erbschaft- und Schenkungsteuer zur Einkommensteuer, Berlin 2014 (zitiert: *Friz*, Erbschaft- und Schenkungsteuer)

Frotscher, Gerrit/Drüen, Klaus-Dieter (Hrsg.) Kommentar zum Körperschaft-, Gewerbe- und Umwandlungssteuergesetz Online, Freiburg i. Breisgau 2022 (zitiert: *Bearbeiter*, in: Frotscher/Drüen)

Früchtl, Bernd	Die Anwachsung gem. § 738 I 1 BGB – Unbeachteter Eckpfeiler und gestaltbares Instrument des Personengesellschaftsrechts, NZG 2007, S. 368–372
Fuhrmann, Claas	Auswirkungen des MoPeG auf das Grunderwerbsteuerrecht, kösdi 2024, S. 23598–23602
Geibel, Stefan J.	Folgeprobleme der Rechtsfähigkeit von Gesellschaften bürgerlichen Rechts, WM 2007, S. 1496–1502
Geibel, Stefan J.	Mauracher Entwurf zum Personengesellschaftsrecht – Ein Gesetzgebungsvorschlag mit gewissen Widersprüchen, ZRP 2020, S. 137–140
Gesmann-Nuissl, Dagmar	Die Rechts- und Parteifähigkeit sowie Haftungsverfassung der Gesellschaft bürgerlichen Rechts nach dem Urteil des BGH, II ZR 331/00 = WM 2001, 408, WM 2001, S. 973–979
Gierke, Otto Friedrich von	Deutsches Privatrecht. Erster Band: Allgemeiner Teil und Personenrecht., Leipzig 1895 (zitiert: *Gierke*, Dt. Privatrecht I)
Gosch, Dietmar/Hoyer, Andreas (Hrsg.)	Abgabenordnung/Finanzgerichtsordnung Kommentar, begr. v. Albert Beermann, 174. Ergänzungslieferung, Bonn 2023 (zitiert: *Bearbeiter*, in: Gosch AO/FGO)
Gosch, Dietmar (Hrsg.)	Körperschaftsteuergesetz, 4. Aufl., München 2020 (zitiert: *Bearbeiter*, in: Gosch KStG)
Groh, Manfred	Die Bilanzen der Mitunternehmerschaft, StuW 1995, S. 383–389
Groh, Manfred	Trennungs- und Transparenzprinzip im Steuerrecht der Personengesellschaften, ZIP 1998, S. 89–95

Grüneberg, Christian Bürgerliches Gesetzbuch – mit Nebengesetzen, insbesondere mit Einführungsgesetz (Auszug) einschließlich Rom I-, Rom II und Rom III-Verordnungen sowie EU-Güterrechtsverordnungen, Haager Unterhaltsprotokoll und EU-Erbrechtsverordnung, Allgemeines Gleichbehandlungsgesetz (Auszug), Wohn- und Betreuungsvertragsgesetz, Unterlassungsklagengesetz (GrünHome), Produkthaftungsgesetz, Erbbaurechtsgesetz, Wohnungseigentumsgesetz, Versorgungsausgleichsgesetz, Lebenspartnerschaftsgesetz (GrünHome), Gewaltschutzgesetz, begr. v. Otto Palandt (bis zur 80. Aufl. namensgebend), 82. Aufl., München 2023 (zitiert: *Bearbeiter*, in: Grüneberg)

Grunewald, Barbara Die Rechtsfähigkeit der Erbengemeinschaft, AcP 197 (1997), S. 305–315

Grunewald, Barbara Gesellschaftsrecht, 11. Aufl., Tübingen 2020 (zitiert: *Grunewald*, GesR)

Habersack, Mathias Die Haftungsverfassung der Gesellschaft bürgerlichen Rechts – Doppelverpflichtung und Akzessorietät, JuS 1993, S. 1–8

Habersack, Mathias Haftung der Mitglieder einer GbR für Bürgschaftsverpflichtungen der Gesellschaft – Zugleich ein Plädoyer für die Doppelverpflichtungslehre, BB 1999, S. 61–66

Habersack, Mathias Die Anerkennung der Rechts- und Parteifähigkeit der GbR und der akzessorischen Gesellschafterhaftung durch den BGH, BB 2001, S. 477–483

Habersack, Mathias — Die Gesellschaft bürgerlichen Rechts – gestern, heute und morgen, in: Liber amicorum Giuseppe B. Portale, hrsg. v. Herbert Kronke, Heinz-Peter Mansel und Marc-Philippe Weller, Baden-Baden 2019, S. 213–221 (zitiert: *Habersack*, in: Liber amicorum Giuseppe B. Portale)

Habersack, Mathias — Modernisierung des Personengesellschaftsrechts – aber wie?, ZGR 2020, S. 539–568

Hadding, Walther — Zum Erlangen von Rechtsfähigkeit nach deutschem Zivilrecht, in: Festschrift für Alfons Kraft zum 70. Geburtstag, hrsg. v. Günther Hönn, Horst Konzen und Peter Kreutz, Neuwied u.a. 1998, S. 137–146 (zitiert: *Hadding*, in: FS Kraft)

Hadding, Walther — Zur Systematik von Strukturelementen deutscher Gesellschaftsformen, in: Festgabe Zivilrechtslehrer 1934/1935, hrsg. v. Walther Hadding, Berlin u.a. 1999, S. 147–178 (zitiert: *Hadding*, in: FG Zivilrechtslehrer 1934/1935)

Hadding, Walther — Zur Rechtsfähigkeit und Parteifähigkeit der (Außen-)Gesellschaft bürgerlichen Rechts sowie zur Haftung ihrer Gesellschafter für Gesellschaftsverbindlichkeiten, ZGR 2001, S. 712–743

Hallerbach, Dorothee — Die Personengesellschaft im Einkommensteuerrecht – Zivilrechtliche Einordnung und einkommensteuerrechtliche Folgen, München 1999 (zitiert: *Hallerbach*, Personengesellschaft im Einkommensteuerrecht)

Hartmann, Christian — GbR und Grundbesitzerwerb – welche Fragen bleiben?, RNotZ 2011, S. 401–413

Heckschen, Heribert — Der so genannte „Mauracher Entwurf" – ein positiver Schritt zur Reform des Personengesellschaftsrechts, NZG 2020, S. 761–767

Heckschen, Heribert/ Nolting, Ekkehard — Reform des Personengesellschaftsrechts – Berichtigungsbedarf bei Teilfragen, BB 2020, S. 2256–2264

Heil, Hans-Jürgen — Parteifähigkeit der GbR – der Durchbruch der Gruppenlehre?, NZG 2001, S. 300–305

Heinze, Stefan — Der Mauracher Entwurf und die Abkehr von der Gesamthand – Gefahren im Steuerrecht?, DStR 2020, S. 2107–2110

Hennrichs, Joachim — Dualismus der Unternehmensbesteuerung aus gesellschaftsrechtlicher und steuersystematischer Sicht – Oder: Die nach wie vor unvollendete Unternehmenssteuerreform, StuW 2002, S. 201–206

Hennrichs, Joachim — Besteuerung von Personengesellschaften – Transparenz- oder Trennungsprinzip?, FR 2010, S. 721–731

Hennrichs, Joachim/ Lehmann, Ulrike — Rechtsformneutralität der Unternehmensbesteuerung – Kritische Anmerkungen zum Beschluss des BVerfG v. 21.6.2006 – 2 BvL 2/99, DStR 2006, 1316 = NJW 2006, 2757, StuW 2007, S. 16–21

Hensen, Hans-Dieter — Das Fernabsatzgesetz oder: Man könnte heulen, ZIP 2000, S. 1151–1152

Henssler, Martin/Strohn, Lutz (Hrsg.) — Gesellschaftsrecht, 5. Aufl., München 2021 (zitiert: *Bearbeiter*, in: Henssler/Strohn)

Herrmann, Carl/Heuer, Gerd/Raupach, Arndt (Fortf.)	Einkommensteuer- und Körperschaftsteuergesetz, hrsg. v. Johanna Hey, Martin Klein, Michael Wendt, begr. von Alfons Mrozek und Albert Kennerknecht, 317. Aufl., Köln 2023 (zitiert: *Bearbeiter*, in: Herrmann/Heuer/Raupach)
Herkens, Jens	Investitionsabzugsbeträge bei Personengesellschaften und Gemeinschaften, EStB 2020, S. 266–270
Hertel, Christian	Eintragung der GbR im Grundbuch – Anmerkung zu BGH-Beschluss vom 04.12.2008 – V ZB 74/08, DNotZ 2009, S. 115–129
Heuermann, Bernd/ Brandis/Peter	Ertragsteuerrecht – Kommentar zum Einkommensteuergesetz, Körperschaftsteuergesetz, Gewerbesteuergesetz, Außensteuergesetz, Investmentsteuergesetz, Umwandlungssteuergesetz und Nebengesetze, 165. Ergänzungslieferung, München 2022 (zitiert: *Bearbeiter*, in: Brandis/Heuermann)
Hey, Johanna	Besteuerung von Unternehmensgewinn und Rechtsformneutralität, in: Besteuerung von Einkommen, hrsg. v. Iris Ebling im Auftrag der Deutschen Steuerjuristischen Gesellschaft, Köln 2001, S. 155–224 (zitiert: *Hey*, in: DStJG 24 (2001))
Hey, Johanna	Unternehmenssteuerreform: das Konzept der Sondertarifierung des § 34a EStG-E – Was will der Gesetzgeber und was hat er geregelt?, DStR 2007, S. 925–931

Hey, Johanna — Und jetzt auch noch eine Körperschaftsteueroption … Hat sich die Forderung nach Rechtsformneutralität der Unternehmensbesteuerung überlebt?, in: Festschrift für Barbara Grunewald zum 70. Geburtstag, hrsg. v. Barbara Dauner-Lieb, Joachim Hennrichs, Martin Henssler, Thomas Liebscher, Alexander Morell, Hans-Friedrich Müller und Michael Schlitt, Köln 2021, S. 361–378 (zitiert: *Hey*, in: FS Grunewald)

Hey, Johanna/Bauersfeld, Heide — Die Besteuerung der Personen(handels) gesellschaften in den Mitgliedstaaten der Europäischen Union, der Schweiz und den USA, IStR 2005, S. 649–657

Hommelhoff, Peter — Wider das Akzessorietätsdogma in der Gesellschaft bürgerlichen Rechts, ZIP 1998, S. 8–16

Hopt, Klaus Jürgen — Handelsgesetzbuch mit GmbH & Co., Handelsklauseln, Bank- und Kapitalmarktrecht, Transportrecht (ohne Seerecht), 42. Aufl., München 2023 (zitiert: *Bearbeiter*, in: Hopt)

Huber, Ulrich — Vermögensanteil, Kapitalanteil und Gesellschaftsanteil an Personalgesellschaften des Handelsrechts, Heidelberg 1970 (zitiert: *Huber*, Vermögensanteil)

Huber, Ulrich — Rechtsfähigkeit, juristische Person und Gesamthand, in: Festschrift für Marcus Lutter zum 70. Geburtstag: Deutsches und europäisches Gesellschafts-, Konzern- und Kapitalmarktrecht, hrsg. v. Uwe H. Schneider, Peter Hommelhoff, Karsten Schmidt, Wolfram Timm, Barbara Grunewald und Tim Dygala, Köln 2000, S. 107–139 (zitiert: *Huber*, in: FS Lutter)

Hubert, Tina — Die steuerliche Seite der Modernisierung des Personengesellschaftsrechts, StuB 2021, S. 113–118

Hubert, Tina/Stokes, Anna — Keine Änderung der ertragsteuerlichen Behandlung von Personengesellschaften durch das MoPeG? – Zum neu verabschiedeten MoPeG vom 24.6.2021, StuB 2021, S. 637–642

Hübschmann, Walter/Hepp, Ernst/Spitaler, Armin (Begr.) — Abgabenordnung – Finanzgerichtsordnung – Kommentar, 273. Lieferung, Köln 2023 (zitiert: *Bearbeiter*, in: Hübschmann/Hepp/Spitaler)

Hueck, Götz — Drei Fragen zur Gesamthandsgesellschaft, in: Festschrift für Wolfgang Zöllner zum 70. Geburtstag, Band 1, hrsg. v. Manfred Lieb, Ulrich Noack und Harm Peter Westermann, Köln u.a. 1998, S. 275–294 (zitiert: *Hueck*, in: FS Zöllner)

Hüffer, Uwe — Die Reform des Schuldrechts im Spiegel weiterer Gutachten und Vorschläge, AcP 184 (1984), S. 584–594

Hüttemann, Rainer — Die Besteuerung der Personenunternehmen und ihr Einfluss auf die Rechtsformwahl, in: Perspektiven der Unternehmensbesteuerung – 26. Jahrestagung der Deutschen Steuerjuristischen Gesellschaft e.V., Hamburg, 24. und 25. September 2001, hrsg. v. Siegbert F. Seeger im Auftrag der Deutschen Steuerjuristischen Gesellschaft, Köln 2002, S. 123–144 (zitiert: *Hüttemann*, in: DStJG 25 (2002))

Hüttemann, Rainer	Gewinnermittlung bei Personengesellschaften, in: Die Personengesellschaft im Steuerrecht – Gedächtnissymposion für Brigitte Knobbe-Keuk, hrsg. v. Franz Dötsch, Andreas Herlinghaus, Rainer Hüttemann, Jürgen Lüdicke und Wolfgang Schön, Köln 2012, S. 39–66 (zitiert: *Hüttemann*, in: GS Knobbe-Keuk)
Hüttemann, Rainer	Steuerrechtliche Rechtsanwendung zwischen Eigenständigkeit und Maßgeblichkeit des Zivilrechts, in: Eigenständigkeit des Steuerrechts, hrsg. v. Michael Droege und Christian Seiler, Tübingen 2019, S. 115–126 (zitiert: *Hüttemann*, in: Eigenständigkeit des Steuerrechts)
Hüttemann, Rainer/Meyer, André	Zur Abfindung ausscheidender Personengesellschafter nach dem MoPeG, ZIP 2022, S. 935–943
Isensee, Josef	Steuerstaat als Staatsform, in: Hamburg, Deutschland, Europa: Beiträge zum deutschen und europäischen Verfassungs-, Verwaltungs- und Wirtschaftsrecht – Festschrift für Hans Peter Ipsen zum siebzigsten Geburtstag, hrsg. v. Rolf Stödter und Werner Thieme, Tübingen 1977, S. 409–436 (zitiert: *Isensee*, in: FS Ipsen)
Jachmann, Monika	Besteuerung von Unternehmen als Gleichheitsproblem – Unterschiedliche Behandlung von Rechtsformen, Einkunftsarten, Werten und Steuersubjekten im Ertrag- und Erbschaftsteuerrecht, in: Europa- und verfassungsrechtliche Grenzen der Unternehmensbesteuerung, hrsg. v. Siegbert F. Pelka im Auftrag der Deutschen Steuerjuristischen Gesellschaft, Köln 2000, S. 9–65 (zitiert: *Jachmann*, in: DStJG 23 (2000))

Jahndorf, Christian — Ebnen MoPeG und KöMoG den Weg für eine einheitliche Unternehmenssteuer?, FR 2022, S. 707–708

Jauernig, Othmar (Begr.) — Bürgerliches Gesetzbuch – mit RomI-VO, Rom-II-VO, Rom-III-VO, EG-UnthVO/HUntProt und EuErbVO, hrsg. v. Rolf Stürner, 18. Aufl., München 2021 (zitiert: *Bearbeiter*, in: Jauernig)

juris Praxiskommentar BGB — Band 2 – Schuldrecht, hrsg. v. Maximilian Herberger, Michael Martinek, Helmut Rüßmann, Stephan Weth, Markus Würdinger (Gesamtherausgeber), Band 2 hrsg. v. Markus Junker, Roland Michael Beckmann, Helmut Rüßmann, 10. Aufl., Saarbrücken 2023 (zitiert: *Bearbeiter*, in: jurisPK-BGB)

Kahle, Holger — Brennpunkte der Unternehmensbesteuerung – Zum Gedenken an Prof. Dr. Peter Bareis, FR 2019, S. 337–346

Kahle, Holger — Zur Zukunft der Besteuerung der Personengesellschaften, FR 2022, S. 377–385

Kahle, Holger — Zur Ertragbesteuerung der Personengesellschaften nach MoPeG und KöMoG – Ein Diskussionsbeitrag, StuB 2022, S. 881–886

Kanzler, Hans-Joachim — Verfassungswidrige Benachteiligung Steuerpflichtiger durch die Exklusivoption zur Körperschaftsbesteuerung für Personenhandels- und Partnerschaftsgesellschaften, FR 2021, S. 1049–1056

Kapp/Ebeling — Erbschaftsteuer- und Schenkungsteuergesetz – Kommentar, bearb. v. Reinhard Geck, Dirk Eisele, Thomas Curdt, Philipp Karl Kepper, 96. Lieferung, Köln 2023 (zitiert: *Bearbeiter*, in: Kapp/Ebeling)

Kempny, Simon Steuerverfassungsrechtliche Sonderdogmatik zwischen Verallgemeinerung und Zurückführung, in: Jahrbuch des öffentlichen Rechts der Gegenwart. Neue Folge / Band 64, hrsg. v. Susanne Baer, Oliver Lepsius, Christoph Schönberger, Christian Waldhoff und Christian Walter, Tübingen 2016, S. 477–492 (zitiert: *Kempny*, in: JöR 64 (2016))

Keß, Thomas Kein Verfassungsgebot rechtsformneutraler Besteuerung? – Gedanken zur Entscheidung des BVerfG v. 21.6.2006 – 2 BvL 2/99, FR 2006, 766, FR 2006, S. 869–871

Kesseler, Christian Die Grundbuchfähigkeit der GbR II – Praktische Hinweise statt „nach uns die Sintflut", NZM 2009, S. 190–192

Kesseler, Christian Die GbR und das Grundbuch, NJW 2011, S. 1909–1914

Kiehnle, Arndt § 899a BGB und das Schuldrecht, ZHR 174 (2010), S. 209–233

Kießling, Erik Das Gesamthandsprinzip bei Personalgesellschaften, in: Festschrift für Walther Hadding zum 70. Geburtstag am 8. Mai 2004, hrsg. v. Franz Häuser, Horst Hammen, Joachim Hennrichs, Anja Steinbeck, Ulf R. Siebel und Reinhard Welter, Berlin 2004, S. 477–500 (zitiert: *Kießling*, in: FS Hadding)

Kilincsoy, Ege-Aksel Analyse der Modernisierung des Personengesellschaftsrechts durch das MoPeG, FR 2021, S. 248–254

Kilincsoy, Ege-Aksel Der Mitunternehmeranteil an der Personengesellschaft im Ertragsteuerrecht, Baden-Baden 2021 (zitiert: *Kilincsoy*, Mitunternehmeranteil an der Personengesellschaft)

Kindl, Johann Abschied von der Doppelverpflichtungstheorie bei der BGB-Gesellschaft, WM 2000, S. 697–704

Kindl, Johann Gesellschaftsrecht, 2. Aufl., Baden-Baden 2019 (zitiert: *Kindl*, GesR)

Kindler, Peter Grundkurs Handels- und Gesellschaftsrecht, 9. Aufl., München 2019 (zitiert: *Kindler*, Grundkurs H. u. G.)

Kindler, Peter Filipo Ranieri und die rechtsfähige Personengesellschaft, ZHR 2021, S. 598–615

Kindler, Peter Die „rechtsfähige Gesellschaft" als juristische Person – erste Befunde und Überlegungen zum Gesetz zur Modernisierung des Personengesellschaftsrechts (MoPeG), ZfPW 2022, S. 409–424

Kirchhof, Paul Besteuerung nach Gesetz, in: Festschrift für Heinrich Wilhelm Kruse zum 70. Geburtstag, hrsg. v. Walter Drenseck und Roman Seer, Köln 2001, S. 17–38 (zitiert: *Kirchhof*, in: FS Kruse)

Kirchhof, Paul Der Karlsruher Entwurf und seine Fortentwicklung zu einer Vereinheitlichten Ertragsteuer, StuW 2002, S. 3–22

Kirchhof, Paul	Maßstäbe für die Ertragsbesteuerung von Unternehmen – Eröffnung der Jahrestagung und Rechtfertigung des Themas, in: Perspektiven der Unternehmensbesteuerung – 26. Jahrestagung der Deutschen Steuerjuristischen Gesellschaft e.V., Hamburg, 24. und 25. September 2001, hrsg. v. Siegbert F. Seeger im Auftrag der Deutschen Steuerjuristischen Gesellschaft, Köln 2002, S. 1–8 (zitiert: *Kirchhof*, in: DStJG 25 (2002))
Kirchhof, Paul	Bundessteuergesetzbuch – Ein Reformentwurf zur Erneuerung des Steuerrechts, Heidelberg 2011 (zitiert: *Kirchhof*, BStGB)
Kirchhof, Paul (Begr.)/*Seer, Roman* (Fortf.)	Einkommensteuergesetz, 22. Aufl., Köln 2023 (zitiert: *Bearbeiter*, in: Kirchhof/Seer)
Kirchhof, Paul/Mellinghoff, Rudolf/Kube, Hanno (Hrsg.)	Einkommensteuergesetz – Kommentar, 334. Lieferung, Heidelberg 2023 (zitiert: *Bearbeiter*, in: Kirchhof/Söhn/Mellinghoff)
Klein, Franz/Orlopp, Gerd (Begr.)	Abgabenordnung einschließlich Steuerstrafrecht, 16. Aufl., München 2022 (zitiert: *Bearbeiter*, in: Klein, AO)
Klingbeil, Stefan	Der Begriff der Rechtsperson, AcP 217 (2017), S. 848–885
Knobbe-Keuk, Brigitte	Das Steuerrecht – eine unerwünschte Rechtsquelle des Gesellschaftsrechts?, Köln 1986 (zitiert: *Knobbe-Keuk*, SteuerR)
Koch, Jens	Gesellschaftsrecht, 12. Aufl., München 2021 (zitiert: *Koch*, GesR)
Koenig, Ulrich	Abgabenordnung, 4. Aufl., München 2021 (zitiert: *Bearbeiter*, in: Koenig AO)
Korn, Klaus/Carlé, Dieter/Stahl, Rudolf Strahl, Martin	Einkommensteuergesetz – Kommentar, 142. Ergänzungslieferung, Siegburg 2023 (zitiert: *Bearbeiter*, in: Korn EStG)

Korn, Klaus — Das Wachstumschancengesetz sowie daraus in das Kreditzweitmarktförderungsgesetz vorgezogene Regelungen, kösdi 2024, S. 23841–23856

Kraft, Alfons/Kreutz, Peter — Gesellschaftsrecht, 11. Aufl., Neuwied u.a. 2000 (zitiert: *A. Kraft/Kreutz*, GesR)

Kraft, Cornelia/Kraft, Gerhard — Grundlagen der Unternehmensbesteuerung, 5. Aufl., Wiesbaden 2018 (zitiert: *C. Kraft/G. Kraft*, Unternehmensbesteuerung)

Kraus, Christoph — Körperschaftsteuerliche Integration von Personenunternehmen, Frankfurt u.a. 2009 (zitiert: *Kraus*, Körperschaftsteuerliche Integration)

Krüger, Christiane — Umfang der Steuerrechtssubjektivität von Personengesellschaften im Spannungsfeld zwischen Gesamthandslehre und steuerrechtlichem Transparenzprinzip – Auseinandersetzung mit der Stellung der Personengesellschaft als Rechtsträgerin von Wirtschaftsgütern, FR 2016, S. 1031–1039

Krüger, Christiane — Die Übertragung von Wirtschaftsgütern bei Personengesellschaften, Baden-Baden 2019 (zitiert: *Krüger*, Übertragung von Wirtschaftsgütern)

Krüger, Wolfgang — Die Gesellschaft bürgerlichen Rechts und das Grundbuch – causa infinita, NZG 2010, S. 801–807

Kuckein, Mathias/Jenn, Matthias — Klarheit bei Grundstücksgeschäften mit BGB-Gesellschaften durch das neue ERVGBG?, NZG 2009, S. 848–852

Kußmaul, Heinz/Gottfreund, Manuel — Zum aktuellen Stand hinsichtlich der Rechtsformneutralität der Besteuerung, StB 2021, S. 321–325

Lademann, Fritz (Begr.) Lademann-EStG-Context – Digital-Kommentar mit BMF-Handbüchern, Steuergesetzen und BFH-Entscheidungen, Betriebs-Berater-Aufsätzen; in Zsarb. mit Betriebs-Berater, 258. Ergänzung Stuttgart u.a. 2020 (zitiert: *Bearbeiter*, in: Lademann)

Lang, Joachim Reform der Unternehmensbesteuerung auf dem Weg zum europäischen Binnenmarkt und zur deutschen Einheit, StuW 1990, S. 107–129

Lang, Joachim Eröffnung und Rechtfertigung des Themas, in: Europa- und verfassungsrechtliche Grenzen der Unternehmensbesteuerung, hrsg. v. Siegbert F. Pelka im Auftrag der Deutschen Steuerjuristischen Gesellschaft, Köln 2000, S. 1–7 (zitiert: *Lang*, in: DStJG 23 (2000))

Lang, Joachim Unternehmensbesteuerung im internationalen Wettbewerb, StuW 2011, S. 144–158

Larenz, Karl Methodenlehre der Rechtswissenschaft, Berlin u.a. 1991 (zitiert: *Larenz*, Methodenlehre)

Lauterbach, Frank Ein neues Unternehmenssteuerrecht für Deutschland? – Fehlende Rechtsformneutralität der Unternehmensbesteuerung und allgemeiner Gleichheitssatz, Frankfurt u.a. 2008 (zitiert: *Lauterbach*, Ein neues Unternehmenssteuerrecht)

Lautner, Konrad Alles wieder beim Alten? – Die gesetzliche Neuregelung zur Teilnahme der Gesellschaft bürgerlichen Rechts am Grundstücksverkehr, DNotZ 2009, S. 650–677

Lehmann, Mathias Der Begriff der Rechtsfähigkeit, AcP 207 (2007), S. 225–255

Leipold, Dieter — Einige Bemerkungen zur Rechts- und Parteifähigkeit der BGB-Gesellschaft und des nicht eingetragenen Vereins, in: Festschrift für Claus-Wilhelm Canaris zum 70. Geburtstag, Band 2, hrsg. v. Andreas Heldrich, Jürgen Prölss und Ingo Koller, München 2007, S. 221–244 (zitiert: *Leipold*, in: FS Canaris)

Ley, Ursula — Steuerliche Transparenz von Personengesellschaften, Ubg 2011, S. 274–281

Lieder, Jan — Modernisierung des Personengesellschaftsrechts – Der Regierungsentwurf des MoPeG in der rechtspolitischen Analyse, ZRP 2021, S. 34–37

Limbach, Francis — Gesamthand und Gesellschaft – Geschichte einer Begegnung, Tübingen 2016 (zitiert: *Limbach*, Gesamthand und Gesellschaft)

Lipp, Marisa — Übertragung einzelner Wirtschaftgüter bei der mitunternehmerischen Innengesellschaft – Besonderheiten und Anwendungsschwierigkeiten des § 6 Abs. 5 EStG, NWB 2014, S. 1725–1733

Lippross, Otto-Gerd/Seibel, Wolfgang (Hrsg.) — Basiskommentar Steuerrecht, 136. Lieferung, Köln 2022 (zitiert: *Bearbeiter*, in: Lippross/Seibel)

List, Heinrich — Personengesellschaften im Wandel zivil- und steuerrechtlicher Beurteilung – Auswirkungen der zivilrechtlich anerkannten Rechtssubjektivität von Personengesellschaften auf das Verständnis von § 15 Abs. 1 Nr. 2 EStG, BB 2004, S. 1473–1477

Loose, Matthias — Keine Zurechnung eines Anteils am Gesamthandsvermögen aufgrund einer Treuhandabrede, jurisPR–SteuerR 42/2022 Anm. 1

Loritz, Karl-Georg | Das Grundgesetz und die Grenzen der Besteuerung – Neuere Aspekte verfassungsgerichtlicher Rechtsprechung, NJW 1986, S. 1–10

Lüdicke, Jochen/ Sistermann, Christian | Unternehmensteuerrecht: Gründung – Finanzierung – Umstrukturierung – Übertragung – Liquidation, 2. Aufl., München 2018 (zitiert: *Bearbeiter*, in: Lüdicke/ Sistermann)

Martens, Sebastian A. E. | Vom Beruf unserer Zeit für ein Gesetz zur Modernisierung des Personengesellschaftsrechts – Kritische Anmerkungen zum „Mauracher Entwurf", AcP 221 (2021), S. 68–107

Maunz, Theodor/Dürig, Günter (Begr.) | Grundgesetz – Kommentar: Band 1 – Texte – Art. 5, hrsg. v. Roman Herzog, Rupert Scholz, Matthias Herdegen, Hans H. Klein, 99. Lieferung, München 2022 (zitiert: *Bearbeiter*, in: Dürig/Herzog/Scholz)

Mayer, Vivien/Käshammer, Daniel | Das Optionsmodell zur Körperschaftsbesteuerung – Praxishinweise und steuerliche Implikationen – Entwurf eines Gesetzes zur Modernisierung des Körperschaftsteuerrechts, NWB 2021, S. 1300–1310

Mayer, Vivien/Käshammer, Daniel | Steuerliche Implikationen des MoPeG – Wie kann ein neues (Steuer-)Recht für Personengesellschaften künftig vermieden werden?, NWB 2021, S. 2514–2524

Meincke, Jens Peter (Begr.)/ *Hannes, Frank/Holtz, Michael* (Fortf.) | Erbschaftsteuer- und Schenkungsteuergesetz – Kommentar, 18. Aufl., München 2021 (zitiert: *Bearbeiter*, in: Meincke/Hannes/Holtz)

Merzrath, Jan — Die Vereinigungsfreiheit des Grundgesetzes als Maßstab der Steuergesetzgebung, Frankfurt am Main u.a. 2006 (zitiert: *Merzrath*, Die Vereinigungsfreiheit)

Meyer, André — Steuerliches Leistungsfähigkeitsprinzip und zivilrechtliches Ausgleichssystem, Köln 2013 (zitiert: *Meyer*, Steuerliches Leistungsfähigkeitsprinzip)

Michels, André — Die (Register-)Publizität der Gesellschaft bürgerlichen Rechts – Eine Untersuchung zur (fehlenden) Publizität der GbR de lege lata und de lege ferenda, Baden-Baden 2020 (zitiert: *Michels*, (Register)Publizität der Gesellschaft bürgerlichen Rechts)

Möhlenbrock, Rolf/ Haubner, David — Die Zukunft der Besteuerung der Personengesellschaften: MoPeG, KöMoG und DAOs, FR 2022, S. 53–61

Mössner, Jörg Manfred — Beschränkung des Verlustausgleichs und Verlustabzugs, in: Grundfragen der Unternehmensbesteuerung, hrsg. v. Franz Wassermeyer im Auftrag der Deutschen Steuerjuristischen Gesellschaft, Köln 1994, S. 231–257 (zitiert: *Mössner*, in: DStJG 17 (1994))

Mugdan, Benno — Die gesammten Materialien zum Bürgerlichen Gesetzbuch für das Deutsche Reich – II. Band. Recht der Schuldverhältnisse, Berlin 1899 (zitiert: *Mugdan*, Bd. II)

Mülbert, Peter O. — Die rechtsfähige Personengesellschaft, AcP 199 (1999), S. 38–103

Müller, Sergej	Implikationen des MoPeG auf die Besteuerung von Personengesellschaften – Abschaffung Gesamthandvermögen: Auswirkungen auf den Dualismus der Besteuerung, GmbH-StB 2022, S. 184–191
Müller, Sergej	Implikationen des MoPeG auf die Besteuerung von Personengesellschaften – Einzelsteuergesetzliche Implikationen sowie mögliche Auswirkungen des MoPeG auf ausgewählte Verwaltungsanweisungen, GmbH-StB 2022, S. 248–255
Müller-Gatermann, Gert	Zur zukünftigen Besteuerung der Personengesellschaften, FR 2022, S. 637–641
Münchener Anwaltshandbuch Personengesellschaftsrecht	Hrsg. v. Hans Gummert, 3. Aufl., München 2019 (zitiert: *Bearbeiter*, in: MAH PersGesR)
Münchener Handbuch des Gesellschaftsrechts	Band 1: BGB-Gesellschaft, Offene Handelsgesellschaft, Partnerschaftsgesellschaft, Partenreederei, EWIV, hrsg. v. Hans Gummert, Lutz Weipert, 5. Aufl., München 2019 (zitiert: *Bearbeiter*, in: MHdB GesR I)
Münchener Kommentar zum Bürgerlichen Gesetzbuch – BGB – Band 1	Allgemeiner Teil – §§ 1–240, AllgPersönlR, ProstG, AGG, hrsg. v. Jürgen Säcker, Roland Rixecker, Hartmut Oetker, Bettina Limperg, 9. Aufl., München 2021 (zitiert: *Bearbeiter*, in: MüKo-BGB)
Münchener Kommentar zum Bürgerlichen Gesetzbuch – Band 7	Schuldrecht – Besonderer Teil IV, §§ 705–853, Partnerschaftsgesellschaftsgesetz, Produkthaftungsgesetz, hrsg. v. Jürgen Säcker, Roland Rixecker, Hartmut Oetker, Bettina Limperg, 8. Aufl., München 2020 (zitiert: *Bearbeiter*, in: MüKo-BGB)

Münchener Kommentar zum Handelsgesetzbuch – Band 2 — Zweites Buch. Handelsgesellschaften und stille Gesellschaft – Erster Abschnitt. Offene Handelsgesellschaft – §§ 105–160, hrsg. v. Ingo Drescher, Holger Fleischer, Karsten Schmidt, 5. Aufl., München 2022 (zitiert: *Bearbeiter*, in: MüKo-HGB)

Musil, Andreas — Steuerrecht und Verfassungsrecht, JöR 64 (2016), S. 443–455

Musil, Andreas/Leibohm, Thomas — Die Forderung nach Entscheidungsneutralität der Besteuerung als Rechtsproblem, FR 2008, S. 807–814

Noack, Max — Adieu „Feststellungsmodell", bonjour „Anfechtungsmodell" – über den Systemwechsel im Beschlussmängelrecht der Personengesellschaften, ZIP 2020, S. 1382–1388

Noack, Max — Vom „Mauracher Entwurf" zum RefE eines Gesetzes zur Modernisierung des Personengesellschaftsrechts, DB 2020, S. 2618–2623

Noack, Max — Von Maurach in die Welt – Der Gesetzentwurf der Expertenkommission zur Modernisierung des Personengesellschaftsrechts im Überblick, NZG 2020, S. 581–585

Noack, Max — Die Gesellschaftsregisterverordnung, ZPG 2023, S. 95–101

Noack, Ulrich/Servatius, Wolfgang/Haas, Ulrich — Gesetz betreffend die Gesellschaften mit beschränkter Haftung, 23. Aufl., München 2022 (zitiert: *Bearbeiter*, in: Noack/Servatius/Haas)

NomosKommentar BGB – Schuldrecht | Band 2/3: §§ 662 –863, ProdHaftG, UKlaG, hrsg. v. Barbara Dauner-Lieb, Werner Langen, 4. Aufl., Baden-Baden 2021 (zitiert: *Bearbeiter*, in: NK-BGB)

Osterloh-Konrad, Christine | Die Selbstorganschaft in der Personengesellschaft – Wesenszug oder Anachronismus?, ZGR 2019, S. 271–300

Osterloh-Konrad, Christine | Gesamthand, Rechtsfähigkeit, Transparenz, in: Zukunftsfragen des Steuerrechts IV, hrsg. v. Wolfgang Schön, Johanna Stark, Heidelberg 2022, S. 1–26 (zitiert: *Osterloh-Konrad*, in: Zukunftsfragen des Steuerrechts IV)

Otte-Gräbener, Sabine | Reform des Personengesellschaftsrechts, in: Recht und Gesetz – Festschrift für Ulrich Seibert zum 65. Geburtstag, hrsg. v. Alfred Bergmann, Michael Hoffmann-Becking und Ulrich Noack, Köln 2019, S. 613–628 (zitiert: *Otte-Gräbener*, in: FS Seibert)

Otte-Gräbener, Sabine | Umfassende Modernisierung des Personengesellschaftsrechts – Entwurf der Expertenkommission, BB 2020, S. 1295–1299

Palm, Ulrich | Juristische Person und Leistungsfähigkeitsprinzip, JZ 2012, S. 297–303

Palm, Ulrich | Person im Ertragsteuerrecht, Tübingen 2013 (zitiert: *Palm*, Person im Ertragsteuerrecht)

Palm, Ulrich | Steuerjuristische Person, in: Leitgedanken des Rechts, Paul Kirchhof zum 70. Geburtstag, Band II: Staat und Bürger, hrsg. v. Hanno Kube, Rudolf Mellinghoff, Gerd Morgenthaler, Ulrich Palm, Thomas Puhl und Christian Seiler, Heidelberg 2013, S. 1697–1708 (zitiert: *Palm*, in: Leitgedanken des Rechts)

Pelka, Jürgen Rechtsformneutralität im Steuerrecht – Verfassungsmäßigkeit der Steuersatzsenkung für Kapitalgesellschaften, StuW 2000, S. 389–398

Pfeifer, Karl-Nikolaus Rechtsfähigkeit und Rechtssubjektivität der Gesamthand – die Gesellschaft bürgerlichen Rechts als offene Handelsgesellschaft?, NZG 2001, S. 296–300

Pinkernell, Reimar Einkünftezurechnung bei Personengesellschaften, Berlin 2001 (zitiert: *Pinkernell,* Einkünftezurechnung)

Pohlmann, Petra Rechts- und Parteifähigkeit der Gesellschaft bürgerlichen Rechts – Folgen für Erkenntnisverfahren, Zwangsvollstreckung und freiwillige Gerichtsbarkeit, WM 2002, S. 1421–1432

Priester, Hans-Joachim Eigene Anteile bei Personengesellschaften, ZIP 2014, S. 245–250

Prinz, Ulrich Modernisierung der Mitunternehmerbesteuerung – eine kurze Standortbestimmung, DB 2020, S. 1766–1768

Prinz, Ulrich Internationale Mitunternehmerschaften und Mittelstandsmodell – Aktuelle Entwicklungslinien und Modernisierungsdiskussion, DB 2021, S. 914–919

Prinz, Ulrich Die Reform der Besteuerung der Personengesellschaften – Ein Statement, FR 2022, S. 61–64

Prinz, Ulrich Neue „Steuerkoordinaten“ für Personengesellschaften: Bestandsaufnahme, Entwicklungstendenzen, Handlungsbedarf, DB 2022, S. 11–18

Prinz, Ulrich/Kahle, Holger (Hrsg.) — Beck'sches Handbuch der Personengesellschaften, Gesellschaftsrecht – Steuerrecht, 5. Aufl., München 2020 (zitiert: *Bearbeiter*, in: Beck'sches Hdb. PersG)

Prütting, Hanns — Ist die Gesellschaft bürgerlichen Rechts insolvenzfähig?, ZIP 1997, S. 1725–1734

Prütting, Hanns/Wegen, Gerhard/Weinreich, Gerd (Hrsg.) — BGB – Kommentar, 17. Aufl., Berlin u.a. 2022 (zitiert: *Bearbeiter*, in: Prütting/Wegen/Weinreich)

Punte, Jan-Henric M./Klemens, Pelle/Sambulski, Yanick — Der „Mauracher-Entwurf" zur Modernisierung des Personengesellschaftsrechts – was lange währt, wird endlich gut?, ZIP 2020, S. 1230–1234

Raiser, Thomas — Gesamthand und juristische Person im Licht des neuen Umwandlungsrechts, AcP 194 (1994), S. 495–512

Raiser, Thomas — Gesamthandsgesellschaft oder juristische Person – Eine Geschichte ohne Ende?, in: Festschrift für Wolfgang Zöllner zum 70. Geburtstag, Band 1, hrsg. v. Manfred Lieb, Ulrich Noack und Harm Peter Westermann, Köln u.a. 1998, S. 469–486 (zitiert: *Raiser*, in: FS Zöllner)

Raiser, Thomas — Der Begriff der juristischen Person. Eine Neubesinnung, AcP 199 (1999), S. 104–144

Raiser, Thomas — Allgemeine Vorschriften über juristische Personen in einem künftigen Bürgerlichen Gesetzbuch, ZGR 2016, S. 781–797

Rasenack, Christian A. L. — Die Theorie der Körperschaftsteuer, Berlin 1974 (zitiert: *Rasenack*, Theorie der Körperschaftsteuer)

Rätke, Bernd/Tiede, Kai	Gesetzentwurf zur Modernisierung des Körperschaftsteuerrechts – Was Sie jetzt schon zur geplanten Option zur Körperschaftsbesteuerung wissen müssen 2021, S. 477–487
Rau, Thomas	Verfassungsdirigierte Prinzipien für das Unternehmenssteuerrecht, Berlin 2007 (zitiert: *Rau*, Verfassungsdirigierte Prinzipien)
Reich, Manfred/Herrmann, Nicole	Die Anpassungen des ErbStG an das MoPeG und weitere mögliche Änderungen durch das Wachstumschancengesetz, ZEV 2024, S. 13–17
Reimann, Wolfgang	15 Ratschläge zum Umgang mit dem Familienheim, ZEV 2010, S. 174–179
Reiner, Günter/Bogedain, Clemens	Die GbR als Rechtsverfolgungs-Konsortium – Ein Beitrag zum Wesen der Personengesellschaft, JZ 2020, S. 982–989
Reiß, Wolfram	Die Revitalisierung des Mitunternehmererlasses – keine gesetzestechnische Meisterleistung, BB 2000, S. 1965–1974
Reuter, Dieter	Rechtsfähigkeit und Rechtspersönlichkeit, AcP 207 (2007), S. 673–717
Reymann, Christoph	Nachweismediatisierung durch § 47 Abs. 2 GBO beim Grundstückserwerb durch eine GbR, ZNotP 2011, S. 84–109
Reymann, Christoph	Die GbR im Grundbuch – Auf dem Weg vom ERVGBG zum sog. MoPeG, DNotZ 2021, S. 103–135
Richter, Andreas/Welling, Berthold	Tagungs- und Diskussionsbericht zum Webinar des 80. Berliner Steuergesprächs „Die Reform der Besteuerung der Personengesellschaften“, FR 2022, S. 65–69

Ring, Gerhard/Grziwotz, Herbert (Hrsg.) Systematischer Praxiskommentar Personengesellschaftsrecht: GbR – OHG – KG – Stille Gesellschaft – PartG – EWIV, 2. Aufl., Köln 2020 (zitiert: *Bearbeiter*, in: Ring/ Grziwotz)

Röder, Erik Reformüberlegungen zum Recht der GbR, AcP 215 (2015), S. 450–532

Röder, Erik Die Personengesellschaft mit beschränkter Haftung: Eine Lücke im deutschen Gesellschaftsrecht, ZHR 2020, S. 457–506

Röder, Erik Der Einfluss des MoPeG auf die Besteuerung von Personengesellschaften, DStR 2023, 1085–1094

Rohde, Jonas Schenkungsteuerrechtliche Behandlung disquotaler Einlagen in Personengesellschaften – Zur Sinnhaftigkeit einer „eigenständigen schenkungsteuerrechtlichen Prüfung", NZG 2021, S. 1491–1495

Rosarius, Lothar BMF nimmt zu Zweifelsfragen im Zusammenhang mit Investitionsabzugsbeträgen ab 2016 Stellung, DStZ 2017, S. 402–406

Roßkopf, Gabriele/ Hoffmann, Silke Das MoPeG kommt – was ist zu tun? Handlungsbedarf und Gestaltungsmöglichkeiten für bestehende und neu zu gründende Personengesellschaften, ZPG 2023, S. 14–26

Rühlicke, Lars Gesamthand, rechtsfähige Personengesellschaft, juristische Person und Wohnungseigentümergemeinschaft, ZWE 2007, S. 261–271

Sachs, Michael (Hrsg.) Grundgesetz – Kommentar, 9. Aufl., München 2021 (zitiert: *Bearbeiter*, in: Sachs)

Saenger, Ingo Gesellschaftsrecht, 5. Aufl., München 2020 (zitiert: *Saenger*, GesR)

Schäfer, Carsten Empfiehlt sich eine grundlegende Reform des Personengesellschaftsrechts?, NJW-Beilage 2016, S. 45–49

Schäfer, Carsten Gutachten Teil E: Empfiehlt sich eine grundlegende Reform des Personengesellschaftsrechts?, in: Verhandlungen des 71. Deutschen Juristentages in Essen 2016 – Band I: Gutachten, hrsg. v. der Ständigen Deputation des Deutschen Juristentages, München 2016, E1–E118 (zitiert: *Schäfer*, in: Verh. des 71. DJT 2016 – Bd. I: Gutachten)

Schäfer, Carsten Gesellschaftsrecht, 5. Aufl., München 2018 (zitiert: *Schäfer*, GesR (5. Aufl.))

Schäfer, Carsten Gesellschaftsrecht, 6. Aufl., München 2023 (zitiert: *Schäfer*, GesR)

Schäfer, Carsten Grundsatzfragen bei der anstehenden Reform des Personengesellschaftsrechts, in: Recht und Gesetz – Festschrift für Ulrich Seibert zum 65. Geburtstag, hrsg. v. Alfred Bergmann, Michael Hoffmann-Becking und Ulrich Noack, Köln 2019, S. 723–732 (zitiert: *Schäfer*, in: FS Seibert)

Schäfer, Carsten Grundzüge des neuen Personengesellschaftsrechts nach dem Mauracher Entwurf, ZIP 2020, S. 1149–1155

Schäfer, Carsten Welche Änderungen bringt das neue Personengesellschaftsrecht? – Die zentralen Neuregelungen im Recht der GbR und OHG/KG, WPg 2021, S. 919–923

Schäfer, Carsten Das neue Personengesellschaftsrecht – Einführung zum MoPeG, München 2022 (zitiert: *Bearbeiter*, in: Schäfer, Neues PersGesR)

Schall, Alexander Eine dogmatische Kritik am „Mauracher Entwurf“ zur Modernisierung des Personengesellschaftsrechts, ZIP 2020, S. 1443–1451

Schall, Alexander Erzwingt das MoPeG die rechtsformneutrale Unternehmensbesteuerung?, NZG 2021, S. 494–497

Scheffler, Wolfram Besteuerung von Unternehmen III, 3. Aufl., Heidelberg 2020 (zitiert: *Scheffler*, Besteuerung von Unternehmen III)

Scheipers, Thomas/Bergemann, Achim Diskussionsforum Unternehmenssteuerreform: Überlegungen zur Vorteilhaftigkeit der Option i.S. des § 4a KStG-E, DStR 2000, S. 709–718

Schiffers, Joachim/Jacobsen, Hendrik Entwurf eines Gesetzes zur Modernisierung des Körperschaftsteuerrechts (KöMoG): Optionsmodell für Personengesellschaften, DStZ 2021, S. 348–372

Schiffers, Joachim Bestandsaufnahme und Gestaltungshinweise zum Jahresende 2024: Hinweise zur Ertragsbesteuerung der Personengesellschaften, DStZ 2024, S. 860–879

Schmidt, Karsten Zur Stellung der oHG im System der Handelsgesellschaften: Eine Untersuchung des gesellschaftsrechtlichen Grundsatzes der unbeschränkten Haftung, Bonn 1972 (zitiert: *K. Schmidt*, Stellung der oHG)

Schmidt, Karsten Gesellschaft bürgerlichen Rechts – Welche Änderungen und Ergänzungen sind im Recht der BGB-Gesellschaft geboten?, in: Gutachten und Vorschläge zur Überarbeitung des Schuldrechts – Band III, hrsg. v. Bundesjustizminister der Justiz, Köln 1983, S. 413–570 (zitiert: *K. Schmidt*, in: Gutachten und Vorschläge zur Überarbeitung des Schuldrechts – Band III)

Schmidt, Karsten Zur Vermögensordnung der Gesamthands-BGB-Gesellschaft, JZ 1985, S. 909–914

Schmidt, Karsten Löschung und Beendigung der GmbH – Grundfragen der Vermögenslosigkeit, Vollbeendigung und Nachtragsliquidation, GmbHR 1988, S. 209–213

Schmidt, Karsten Zum Haftungsstatus unternehmenstragender BGB-Gesellschaften – Eine Analyse auf der Grundlage der Rechtsprechung, in: Festschrift für Hans-Joachim Fleck zum 70. Geburtstag, hrsg. v. Reinhard Goerdeler, Marcus Lutter, Walter Odersky und Herbert Wiedemann, Berlin u.a. 1988, S. 271–295 (zitiert: *K. Schmidt*, in: FS Fleck)

Schmidt, Karsten Die BGB-Außengesellschaft: rechts- und parteifähig – Besprechung des Grundlagenurteils II ZR 331/00 vom 29.01.2001, NJW 2001, S. 993–1003

Schmidt, Karsten Gesellschaftsrecht, 4. Aufl., Köln 2002 (zitiert: *K. Schmidt*, GesR)

Schmidt, Karsten Die Gesellschafterhaftung bei der Gesellschaft bürgerlichen Rechts als gesetzliches Schuldverhältnis – Zum Stand der nach den BGH-Urteilen vom 24.2.2003 und vom 7.4.2003, NJW 2003, S. 1897–1904

Schmidt, Karsten „Anwachsung“: Was ist das, und … gibt es das noch? Gedanken zu § 738 Abs. 1 Satz 1 BGB vor dem Hintergrund der „Gesamthandsdiskussion“, in: Festschrift für Ulrich Huber zum siebzigsten Geburtstag, hrsg. v. Theodor Baums, Johannes Wertenbruch, in Gem. m. Marcus Lutter und Karsten Schmidt, Tübingen 2006, S. 969–998 (zitiert: *K. Schmidt*, in: FS Huber)

Schmidt, Karsten Die Personengesellschaft als Rechtsfigur des „Allgemeinen Teils“: Dogmatisches Konzept und Wirkungsgeschichte von Werner Flumes „Personengesellschaft“, AcP 209 (2009), S. 181–204

Schmidt, Karsten Neuregelung des Rechts der Personengesellschaften? – Vorüberlegungen für eine konsistente Reform, ZHR 177 (2013), S. 712–739

Schmidt, Karsten Personengesellschaften: neu gedacht? – Grundsatzfragen aus aktuellem Anlass, ZIP 2014, S. 493–499

Schmidt, Karsten Die Personengesellschaft als Juristentagsthema – Zum Juristentagsgutachten von Carsten Schäfer, ZHR 180 (2016), S. 411–421

Schmidt, Karsten Ein neues Zuhause für das Recht der Personengesellschaften – Zum Regierungsentwurf eines MoPeG, ZHR 185 (2021), S. 16–51

Schmidt, Karsten Beschlussmängel und Beschlussmängelstreitigkeiten nach der Modernisierung des Personengesellschaftsrechts, ZHR 187 (2023), S. 107–122

Schmölz, Anton S. Zum Schicksal des Gesellschaftsvermögens beim Ausscheiden des vorletzten Gesellschafters aus der Personengesellschaft, in: Von der Sache zum Recht – Festschrift für Volker Beuthien zum 75. Geburtstag, hrsg. v. Martin Schöpflin, Frank Meik, Heinz-Otto Weber und Jürgen Bandte, München 2009, S. 235–244 (zitiert: *Schmölz*, in: FS Beuthien)

Schneider, Dieter Steuervereinfachung durch Rechtsformneutralität?, DB 2004, S. 1517–1521

Schober, Tibor Verfassungsrechtliche Restriktionen für den vereinfachenden Einkommensteuergesetzgeber – Eine Überprüfung verfassungsrechtlicher Grundsätze an ausgewählten Vereinfachungsideen, Baden-Baden 2009 (zitiert: *Schober*, Verfassungsrechtliche Restriktionen)

Schollmeyer, Eberhard Reform des Personengesellschaftsrechts, in: Gesellschaftsrecht in der Diskussion 2020, Band 26, hrsg. v. Gesellschaftsrechtliche Vereinigung, Köln 2021, S. 15–27 (zitiert: *Schollmeyer*, in: GesR in der Diskussion)

Schollmeyer, Eberhard Gesellschaftsregisterverordnung beschlossen, ZPG 2023, S. 61–62

Scholz, Philipp Der Grundsatz der Selbstorganschaft in der Reform des Personengesellschaftsrechts – Ein Vorschlag für die Zulassung fremdorganschaftlicher Strukturen auf Grundlage des „Mauracher Entwurfs", NZG 2020, S. 1044–1051

Scholz, Sebastian ‚Einheit der Gesellschaft' versus ‚Vielheit der Gesellschafter' – Wertungsbezogenes System und Widerspruchsfreiheit im Ertragsteuerrecht der Personengesellschaften in der Rechtsprechung des BFH, Baden-Baden 2015 (zitiert: *Seb. Scholz*, Einheit der Gesellschaft)

Scholz, Stephan C. Auswirkungen des MoPeG und des KöMoG auf die Bilanzierung von Personenhandelsgesellschaften – Auswirkungen auf die Rechnungslegung, StuB 2021, S. 677–685

Schön, Wolfgang Der Gewinnanteil des Personengesellschafters und das Einkommen der Personengesellschaft, StuW 1988, S. 253–261

Schön, Wolfgang Der Große Senat des Bundesfinanzhofs und die Personengesellschaft, StuW 1996, S. 275–288

Schön, Wolfgang Die zivilrechtlichen Voraussetzungen steuerlicher Leistungsfähigkeit, StuW 2005, S. 247–255

Schön, Wolfgang Die Personengesellschaft im Steuerrechtsvergleich, in: Die Personengesellschaft im Steuerrecht – Gedächtnissymposion für Brigitte Knobbe-Keuk, hrsg. v. Franz Dötsch, Andreas Herlinghaus, Rainer Hüttemann, Jürgen Lüdicke und Wolfgang Schön, Köln 2012, S. 139–164 (zitiert: *Schön*, in: GS Knobbe-Keuk)

Schöpflin, Martin Primäre Registerpflicht der Gesellschaft bürgerlichen Rechts, NZG 2003, S. 606–610

Schreiber, Ulrich	Besteuerung der Unternehmen – Eine Einführung in Steuerrecht und Steuerwirkung, 5. Aufl., Wiesbaden 2021 (zitiert: *Schreiber*, Besteuerung der Unternehmen)
Schulze, Jan-Hendrik	Die akzessorische Haftungsverfassung der Außengesellschaft bürgerlichen Rechts, Berlin 2006 (zitiert: *Schulze*, Akzessorische Haftungsverfassung)
Schumm, Harald	Die geplante Modernisierung des Personengesellschaftsrechts – Vorschläge der Mauracher Expertenkommission, StuB 2020, S. 513–519
Seer, Roman	Rechtsformabhängige Unternehmensbesteuerung – Kritische Bestandsaufnahme der derzeitigen Rechtslage, StuW 1993, S. 114–140
Seer, Roman	Mitunternehmerschaft im Einkommensteuerrecht – Bestandsaufnahme und Zukunft, StuW 2023, S. 3042
Seibert, Ulrich	Die rechtsfähige Personengesellschaft, JZ 1996, S. 785
Sieker, Susanne	Möglichkeiten rechtsformneutraler Besteuerung von Einkommen, in: Perspektiven der Unternehmensbesteuerung – 26. Jahrestagung der Deutschen Steuerjuristischen Gesellschaft e.V., Hamburg, 24. und 25. September 2001, hrsg. v. Siegbert F. Seeger im Auftrag der Deutschen Steuerjuristischen Gesellschaft, Köln 2002, S. 145–177 (zitiert: *Sieker*, in: DStJG 25 (2002))

Soergel, Hans Theodor (Begr.) Bürgerliches Gesetzbuch mit Einführungsgesetz und Nebengesetzen: BGB Band 11/1: Schuldrecht 9/1 (§§ 705–758 BGB), hrsg. v. Walther Hadding, 13. Aufl., Stuttgart 2011 (zitiert: *Bearbeiter*, in: Soergel-BGB)

Stahlschmidt, Michael Das Bundesverfassungsgericht und die Rechtsformneutralität der Besteuerung – Anmerkungen zum BVerfG-Beschluss vom 21.6.2006 – 2 BvL 2/99, StuB 2006, S. 756–760

Ständige Deputation des Deutschen Juristentages Verhandlungen des 66. Deutschen Juristentages Stuttgart 2006 – Band II/1: Sitzungsberichte (Referate und Beschlüsse), München 2007 (zitiert: Ständige Deputation des Deutschen Juristentages, Verh. des 66. DJT 2006 – Bd. II/2: Sitzungsberichte)

Ständige Deputation des Deutschen Juristentages Verhandlungen des 71. Deutschen Juristentages Essen 2016 – Band II/1: Sitzungsberichte (Referate und Beschlüsse), München 2017 (zitiert: Ständige Deputation des Deutschen Juristentages, Verh. des 71. DJT 2016 – Bd. II/1: Sitzungsberichte)

Stapperfend, Thomas Die Unternehmensbesteuerung in den Entwürfen zur Reform des Einkommensteuerrechts, FR 2005, S. 74–82

Staub, Hermann (Begr.) Handelsgesetzbuch – Großkommentar – Band 3: §§ 105–160, hrsg. v. Claus-Wilhelm Canaris, Mathias Habersack, Carsten Schäfer, 5. Aufl., Berlin 2009 (zitiert: *Bearbeiter*, in: Staub-HGB)

Staudinger, Julius von (Begr.) J. von Staudingers Kommentar zum Bürgerlichen Gesetzbuch mit Einführungsgesetz und Nebengesetzen – Buch 2: Recht der Schuldverhältnisse: §§ 705–740 (Gesellschaftsrecht), Berlin Neubearbeitung 2003 (zitiert: *Bearbeiter*, in: Staudinger)

Stein, David — Die verfassungsrechtliche Zulässigkeit einer Option zur Körperschaftsbesteuerung von Personengesellschaften, BB 2020, S. 1879–1888

Stöber, Michael — Handelsrecht, Stuttgart 2020 (zitiert: *Stöber*, HandelsR)

Stöber, Michael — Steuern im Zivilrecht: Steuerrechtliche Herausforderungen im Vertrags- und Gesellschaftsrecht, ZfPW 2020, S. 433–466

Stöber, Michael — Die Neuregelung des Rechts der anwaltlichen Berufsausübungsgesellschaften, DStR 2021, 2137–2143

Stöber, Michael — Steuerrechtliche Konsequenzen der Abschaffung des Gesamthandsprinzips für Personengesellschaften durch das MoPeG, GmbHR 2022, 967–974

Taube, Joris — Das Optionsmodell nach § 1a KStG in der Fassung des Wachstumschancengesetzes, BB 2025, S. 471–749

Timm, Wolfram — Die Rechtsfähigkeit der Gesellschaft bürgerlichen Rechts und ihre Haftungsverfassung – Notwendigkeit einer Neuorientierung im Anschluß an §§ 191, 202 UmwG, NJW 1995, S. 3209–3218

Timm, Wolfram — Einige Zweifelsfragen zum neuen Umwandlungsrecht, ZGR 1996, S. 247–271

Tipke, Klaus (Begr.) — Steuerrecht, hrsg. v. Joachim Lang, 24. Aufl., Köln 2021 (zitiert: *Bearbeiter*, in: Tipke/Lang)

Tipke, Klaus/Kruse, Heinrich Wilhelm (Begr.) — Abgabenordnung/Finanzordnung, 174. Lieferung, Köln 2023 (zitiert: *Bearbeiter*, in: Tipke/Kruse AO)

Tröger, Tobias — Gesetzgebung im Recht der Personengesellschaften, JZ 2016, S. 834–845

Tröger, Tobias/Happ, Benedikt — Unzulängliche Institutionenbildung im Beschlussmängelrecht der Personengesellschaft, NZG 2021, S. 133–140

Troll, Max (Begr.)/*Gebel, Dieter/Hülicher, Marc/Gottschalk, Paul Richard* (Fortf.) — Erbschaftsteuer- und Schenkungsteuergesetz mit Bewertungsrecht und Verfahrensrecht – Kommentar, 65. Ergänzungslieferung, München 2023 (zitiert: *Bearbeiter*, in: Troll/Gebel/Jülicher/Gottschalk)

Ulmer, Peter — Vertretung und Haftung bei der Gesellschaft bürgerlichen Rechts, in: Festschrift für Robert Fischer, hrsg. v. Marcus Lutter, Walter Stimpel und Herbert Wiedemann, Berlin u.a. 1979, S. 785–808 (zitiert: *Ulmer*, in: FS Fischer)

Ulmer, Peter — Die Gesellschaft bürgerlichen Rechts – Systematischer Kommentar, Sonderausgabe aus Band 5 (Schuldrecht – Besonderer Teil III) des Münchener Kommentars zum Bürgerlichen Gesetzbuch, München 1980

Ulmer, Peter — Rückbesinnung als Fortschritt? – Bemerkungen zu Karsten Schmidts Vorschlag einer Reform der Gesellschaft bürgerlichen Rechts, ZGR 1984, S. 313–341

Ulmer, Peter — Die Gesamthandsgesellschaft – ein noch immer unbekanntes Wesen?, AcP 198 (1998), S. 113–151

Ulmer, Peter — Wege zum Ausschluß der persönlichen Gesellschafterhaftung in der Gesellschaft bürgerlichen Rechts, ZIP 1999, S. 509–517

Ulmer, Peter — Gesellschafterhaftung in der Gesellschaft bürgerlichen Rechts – Durchbruch der Akzessorietätstheorie?, ZIP 1999, S. 554–565

Ulmer, Peter	Unbeschränkte Gesellschafterhaftung in der Gesellschaft bürgerlichen Rechts – Anmerkung zu BGH, Urt. v. 27.09.1999 – II ZR 371/98, ZGR 2000, S. 339–349
Ulmer, Peter	Die höchstrichterlich „enträtselte" Gesellschaft bürgerlichen Rechts – Zugleich Besprechung zu BGH ZIP 2001, 330, ZIP 2001, S. 585–599
Ulmer, Peter	Die Haftungsverfassung der BGB-Gesellschaft, ZIP 2003, S. 1113–1122
Ulmer, Peter	Die Gesellschaft bürgerlichen Rechts und Partnerschaftsgesellschaft – Systematischer Kommentar, Sonderausgabe aus Band 5 (Schuldrecht Besonderer Teil III) des Münchener Kommentars zum Bürgerlichen Gesetzbuch, 4. Aufl., München 2004
Ulmer, Peter	Die (Außen-)BGB-Gesellschaft – Eine rechtsfähige Personengesellschaft, in: Die BGB-Gesellschaft im Grundbuch, hrsg. v. Walter Bayer und Elisabeth Koch, Baden-Baden 2011, S. 10–33 (zitiert: *Ulmer*, in: Die BGB-Gesellschaft im Grundbuch)
Ulmer, Peter	Die rechtsfähige GbR: auf Umwegen im Grundbuch angekommen – Die ERVGBG-Neuregelungen und ihre höchstrichterliche Interpretation beenden die OLG-Blockade – zugleich Besprechung BGH v. 28.4.2011 – V ZB 194/10, ZIP 2011, 1003, ZIP 2011, S. 1689–1698
Viskorf (vormals Boruttau)	Grunderwerbsteuergesetz – Kommentar, bearb. v. Anette Kugelmüller-Pugh, Matthias Loose, Christine Meßbacher-Hönsch, Hermann-Ulrich Viskorf, 20. Aufl., München 2022 (zitiert: *Bearbeiter*, in: Viskorf)

Vogel, Klaus — Das ungeschriebene Finanzrecht des Grundgesetzes, in: Gedächtnisschrift für Wolfgang Martens, hrsg. v. Peter Selmer und Ingo von Münch, Berlin u.a. 1987, S. 265–279 (zitiert: *K. Vogel*, in: GS Martens)

Vogel, Klaus — Die Steuergewalt und ihre Grenzen, in: Festschrift 50 Jahre Bundesverfassungsgericht, 2. Band: Klärung und Fortbildung des Verfassungsrechts, hrsg. v. Peter Badura und Horst Dreier, Tübingen 2001, S. 527–558 (zitiert: *K. Vogel*, in: FS 50 Jahre BVerfG)

Vogel, Max — Die Auslegung privatrechtlich geprägter Begriffe im Ertragsteuerrecht – Ein Beitrag zum Verhältnis zweier Teilrechtsordnungen, Baden-Baden 2015 (zitiert: *M. Vogel*, Auslegung privatrechtlich geprägter Begriffe)

Volmer, Michael — Eintragung einer GbR im Grundbuch unter ihrem Namen – Anmerkung zu BGH-Beschluss vom 04.12.2008 – V ZB 74/08, ZfIR 2009, S. 97–99

von Oertzen, Christian/ Reich, Manfred — Auswirkungen des Regierungsentwurfs zur Modernisierung des Personengesellschaftsrechts auf das Erbschaft- und Schenkungsteuerrecht, ZEV 2021, S. 215–218

von Oertzen, Christian/ Loose, Matthias (Hrsg.) — Erbschaftsteuer- und Schenkungsteuergesetz – Kommentar mit Bewertung und ErbSt-DBA, 2. Aufl., Köln 2020 (zitiert: *Bearbeiter*, in: von Oertzen/Loose)

von Münch, Ingo/Kunig, Philip (Begr.) — Grundgesetz – Kommentar, Band 1: Präambel bis Art. 69, hrsg. v. Jörn-Axel Kämmerer, Markus Kotzur, 7. Aufl., München 2021 (zitiert: *Bearbeiter*, in: von Münch/Kunig)

Wachter, Thomas Steuerbefreiung des selbstgenutzten Familienheims, ZEV 2014, S. 191–194

Wachter, Thomas Schenkungsteuer bei disquotalen Einlagen in Personengesellschaften, GmbHR 2020, S. 1041–1056

Wachter, Thomas (Hrsg.) Praxis des Handels- und Gesellschaftsrechts, 5. Aufl., Bonn 2020 (zitiert: *Bearbeiter*, in: Wachter)

Wacker, Roland Vermögensverwaltende Gesamthand und Bruchteilsbetrachtung – eine Zwischenbilanz, DStR 2005, S. 2014–2019

Wacker, Roland Aktuelles zum Einfluss des Gesellschafts- und Zivilrechts auf die ertragsteuerrechtliche Rechtsfähigkeit von Personengesellschaften, in: Festschrift für Wulf Goette zum 65. Geburtstag, hrsg. v. Mathias Habersack und Peter Hommelhoff, München 2011, S. 561–582 (zitiert: *Wacker*, in: FS Goette)

Wacker, Roland Aktuelle Überlegungen zur Unternehmenssteuerreform – Aspekte aus rechtspraktischer Sicht, DStR 2019, S. 585–594

Wacker, Roland/Krüger, Roland/Levedag, Christian/Loschelder, Friedrich Zum Optionsmodell nach dem Gesetz zur Modernisierung des Körperschaftsteuerrechts – oder: eventus varios res nova semper habet, DStR-Beih 2021, S. 3–43

Wackerbarth, Ulrich Zur Rechtsscheinhaftung der Gesellschafter bürgerlichen Rechts am Beispiel einer Wechselverpflichtung, ZGR 1999, S. 365–401

Wäckerlin, Urs	Betriebsausgabenabzugsbeschränkung und Halbeinkünfteverfahren – Zugleich ein Beitrag zur Besteuerung des Anteilseigners einer Kapitalgesellschaft, Berlin 2006 (zitiert: *Wäckerlin*, Betriebsausgabenabzugsbeschränkung)
Wagner, Gerhard	Grundbuchfähigkeit der Gesellschaft bürgerlichen Rechts, ZIP 2005, S. 637–646
Waldoff, Christian	Rezension von: Monika Jachmann, Steuergesetzgebung zwischen Gleichheit und wirtschaftlicher Freiheit, StuW 2000, S. 217–220
Wälzholz, Eckhard	Das KöMoG in der notariellen Gestaltungspraxis, notar 2022, S. 35–41
Wälzholz, Eckhard	Aktuelle Entwicklungen in der Grunderwerbsteuer für die notarielle Praxis, S. 324–350
Weber, Harald	Grundgesetz, Gesellschaftsrecht und die Besteuerung der selbständigen Unternehmen: ein Beitrag zur Grossen Steuerreform – Band 1: Die Struktur der Gesellschafts- und Beteiligungsformen, Frankfurt am Main 1971 (zitiert: *Weber*, Unternehmensbesteuerung)
Weber, Harald	Zu einigen rechtspolitischen Grundfragen der Besteuerung selbständiger Unternehmen – zugleich eine Stellungnahme zum Gutachten von Prof. Dr. Rainer Walz zum 53. Deutschen Juristentag 1980, JZ 1980, S. 545–553
Weber-Grellet, Heinrich	Die Gesamthand – ein Mysterienspiel?, AcP 182 (1982), S. 316–334
Wedemann, Frauke	Der Begriff der Gesellschaft im Internationalen Privatrecht – Neue Herausforderungen durch den entrepreneur individuel à responsabilité limitée, RabelsZ 75 (2011), S. 541–580

Wedemann, Frauke — ARGE Weißes Ross – BGHZ 146, 341 – Rechtsfähigkeit der Außen-GbR, in: Gesellschaftsrechts-Geschichten, hrsg. v. Holger Fleischer und Jan Thiessen, Tübingen 2018 (zitiert: *Wedemann*, in: Gesellschaftsrechts-Geschichten)

Weimar, Robert — Einmann-Personengesellschaften – ein neuer Typ des Gesellschaftsrechts?, ZIP 1997, S. 1769–1778

Weinelt, Christian — Rechtsformneutralität der Unternehmensbesteuerung – Verfassungsrechtliches Gebot oder rechtspolitische Forderung?; eine verfassungsrechtlich-gesellschaftsrechtliche Würdigung des geltenden dualistischen Unternehmenssteuerrechts, Hamburg 2006 (zitiert: *Weinelt*, Rechtsformneutralität)

Weller, Marc-Philippe/ Schwemmer, Sophia — Das MoPeG: Eine Jahrhundertreform im Personengesellschaftsrecht?, BB 2021, Heft 29/30, Umschlagteil, I

Wendt, Michael — Übertragung von Wirtschaftsgütern zwischen Mitunternehmerschaft und Mitunternehmer, FR 2002, S. 53–66

Wendt, Rudolf — Spreizung von Körperschaftsteuersatz und Einkommensteuerspitzensatz als Verfassungsproblem, in: Staat, Wirtschaft, Steuern: Festschrift für Karl Heinrich Friauf zum 65. Geburtstag, hrsg. v. Rudolf Wendt, Wolfram Höfling, Ulrich Karpen und Martin Oldiges, Heidelberg 1996, S. 859–888 (zitiert: *R. Wendt*, in: FS Friauf)

Werner, Rüdiger — Das neue Personengesellschaftsrecht ist unter Dach und Fach – Das MoPeG fasst viel Bekanntes in Gesetzesform und lässt Zeit für Übergänge, NWB 2021, S. 2049–2058

Wernsmann, Rainer Die verfassungsrechtliche Rechtfertigung der Abzugsfähigkeit von Vorsorgeaufwendungen – Zugleich zum Unterschied zwischen existenznotwendigen und indisponiblem Einkommen, StuW 1998, S. 317–333

Wertenbruch, Johannes Die Haftung von Gesellschaften und Gesellschaftsanteilen in der Zwangsvollstreckung, Köln 2000 (zitiert: *Wertenbruch*, Haftung von Gesellschaften)

Wertenbruch, Johannes Die BGB-Gesellschaft in der Zwangsvollstreckung 2001, S. 97–99

Wertenbruch, Johannes Die Parteifähigkeit der GbR – die Änderungen für die Gerichts- und Vollstreckungspraxis, NJW 2002, S. 324–329

Wertenbruch, Johannes Formfreie Veräußerung von GbR–Anteilen bei Halten von GmbH-Anteilen oder Grundstücken, NZG 2008, S. 454–456

Wertenbruch, Johannes Erfasst § 899a BGB auch das Verpflichtungsgeschäft beim Immobiliarrechtserwerb von GbR?, ZIP 2010, S. 1884–1886

Wertenbruch, Johannes Familiengerichtliche Genehmigung für Grundstücksveräußerung durch GbR mit minderjährigem Gesellschafter?, NJW 2015, S. 2150–2152

Wertenbruch, Johannes Das Vollstreckungs- und Insolvenzrecht der GbR in der Reform des Personengesellschaftsrechts – Abschied von § 736 ZPO?, ZIP 2019, S. 2082–2091

Wertenbruch, Johannes Rechtsfähigkeit und „Teilrechtsfähigkeit" von juristischer Person und Personengesellschaft, in: Recht und Gesetz – Festschrift für Ulrich Seibert zum 65. Geburtstag, hrsg. v. Alfred Bergmann, Michael Hoffmann-Becking und Ulrich Noack, Köln 2019, S. 1089–1104 (zitiert: *Wertenbruch*, in: FS Seibert)

Wertenbruch, Johannes Von Schloss Maurach zur Reform des Personengesellschaftsrechts, GmbHR 2020, S. 196–198

Wertenbruch, Johannes BGB Allgemeiner Teil, 5. Aufl., München 2021(zitiert: *Wertenbruch*, BGB AT)

Wertenbruch, Johannes Der BMJV-Referentenentwurf eines MoPeG, GmbHR 2021, S. 1–7

Wertenbruch, Johannes Gesellschaftsvertrag und Entstehung der rechtsfähigen GbR iSd § 705 Abs. 2 Var. 1 BGB nF, ZPG 2023, S. 1–13

Wertenbruch, Johannes Das MoPeG – die Reform des Rechts der Personengesellschaften, JZ 2023, S. 78–88

Westermann, Harm Peter Bereicherungshaftung der Gesellschafter einer BGB-Gesellschaft, ZGR 1977, S. 552–568

Westermann, Harm Peter Erste Folgerungen aus der Anerkennung der Rechtsfähigkeit der BGB-Gesellschaft, NZG 2001, S. 289–295

Westermann, Harm Peter Die rechtsfähige BGB-Gesellschaft – ein Zwischenbericht, in: Festschrift für Horst Konzen, hrsg. v. Barbara Dauner-Lieb, Peter Hommelhoff, Matthias Jacobs, Dagmar Kaiser und Christoph Weber, Tübingen 2006, S. 957–976 (zitiert: *Westermann*, in: FS Konzen)

Westermann, Harm Peter Die Gesellschaft bürgerlichen Rechts auf dem Wege in die Rechtsfähigkeit, WM 2013, S. 441–448

Westermann, Harm Peter Überlegungen zu Reformen des Personengesellschaftsrechts, NJW 2016, S. 2625–2629

Westermann, Harm Peter Reformüberlegungen zum BGB-Gesellschafts- und Vereinsrecht, NZG 2017, S. 921–930

Westermann, Harm Peter Zum Stand der „Modernisierung" des Personengesellschaftsrechts, DZWIR 2020, S. 321–327

Westermann, Harm Peter/ Wertenbruch, Johannes (Hrsg.) Handbuch Personengesellschaftsrecht, 85. Lieferung, Köln 2023 (zitiert: *Bearbeiter*, in: Westermann/Wertenbruch)

Wichmann, Gerd Bedeutung der Gesamthandschaft für das Ertragsteuerrecht – aus Sicht des Gesetzes zur Modernisierung des Personengesellschaftsrechts (MoPeG), Stbg 2022, S. 81–88

Wicke, Hartmut Reform des Personengesellschaftsrechts aus Sicht der Gestaltungspraxis, DNotZ 2017, S. 261–276

Wiedemann, Herbert Juristische Person und Gesamthand als Sondervermögen. Eine Bestandsaufnahme aus bürgerlich-rechtlicher, handels- und steuerrechtlicher Sicht, WM Sonderbeilage IV 1975, S. 1–44

Wiesner, Georg Die Haftungsordnung der BGB-Gesellschaft, JuS 1981, S. 331–336

Wilhelm, Alexander Das Recht der Gesamthand im 21. Jahrhundert, Tübingen 2021 (zitiert: *A. Wilhelm*, Recht der Gesamthand)

Wilhelm, Jan	Die Grundbuchfähigkeit der Gesamthandsgesellschaft bürgerlichen Rechts, NZG 2011, S. 801–809
Wilhelm, Jan	Paradigmenwechsel im Recht der bürgerlich-rechtlichen Gesellschaft – Der Mauracher Entwurf eines Gesetzes zur Modernisierung des Personengesellschaftsrechts, NZG 2020, S. 1041–1044
Wilhelm, Jan	Sachenrecht, 7. Aufl., Berlin u.a. 2021 (zitiert: *J. Wilhelm*, SachenR)
Wilsch, Harald	Die GbR im Grundbuch nach dem Mauracher Entwurf für ein Gesetz zur Modernisierung des Personengesellschaftsrechts, ZfIR 2020, S. 521–529
Windbichler, Christine	Eine internationale Landkarte der Personengesellschaften (einschließlich juristische Personen und Gesamthand), ZGR 2014, S. 110–138
Windbichler, Christine	Gesellschaftsrecht, 24. Aufl., München 2017 (zitiert: *Windbichler*, GesR)
Woerz, Bertin	Körperschaftsteuer für Personenunternehmen – Eine Untersuchung am Beispiel des spanischen Unternehmensteuerrechts, Baden-Baden 2009 (zitiert: *Woerz*, Körperschaftsteuer für Personenunternehmen)
Wunderlich, Nils-Christian	Das Ende der Doppelverpflichtungstheorie?, WM 2002, S. 271–277

Zeising, Jörg Erbschaft- und schenkungsteuerliche Transparenz der Personengesellschaften – Einfluss des MoPeG und „Schönheitsreparaturen" durch das Kreditzweitmarktförderungsgesetz, BB 2024, S. 535–539

Zöllner, Wolfgang Rechtssubjektivität von Personengesellschaften?, in: Festschrift für Joachim Gernhuber zum 70. Geburtstag, hrsg. v. Hermann Lange, Knut Wolfang Nörr und Harm Peter Westermann, Tübingen 1993, S. 563–580 (zitiert: *Zöllner*, in: FS Gernhuber)

Zöllner, Wolfgang Rechtsfähigkeit der BGB-Gesellschaft – ein Sachverstands- oder Kommunikationsproblem?, in: Festschrift für Alfons Kraft zum 70. Geburtstag, hrsg. v. Günther Hönn, Horst Konzen und Peter Kreutz, Neuwied u.a. 1998, S. 701–718 (zitiert: *Zöllner*, in: FS Kraft)

Hinsichtlich der in dieser Arbeit verwendeten Abkürzungen wird verwiesen auf *Kirchner, Hildebert* (Begr.), Abkürzungsverzeichnis der Rechtssprache, 10. Aufl., Tübingen 2021.

www.ingramcontent.com/pod-product-compliance
Ingram Content Group UK Ltd.
Pitfield, Milton Keynes, MK11 3LW, UK
UKHW021837290926
8980IPUK00004B/506

9 783631 943618